修訂六版

政治學

呂亞力 著

三民書局

Politics

國家圖書館出版品預行編目資料

政治學／呂亞力著.－－修訂六版七刷.－－臺北市：
三民，2016
　　面；　公分
參考書目：面
ISBN 978-957-14-5278-4　（平裝）

1.政治學

570　　　　　　　　　　　　　　　　　　98019474

© 政 治 學

著 作 人	呂亞力
發 行 人	劉振強
著作財產權人	三民書局股份有限公司
發 行 所	三民書局股份有限公司
	地址　臺北市復興北路386號
	電話　(02)25006600
	郵撥帳號　0009998-5
門 市 部	（復北店）臺北市復興北路386號
	（重南店）臺北市重慶南路一段61號
出版日期	初版一刷　1985年8月
	修訂五版一刷　2001年8月
	修訂六版一刷　2009年11月
	修訂六版七刷　2016年6月
編　　號	S 570040

行政院新聞局登記證局版臺業字第○二○○號

有著作權·不准侵害

ISBN　978-957-14-5278-4　　（平裝）

http://www.sanmin.com.tw　三民網路書店

緒　論

　　多年來的發展，已使政治學界呈現相當茁壯蓬勃的景象：一九六〇年代，行為主義與反行為主義兩種研究途徑的纏鬥，至七〇年代已漸趨沈寂，目前「傳統」的制度研究之著作與政治行為的著作，往往都在同一篇論文中被引用，獲得相等的重視；政治哲學的著作，在六〇年代曾被不少年輕的歐美學者認為不「科學」而遭忽視，如今又已成為研究生必讀的寶典，而許多二十餘年前尚未出名的作者，如艾爾杜塞 (Louis Althusser)、葛蘭姆西 (Antonio Gramsci)、安明 (Samir Amin) 也已成為政治學者熟悉的名字。政治學的舊概念與舊理論，如主權與寡頭鐵則，並未淘汰，而新的概念與理論，如精英、相對剝奪、期望日增的革命、系統論……則又納入政治學，成為其不可或缺的一部份。政治學這種多元的狀態，固然代表其春天的來臨，但其百物雜陳的景觀，也足以撩亂學者的心目，給予初學者的困惑當然更不在話下了。

　　歐美政治學界的繁榮與紊亂，也反映至我國。近二三十年內，我國政治學界的變化，也相當可觀：一方面，海外學成返國的年輕學人，絡繹不絕，他們帶回國內許多新的觀念、研究方法與技術，這些新知無疑擴充了我國學生的視野，但同時也增加了他們的困惑，因為教師們的師承各有不同，而其學習政治學的時期，又正逢歐美政治學的諸家爭鳴的階段。另方面，國內學者的研究領域，也大為擴充，尤其實徵的研究，近年內頗有成就，研究的多元化，固為學界憑添生氣，但也使國內學者對各種研究的價值增多仁智不同之見。

　　筆者處在政治學這一快速發展的階段，在設法進入政治研究堂奧的過程中，經歷過相當多的困惑；對於不同的學派與各類

的研究成果，不論在探求理解與評估，內心都曾摸索與苦惱過，經歷一段時間的學習與思考，對政治學總算有了一點總體性的認識，於數年前（民國六十七年），曾根據這點認識，撰就一本相當粗淺的《政治學》，但那本書僅為一個輪廓，對政治學的面貌，作了素描，缺乏細緻的分析，甚至未能把若干重要的部份勾劃出來。就個人心智的進展而言，那本書僅為一項初步的總結之記錄。

自那本書出版之時以至今日，政治學又有了新的發展，而個人的體認也有了新的演進，因而有必要把素描變成一幅較細緻的圖畫，這就形成撰作本書的動機。

筆者個人認為本書的內容，大體上還算周遍，相信讀者會對政治學的面貌獲得較完整的認識。筆者才疏學淺，本書的缺點一定甚多，尚祈讀者不吝指教。

政治學

目 次

■ 第一章　政治學形貌之描繪

在研究政治學的實質內容前，讓我們先回答一個問題：什麼是政治學？回答這個問題，並不容易，因為政治學的內容甚為龐雜，研究者的立場甚為分歧，而且，政治學與其他社會科學的分野，也不像人們想像之明確。欲回答這個問題，我們似乎不宜建立一個簡單的兩三百字的定義，這樣一個定義，學生們考試時背起來固然很方便，但常常會誤導他們的思路，把作者的單一定義當作政治學者的一致看法。更確當的回答是把政治學的研究主題、範圍與研究方法加以周遍的敘述，並且把其歷史發展作一回顧。釐清政治學與其他學科的關係，雖然相當困難，甚至有少數學者認為是不必要的，也有助於增進人們對政治學的認識。

壹　政治學的研究主題與範圍

政治學者對政治學的研究主題與範圍，仍有相當大的歧見。在一九五〇與六〇年代，這些歧見常常使若干西方國家的著名大學的政治學系的教授們，形成壁壘分明，互相攻訐，甚且互不承認對方的研究之價值的情形，至一九七〇年代以後，所謂傳統派與行為派的對立，才較前和緩，許多學者採取了折衷的立場，承認兩者所持的研究主題與範圍實質的區別並不像表面之大。然而，我們也不能因此就認為政治學者對其學科的性質，已獲得了一致的共識。

大體而言，政治學者關於政治學研究主題與範圍的說法，可歸納為以下各類：

㈠傳統派的政治學者，著重建制 (institution)，其分析政治往往

重視公法（尤其是憲法）及政府的組織。國家 (state) 與正規的政治結構為其研究的主題。初期，這種政治學沿襲著十九世紀德國之國家學 (staatswissenchaft) 的傳統，其範圍不外乎主權 (sovereignty)、政府各部門的結構、關係與權限、公民權利義務等之描述與探討，與憲法學、行政法學、傳統政治哲學的界限頗不明確。其後，非正規的政治建制，諸如政黨、利益團體……等也獲得重視，傳統政治學遂能脫離國家學的狹隘範疇，但政府組織始終為傳統政治學者關心的焦點。

二十世紀初葉，各國的政治學皆是傳統的制度論，其時的著作，除少數例外，幾乎皆以這種立場去分析政治現象。目前，傳統派已不再具有獨佔之地位，但其勢力仍頗可觀。

㈡另一派學者認為把政治研究侷限於國家建制的探討無助於政治現象深刻的瞭解，他們以為政治學應以「權力」作為樞紐性概念，也即政治學應為「權力」的研究。持此觀點的最重要的近代學者為拉斯威爾 (Harold D. Lasswell)，他曾指出：「權力也許是政治學中最基本的概念。政治過程乃是權力的形成、分配與運用。」❶拉斯威爾這種看法，其實可溯源至亞里斯多德與馬基維里 (Niccolo Machiavelli) 等古代的大師。亞里斯多德在其《政治論》的第一卷開端就試圖區分各種權威關係，並指出政治組織的重要特徵乃是統治權威的存在，而權威乃是權力之具有合法性者。由此可見，他心目中政治關係的關鍵就是權力。馬基維里的《霸術論》(*The Prince*) 為一闡明權力運用的經典之作，其現實主義的態度在古代的政治著作中是罕見的。

拉斯威爾對當代政治學的影響頗大，他把權力作為政治研究的核心概念的主張使政治學從專注公法條文的形式主義中解放，而且

---

❶ Harold D. Lasswell and Abraham Kaplan, *Power and Society, A Framework for Political Inquiry* (New Haven, 1965), p. 75.

擴充了研究的範圍，因權力關係不僅存在於政府機構與一般政治性團體中，而且也在其他人群關係內出現。他認為只要是表現權力關係的場合與情勢，皆應成為政治學者研究之領域，晚近政治學者有所謂「私人性政府」(private government) 之說，即反映這種主張。

㈢另一種值得重視的主張是政治學的研究，應以社會中價值之產生與分配為中心。社會中的價值主要可分為以下數類：財富、地位、權力……。❷這些價值許多人都想獲得，但粥少僧多，遂形成了嚴重的分配問題。政治權威的需要，就是為了處理與解決這類問題；政治過程──借伊斯頓 (David Easton) 的說法──是「權威性的價值之分配」的過程。❸這種主張造成近年來不少學者重視政策研究，有些人幾乎把政治學侷限於政策的制訂過程的探索。

㈣另一派是把「政治」作為政治學研究的重心，而所謂「政治」乃是指「在公共事務的爭議上，追求互相牴觸的慾望之行動者間之對抗。」❹也即一件爭議自發動至解決所涉及的一切活動，諸如談判、爭辯、討論、說服、壓制……等等。

以上四類說法，其實並不矛盾，它們含有一個共同的核心，但對這核心以外的部份，何者應屬於政治學研究的範圍，則存有歧見。這個核心似乎是政治學者應研究涉及人類社會價值之分配過程，這一過程往往是「政治」的──即經歷談判、爭辯、討論、說服、壓制……等步驟，此過程也可視為一個決策的過程，在決策過程中，權力是主要的決定因素，而政治權力主要在正規與非正規的政治建

---

❷　拉斯威爾等曾把主要的社會價值分為權力、尊敬、廉正、情感、財富、技能、智能與福利等，見 Ibid.。

❸　參閱 David Easton, *A Framework for Political Analysis* (Englewood Cliffs, N.J., 1965).

❹　Vernon Van Dyke, *Political Science: A Philosophical Analysis* (Stanford, California, 1960), p. 134.

制中行使，尤其政府中為之。

貳　政治研究的方法

　　政治學界的另一項爭執，是關於研究方法的。傳統派的政治學者認為政治學基本上為一人文學科，研究方法與一般人文學科並無二致。他們沿襲了史學與法學的研究傳統，也受神學、哲學與倫理學的影響。在研究步驟的安排上，並不嚴格，一般來說，僅按研究主題，設定幾個重要問題，研究過程即解答這些問題之過程。這些問題未必構成一個「理論」，有時甚至彼此間不具邏輯上的必然關係。在資料蒐集上，是採用「文件法」的技術。從官方文書等第一手資料與報章記載等第二手資料中獲得「事實」與「證據」。大體而論，與史學家一般，這派政治學者認為第一手資料（即官方文書）比第二手資料（即報章及其他私人性記載）具有更高價值，而且熟知藉排比「資料」以發現其「矛盾」而辨其真偽的重要性。但除此以外，其對資料之取捨就僅憑一己的判斷了。在研究成果的發表上，這類研究不主張客觀事實與研究者主觀評斷兩者應嚴加劃分。相反地，傳統的研究者甚至認為研究者對政治事物的主觀判斷是瞭解事物所必要的，因此，不僅事實與價值判斷不易加以區分，甚至不應加以區分。有些學者甚至不承認「客觀」現象的存在，在他們看來，純粹的「客觀」僅為一個抽象的假設而已，我們最多只能達到若干人的居間的主觀性 (intersubjectivity)，而不能達到客觀性 (objectivity)。

　　從事實徵研究的政治學者認為政治學既為社會科學的一門，就必須按照嚴謹的科學方法去研究，而所謂科學方法究竟如何，學者們的看法並不完全一致。不少行為主義者多多少少受到邏輯實證論的影響，相信任何科學──不論其為自然科學抑或社會科學──基本上僅有一套科學方法。根據科學研究的方法論，研究工作應注意

三方面：㈠研究的適當程序；㈡資料的蒐集與處理；㈢通則與理論的建構與驗證。

　　㈠研究的適當程序：　行為主義政治學者認為任何一項研究，都應循適當的程序來完成。這一程序應包含以下的步驟：　1.研究主題目標與範圍之界定與欲探討之問題的形成：社會科學研究目標不出三種——發掘嶄新的事實、驗證理論，與產生政策建議。研究者在決定從事一項研究前，首先應把目標釐清，切不可含混，一項目標不確定或不清楚的研究，不僅事倍功半，而且可能徒勞無功，得不到預期的結果。研究範圍的確定，也同樣重要。一個範圍不確定的研究是無法認真從事的，而一個範圍過大的研究，其結果不是流於膚淺或粗疏，就是因超出研究者的能力或財力，而被迫半途而廢。決定確實而適當的範圍的依據頗多，研究主題的性質，研究者個人的能力與財力及資料的來源……等均需顧及。決定範圍與欲探討之問題的形成是互依的，所謂形成問題，當然不是指研究欲解答的一切疑難的性質，都要一起釐清，而是指最核心的問題，必須先予釐定，否則研究就沒有焦點，當然難期良好的結果；　2.查閱相關的文獻與著作：周遍地查問與研究主題有關的文獻與著作決不可省略。此舉的主要作用為：⑴可避免重複別人的研究，一項研究倘若與別人所作的完全雷同是一項時間與精力的浪費，由於今日學術界研究人數眾多，重複別人研究的機率大增，我們對此就應格外小心。但所謂不重複別人的研究，不是說凡是別人作過的題目，就不能再作，別人儘管作過某一題目的研究，只要研究者認為其研究結果仍待補充，或需要修正，或其論據不夠妥貼或完善，當然可以再作。⑵別人的著作也許可提供假設、命題或探討問題嶄新的角度。　3.研究設計的建立：研究設計之簡繁與寬嚴之程度可能有所不同，可斟酌決定，但至少應包括初步的假設或命題，資料性質的界定與研究技術的選擇。實徵研究者認為任何研究，開始著手就應有假設，固然是

毋庸置疑的，研究者決定探討一項問題而心目中毫無假設，是不妥當的，但隨著研究工作的進行，原有的假設被修改或揚棄，新的假設被發掘或形成，則為事理之常。有的研究者有一種敝帚自珍的心理，對其苦心擬定的假設不願放棄，而至於扭曲實徵的「證據」，是最不應有的態度。資料的性質為何？其可獲性為何？其充份性如何？研究者處理資料的能力如何？假如不足，如何自處？這些都是一位打算作某項研究的人在研究設計階段應認真思考的問題，否則研究成果難卜。研究技術的選擇也是研究設計階段應特別留意的一件事。研究技術主要指蒐集資料與分析資料之技術。關於此方面之常識，將在專節中提供。

　　㈡資料的蒐集與處理：社會科學研究者重視的資料，概略可分為兩大類，即集合資料 (aggregate data) 與個體資料 (individual data)。集合資料的明顯的實例是人口調查資料 (census data)。此種資料顯示的為某一區域內的總數或總體的情況。譬如根據人口調查，我們可知臺灣地區二千三百多萬人口中，百分之五十一為男性，百分之四十九為女性；百分之八十左右住在城鎮地區，百分之二十左右住在農村地區等。但我們不能僅憑集合資料知道某甲是男人還是女人，住在城鎮抑或鄉村，要知道某甲的情形，我們還需他的個體資料。集合資料與個體資料對政治研究的用處是相輔相成的。集合資料的優點是獲取頗為方便，由於現在在許多國家都有資料庫，存有各類資料，而聯合國組織與各國政府的官方出版品也能提供多種資料，這形形色色的資料學者都可輕而易舉地獲得。但由於集合資料往往不足以用來解釋許多現象，個人資料的蒐集是必要的。個人資料之蒐集，研究者必須自己去從事——當然，有時研究者也需自己蒐集集合資料——，我們必須瞭解一般通用的蒐集資料的基本技術。

　　基本的蒐集資料的技術有文件分析、調查、參與觀察、試驗與模擬等，茲分別說明如後：

1.文件分析：在社會科學的研究中，文件分析是最古老、最普遍使用的蒐集資料的技術。而在社會科學中，政治學依賴此一技術尤其巨大，這與政治學在一個多世紀前淵源於法學不無關係。❺ 政治學研究過份憑藉圖書館與檔案室中的材料，曾經引起一位著名學者如下的感嘆：

公共事務的專業學者，由於其行業的環境所限，也由於其傳統與訓練導致的工作習慣，過份依賴圖書館、文件，與一己之揣測。依賴第一手的觀察及運用適合所分析的問題之妥當技術之研究計畫應獲優先考慮。這樣說並不是否定出版品與檔案的用途。我的意思僅是過份依賴這類材料嚴重地侷限了可付諸探討的問題之範圍。在過去四分之一個世紀中，社會科學家已不同程度地自圖書館中之苦役解脫，但政治學者在這方面的進步最小。❻

我們雖然承認圖書館與檔案室至多僅能提供研究所需的部份資料，但不宜忽視其重要性：如依目前的情形來衡量，有不少種研究，特別在國際政治、公法、政治哲學、政治制度……等領域內，似乎圖書館與檔案室仍為研究資料的主要來源，而在別的領域，甚至政治行為的研究中，圖書館也提供或多或少的資料，這種情形，將來也不可能改變。許多人誤認圖書館與檔案室中的文件分析，是不需

❺ 近代政治學淵源於十九世紀中葉後德國的國家學，此為探討國家的性質與政府權力的本質之學問，與哲學與法學關係密切，頗具抽象主觀思維 (speculation) 的色彩。

❻ 引自 Clement E. Vose, "Sources for Political Inquiry: 1 LibraryReference Materials and Manuscripts as Data for Political Science,"in Fred Greenstein and Nelson Polsby, eds., *Handbook of Political Science*, Vol. 7 (Reading, Mass., 1975), p. 7. 原引自 V. O. Key, "Strategies in Research on Public Affairs," *Social Science Research Council Items*, 10: 29–32, p. 3.

要什麼特長或準備工夫的，任何看得懂文字的人，都可毫無困難地從事，其實，事情並不如此簡單。

欲適當地藉文件分析技術取得研究資料，我們必須對現代圖書館的組織方式獲得一點初步的認識。

圖書館中所藏的文件與書籍、期刊，對政治學者特別有用者，可分為三類：首先，政府與國際組織（諸如聯合國）出版的官方文書：這些官方文書汗牛充棟，不少是以小冊子的形式出版，也有的見諸官方刊印的定期或不定期的刊物。我們把一些較重要極具參考價值的介紹如次：我國政府各主要部門皆有定期出版的公報，諸如《總統府公報》，《立法院公報》等；關於行政方面，行政院研究考核發展委員會的定期與不定期出版品往往含有相當豐富的資料，關於選舉，則中央與臺灣省選舉委員會每次選舉以後皆出版《選務實錄》，也包含不少資料；美國的主要官方文件，可見之於《美國政府手冊》(*The United States Government Manual*)（關於聯邦行政部門），《國會記錄》(*Congressional Record*)（國會議員的發言記載），《美國法規》(*United States Code*)（法律與法規），《美國報告》(*United States Reports*)（最高法院的判決與法官的意見）；英國國會的言辭可見之於《巴力門辯論》(*Parliamentary Debates*)（通稱 Hansard）。聯合國組織的出版品數量極為驚人，對政治研究者而言，較有用者計有《聯合國年鑑》(*Yearbook of the United Nations*)，《統計年鑑》(*Statistical Yearbook*) 及《人口年鑑》(*Demographic Yearbook*)，自一九六三年以後，後兩類聯合國年鑑定期出版，已成為研究者重要的資料來源。其次，政治學的期刊：中文期刊中，專門屬於政治研究者，僅有中國政治學會每年一期的政治學報等數種；含有政治學論文的則另有數十種，如國內各大學之學報，臺大法學院之《社會科學論叢》，中央研究院美國文化研究所之《美國研究》，國民大會憲政研究會的《憲政思潮月刊》……等；美國出版的政治學期刊，為數甚多。美國政

治學會出版的《美國政治學評論》(*American Political Science Review*，或簡稱 APSR) 刊載者皆為較新的政治學研究報告與論文，其書評欄介紹並評論較新的重要書籍。此外，國際政治方面以《世界政治季刊》(*World Politics*) (普林斯頓大學國際事務研究中心出版)，比較政治方面以《比較政治》(*Comparative Politics*) 與《比較政治研究》(*Comparative Political Studies*) 較重要；英國政治學界的主要期刊《政治研究》(*Political Studies*) 也甚具參考價值。政治學的專門期刊，及其他期刊刊載政治學論文的為數甚多，欲參閱這些論文中對自己的研究有關者，必須先從各類「索引」(Index) 知其刊於何刊物。國內學術性與準學術文章的索引，已由國家圖書館定期編印；美國刊物的索引蒐羅甚為詳盡，其中《社會科學索引》(*Social Sciences Index*)，包含許多期刊之論文題目，惜乎若干主要刊物，如《國際事務》(*Foreign Affairs*) 則未包括，但另有《期刊文章讀者指引》(*Readers Guide to Periodical Literature*) 中包括此等遺珠在內。研究者可從索引中知悉其欲參閱之論文刊載何處，然後就可自期刊中參閱論文本身，故任何初學者對學術期刊的索引必須知悉。最後欲討論者為「書籍」之作為研究材料的來源。政治學的著作，數量極為龐大，研究者應經常注意者為主要期刊之論文，因其代表他人較新的研究成果，書籍篇幅較大，研究者欲一一仔細閱讀，即使限於其專門領域，也無法如願，但至少應作到三事：第一，對其領域內之主要書籍具有概括性的瞭解。欲作到此點，首先要把所謂主要書籍作一區別：凡屬較老的「典籍」必須瀏覽其整體內容，這類著作出版時間可能已在十年以上，但因其代表學科發展的里程碑，研究者不可不對其知悉，然而，此等著作所依據之研究，對研究者在資料蒐集上，已不可能提供太多幫助，故不必細察其細節；凡屬較近出版的重要著作，則應較仔細地閱讀，閱讀時應注意其對自己的研究有何幫助，尤其在資料的提供方面，有何實益；第二，對次要書

籍應知其書名、出版時地、探討之主題等，其中對自己之研究特別有關者，亦應瀏覽；第三，書籍與主要學術期刊之論文有一甚大的不同，初學者不能不加注意，主要學術期刊的論文，如欲刊登，必經過相當嚴格之審查，而且此等審查皆由專家根據純學術的標準為之，論文中即使有些見解乍看甚為平凡，但細閱之必有可取之處，有些不同凡俗，可能代表甚具原創性之見解，書籍之出版情形頗為不同，在大學出版社或地位崇高的學術書籍出版商處出刊之書，都經評審手續，品質較為可靠，在地位較差之出版商處出版的書籍，即使學術性者，有時其接受刊印之標準，恐也以「商業性」為主，此外，更有作者自費刊印者，其品質更屬參差不齊，吾人衡量書籍，除了自己的鑑識能力外，唯有依賴書評，然而，書評有時未必為可信賴的指導，因書評者個人的素養，見識與風範均不相同，有些書評者缺乏這些條件，其書評不是胡亂頌揚，就是無的貶抑。由於書籍之衡量甚為不易，初學者應堅守「盡信書不如無書」的宗旨，對書籍中所含的資料之真偽、虛實，時加留意，對一項爭執性課題，切不可按一書之記載為憑，應盡可能通覽討論此課題的主要書文。此外，對書籍作者的學養、聲譽、社會背景、政治立場亦應加注意。

　　政府文件，期刊論文與書籍皆為文件分析法的資料來源，文件分析法如何從事？傳統的文件分析法注意的重點為真偽、來源、原始文件（或第一手）或第二手等。大家均甚清楚，不必贅述。吾人擬對最近數十年來發展成的「內容分析」(content analysis) 法，略加說明。在近數十年來，學者們對語言及其運用的興趣日增，語言學 (linguistics) 成為蓬勃的學科，不少人士遂想到使用更有系統的方法來分析政治文件。第二次世界大戰期間，美國政府徵集了許多學術界人士參與對敵宣傳與情報蒐集的工作，他們日常事務的需要促進了這種技術的發展。所謂「內容分析」，乃是指「任何把符號媒介物 (sign-vehicle) 分類的技術。這種分類雖然完全依據一位或一群分析

者的判斷，但其判斷的基礎必須是明確建立的規則。……」❼內容分析的準備工夫有二：其一是建立一組類目（以便把文件中的文句分配入不同的類目中），其二是擬訂一套決定分配的規則。準備工夫是內容分析法成敗的關鍵，倘若建立的類目不妥或程序規則不當，則以後的分析就必然徒勞無功。倘若類目的性質含混或無法窮盡必須分析的資料，則性質不同的文句可能被分配入同一類目中；倘若類目與研究者探討之主題無關，則內容分析也是白費氣力。內容分析的實行步驟也不可忽視。文句的歸類必須審慎從事，以達高度的可靠性。欲試測是否達此效果，不妨把同一文件交給不同的工作人員去分類，看看結果是否雷同。

內容分析法在以往都由研究者自己或其助理人員去實施，由於分類工作的單調，持續多時必然造成身心的疲憊，以致造成錯誤，目前，這項工作可由電腦來作，研究者只要完成準備工作即可。內容分析法並非使用於一切研究皆有良好的效果。在研究封閉社會與極權政治體制時，它是相當有用的，因為其他的研究技術在這類社會也許用不上，或不能充份發揮作用，故研究者不得不著重它們本身發佈的文件之分析，俾從這些文件中發現「絃外之音」。不少學者認為利用這一技術，我們較易認清一個封閉社會的主要「政治神話」或實際運作的「政治意識型態」。❽它對於研究這種政治社會的某些政策動向——如極權國家的外交政策的趨勢——也甚有用。

2.調查：當代政治學者使用的資料，頗多來自調查。調查有些

---

❼　Irving Janis, "The Problem of Validating Content Analysis," inHarold Lasswell, et al. eds., *Languagesof Politics: Studies in Quantitative Semantics* (New York, 1951). 引自 Stephen Wasby, *Political Science: The Discipline and Its Dimensions* (New York, 1970), p. 173.

❽　參閱 Harold D. Lasswell, et al., *The ComparativeStudy of Symbols: An Introduction* (Stanford, 1952), pp. 40–45.

是政府主管官署或其他特定機構所作，其蒐集的資料對政治學者往往甚有價值；許多調查則為研究者為其獨有的研究目的而作的。今日政治學的主要成就，其依據大多是調查所獲的資料。因此，調查法已成為當代實徵政治研究最主要的研究技術，調查法是指研究者自研究對象直接獲取資料的技術，它又可細分為兩種：其一是使用問卷 (questionnaire)，其二是訪談。前者利用文字，後者利用言辭，但基本上是無二致的。在有些情形下，這兩種方法也可混合使用。我們首先擬討論問卷法。問卷法能使用於大批研究對象，從他們獲取資料。此為其優點，但問卷法僅能用來測知對象們對某一事物較粗略的認知，大概的態度取向與情感反應或意見，無法測知較深刻的認知，較精細的態度與纖細的情感反應與細緻的意見，此為其缺點。欲藉問卷調查獲致良好的效果，必須注意抽樣的樣本，問卷的設計與調查工作的實務。就樣本而言，必須具有代表性，但所謂代表性，不是機械的，必須按研究主題始可決定。問卷的設計相當不易，問卷不宜過長，最好能在半小時至四十五分鐘內作完，不良的指示，過於艱澀的文字、曖昧的用語，都可能使答題者產生誤解。在設計每一項問題時，研究者都應仔細考慮這題能否提供他研究主題需要的資料，該題的文字與用語是否適合答題者的教育與認知程度，而且不致引起誤會，此外，凡是混有研究者自己的價值判斷──所謂含有主觀價值的問題 (loaded question)──或者表現方式足以引導答題者去不加思索或旨在討好研究者而去選擇某一答案──所謂引導性問題 (leading question)──都應避免。調查工作的實務也足以影響調查的成果。就問卷法而言，問卷可郵寄發出，也可派專人實施，郵寄問卷的回收率一般均相當低，如達百分之二十五至三十，已相當不錯。因此，只能行使於不甚嚴謹的研究中，專人實施的問卷法，則需考慮專人（訪員）的素質、訓練與工作態度，此點將在討論訪談法時一併討論。

　　訪談法可使用於獲取較細微與深度較大的資料的調查中。問卷的標準型式，自然是獲取某種類型資料的適當方法。此類資料易作系統化處理，但此法的刻板性，使其不宜用來洞察個人獨特之觀念，意見與態度；即使問卷法能使我們知道一個研究對象對某一件事物的態度，我們也無從由此知悉此態度形成的背景與根源，欲獲得此類更深刻的知識，就必須依賴訪談。訪談法比問卷法富有彈性，能用來作較有深度的研究，自然是其長處；然而，倘此法的使用完全由訪員興之所至從事，則所獲的資料可能無法系統化歸納與分析，如此研究就不甚有用了，為使訪員能對若干對象獲取可資比較的資料，設計一個訪談表 (interview format) 也是訪談法實施前必要的準備工夫。訪談表與問卷不同，不是一組刻板的問題，僅是列出若干訪談時應觸及的主題，訪談能否按訪談表進行，與訪員的個人技巧關係甚大，事實上，訪談的成功與否，主要依賴訪員。訪員的外貌、儀態、待人接物的風度、隨機應變的能力等都能影響受訪者的合作與否，而訪員的才能、技巧則決定訪談能否獲致研究者的目標，由於訪員的關鍵性地位，研究者對其選擇與訓練不能不慎。

　　3.參與觀察：參與觀察法是文化人類學者研究的主要技術之一，政治學者也曾用來作社區與組織的研究。此法適合於在較小的領域內作深度研究，與某一時段內的較動態的情況的研究，這與調查法適於在較廣大的領域內作較不深刻、比較靜態的情狀、態度與認知的研究，是正好相反的。參與觀察法研究的成功，仰賴研究者對該項技術的靈活運用與其本人的素養甚大。大體來說，此法相當人的缺點是研究者頗難藉此作客觀的研究，其雙重身份（研究者與參與者）使其頗難保持旁觀者的超然性，而且，此類研究過份依賴觀察者本身的敏銳與機警，研究的結果往往隨研究者個人的學養與能力而決定，殊乏客觀的標準來衡量其優劣。不過，此法也有其優點，其一是在有些情況下，欲深入研究一個社區與組織，此為唯一可用

的技術，而且運用此法可減少「理論架構」強加於資料，或排除某些資料的弊病。

4.試驗與模擬：以上所述的研究法適用於非試驗性的情勢，在這種情勢下，研究者首先觀察的為依變項，然後再探討自變項，以尋求其與依變項之關係，或對依變項的可能影響。試驗法乃是指研究者能「控制」其研究的自變項（或至少其中之一）。在政治研究中，研究者不能完全按自己的意志控制或操縱自變項，因此，如果把「試驗」一詞嚴格界定──指控制性觀察，反覆驗證及有系統地操縱主要的變項等步驟──，則政治研究是不能使用試驗法的。然而，倘若吾人把「試驗」一詞作較鬆散的界定，不苟求過高的精確性，並把半試驗性的探測也包括在內，則政治研究中也有應用試驗法的例子。近年來，政治研究中應用最多的試驗法，是所謂「模擬」(simulation)。模擬乃是一種間接試驗，亦即把政治或社會情勢，以簡化的方式重製，「真實生活」的變項由個人或符號來代表。一個真實的領域過份複雜，變動太快，觀察者頗難掌握，欲對其達到某種程度的瞭解，一個有效的辦法是建立一個演繹的或類似的系統來代表該真實的領域，此系統含有一切重要的特徵，但排除一切其餘的，俾研究者能集中注意力。純演繹的係完全電腦之模擬，類似的係人的模擬，又稱模演 (gaming)，現有主要的模擬成果如葛次柯 (Guetzkow) 的「列國模擬」("Inter-nation Simulation") 都是兩者的混合。❾模擬使研究者能在半控制的情況下，觀察現象。當他一再試驗時，可把一些因素維持不變，僅使另一些因素具有變異，如此他就可審察在不同狀況下，各種變項間的關係產生何等改變，並加以估量。

---

❾ Harold Guetzkow, et al., *Simulation inInternational Relations: Developments for Research and Teaching* (Englewood Cliffs, New Jersey, 1963).

　　㈢通則與理論的建構與驗證：行為主義政治學者認為研究的主要目的在建立人類政治行為的通則與理論，唯有如此，我們才能解釋不同社會表面上看似繁複的形形色色的政治行為。欲建立通則，必須作比較研究，亦即把同一社會不同時期的同類現象或不同社會同時發生的同類現象核其異同，找出其共同性並加解釋，如杜佛傑 (Manrice Duverger) 觀察實施單席相對多數當選選舉制的國家皆是兩黨制的現象，來解釋兩者間關係。理論往往是若干通則結合成的邏輯結構，其作用也是解釋政治現象。不論建構與驗證通則或理論，均需按照以上㈠㈡的步驟。

參　政治學的演進

　　關於政治生活與價值的思維，在人類社會中，出現甚早，而且數大文明都有重要的成就。我國先秦時代，政治思想就甚發達，數大學派同時崛起，對人應如何過理想的政治生活，都有不同的卓見，中國文明對世界偉大的貢獻之一就是政治倫理與價值的探索；西洋人對政治的思維與科學化之探討，淵源流長，自古典時代的希臘羅馬至今不絕，美國已成為政治研究當代重鎮，而歐陸自由國家也有重要的政治思想家與研究者；印度文明對政治思想也有原創性的貢獻，西元前四世紀考梯雅 (Kautilya) 主張君權無限，其對若干問題的看法，酷似我國的韓非與西洋的馬基維里 (N. Machiavelli)，而印度教文明中的人道主義的思想影響後世的甘地與泰戈爾。

　　政治思想的出現、發展與演變，與人類的政治經驗有關。倘無具有原創力的天才，則政治經驗當然不足以形成重要的政治思想，然而，多樣的政治經驗確為刺激政治思想的千變萬化，使其多彩多姿的觸媒。東方文明的政治思想初興時其成就不亞於西洋，而以後的貢獻則望塵莫及，主因並非東方人的天才不及，而係東方的專制

君主比西洋專制君主更能長期控制社會與維持政治體制的一元性，限制了東方民族的政治經驗，結果使其才智之士腦筋失去刺激，誤認其社會的政制猶如日月之永恆，不可作基本性的變易，少數人即使具有較「激進」的思想也因害怕冒犯「當道」，而自行收斂。

對西洋文明而言，希臘不僅是其搖籃，而且提供各種制度、觀念等的範型。希臘人的政治經驗甚為多樣，其諸多城邦具備不同的政治制度：西元前五世紀時雅典的民主與斯巴達的軍國主義的嚴酷的獨裁與柯林斯的財閥的鬆散的獨裁，以及其他無數不同程度的混合型。這多樣的政治經驗相當地刺激了希臘天才的政治思維，柏拉圖的反對民主政治，不僅是由於其師蘇格拉底被「民意」殘害，而且是其目睹雅典與斯巴達相頡頏時，前者未必勝過後者，然而，他對斯巴達軍國主義遏止文化創作活動的卑劣，權威與威勢合一（亦即權威的基礎僅為鎮壓的能力與愚民政策造成的愚忠）的不義，也深痛惡極，對兩者都不滿意的經驗刺激他另謀蹊徑。柏拉圖的天才固屬罕見，但希臘的經驗之多樣，則無疑促使其天才開花結果。

希臘人在政治探討上的成就，並不侷限於若干偉大思想家的貢獻，而主要在三方面：1.希臘人最早把政治生活與其他層面的生活在觀念上分開，西洋人「政治」的源自希臘「城邦」(polis) 一詞，我們可說希臘人分析的天才使其在人際緊密的經驗中發現了政治領域；2.希臘人最早自覺到政治活動之探討對增進政治生活品質的重要性，在世界各民族中，成為第一個有系統地從經驗中研究政治者，亞里斯多德也許可被認為是人類第一位政治科學家；3.希臘人最早感覺到個人作為一個政治動物所遭遇的群（政治社會）己之間的複雜問題，對於「公民」(citizen) 的性質遂有了觀念，在別的文明中，其時僅有「子民」(subject) 的意識，「公民」觀念的誕生，是使政治思想蓬勃發展的一大動力。希臘民族這些成就，與其「城邦」經驗極有關係，城邦是一個社會關係極為緊密，其生活品質之改善依賴

成員積極參與的社區，政治在這社區中比較容易成為成員們直接接觸到的個人經驗，而且這經驗不僅是外在的──這在傳統的東方農業社會，一個負責徵兵的官員或一個負責納糧稅吏出現時，人民才會痛苦而無奈地感覺到──，而且是內心的──一種與其他成員休戚與共的感受──。由於需要成員的積極參與，希臘的政制──不論其為民主或獨裁──都不能自滿於國民被動的順服。因此，政府與人民的關係便變得複雜，而刺激人們作較深刻的探討。

希臘人在政治的思維與實踐上都有貢獻，但他們的成就也有其限度：他們的經驗主要侷限於城邦，或至多只有在外族入侵危機嚴重之時（如波斯入侵），若干城邦組成鬆散的聯盟，他們未曾發展出民族─國家，這一經驗的狹隘性影響他們的思維，結果甚至像柏拉圖與亞里斯多德這樣大思想家的政治思想也有一個盲點：頑固地相信只有小國寡民的城邦才能保持政治生活的品質。

希臘人珍視城邦，他們的觀念僅能達到覺察到個人與城邦的關係中存有某些問題，但無法設想兩者可以清楚地分開，亦即個人應有一個非政治領域，不僅政治權威不能干預，而且根本不應進入。這個區分的觀念是希臘城邦制日趨崩潰而新的制度尚在發展的過渡時期，一些思想家（主要是斯鐸克派 The Stoics 思想家）思維的產物，這種觀念的萌生與他們的政治經驗也有關。這種經驗使他們感到政治價值的失落，與政治生活的缺乏意義。在這種情形下，他們感到人應找尋個人的目標，發掘並實施自我界定的人生價值，為此並應在某些崇高的領域中抵斥群體的干擾。

羅馬人在純粹的政治思想上成就不大，但是，在兩方面他們對政治學的發展有其貢獻：第一項是他們建立了大帝國，把許多民族置於一個政府的統治下，並發展出治理廣大領域的建制。一個大帝國能維持相當長久的時日，決不是羅馬軍團武力的結果，必定是一套建制，一組觀念等塑造的成就，這就涉及其第二方面的更重要的

貢獻：經歷羅馬的統治與教化，羅馬帝國內思想較進步的精英份子漸漸孕育一種「天下一家」的觀念，他們認為所有民族在基本上都是平等的，這觀念在羅馬法中獲得體現。羅馬法對歐陸國家政制影響之大，固不待言，其平等的原則自然對後世也產生影響。羅馬人可說是第一個發展「法律文化」的民族，法律文化對政治之關係的密切，我們只要想到在二十世紀以前，政治學與法學是一體的兩面，而即使今日，政治學的一些主要領域仍與法學血脈相聯，就可瞭然於胸。

西洋從古典時期進入中古，有一件值得注意的大事：基督教的興起，賽班 (George Sabine) 曾稱其為西洋政治與政治哲學上最富革命性的事件。❿基督教的興起使西洋人的政治生活中產生了一個極為重要的問題：宗教與政治的關係。在權力的層面，政教分立原則的建立與實踐對其政治發展有重大的影響：在西歐與中歐，這原則獲得充份的實踐，政府權力有了限制與制衡，民主的發展比較順利；在東歐若干國家東正教傳統下，俗世君主控制教會，政治權力不僅節制被統治者的行為，也左右其宗教信仰與思想，民主政治在這類社會的發展就比較困難。在觀念的層面，教會堅持在精神的領域內政治權力不得干預，確立了「良知自由」的原則，在宗教改革後，新教更主張精神領域為信教者與上帝間直接的關係，不必以教士為其中介，更加強了「良知自由」的原則，「良知自由」並成為一切消極自由的基本。

上節所述為基督教的重大影響，並非在中古時期，這些自由與制衡都已體現，不過，中古的封建制度對現代政治學的若干觀念諸如憲政、代議與司法獨立之形成都有其影響，此因封建制度強調權力的分散與根據契約而限定人際關係。

所謂近代，肇始於文藝復興與宗教改革之時，此時期的最重要

❿　見 George Sabine, *A History of Political Theory* (New York, 1964), p. 180.

政治現實乃是民族國家 (nation-state) 的興起。民族國家的特質不僅是一個民族構成一個國家。而且是政府權力集中（以一個君主為首）。以謀求國家之富強，藉與其他國家對抗。民族國家初興之時，在實際政治上，君主要與封建的剩餘勢力抗爭以削弱之，待君主權力完全確立之時，不少人已感到政治壓迫——維護國教、限制活動……等。思想家對於民族國家及其政治權力的本質與需要、反應，是其思想產生之背景。近代早期的馬基維里、布丹 (Jean Bodin) 與霍布斯 (Thomas Hobbes) 都致力於為民族國家的權力創建與增長，及君主的威勢提出理論基礎；中期的洛克 (John Locke)、邊沁 (Jeremy Bentham) 與彌勒 (John Stuart Mill) 則重視國家權力的限制與改革，其特別關心者為個人與國家或群體間關係；後期的馬克思 (Karl Marx)、巴枯寧 (Michael Bakunin) 與克魯泡特金 (Peter A. Kropotkin) 則注意如何摧毀此種權力及超越此種建制，以建立在其心目中更完美的制度與更符合正義的權力關係。

　　中國人探討政治生活，已歷二千餘年，蕭公權曾把此漫長的二千餘年的政治思想史分為四個階段❶：1.創造時期：自孔子降生（西元前五五一）至秦始皇統一（西元前二二一），即所謂先秦時代；2.因襲時期：自秦漢至宋元（西元前二二一至一三六七）；3.轉變時期：自明初至清末（西元一三六八至一八九八）；4.成熟時期。此種階段分劃法，雖然仍值得商榷，但也能多多少少提供認識這一歷史過程的門徑。先秦時期，中國社會發生劇變，封建制度由盛而衰，乃至漸漸崩潰，王官之學漸漸為私人講學授徒之風取代，使平民子弟也有接受教育的機會，戰國時期戰亂頻仍，當此時期，有志之士或苦思解救生民之方，或設想協助列國統治者富國強兵以謀仕進之策，而列國為求自保，不得不重用能提出獨創的策略之才智之士，各國分立之局面有利於思想自由的維持，此一因素遂使先秦時代成為中

❶　參閱蕭公權：《中國政治思想史》上冊（臺北，民國七十一年），頁三。

國政治思想的黃金時期。

　　秦始皇統一六國以後，在高壓統治下，人民思想受到統制，政治思想界百花齊放的局面遂為一片死寂所取代，中國思想界（不僅是政治思想界）枯貧的慘狀乃隨政治權力的專制而延續十餘世紀。其間除了注解前人（主要為儒家的孔孟）著作與歌功頌德以外，幾乎聽不到深刻討論政治問題的聲音，更遑論政治思想原創性的巨著。中國政治思想史這一黑暗時期可怕的沉寂足以證明人之政治經驗與其思維活動的關係：經驗的單調與貧乏可使思想無從突破因襲的牢籠。

　　蕭公權認為明末清初顧炎武諸人的思想代表一種轉變，此為中國人受異族欺凌後的反省，感到固有之一切不足以保民族之自存，而思另闢蹊徑。不過，此一轉變的實際成就並不甚大，就政治思想而論，積極的原創性貢獻甚微。部份原因可能是此類求變單純是出於種族主義的反省，對中國傳統的政治與文化的專制主義與一元統制，中國社會的基本結構（士大夫官僚與廣大勞動者截然的劃分）的價值則殊少感受與自覺。元亡後，中國人對明朝的取而代之，因種族主義而感沾沾自喜，對其專橫暴虐，則頗少怨言。

　　所謂成熟期的重大變革，不僅是思想的，也是政制的。民國成立，摧毀了數千年君主專制。在政治思想上，則孫中山先生的三民主義成為建國的準繩，提供開創國家新局的藍圖。

　　西洋人對政治的探討，在十九世紀以前，主要是哲學的，個人思維的，自十九世紀中葉後，愈來愈多的人士著力於以科學的方法發掘政治現象的事實真相。這一改變，使政治探討漸漸脫離哲學、倫理學、法學而成為獨立的學科，此即政治科學 (political science)：在政治科學界，目前有不少人士致力於使其更加「科學化」，也即在探討的方法與成果的表現上，愈來愈類似自然科學，但這種努力也有不少人士擔心會使政治探討愈來愈變成學院中的遊戲，與社會現

實脫節，使其不再具有亞里斯多德所言的「救國濟世」的功能。這兩種看法的爭執，已成為當代政治學界的一樁公案。無論如何，政治學已在學術界建立確定不移的地位。

　　政治科學的開端，有兩個源頭。其一是德國的國家學。所謂國家學，乃是探討國家的本質，主權理論，國家的功能與組織等領域，具有公法學、政治哲學、倫理學、史學等特質，雖然含有某些經驗研究（主要是分析文件）的成份，但主觀思維的途徑實為其主要的探討方法。國家學多少具有為十九世紀普魯士的開明專制辯護的目的，並非單純的客觀學術研究，然而，國家學有一點對政治學發展有重要影響：即使公法分析與政治現實的權力之探討連結起來，這是使政治學獨立於法學的起點。另一源頭為所謂「政治社會學」(political sociology)。當然，在二十世紀以前，沒有政治社會學這個名辭，然而，馬克思、孔德 (Auguste Comte)、涂爾幹 (Emile Durkheim)、柏雷圖 (Vilfredo Pareto)、西末爾 (Georg Simmel)、杜奈 (Ferdinand Tönnies)、韋伯 (Max Weber) 等人在十九世紀末葉與二十世紀初葉所作的研究與思維，不論是關心社會結構的、精英的、社群的、原理的，都對政治學發生巨大的影響，其不少觀念與發現啟發了當代政治學的多項探討或為其提供起點。

　　當代政治學也許應指十九世紀末葉形成而在二十世紀中葉以後──尤其一九六〇年代──方始甚為蓬勃的，主要為實證的政治研究，這類政治學是在美國發展成功的，被一個英國學者稱為「美國的政治學」(B. Crick 語)，今日其最大的中心仍在美國。事實上就當代政治學而言，唯一的中樞國家是美國，其他的國家（不論歐洲或亞洲）都是邊陲國家。

　　美國政治學的發展要分兩方面來敘說：

　　㈠傳統的政治學基本上受德國的國家學的影響，但在美國，國家的存在與主權理論的探討已不受重視，美國的傳統政治學的重心

在探究其國家建制的特性與三權分立產生之種種問題，早期政治學者關心的價值為民主憲政與人權的維護與政府行政的改革。威爾遜 (Woodrow Wilson) 期望以英國政制的精神來補救美國行政與立法隔離之弊病。古德諾 (Frank Goodnow) 重視行政效率的增進即代表這種學以致用的心理。

美國人的實用主義的人生態度也反映於其早期政治學之發展，其早期的政治學者重視事實資料的蒐集，不以主觀的思維為尚，但資料之辛勤蒐集缺乏理論的指引，成為伊斯頓 (David Easton) 所指斥的粗糙的實徵主義 (raw empiricism)。

㈡行為主義的政治學：對於側重於政府建制分析的傳統政治學的不滿，在一九三〇年代就已存在。芝加哥大學的政治學者梅連 (Charles E. Merriam)、拉斯威爾等人為首的芝加哥學派，揚棄了其所謂「描述的、法條的」的政治研究，著手投票行為、壓力團體等的實證探討，採用了調查與訪談、參與觀察等蒐集資料的技術。並且盡力達到主觀價值判斷與事實陳述的嚴格分離，其成功代表政治研究在實質與方法上重大的進步。芝加哥學派的主張與研究為政治行為研究的先河。

行為主義政治學的崛起，是在第二次世界大戰以後。其時，行為科學（心理學、社會學與文化人類學）已建立其地位，其「科學」的精確性對許多政治學者甚具誘惑力，遂思仿效。而且不少政治研究者在戰時都曾參加政府的研究機構，與其他學科的學者共同工作，因此，對這些學科的較新研究方法與技術，並不陌生，對科際整合與交流，也有接納的態度與能力，戰後人們對自然科學的價值的普遍接受使基金會願意支助以自然科學為模範的社會科學研究，而不重視傳統的研究，這也鼓勵年輕學者投向行為主義的政治學懷抱。就研究環境而言，戰後出現了許多迥異於西方政體的新興國家之政治制度，這些政制根本無法藉傳統政治學的概念與分析方法去理解，

如此更使人們感到傳統政治學的偏狹與侷限性。新興國家的政制在形式上與西方並無太大不同，但其實際運作則全然迥異，這一事實使「比較政治」首先步出傳統的分析途徑，「比較政治」在政治學中進步最快，與此不無關係。

在美國國內政治的探討方面，投票行為的研究由於能使用調查技術與計量方法而獲快速的發展，由投票行為的研究而延伸至其他型態的政治參與的研究。在民主社會，政治參與自然是大眾關心的政治生活重心，而且這種研究，最適合於移用心理學與社會學的概念與研究技術，其成為政治行為研究的重心，自然不足為怪。

在國際關係與國際政治的領域，行為科學的影響較小，此因國際政治的探討，大多屬於總體 (macro) 的層次，不屬個體 (micro) 的層次，比較不宜於「行為」分析，但即是在此領域中，於國際衝突行為與安全（尤其是裁軍）問題的研究，行為主義政治學的影響也歷歷可辨。

政治學行為主義派，於一九五○年代是與既得利益的傳統派在抗爭中，漸漸堅固其地位，於一九六○年代，它已與傳統派鼎足而立，並且似有取得優勢之趨勢，但在一九七○年代，它本身又以既得利益者的身份遭到攻擊，批評者大體接受行為主義者的追求科學的精確性與嚴謹性的態度，但不贊成其把個人的價值判斷與實證研究截然劃分的頑強信條，認為這不過是規避社會改革，聽任現狀不變的遁辭而已。不過，這些批評者——所謂後行為主義者——僅對行為主義的政治學提出相當嚴酷的批評，本身並不曾形成一個新的學派。

目前的政治學界，學派之爭並不重要。傳統的研究與行為主義的研究都有學者在從事，另有不少人混合兩類研究，並不感到有何不妥。對後行為主義者的一些觀點，也大體接受，但並不貿然認為行為主義的研究必然為維護現狀的保守主義作掩飾。而行為主義者

的若干觀點：重視實證資料，不尚空想，力求精確、嚴謹、充份地利用其他學科的發現，則已成為一切研究者的共信。

政治學在我國成為一門獨立的學科是在一九三〇年代，若干留學歐美的學者如王世杰、張奚若、周鯁生、浦薛鳳、錢端升、蕭公權……等在少數大學諸如北京大學、清華大學、中央大學等開設政治課程，並成立中國政治學會。一九四九年中共佔據大陸，政府遷臺後，臺灣大學與新復校的政治大學成為我國政治學發展的重鎮，其後私立東海大學、東吳大學與文化大學也設有政治學系，國立中興大學與私立淡江大學則有公共行政學系與公共政策研究所，都履行訓練政治學生的功能。近年來，國內政治學研究所畢業與海外歸國之較年輕學人漸漸取代年邁退休的大陸來此的政治學者，政治學系為數日增，我國從事政治研究已有較大的陣容。在研究工作上，我國大多數學者所作的為傳統的研究，不過，近二三十餘年來，已有少數學者從事投票行為，政治社會化，政治文化等課題的實徵研究，有相當成就。但我國政治研究欲在國際間佔一席之地，仍須努力。

肆　政治學與其他學科的關係

學科的分類，是必要的，因為這代表學術的分工，人的精力是有限的，倘若沒有適當的分工，學習任何事物都難望深入，更遑論從事研究了；現代社會極其複雜，知識之累積至為富足，而累積之知識愈多，人類愈感其不能洞燭事物的奧秘，因此愈需要各類精細的研究，這種情形使研究的分工更為精細，學科的分類益加細微。

政治學的獨立成為一門學科，就是這種分工的過程的結果。在十九世紀末葉以前，雖然已有人在探索政治現象（不僅指主觀的思維）。如亞里斯多德的觀察希臘的城邦政制、馬基維里的探討統治者權力運用的實情……等，但並無所謂「政治學」這門學科的存在。

十九世紀末葉後，政治研究自法學、歷史學、哲學、倫理學中脫出，漸漸成為一門公認的獨立的學科，在歐美的少數大學內，有了政治學的課程，其後又開始設置政治學系。

　　一門獨立後的學科，自然與其根源分不開關係，就政治學而言，其與歷史學、法學、哲學與倫理學的關係是密切的。

　　傳統政治學與歷史學的關係，僅次於法學。歷史學與傳統政治學使用的研究方法大同小異——主要為文件的分析。歷史學者興趣的中心之一為政治事件與政制的演變，而傳統政治學也注意這類題材，甚至有人戲言傳統政治學是時代較近的歷史，而歷史則為較古老的政治。今日政治學者研究一國的政治，仍不免對該國的政制的歷史作一回顧，並把其歷史事實當作分析所使用的素材。

　　法學與傳統政治學的關係，甚至比歷史學更為密切。傳統政治學研究的中心為依照公法（憲法與行政法）設置與運作的政制，這種分析與公法學者的分析目的可能不一，但其運用的概念，探討的途徑，分析的方法，使用的語彙實際都是一樣的，研究所用的資料當然也來自同樣的來源，許多第一流的傳統政治學者其學術訓練都是法學，自不足為怪。

　　一般哲學與倫理學與政治哲學關係自然密切，與政治科學的關係較少，不過，由於傳統政治學不強調研究者主觀價值的摒除，而且不少學者具有濃厚的改革建制的興趣，其研究往往反映其政治與社會哲學與倫理，許多論說皆依憑這些哲學與倫理為根據，哲學與倫理學就進入傳統政治學的領域。

　　分科雖然是必要的學術分工，但我們必須知道一切分科都是人為的，雖然不會是指毫無理由的任意之作，但是，其根據的也未必是金科玉律或不可變易的「真理」。人類的經驗有其整體性，我們接受任何分科時，不可忽略此一整體性。由於此一整體性，學術研究一方面固要顧及其分科之專，另方面也應重視科際整合的需要。一

門學科獨立建立後，並非一成不變，倘若它的傳統方法無法處理其核心的課題，傳統的概念與論證使其無法獲得更大的進步時，就有人會另闢蹊徑，從別的學科中找尋營養，來滋潤它，傳統政治學受行為政治學的衝擊，情形就是如此。當某些政治學者感到傳統政治學之不足時，他們就從社會學、心理學與文化人類學這些核心的行為科學中吸取了概念、研究方法……等，其結果即為行為政治學，其出現遂滋補了政治學。此一改變一方面象徵科際整合的需要，另方面顯示學科的擴大與演變。由於此一改變，政治學與心理學、社會學與文化人類學遂發展了密切的關係。

三〇年代芝加哥學派的政治學者借用不少行為科學的概念與研究方法與技術，使政治研究產生了豐碩的成就。今日政治行為的研究，受心理學、社會學、文化人類學的影響是甚為巨大的，任何對政治行為研究略有所知的人，都能輕易瞭解此點。

另一與政治學關係密切的學科是經濟學，現代政治學者中，有人在努力建立演繹的政治理論，例如唐斯 (Anthony Downs) 的民主政治論其建構的方式就是經濟學的；經濟學對政治學的理性抉擇理論之影響最大❷。許多人甚至相信未來政治學要發展成嚴謹的科學，必須借助經濟學的建構理論的方式。

伍　政治科學與政治哲學

我們在以上的討論中，已提及政治哲學與政治科學的區別。但對之迄未作系統性探討，在本節中，擬對這兩者作較詳細地分辨，並指出其在政治學中各自的地位與角色。

在政治探討的廣大領域內，我們可把其內容大體分為政治哲學

---

❷　見 David Easton, *The Political System:An Inquiry into the State of Political Science* (New York, Knopf, 1953).

與政治科學。政治哲學探討的主題是政治生活應該如何，也即價值的問題，政治科學處理的乃是政治生活與政治現象是如何的，也即事實的問題。不過，這僅是大致的區別，在實際的著作中，有時頗難作截然的分劃。政治哲學探討者既為價值的問題，基本上一部政治哲學的著作是剖析作者個人的價值判斷：他對政治生活中某一重要課題採取了一個立場，然後用言辭（文字）來說明為何這立場是正確的，是值得別人接受的。由於政治哲學的著作具有這種說服別人接受的性質，我們往往稱其為說服性 (persuasive) 的。而且，由於政治哲學家都有一種「以天下為己任」的抱負，其著作中有一種他心目中政治社會與生活應如何安排的規格，我們也常說政治哲學是規格式 (prescriptive) 的。政治科學研究的為政治生活中的現象，也即「事實」問題。事實是要我們用客觀的態度，適當的方法，點點滴滴地去發掘的，我們發掘出的事實，要忠實地記載下來，不可憑自己的主觀加油添醋的記錄，由於政治科學是記錄「事實」，我們往往說它為描述性 (descriptive) 的。有些人一見到事實的描述，以為這不過是把我們感覺器官觀察到的「現象」記載下來，其實，政治生活的事實是相當複雜的，我們要知道的不僅是其表面的現象（如美國的參議院有一百個議員，其眾議院有四百三十五個眾議員之類），而且是其內在的現象（參議院在其政治制度中扮演如何的角色，眾議院又扮演如何的角色？其在整個權力關係中是如何的等）。再說，我們不僅要知道政治生活中一個現象「為何」，還要瞭解其「為何」如此。

　　政治哲學是主觀的，純然是政治哲學家們自己的心靈的產物，偉大的政治哲學的著作在人類歷史上並不多見，在中國，孔子、荀子、孟子、韓非、老子、墨子的著作都具有值得注意的地位，西洋的柏拉圖 (Plato)、亞里斯多德 (Aristotle)、聖‧奧格斯丁 (St. Augustine)、聖‧湯瑪斯 (St. Thomas Aquinas)、馬基維里 (N.

Machiavelli)、霍布斯 (T. Hobbes)、洛克 (J. Locke)、孟德斯鳩 (Montesquieu)、盧騷 (J. J. Rousseau)、黑格爾 (F. Hegel)、邊沁 (J. Bentham)、彌勒 (J. S. Mill)、馬克思 (K. Marx) ⋯⋯等若干著作也具這種價值。這些偉大的著作，通稱為「典籍」(classic)，亦即其具有自成一級 (a class by itself) 的崇高地位。這些「典籍」之所以值得重視，是由於兩個理由：首先，它本身的成就：這些著作探討的必然是一個攸關全人類的永恆性的重大政治課題。儘管為這些著作催生的可能是哲學家生存的時代所處的社會中某個困擾的政治危機或難題，但其處理的方式，提出的答案是超越其時代與特殊文化限制的。他在處理這課題上顯示出思想的原創力與博大精深的特質，其表現具備嚴謹的邏輯；其次，它對當時與後世的影響：譬如洛克對後世自由主義國家的政治的影響，或馬克思對後世社會主義國家的影響，都極為巨大。

　　一般來說，中國政治哲學探討的中心課題是政治生活的倫理，尤其是統治者的責任，儒家強調統治者應提高自己的道德品質，以實施仁政為其施政的目標，否則就可能喪失「天命」成為人人唾棄的「獨夫」；道家則主張統治者應實行刑輕政簡的無為之治；法家則認為統治者應嚴刑峻法，並且以公平的態度對待其人民。西洋政治哲學探討者主要為政治義務 (political obligation)──或國家（統治者）與人民之關係。

　　大體來說，西洋政治哲學家對政治義務的觀點計有三類： 1.布丹與霍布斯之流，認為被統治者（人民）對統治者（國家）的義務應無限制，而統治者的義務則為最小限度的，如霍布斯以為統治者僅需維護被統治者的生命安全即可； 2.洛克、孟德斯鳩、盧騷之流，則認為統治者與被統治者皆各有其權利與義務；統治者應保護被統治者的權利，並尊重其固定領域內的自主權，被統治者應負擔其對統治者應有的義務，兩者的關係並應建立在統治者的權力來自被統

治者的同意，並用來為其服務的原則上；　3.馬克思、巴枯寧之流，則對既存的統治者與被統治者的關係採否定的立場，認為此純係一種壓迫與剝削的方式，缺少道德的含義，被統治者應在適當時機，摧毀此一關係，建立新的關係或甚至徹底廢棄統治與被統治的關係。

　　政治科學旨在發掘、描述與解釋政治生活中種種現象。雖然獨立的政治科學於十九世紀末葉方才出現，人類試圖發掘、描述與解釋政治現象則為時甚早，亞里斯多德曾致力於把希臘諸多城邦的憲政加以分類，馬基維里則對權力的運用作了精細的觀察與記錄。政治科學出現後，其發展甚為蓬勃，目前，其大致的分類計有以下兩種方式：一種較傳統的政治學的分類為：　1.政治理論：包括實徵理論與研究方法論 (methodology)。甚至包括政治哲學；　2.比較政治：比較各種政治體系與制度；　3.國際政治與關係；　4.公共行政，及 5.本國政府與政治。這種分類方法提供許多大學政治學系課程設置的標準，在若干政治學期刊中，也按此分類來處理文稿，但這一分類忽略了政治科學較新的發展，而且分類的準則並不完全是科學的或學術的。譬如本國政府與政治純然是一個按地理而作的分劃，就政治學言，可能是一個無所不包的雜類，其所以建立此一分門，是由於目前政治學的教學還脫不開培養公民國家觀念的狹隘的實用目標。另一種較新的分類法，則把政治科學作如下的分門：　1.政治理論與方法論：包括經驗理論（也可包括規範理論或政治哲學）、方法論及政治研究技術；　2.比較政治與政治發展；　3.政治行為研究；　4.公共政策與行政，及 5.國際政治。這一分類法目前往往為一般研究者及支持研究的基金會所採用，但僅有少數大學的政治學系根據此來設置課程。

　　我們曾經指出政治哲學與政治科學的區分，僅大體上有用，在實際的著作中，有時殊難說某一本書純然為政治哲學，而絕無政治科學的成份。譬如馬基維里，公認為一位政治哲學家，其探討的目

的是規範性的，但他研究的方法為其自稱的歷史法，亦即利用歷史事件 (不少是他親身觀察到的義大利各城邦的事件) 來說明其論旨。固然，他的研究方法在今日看來不夠嚴謹，然而那是因時代所限，我們並不能因此而否定其具有某種程度的實徵性，其他的重要哲學家的著作中，也或多或少的含有「描述與分析」事實的成份。我們在政治科學的著作中，也可偶爾讀到代表作者對某一重要政治問題立場的文辭，這一「立場」的正確與否，未必能從其實證研究中獲得確證，至多只能從其中推知 (inference)，譬如奧蒙 (G. Almond) 與佛巴 (S. Verba) 在其《公民文化》(*The Civic Culture*) 一書中指出積極參與與消極規避兩種態度混合的政治文化（亦即公民文化）有利於民主政治體系之穩定發展，就是例證。不過，大致而言，政治哲學與政治科學的著作仍是頗易分辨的。

我們普通所說的政治學，似乎應包括政治哲學與政治科學兩大部份在內。可是，過去半個多世紀，政治哲學相當沒落，而政治科學則蓬勃發展。在許多政治學的教科書中，政治哲學已有成為一種附屬品之趨勢。倘依美國的情形，這更加明顯，美國所謂 political science 入門教科書中，可能包括一點政治哲學的簡短介紹，或完全缺乏；其大學政治學系通稱 Department of Political Science。其中往往開設少量政治哲學的課程，其政治學學術期刊中的學門分類中，往往把政治哲學劃為 political science 的一個分門，或分門的支門(政治理論分門中的次門)。一般來說，英國人比較重視政治哲學，往往把政治學科稱為 political studies。在該學科中，政治科學與政治哲學至少在名義上獲得平等的地位。

若干年前，曾有人檢討政治哲學對於研究政治學的人究竟有什麼用處。有些人認為政治哲學仍然具有其一向具有的崇高的價值，這種價值基本上是規範性的，換句話說，政治哲學能幫助我們去追求更美好的政治生活，提供我們一個高尚的集體生活的目標，並使

政治行為更符合道德的原則。另一些人則不以為然，認為政治哲學可能使我們對政治問題採取更加偏執，更加盲信的思辨態度，不符合科學的理性精神。本書作者個人認為政治哲學本身具有崇高的價值，應不成為問題，但其對吾人究竟發生何種影響，要看政治哲學是以何種方式教育與傳授的。倘若某一派的政治哲學被當作宗教教義般的傳授而傳授者又是一位口才很好的人，則受教者可能對不同的觀點完全不能容忍，未加瞭解就先予排斥，未加分析就先加否定，如此，其思辨方式就可能是偏執的，盲從的；相反地，倘若吾人在教學過程中，能把各種政治哲學一視同仁的對待，以同等的理性的標準加以詮釋、闡發與批判，則受教者雖可能擇其一為其基本立場，但對其他的觀點也不致未經思考就一味排斥或否定，而且，他對其接受的主張也能更深刻，更富創意地理解了。

　　政治哲學與政治科學並有其相輔相成的關係。就純粹學問的追求而言，人類對政治生活固然要獲得關於現象的知識，也需洞悉其規範之價值與基本的目的；就政治生活的改進而言，政治哲學提供吾人追求的目標(不論其為烏托邦,抑或普通參與的民主自由社會)。政治科學則有助於剖析實踐目標的方法——這些方法是如何的、有無可行性、達到目標之代價如何等。政治哲學典籍中之一些卓見，政治科學研究者也可作為「假設」，來設法驗證，拒斥或修正。如此，政治哲學可幫助政治科學的進步。

　　目前，若干政治科學的研究者對政治哲學頗為輕視，認為全然為主觀的臆測之辭，缺少實證的基礎，其實，這種「科學主義」的態度是不必要而且謬誤的，政治哲學自有規範的價值，缺乏實證基礎不足為詬病，然而，政治哲學家如能重視政治科學的發現，則可使其論證更具說服力，更能符合目前知識界科學與理性的精神。政治哲學家如能更有效地利用政治科學的知識，就更有希望使其學振弊起衰。

■□ 第二章　分析政治現象的一般性理論

　　政治科學成為實徵取向的學科的初期，許多人對「臆想」的心智活動，都認為不屑一顧，而以為唯有不輟地蒐集事實資料，才是政治學發展的首要，甚至唯一的任務。在政治學發展的重鎮美國，人們慣有的「讓事實說明一切」的態度，更助長了這種粗糙的實徵主義 (raw empiricism)❶ 的盛行。伊斯頓 (David Easton) 於一九五〇年代初葉，大肆抨擊這種作風，並盡力呼籲建立理論，尤其是涵蓋整個學科的一般性理論 (general theory) 的重要性後，政治學界開始對以往學術活動的偏頗性有所糾正，其後理論建構的「臆想」活動也受到了重視，建構實徵的一般性理論乃成為被人承認的「科學」研究活動。許多學者也寄望這些實徵理論能「指引」實徵的資料蒐集與處理。

　　本章擬提供理論建構與理論的一般性常識，並分別討論若干主要的一般性理論。

壹　「理論」與「實徵」研究

　　建構理論與「實徵」研究，現已被認作政治科學發展的兩個環節，必須相輔相成，齊頭並進，目前，對於這兩項工作，孰重孰輕，學者容有不同的看法，但已甚少僅重視一方面排斥另一面的人了。這一「共識」的獲致，並非朝夕間事，在一九五〇年代以前，許多

---

❶　參閱 David Easton, *The Political System:An Inquiry into the State of Political System* (New York, 1953).

研究者不重視實徵理論的建構，認為其對學術發展是無足輕重的。這一態度的存在，原因不一，其中一項為其時政治學術界對「理論」一詞的看法，與現在並不相同。

當賓班寫作其《政治理論史》(*A Historyof Political Theory*) 時，其所謂「理論」，完全指規範理論而言，亦即今日我們歸之於政治哲學的範圍者。所謂「實徵」理論，當時不受重視，僅有少數人相信有建構的必要或價值，因為大多數學者根本上把政治學當作一種人文學科。認為政治現象都具有獨特性，因此不可能像自然界的現象一般，可試圖建立一種「理論」來加以解釋，因而建構實徵理論是既不必要，也不可能的妄想。另有些人雖然並不完全排斥政治學的「科學性」，及以實徵理論來解釋政治現象的可能性，但認為政治實徵研究的時間仍嫌短，仍不夠成熟，政治學界在相當時期內，只有勤蒐事實，過早利用「臆測」來建立「理論」，猶如建立空中樓閣，對政治學發展是徒勞無功的。

至一九五〇年代初葉，政治實徵工作蒐集的「事實」已非常多了。但這些零星的事實並不能「說明」現象，反足以使人更加迷惘，更不易洞察現象的較深奧的真相，其時雖也有不少低層次的「理論」出現，但這些理論所解釋的現象涵蓋面甚狹小，因而對政治學的發展用處並不甚大。在這種情形下，許多人對粗糙的實徵主義遂萌生不滿，而試圖突破之。

同時，在一九五〇年代，研究方法論已逐漸受到重視，透過方法論者的鼓吹，許多人相信政治學科可成為真正的「科學」，而且自然科學與社會科學之研究對象雖然不同，但基本上其科學目標是一般無二，自然現象與社會現象也有類似之處。在這種思想的激盪下，建構實徵理論，以取代規範理論，並把規範理論摒於政治科學的門外的主張，大行其道。伊斯頓提出重視建構實徵理論的呼聲，遂甚受重視。

　　實徵理論大致可分為三個層次，第一類為基層的理論，這類理論的抽象層次甚低，解釋的現象數量甚為有限，涵蓋面甚為狹窄，而且往往涉及較少的變項，譬如解釋低收入者傾向於投票支持左翼政黨的理論；第二類為中層理論，這類理論的抽象層次高於第一類，試圖解釋的現象較多，較複雜，涉及的變項與變項間的關係較多，涵蓋面也較廣，譬如公民文化有利於民主政治或建制化促進政治穩定等理論即是；第三類為一般性理論，其抽象層次最高，涵蓋面為整個學科（或理論建構者認為整個學科的主要層面），涉及的變項數目甚多，變項間關係也甚繁複，這類理論的建構，伊斯頓認為係當務之急。

　　伊斯頓主張學者應致力於建構一般性理論，所持的理由為唯有借助於一般性理論，整個學科才能系統化地研究，否則各種零零碎碎地研究，必然無法使我們洞察現象之底蘊，而可能把表象誤認為真相，而且如此的研究，可能造成種種精力的浪費，使知識的累積——這是學科進步的先決條件之一——成為極為困難。一個一般性理論，可引導實徵研究，給予研究者一個關注的焦點與核心，使許多研究者的工作能發生聯繫，並發掘尚未探討的問題。

　　一般性理論與實徵研究具有相輔相成的關係。一般性理論能指引研究，為其提倡努力的方向與關注的重心；而一個所謂一般性理論，必須要藉實徵研究的發現，來證實其「解釋」適當無誤，在缺乏充份的實證研究結果支持的情況下，一項一般性理論仍僅具有「臆說」的資格，儘管在不甚嚴謹的政治學的語彙中，我們也常用「理論」這個名詞來指涉它們，今日政治學中常見的一般性理論，包括伊斯頓所創的系統論，其實都只是「臆說」而已。

貳 若干主要的一般性理論簡介

嚴格說來，政治科學的一般性理論，都尚在發展階段，其對政治現象的解釋力相當有限，其實徵基礎也未必堅實，然而，這些理論，也各有其價值，它們設法限制研究的對象之範圍，有助於釐定變項，提示變項間可能的關係，因而甚有利於實徵研究。

主要的一般性理論，有結構功能論與系統論、階級論、精英論與團體論、決策論與溝通理論。結構功能論與系統論皆試圖從政治體系的各部門的關係與運作來解釋全盤政治現象，為目前影響力最大的一般性理論。階級論、精英論與團體論皆企圖從利益與權力的分配與運用來說明政治社會；決策論與溝通理論乃假定政治研究的重心為政策行為的探索，而試圖以政策擬訂的行為作為政治學的中心理論。吾人將在以下各節中分別說明這些理論。

參 結構功能論與系統論

結構功能論與系統論是影響最大的兩種一般性理論。這兩種理論都是一九五〇至一九六〇年代發展成功的，它們都是政治學者從其他的社會科學移用於政治學的，結構功能論是借自文化人類學與社會學，系統論則受社會學的影響甚大，其使用的概念與術語，頗多取自這些學科；此外，這些理論代表一種行為主義的傾向，其概念與術語與傳統政治學界所熟習者相當不同，這是這些理論引入初期激起頗大反對的理由之一。

這兩種理論引入政治學後，發生了甚可觀的影響，現在許多政治學者的研究，都或多或少地沿用其所提供的分析架構、概念與術語。系統論的影響尤其巨大，有人認為「政治系統」這個概念已取

代了「國家」(state)，成為政治學中最核心的概念，而政治系統論已提供政治學者一個嶄新的典範 (paradigm)。

　　結構功能論起源於生物學與生理學。在行為與社會科學中，文化人類學者首先發展結構功能論，使其成為一個主要的研究途徑。雷特克里夫－勃朗 (A. R. Radcliffe-Brown) 與馬林諾斯基 (B. Malinowsky) 為人類學界結構功能學派的主要人物。根據他們的看法，「功能」的概念是基於「社會生活與有機生活的類比」上的 ❷。這種社會功能的觀點稍嫌簡陋而極端，在現代行為與社會科學結構功能論者的眼中，並不適當。對於政治學家影響最大的結構功能論者為社會學者派森斯 (Talcott Parsons) ❸。

　　派森斯的基本假設為一切系統都具有可以識別的結構，而該結構的每一成份都在履行某些功能，這些功能如對系統的維持與穩定具有作用，就是有意義的。

　　系統的各成份互相間的關係與它們與整個系統的關係，均呈有「功能互依性」。系統的另一特性乃是具有求取均衡的傾向。

　　「均衡」(equilibrium) 是社會科學中最常見的一個概念。其實，均衡一詞，實含有數種不同的涵義。其中最基本的意義如後：倘系統內「任何變項，就其與其他變項的相對地位及關係而言，保持不變」的情況，就是均衡。在這種情況下，所有變項已達彼此調適之境，即已達和諧、穩定與平衡的地步。這一「均衡」概念，使用於社會系統，易滋誤解，它不是指人們活動之中止，而係指「個人或

---

❷　A. R. Radcliffe-Brown, *Structure andFunction in Primitive Society* (London, 1952), p. 178.

❸　派森斯著作甚為豐富，著名者計有 *The Social System* (New York, 1951). Parsons and Edward Shils (eds.), *Toward a General Theory of Action* (Cambridge, Mass., 1951). Parsons and Neil Smelser, *Economy and Society* (New York, 1959).

集團在其與其他個人與集團的關係中，不更易其地位。」奧蒙曾指出社會系統具有在時間之流中維持其本性的傾向，它即使有所改變，這種改變也是緩慢的。

除了均衡，結構功能論還有一些重要概念，這些核心概念的界定，可惜仍不夠明確，這是結構功能論的主要弱點之一。

結構功能論最基本的概念有兩個，一為結構，另一為功能。結構乃是指一個社會及其次級單位的種種的安排 (arrangements)、建制為其顯例。我們欲辨識這些安排，不僅要見之於正規的建制 (institution)，而且要注意其他非正規的結構，此即「成型的、多多少少循定規的行為型態。」

所謂功能，在生物學中，是指某一器官為有機體履行的「任務」，在社會科學中，則指一項活動的後果 (consequences)。當然，並非一項活動的一切後果都可視為功能，只有對產生活動的單位所歸屬之系統具有影響者，才可稱作功能。功能與目的並不相同：有些功能是行為者蓄意達到者，此與目的相似。但也有許多功能，不是蓄意的。前者為顯性的功能，後者則為隱性的功能。美國社會學者墨頓 (Robert Merton) 曾對美國政黨的地方頭目 (boss) 及其控制的政治機器 (political machine) 之隱性功能作過精闢的分析。❹一般人的偏見為政黨頭目及其控制造成政治腐敗與民意扭曲，但墨頓發現了它為社會履行了一些其他建制所忽視的功能——為貧苦的移民提供救助，使其易於適應新的環境，有助於美國社會的和諧與穩定。

我們如說某一項活動具有影響或後果，並不等於說它對系統必然有積極的貢獻。一項對系統的維持與穩定具有貢獻的活動是功能性的 (functional or enfunctional)，對其不利的為反功能的 (dysfunctional)。但我們也不可把「功能性的」就認為是「好的」，「反

---

❹　參閱 Robert K. Merton, *Social Theory and Social Structure*, rev. ed. (New York, 1957).

功能的」即是「壞的」。在我們未作一全面性的價值判斷，肯定某一系統是值得維持以前，不能把「功能性的」活動與「好」的活動混為一談。然而，這類價值判斷不是實徵科學份內的事。

結構功能論中，一般都假設所謂功能要件 (functional requisites)，墨頓認為這是指社會（集團或個人）如欲繼續存在，決不可不加履行的一些功能。與功能要件這一概念密切相關的還有功能前提 (functional prerequisites) 這概念，此係指一個系統在其存在前所必須滿足的功能。功能要件與功能前提等概念仍為結構功能論中比較曖昧而在實徵上易遭爭議的概念。

派森斯在其社會系統的模式中，曾立下四種必須的功能，即：1.型式的維持，2.目標之達成，3.調適，與 4.整合。

政治學者中，主張採用結構功能論為研究架構的，首推奧蒙 (G. Almond)，在其與另一位學者合編的《開發中地區的政治》(*The Politics of Developing Areas*)❺一書中，他曾指出一切政治系統，不論其為「原始的」，抑或現代的，都具有四項特徵，據此我們可比較這些政治系統，使真正的「比較政治」學成為可能。這四項特徵為「首先，政治系統，包括最簡單者，都有政治結構。」其次，在一切政治系統中，若干種功能都被履行；雖然這些功能被履行的頻率不同，並被不同的結構所履行，……第三，任何政治結構，不論是存於原始抑或現代社會的，都是多重功能的。……第四，以文化的意義，一切政治系統都是混雜的。以「理性」為量度，世上沒有「完全現代化」的文化與結構，以「傳統性」為量度，也沒有「完全原始者」，自某種意義來看，一切政治系統都是過渡的。

奧蒙並在該書的導言中，立下政治系統的七項功能要項，亦即任何政治系統必須履行的功能。它們是四項政治的或輸入的功能

---

❺ G. Almond and James S. Coleman (eds.), *The Politicsof Developing Areas* (Princeton, 1960).

(input functions)：政治社會化與甄用 (political socialization and recruitment)，利益表達 (interest articulation)，利益集合 (interest aggregation)，與政治溝通 (political communication)；與三項政府的或輸出的功能 (output functions)：即規則建立 (rule-making)、規則執行 (rule application)，與規則裁決 (rule-adjudication)。

奧蒙在《開發中地區的政治》中提出的，他自認僅是一個初步構想，在其以後的著作中，曾作了若干修改。在他與鮑威爾 (G. Bingham Powell, Jr.) 合著的《比較政治：一項發展的途徑》(*Comparative Politics: A Developmental Approach*) 一書中，❻把功能分為三個層次：其中一個層次為能力功能 (capability functions)，涉及政治系統，尤其是政府的能力，這類功能計有規約的 (regulative)、汲取的 (extractive)、分配的 (distributive)，及反應的 (responsive)，它們決定系統在環境中的表現；另一層次是變換功能 (conversion functions)，為系統內部的功能，計有利益表達，利益集合，政治溝通，規則建立，規則執行，與規則裁決等項；另一層次是系統維持與調適之功能，即政治社會化與甄用。

奧蒙把結構功能論引入政治研究中，對政治學的發展已產生了相當重大的影響，目前不少實徵研究，都是或多或少以其為分析架構的。

結構功能論與系統論關係相當密切，因為它們都把現象設想為互相聯繫並節制的行動型式，這些型式的焦點是均衡。政治研究中，系統論的主要提供者為伊斯頓 (David Easton)，伊氏政治系統論受一般系統論 (general systems theory) 的影響頗大，故我們必須首先討論一般系統論。關於一般系統論，艾許貝 (W. Ross Ashby) 的貢獻頗大，他曾指出系統分析是「一組互聯的變項及該組變項在環境動盪的衝

---

❻ G. Almond and G. Bingham Powell, Jr., *ComparativePolitics: A Developmental Approach* (Boston, 1965).

擊下維持自己之方式的研究」。❼根據以上的敘述，我們得以強調數點：變項的互聯性，系統的邊界及系統持續維持自己的行為。

變項的互聯性指系統及其成份暨諸成份之間有兩種聯繫。一種為平行的聯結關係，另一種為梯階的聯繫。一個單純的系統，含有變項間的平行聯繫與變項與系統本身的梯階聯繫兩者；在一個較複雜的系統中，這指的是次級系統間的平行聯繫與諸次級系統與系統間的梯階聯繫。

系統與環境間都有邊界 (boundary)。但斷定邊界，必須首先注意某一系統為實存抑或分析系統。實存系統之邊界不難藉觀察發現，如一個蘋果，果皮即為其邊界；分析系統的邊界不能藉觀察輕易發現，必須細加分析後才能測定。

「系統維持自己的行為」一點實包含數重意義：首先，系統論者與結構功能論者都假定維持均衡與穩定為系統追求的目標。所謂維持自己，是指在環境的衝擊震盪下，系統維繫均衡與穩定之努力，其次，欲達此目標，系統必須具有某些能力，以應付環境，及保持其與環境間的和諧關係。

系統與環境的關係，實為系統論者關心的重點之一。大體說來，按系統與環境的關係而言，系統可分為兩類：封閉的與開放的，但由於封閉的系統難以久存，故實際上吾人僅需注意開放的系統即可。

系統暨其環境具有互動的關係，它從環境獲得者為輸入項 (inputs)，其送往環境者為輸出項 (outputs)。輸出項對環境的影響，也送回來成為輸入項，這就是反饋 (feedback)。一個系統能否持續生存或健全發展，仰賴其能否自環境獲取其所需，並提供環境之所需，而能否做到，與反饋機能健全與否實有莫大的關係。

一般系統論的目的在發展對各類系統──不論其為生物系統、社會系統──都適合的基本原則，以推進科際的整合研究，並增加

❼ W. Ross Ashby, *Design for a Brain* (New York, 1952), p. 1.

吾人對一切事物的共同性之瞭解。因此，釐定標準以比較各種系統，為其基本工作。一般系統論者認為系統可按整合、分化、互依與集中等程度加以比較。整合指一個系統中其成份的凝結度，分化指次級系統功能之區分，互依指其互相依賴的程度，集中指諸次級系統為達整個系統之共同目標的行為一致性。

伊斯頓在其一九五三年出版的著作《政治系統》(*The Political System*) 中，對當時政治學科的情況，作了嚴酷的抨擊。他認為當時政治學科的主要病態為缺乏理論，尤其一般性理論，其所謂實徵研究，主要只是搜集事實、堆積事實而已，這種「粗糲的實徵主義」(raw empiricism) 並不能使政治學接近科學化的目標。伊斯頓並指出科學的目的在解釋現象，而唯有借助於建構理論，這是辦不到的。在理論當中，他特別重視一般性理論，所謂一般性，具有兩層意義：首先，他認為任何層次的政治（國際政治，一國的政治或地方政治等），都可用同樣的理論來解釋，沒有必要也沒有理由建構不同的理論。他不贊同傳統的政治學者的分工，而感到政治學的目的是建構一個「統一的理論」，俾用來解釋各種層次的政治系統的行為。其次，他主張政治學的首要任務為分析一切系統具有之共同問題，此即政治系統持續生存的問題。

伊斯頓並不認為較低層次的理論是沒有價值的，但他認為這些都只是「部份的理論」，把部份的理論併合為一並不足以發展一般性理論。而由於一般性理論，能「建立辨識一切政治系統中需要探討的重要變項之標準」，其建構乃甚為必要。

在建構一般性理論上，他主張使用系統這個概念「作為分析工具，俾辨認可被稱為政治的那些具體社會真實中的完整地相聯的層面。」

自一九五三年以後，伊斯頓全力發展以「系統概念」為核心的一般性政治理論。他利用一般系統理論的基本架構來完成他的目標。

　　伊斯頓認為他的主要工作計有兩項：一項是辨識並界定一切政治系統均具有的功能，他認為這唯有藉助於系統構架才能獲致，他不贊成奧蒙界定功能的方法，以為這是主觀的；另一項是省察「政治系統——不論其類型——能在穩定或變動的世界中，作為一種行為系統持續存在的基本過程。」

　　伊斯頓曾使用以下的言辭，說明系統分析：**❽**

　　（系統分析）的出發點是政治生活為一組互動行為的觀念，此組行為是為其他社會系統所包圍，而以邊界區分的，但卻經常暴露於環境的影響下。果爾如此，吾人不妨把政治現象視為構成一個開放的系統，必須處理因其暴露於環境系統的影響而產生之問題。倘若這類系統能持久存在，它必須獲得足夠的關於它以往表現的反饋資訊，並能採取措施調整未來的行為。調整可能只需按固定目標作細微的調適以滿足新的情勢。但它也可能指更改舊目標或徹底變動它們的努力。欲求長存，系統可能必須具備徹底更改它自己的內部結構或過程之能力。

　　按照他的基本假設，伊斯頓曾使用以下圖形來表示政治系統與環境間的關係。（圖 2–1）

　　伊斯頓認為「系統」基本上是心靈的建構，不能完全從實存的層面去斷定某一系統包括那些成份或其邊界為何。政治系統實為社會系統中具有政治面者，並非孤立的存在，欲正確瞭解政治系統，我們必需從其樞紐性功能去辨識，政治系統的樞紐性功能，伊斯頓認為係「權威性的利益處分」，社會中有種種物質的與非物質的利益，為人們所慾，政治的任務是把這些利益加以分配、授予與剝奪，這

❽　David Easton, *A Framework for Political Analysis* (Englewood Cliffs, N. J., 1965), p. 25.

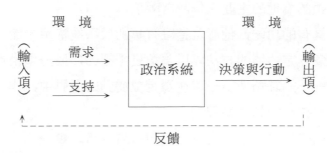

（見 David Easton, *A Framework for Political Analysis*, p. 112）

圖 2–1

些決定對社會具有相當大的約束力（權威性）。凡是作這類權威性價值區分的行為屬於政治，這類行為的總數構成政治系統。

政治系統對環境是開放的。因此，環境會不斷地影響它，而它也必須對之起反應。

環境對政治系統的影響，為對它的輸入項，輸入項包括兩類：需求與支持。需求為人們的慾望或愛好之政治化——所謂政治化是指人們自覺到這些的存在，並意識到可用政治手段來求取滿足，並決定採取這些手段。當需求以某種方式表達，權威者就必須注意而採取行動。需求的數量與種類是受若干結構所節制與控制的，諸如利益團體、政黨、大眾媒體或意見領袖等等。這些結構把分散而混沌的需求加以集結，並以明確的方式表示給權威者。惟有把這些需求轉化為一個行動的綱領、系統才能有效地對環境起反應。除了結構的條件，一些文化的因素也限制需求的數量與種類，並將其作某種改變。在任何政治系統下，必然有一些慾求會被認為係與政治無關的，而這類認定與一個系統的文化有關。

輸入項的另一種變項為支持。我們可把對政治系統的支持分成三個層次：對權威者的支持、對典章 (the regime or constitutional order)，與對政治社會 (political community) 的支持。這三種層次的支

持可能各不相同：例如一位反對當權者的人，可能十分擁護系統的典章。不過，三者也有其聯繫性，即對一種對象的支持可轉移至其他兩種對象。系統的持續存在依賴「對這三種事物最低限度的情感之保持。當支持的輸入項降低至限度以下時，任何系統的持續生存都會受到危害。」因此，任何系統必須培養成員對它的分散的支持 (diffuse support) 之意識。所謂分散的支持與特殊的支持 (specific support) 不同，它的產生並非由於成員獲得某種固定的酬報或利益，而是成員的社會化、愛國心、對憲法與領導者的無條件的信任與忠貞所建立的。伊斯頓指出，任何政治系統，假如缺少這種支持，恐不易維持生存。

分散的支持能給予政治系統某種程度的行動彈性。但為長遠計，系統的生存仍須依賴「特殊的支持」，這種支持是當成員感覺他的需求已經獲得滿足而產生的。

輸出項為系統對現存及預期的需求之反應，它與其結果或後果是不同的。權威者為滿足需求可採三種方式：1.例行的轉換，2.改變環境，或3.修改政治系統。而且，也可藉象徵的輸出項來代替實際的反應——空泛的諾言、堂皇的言辭、訴諸愛國情緒、製造假想敵或替罪羔羊等等。在最困難的情形下，甚至可以高壓的行動作為輸出項來維持系統的存在。

需求的數量太多、種類太雜、強度過大，也足以為系統帶來困難，使其窮於應付，伊斯頓稱這種現象為「輸入項超載」。世上沒有任何政治系統的接納與處理需求的能力是無限的，其能力的極限則每種系統不同，是隨其結構與文化而異的。

系統反應的能力與反饋的過程很有關係，所謂反饋，是指把關於系統情況與環境的資訊輸送回至權威者。反饋對系統之持續生存關係至為重大，因為權威者必須藉此獲得的資訊來作進一步反應——調適、改變或修正以前的決策，或以前的決策疏失。不過，反

饋本身並不足以保證系統的持續存在，它必須能及時產生適當與適量的輸出項，否則就面臨危機。

伊斯頓指出來自系統本身與環境的一些騷動，也可能為它帶來困難，而威脅其持續生存的能力。政治系統持續生存又仰賴若干緊要變項，諸如其為社會處分價值能為社會成員高頻率地服從。當然，任何決定都不可能獲得百分之百的服從，但其服從率必定要在一合理的界限內，否則系統就可能面臨崩潰。

伊斯頓認為持續生存不僅是自我維持而已，自我維持不過維持穩定，而持續生存會有當系統面臨困難時，能靈活適應。系統若要持續生存，它不僅要能維持穩定，而且要具有對付各種騷動的能力，它而且還要能改變環境，或自己作重大的改變，甚至徹底更動其「範圍、人員、結構與過程，目標或行為規則。」換言之，系統具有甚強大的自我調節的能力，才說得上具備持續生存的能力。

伊斯頓的政治系統論，也許可說是當代政治學界引起最廣泛的注意，受人評論最多、影響最大的一般性實徵理論，自其著作問世後，政治學新出的著作，頗多利用「政治系統」來取代國家或政府這些名詞，許多學者相信這一概念確實不似「國家」與「政府」般，過份含蘊法制或正規的制度的含義，而能使政治探討的領域擴大，然而，無可諱言地，在相當多的著作中，政治系統的概念其實仍不過是「國家」的替代品而已，有時作者們常常把兩個概念互用，這似乎說明伊斯頓的影響：形式意義實超過實質意義。

利用政治系統論的輸入項與輸出項等觀念，來分析政治的著作固然不少，但都是選擇性使用的居多，自始至終運用此架構的似乎僅密契爾 (William C. Mitchell) 的《美國政治體》(*The American Polity*) 一書而已。

伊斯頓對政治學者的影響，是廣泛分散的，他對他們的基本思維所產生的作用，確實相當重大；但我們仍不能說他已建立了一個

固定的學派，或他的系統論已經成為政治學的典範。而且，一九八
○年代後，其影響力也有下降之勢。

肆　階級理論、精英論與團體論

　　上節中介紹的理論，都以系統的特性與政治的功能為其立論的
中心，本節中擬介紹的階級理論、精英理論與團體理論，則著重社
會中政治權力的分配。因而，我們也許可說這些理論所關心的是權
力。

　　「階級」的觀念，由來已久。我國古代的思想家已注意階級的
存在，及其對社會與政治的重要影響。古希臘亞里斯多德更提出中
產階級為政治穩定與社會進步的決定性力量的重要見解，但今日最
具影響的階級理論，首推馬克思 (Karl Marx) 的階級理論。該項理論
雖曾經後人的不斷補充或修正，但其基本架構，則始終未曾改變。

　　大體說來，馬克思階級理論，有下列重點： 1.人類社會，除了
原始共產主義社會以外，在無產階級專政成立以前，都是階級社會，
也即必然分裂為剝削與被剝削的階級之社會； 2.階級社會中，階級
鬥爭必然存在； 及 3.階級鬥爭為推動社會變遷的主力，階級性則為
社會生活的最重要觀念。

　　馬克思界定「階級」，純粹從生產關係出發，而生產關係則取決
於生產工具的擁有與否。擁有生產工具者構成一個階級，可剝削別
人的勞力，來增加自己的財富，不擁有生產工具者，則只得出賣自
己的勞力，受別人剝削。

　　在人類以往的歷史上，曾出現各種型態的階級社會：在初民的
原始共產主義社會，人人都憑一己之力，漁獵為生，或闢草萊而過
簡單的農耕生涯，並無階級存在，一旦文明初啟，力強智詐者乃奪
取同胞的土地器皿，並在戰爭中將其屈服，於是「奴隸」社會出現，

奴隸制的普遍存在，為古典文明的特色，奴隸主掌握生產工具，可剝削與利用奴隸的勞力，而奴隸則成為被剝削階級。至中古時代，農奴與封建主遂成為被剝削與剝削的兩個階級，此為封建時期的階級關係。至近代，資本主義社會出現，資本主義社會迥異於以往的社會，有數項特點：1.生產方式方面，在以往，都是以漁獵農耕為主，生產力較薄弱，資本主義社會中，工業取代了以往的生產方式，生產力獲得了高度的提昇；2.資本主義社會中，擁有生產工具的資本家與自己沒有生產工具的勞工分成資產階級與無產階級兩個階級。然而，無產階級與以往的被剝削階級仍有其區別：在資本主義社會，勞工在法律上已完全獲得「自由」的身份，在理論上，他是以自己的意願簽訂契約為廠主工作,這與奴隸與農奴是大不相同的，然而，馬克思認為這種不同，只是形式上的。實質上，無產階級在其生產關係的束縛下，並無真正自由選擇的餘地。

馬克思的所謂「經濟」決定論，除了主張生產工具的擁有決定階級地位、生產工具的改變促成生產關係之更易，而推動人類文明的演進外，另有一層意義為：一切「上層建築」——如政治、法律、倫理思想等——都由經濟的基層（即生產工具與生產關係）來決定，每一種社會，都因生產工具與生產關係之不同，而具有不同的法律、政治、倫理道德⋯⋯。而這些都反映社會的主宰階級（擁有生產工具的階級）之利益，並為其服務。根據此一看法，我們可知，在他心目中，在資本主義社會，政治權力其實是完全掌握在資產階級手中。

「政治權力掌握在資產階級手中」究竟是何含義？這是否是說一切重要的政治角色都由出身資產階級者充任？事實上，在資本主義的國家，擔任重要政府公職的人，未必出身資產階級，有些是貴族，頗多是職業官僚，而這些職業官僚中，甚至可能有少數出身無產階級家庭者，所謂「政治權力掌握在資產階級手中」似乎是指政

治決策，都是反映或符合該一階級的利益，或至少不會重大違反該
階級利益。馬克思曾指英國十九世紀的巴力門為資產階級的俱樂部，
這不是指其成員都係出身該階級，而是他認為從巴力門通過的法案
的內容來看，它是以維護資產階級利益為工作重心的。

政府的政策反映階級利益，不是「機械的」，馬克思主義者曾用
羅斯福的新政為例來說明此點。❾新政是在一九二九年，資本主義
面臨重大危機後採取的。新政的許多政策，都曾遭資本家強烈反對，
認為偏袒勞工，不利於企業主，但羅斯福政府不顧這些反對，毅然
實行，有些人以為這可證明羅斯福政府的政策並不反映資產階級利
益，然而，馬克思主義者則認為羅斯福的新政，其基本目的不在徹
底改變原有社會的結構與規範，相反地，是在使其按社會新的現實
需要而獲得強化。因此，正如羅斯福自己所言它是旨在拯救資本主
義，使其免於危亡的。在個別政策上，它也許違背若干資本家的個
別利益，但整體以觀，它仍反映並維護資產階級整體的利益。

我們曾說過，「主宰的階級掌握政治權力」一語意義，在資本主
義社會與以往有些不同，即在資本主義社會，擔任政府決策者，不
論其為國會議員，抑或行政首長，未必都是資產階級出身的，既然
如此，則又如何保證其必能反映該階級的利益呢？

出身不同階級的政治人物，都會反映資產階級的利益，是由於
數項理由： 1. 價值觀念的， 2. 組織的，與 3. 個人利益。在價值觀念
方面，資產階級社會的學校教育與大眾傳播媒體的宣傳，都使人漸
漸相信資產階級的利益就是公益，或者，像一位美國高級官員所說
「符合通用汽車公司利益的必然也符合美國國家的利益」。各階層的
人士當中，都有不少人支持資產階級控制的現狀，也願意為維持此
現狀而努力，這些人也都認為這樣做是符合全社會公益的，這類人

---

❾ 見 W. Wesolowski, *Class, Strata and Power* (London Boston and Henley, 1979), pp. 63–65.

往往會被甄用擔任要職；就組織而言，資本主義社會的特色是龐大的官僚系統 (bureaucracy) 的出現，職業官僚成為真正的權力中心之一，表面上，官僚是憑專業知識與技能為社會服務的，並且在政治上是「中立」的，而實際上，官僚成為保守政治力量最大的支柱，官僚的心態是守成的，而其組織中的升遷也都取決於個人服從命令，貫徹上級指示的能力。較高級官僚都從受過相當教育的人士中甄用，在許多國家，資產階級子弟成為高級官僚的人數必定較多，如此官僚組織內部的生活規範等皆有資產階級的色彩，其他階級的人一旦成為官僚，往往會使自己在心態與觀念上「資產階級化」。官僚組織的獎勵與升遷制度也間接有助於使它的性格與資產階級趨於一致。就官僚個人而言，由於認同資產階級的價值，並且其言論與行為符合資產階級的標準者，比較容易獲得升遷，或至少能保持祿位，如此，愈是高級人員，愈是「資產階級」化，而整個官僚組織也瀰漫資產階級的氣息，在這種情形下，官僚儘管名義上政治中立，而在實際上無不偏袒資產階級，反映其基本利益。

資產階級政治地位的維持，還有許多直接與間接的方法，譬如藉不公正的選票制與選舉法規，來保持其在選舉中的優勢——在資本主義的早期，則以限制投票權於財力與教育的精英來獨佔選舉。當此「獨佔」已不可能時，則在選舉的技術上著手以保持優勢——大眾傳播媒體的控制，以及武力的掌握等。

然而，儘管資產階級控制力量強大，階級鬥爭仍然會存在，對抗資產階級的無產階級的得以形成一股力量，一方面是由於其人數眾多，而且隨資本主義的演進，而不斷增加，另方面是由於其具有「階級意識」。無產階級具有階級意識是因知識份子的鼓吹與勞工在工場共同工作的經驗使然，故在發展程度愈高的資本主義社會，無產階級具有愈高的階級意識，因而能從事更有效的階級鬥爭，並從鬥爭中爭取政治權力。

　　馬克思的階級理論，缺點頗多。首先，階級是否構成人類發展中，最主要的人群單位，也即它是否為人們主要的認同體？是大成問題的，至少「民族」的力量，比階級大得多了。第一次世界大戰爆發時，交戰國國內各階級的人民都表示站在自己民族的立場，一致抵抗外力，而無視其國內若干社會主義者的反戰呼籲，最足證明馬氏之謬誤。階級也許是人類社會的一種分割的單位，但決非唯一的，甚至也非最重要的；其次，馬克思界定「階級」僅限於擁有生產工具與否，及其在生產關係上的地位，似乎不夠充份。在一個生產工具的擁有權與經營權相一致的初期資本主義社會，我們也許可藉生產工具的擁有與否作為分辨階級的重要準則，但在一個生產工具的擁有權與經營權日益分化的現代資本主義社會，倘仍以此為分辨階級的唯一標準，吾人就不得不把年薪數十萬美元的高級經理人員（並不擁有生產工具）與勞工劃為同一階級，而把一個擁有薄田數畝的農夫當作「資產階級」了。而且，現代資本主義社會，因股票公開發售，擁有生產工具者已遍佈整個社會，其中有些人本身也係勞工，這當然也不是馬克思所能預料的，這種發展也使其階級區分發生困難。馬克思階級理論的另一困難是他把一切權力都化約為經濟的，也即擁有經濟權力者也必然擁有其他各種權力，包括政治權力。此一看法，也僅部份正確，具有龐大的經濟權力者，倘具有強烈政治動機與技巧，自然較可能把其變化為政治權力，然而，因為具經濟權力者，未必皆具有強烈的政治動機或良好的政治技巧，故未必必然具有同等的政治權力，再說，政治權力的基礎不僅僅限於經濟權力，一個具鼓動民眾口才的雄辯家，一個擅長結合眾人的組織家，即使缺少經濟力，也可獲得可觀的政治權力，今日歐洲資本主義國家，許多工會出身的人士，都在左翼政黨中脫穎而出，獲得了相當巨大的政治權力，而這些代表勞動階級的政黨，都藉勞工選票獲得了相當可觀的政治影響力，並一再組閣，掌握政治權力，

更可說明馬氏的錯誤。馬克思的階級理論過份強調階級鬥爭，也欠周全，人類社會生活中，為爭取利益，鬥爭在所難免，鬥爭有個人與個人之間發生者，也有群體與群體之間發生者，故階級鬥爭自然是難免的，在人類歷史上也曾數度爆發這類鬥爭，但吾人認為馬克思把階級鬥爭強調得過份，大大地誇大了其在人類發展過程中扮演的角色。事實上，階級鬥爭遠不如民族與國家間的鬥爭來得重要，其對世界文明的影響似也不及前者。甚至某些重大家族間的鬥爭，與宗教團體間鬥爭，也具有與階級鬥爭相似的影響力。其次，不同階級間的關係，有其鬥爭的一面，但也有其合作的一面，端視其所處的地位及與第三者的關係而定，譬如若干歐美國家的資本家與勞工在一九六〇年代經常處在對立的立場，工會為爭取勞工更佳的福祉，常用各種手段迫使廠方答應其要求，而廠主為顧及其利潤，也常堅決拒絕，雙方常陷入長期的爭執，至一九七〇年代，則因外國產品的競爭等因素，促成其關係更複雜的變化：在有些場合，鬥爭持續，但在抵制外國產品內銷的課題上，勞資雙方往往站在合作的立場，來對抗代表一般消費大眾利益的自由貿易論者。總之，社會生活中，集團間關係甚為複雜，馬氏階級鬥爭之論，僅指出其一個層面，馬氏將該層面的重要性過於誇大，因而忽略了其他層面。

馬克思的階級理論把政治權力歸諸社會上主宰的階級（如資本主義社會的資產階級），精英論則認為政治權力歸屬一個階層——精英。

精英論者的基本假定是：精英與非精英兩個階層分隔的情形，是普遍存在於任何社會的。精英擁有的社會價值——如財富、權力、社會地位等的大部份，而非精英則站在弱者的地位。精英地位如何取得？有些精英論者假定精英具有較佳的個人品質與才能，他們又善用此等品質與才能，遂能取得精英地位。此品質與才能究竟如何，是隨社會的性質而異的；在漁獵社會，則捕漁狩獵的才能無異構成

此品質與才能；在「神權」社會，則宗教祭司的品質與才能便是精英的品質與才能；在必需經常戰鬥的社會，則領導作戰或武士的品質與才能，自然必為取得精英地位的條件，在現代社會，欲成為精英，必須具備專業的才能與技術，諸如管理龐大組織的行政能力等。

在精英論中，最值得注意的問題計有三項：第一是如何把社會成員歸入精英或非精英。這在形式上是容易的，但在實際上，由於各個社會的結構並不相同，認定精英的標準並不能刻板地使用。譬如辨認政治精英，一般都把國會議員列入，而不把軍中的校級軍官列入，但在若十拉丁美洲國家，校級軍官可能是政治權力的掌握者，而國會議員則可能並無真正的政治影響力。不過，這個問題，基本上是技術性的，它的存在固然是從事實徵研究的人必須留意的，但不足以構成精英論的缺陷。第二個問題比較重要，精英論的創始者莫斯卡 (G. Mosca) 與柏雷圖 (V. Pareto) 曾把精英劃分為治理的精英與非治理的精英，前者為以政治與行政為業的精英，其日常工作即為管理國事，後者則為社會上各類行業的傑出人士，他們具有相當的影響力，但日常工作並非處理國事。我們若欲探究政治精英，似乎僅需以前者為對象則可，而不必顧及後者，如此，工作就可方便得多，但是，事實上，欲探究現代社會的政治精英，不能作如此簡單的劃分，莫斯卡等的區分，把這問題過份簡化。精英的政治影響力及其在政策決定上的角色，在現代社會，往往不能僅憑其是否佔有政府或政治性職位而定。而且，在不同的社會，也有不同的情形。譬如，美國為一資本主義傳統甚深的國家，企業家與主要的企業經理人員，在政治上的影響力甚為巨大，為權力精英的核心，❿ 而在當前大多數西方民主國家，重要利益團體，如工會的負責人，無論如何都不能視為不是政治精英。相反地，許多政府中的行政首長，可能僅為技術人員，並不真正扮演重要的決策角色。我們認為把精

❿ 參閱 C. Wright Mills, *The Power Elite* (New York, 1957).

英強行劃分為治理的與非治理的，恐怕不甚合理，也無必要。但另一方面，我們也不宜把所有精英都視為政治上具有影響力者。第三個問題涉及規範，有許多人認為精英論基本上是反民主的；精英論肯定在任何社會，政治權力都掌握在少數精英份子手中，而且認定這是不可避免的。這等於否定了民主的可能性。其實，如認為精英論者相信民主的實踐與民主的理想兩者存有差距，因而在任何社會、民主都有其限度，可能是正確的判斷，倘說所有的精英論者，都反對民主，則並不正確。精英論者可分為兩派：第一派是規範色彩頗重的早期的精英論者。如前述的莫斯卡、柏雷圖之流，確實多多少少具有反民主、或對民主政治不信任的偏見，他們認為精英治國，不僅是難以避免，而且是理所當然的，否則，國政可能日非，他們提倡精英論的目的，就在對抗一些主張把政治參與的權利加以擴充，並使全民皆對政治發生影響的言論與主張；另一派精英論者，比較留意的是在不同政治制度下，精英的政治權力與影響力所佔比例遠超過非精英這個事實，他們認為這個事實顯示民主的規範理論與民主的實踐之間存有差距，如何處理這個差距，成為這派精英論感興趣的事。對於處理這個差距，又可分為兩種態度：有些人認為應該使現實與民主理論所標示的理想契合，因此，他們盡力抨擊精英控制的不當。密爾斯 (C. Wright Mills) 的《權力精英》(*The Power Elite*) 就抱持這種態度，這些人致力於實徵的研究工作，旨在揭露精英控制無所不在的冷酷事實，他們的基本哲學與前述早期精英論者是截然相反的，他們都是真正的民主主義者，並對當前民主國家的民主實踐感到不足，而期望加以改善的；另一些人也認識到精英的存在，從某方面看，他們與早期精英主義者一般，認為精英的優越地位乃理所當然，無可非議的。但他們並不反對民主，不過，他們認為精英的存在，並不一定違背民主原則。在民主政制下，精英不僅存在，而且必然會存在，但民主的精英與非民主的精英是不同的，其區別

在於前者並不擁有能單獨決定一切重要事務的權力，其行為仍要受到非精英的影響。換句話說，在民主政制下，精英雖然為決策的主動力量，但不是唯一的重要力量，而且，其公務行為仍須受到非精英的監督與審核。他們認為古典的民主理論把民主政制的運作過於理想化了，倘若我們依據此一標準來衡量民主，則勢必判定世上沒有真正民主的社會，而且將來也不可能如此，因為這種理想化的標準否定了精英，但精英的存在是無法否定的。許多對這種態度不以為然的人把持此見解者稱作民主精英主義者。❶

關於精英論，我們將在以後適當的章節，再加申說，此處僅作簡略地介紹。

從團體論的角度來看政治程序，與從精英論所看的正好相反。從後者的角度，政策制訂的過程是單元的，權力則集中於社會金字塔的頂層。而從前者看，決策是多元的，許多團體互相施展壓力，妥協平衡的結果即為政策。因而，精英論者見到的政治社會是一個各種資源分佈甚不平均，政治權力與影響力的分配也甚不相等的層級結構，而團體論刻劃的政治社會則為一個資源廣佈於各種不同的團體，這些團體各有其優勢與劣勢——譬如經費充足的工商團體人數較少，而資金比較短絀的工人團體，則人數較多……等，因而都能彼此對抗，對政治決策者施展壓力，而政治決策者也不得不對這些壓力產生反應，因而政策的決定，往往是這些團體的要求之妥協與平衡。儘管有人曾認為精英論者具有反民主的傾向，但大多數人都承認團體論完全是一種民主主義者的理論，團體的爭執與妥協，反映了多元民主社會政治過程的特質。

團體論在思想淵源上，受功利主義的影響頗大，此因團體論假定私利的追求為個人行為的主要動機，人因私利的相同而結合成團

---

❶　參閱 Peter Bachrach, *The Theoryof Democratic Elitism, A Critique* (Boston, 1967).

體，團體的互爭構成政治活動的內涵。而所謂公益，不是客觀的，超越私利的存在，而不過是諸種私利妥協，調適後的產物而已。

團體論實為資本主義思想的衍生物：政治市場與經濟市場一般，可供許多追求各自私利的人群（團體）之角逐，在這種競技中，公益（亦即對各種團體的私利皆有增進，而無損任一團體的結果）就在妥協中產生。

團體論作為一個周遍的一般性理論，比精英理論更不充份，這不僅是由於政治社會中的許多成員根本不組織或歸屬任何團體（雖然有人以「潛在團體」的概念來處理此一困難，但許多人根本沒有任何組織或歸屬團體的「意識」，則所謂「潛在團體」概念的用途，恐仍有限）。而且，在許多政治體制下，政策的起點不是「團體」，而是領導者個人的「睿見」、其對民眾要求的預期反應、甚至意識型態的考慮……等。團體論充其量僅能解釋若干西方社會政治活動的一部份。我們在討論利益政治時，將較詳細地說明利益團體的性質與影響，讀者可參照。

伍　決策理論與溝通理論

許多政治學者認為「政策」才是政治學的中心，因此他們頗熱衷於發展「決策」行為或相關的理論，俾作為政治學的一般性理論。本節擬介紹決策理論與其有關的溝通理論。

「決策」，已成為社會科學者甚為重視的課題。心理學、社會學、經濟學、企業管理，與政治學等都把決策行為作為其研究的焦點之一，這些學科在探究決策時，其重點各不相同，但也各有其相關聯之處。政治學的決策理論與其他學科的決策理論固有互通之點，但也有重大的差異：有人認為政治學的決策理論關心者不僅在「政策」本身，而在「決策結構」。也有些人則認為政治性決策涉及權力，或

社會價值的權威性處分，也即政治性決策為「公共」的，而非「私人」的。

決策的理論，汗牛充棟，但大體僅及於政策制訂過程的某一點或線，目前我們仍缺乏整體的決策論，建立這種理論，猶待努力。

把這許多個別的決策理論，有系統地整合於一個架構之內，似乎是建構整體性決策理論的初步工作。

有人曾把這些理論按決策的變項（或變項組）整合：⓬ 變項組可分為㈠決策情境；㈡決策人士；㈢決策組織；㈣決策過程，與㈤決策結果。

㈠決策情境：決策情境對決策的行為有明顯的影響，國際關係的學者曾強調危機或非危機決策的區分，其理論為危機情境下的決策與非危機情境下的決策，可能在決策者對時間的看法，對敵對者的看法，溝通管道的負荷與作用，及決策人員的人數與態度……等皆有其差異。

即使在一般的決策中，決策情境也可分為突發的與預期的，在突發的情境下，決策人士希望立刻獲得大量的資訊，而在預期的情境下，資訊已累積至相當可觀的數量，如何把它消化，則困擾決策人士；在突發的情境下，決策可能不嚴格遵循固定的途徑，在一個負責政策擬訂的團體或組織中，能處理或應付這種情形，具有急智的人士可能扮演重要角色，在預期的情境下，決策遵循固定的途徑，決策人士扮演的角色往往按其職位而定。

「決策情境」的另一變項為反應時間。社會問題需要解決或民眾的需要滿足，有的是急迫的，也有的不甚急迫的，反應時間的差異，也足以影響決策行為，在急迫的情形下，決策人數會比較少，

⓬ 參閱 James A. Robinson and R. Roger Majak, "The Theory of Decision-Making," in J. C. Charelesworth (ed.), *Comparative Political Analysis* (New York, 1967), pp. 180–184.

其對資訊的要求也比較低，但期待「權威」的意見與資料，其考慮的重點往往是解決眼前的問題，而不圖作一圓滿的，長遠性的解決；在非急迫的情形下，決策人數可能增加，其對資訊的要求較高，決策者期望獲得關於問題的各方面的資料，聽取各種不同的意見，以便作一個圓滿的、較根本的解決。

㈡決策人士：所謂決策人士，究竟指那些？學者具有不同的看法：有的認為應限於少數在政策制訂過程中作最後決定的人士，而不應把提供與分析資訊，擬訂選項，貢獻建議的一干人等均包括在內，也有的則以為應包括擬訂選項，提供建議的人士中具較大影響力者。事實上，現代政府中，重大政策的決定，甚為複雜，即使吾人將決策人士限於作「最後」決定者，其人數也往往相當可觀。事實上，一項政策的制訂過程中，究竟扮演何類角色的人士可視為決策者，常常由其性質而定。在一些較屬於例行性的政策中，較低層的官員——也即表面上職責僅限於擬訂選項與提供資訊與建議者——實為真正決策者，其高級主管僅按例核可其決定；但在非例行的政策中，高層人員遂成為真正的決策者。無論如何，在關於決策人士的這組變項中，吾人應留意下列因素：其性格因素、意識型態、社經背景、學經歷背景……等。

決策人士的性格因素對其決策行為究竟產生多大影響？學者有兩種不同的看法：有的過份強調決策行為的「理性」成份，而認為決策人士的個人性格並無重大影響，此一觀點，已為愈來愈多的研究所否定。另外一些人則過份重視性格因素，若干政治人物的心理傳記似乎反映此觀點，其實，就大部份決策人士在大多數決策情勢中的表現來看，性格因素雖有影響，但並無決定性影響，性格因素只有在少數決策者在少數決策情勢中，發生過較大的影響。不過，一個周遍的決策理論自然不能忽略決策人士的性格因素。

決策人士的意識型態對政策制訂的影響，究竟如何？頗難探討。

當然，近代有標榜迥然相異的意識型態的政權，如社會主義的共產國家與自由主義的西方國家之政權，這些政權的決策人士，確實在以往決定了不少截然不同的經濟、農業……等政策，造成了兩種不同的社經體系。然而，在這些決策者作這些決定時，其主要考慮是否為「意識型態」抑或其他的因素？諸如個人權力的維持……等，再說，在目前，意識型態之差異是否仍然構成決策人士考慮政策時的主要歧異，抑或已不復以往的重要性？甚至所謂意識的差異是否大，抑或僅是因「宣傳」上雙方強調遂顯出其歧異，對政策制訂者的行為已不再有影響了？

決策人士的社經背景與學經歷也是考慮其決策行為必須注意的變項，然而，其影響究竟如何，也頗難測定。在傳統的研究中，有些過份強調決策人士的社經背景：有人認為低階層出身者往往會贊成「平等主義」的政策，而中產階級出身者會贊成「自由主義」的政策。今日這種看法已漸漸被揚棄，從經驗研究中，我們發現決策人士社經背景與其決策行為的關係兩者缺乏必然的聯繫。

㈢決策組織：決策之研究，必須考慮其三個層次：個人、集團與組織，任何政策的制訂，一方面是若干個人心智的活動，另方面又是這些個人溝通的結果，溝通的行為不僅發生在一個集團之中，而且有其組織的背景。政府決策組織不僅有其層級性：即較低層人員提供資訊、建議與選項，而高層人員作出選擇，而且，也有其平行的聯繫、協調與妥協係決策過程中平行的單位所不可避免的，譬如美國政府封鎖古巴海域的決策，參與者有國防部、國務院、國家安全會議等單位，這些單位間的「討價還價」，有人認為構成了決策的本質。❸

㈣決策過程：關於決策過程的理論性的工作較有成就。決策可

---

❸　Graham T. Allison, *The Essence of Decision:Explaining the Cuban Missile Crisis* (Boston, 1971).

視作追求目標的一個整體過程，而這整體過程又可分為若干較小的過程。決策過程究竟如何，學者有各種不同的設想：提倡「理性」模式的人士，按照古典經濟理論的觀念，把決策過程設想為一種完全有意識的行為，它假設在任何政策的決定中，決策者能夠形成一切選項，並且按照「實利」的量把它們順序排列，然後，選擇理性地最佳的選項。賽蒙 (Herbert Simon) 批評這一模式，認為過於理想化，與實際的決策行為並不符合，因為欲按照「實利」量來構成一切選項必須事先具備數項條件：政策目標明晰而單純，資訊完備，決策有充裕時間而又不致耽誤，決策者的智能均達至高的境界，這些條件在政策需要採取時幾乎都不存在，因此，大多數的決策，都只能依憑「有限的理性」(bounded rationality)，❶當一個選項能滿足最低標準，決策者認為差強人意時就會採取。雖然賽蒙發展其模式是依據工業界的決策，而非政府的決策，但我們沒有理由認為政府決策比工業界的決策更能發揮充份的「理性」。

拉斯威爾把決策過程分為七個「功能」階段。❶林勃龍 (Charles E. Lindblom) 認為決策過程有兩類：一類是理性的，決策者就其制訂的政策本身的考慮，另一類則為「累積的」(incremental)，亦即決策者「蕭規曹隨」，循例照以往的行事習慣所作的決策，他並認為這類決策實構成決策行為的大宗。❶

也有人把整個決策過程分為三種次級過程：心智的、社會的與準機械的。心智的過程為分析與研判的部份，在這過程當中，個人

---

❶ Herbert Simon, *Models of Man: Social and Rational* (New York, 1957).

❶ Harold D. Lasswell, *The DecisionProcess: Seven Categories of Functional Analysis* (College Park, Maryland, 1956).

❶ 參閱 C. E. Lindblom, "The Science of Muddling Through," in W. J.Gore and J. W. Dyson (eds.), *The Making of Decisions* (New York, 1964), pp. 155–179.

的智慧、見識、創造力、判斷力具有重要性；社會的過程包括利益團體間的互動、政府官員與民間人士的商談、政府中人員間的溝通……等。準機械的過程乃是不加思索地按習慣、成例、組織規章……等在半意識狀態下所作決策之程序。事實上，任何決策均為此三過程混合的結果，吾人實不能說任一政策為循任何單一程序制訂的。

(五)決策結果：決策結果有立即的與長遠的，有形的與無形的……等不同的類型。拉斯威爾曾把結果按其價值內涵分為權力、尊敬、廉正、情感、財富、技能、智能與福利等類。任何決策都可能影響一種或數種價值。譬如稅法會影響財富，增加地方政府經費的決定會影響財富與權力等。

目前決策結果的研究主要仍限於決策程序內的結果，而缺少就一項政策對整個社會的後果之關係的研究，此類研究的貧乏構成決策理論的建構之一項障礙。

溝通理論的創導者為杜意契 (Karl Deutsch)，❶杜意契的立論之來源為數學家魏納 (Norbert Weiner) 的操縱學與大眾傳播學中資訊理論的觀念。操縱學根據的為一種關於自我調節的系統（電腦、有機體的神經網）之運作的理論。這些系統的一項主要考慮為在變遷的環境中維持均衡與達到目標。欲完成這兩者，它們依賴關於環境與關於自己行為的兩類資訊，並藉這些資訊以改正自己的行為並增進自己追求目標的能力。系統追求的目標是不固定的，故其獲取資訊，改正行為的活動也持續不輟，一旦失去此能力，系統就會僵化而潰敗。政治系統也類似上述系統。我們可說資訊的獲取、傳遞、運用以瞭解它。

杜意契認為資訊為行動主要的憑藉，它藉溝通通道而傳遞，大眾傳播媒體本身雖非通道，但為提供通道的媒介；除大眾傳播媒體外，口語也為傳遞資訊的通道，任何通道傳遞資訊的能力，有可核

---

❶　參閱 K. W. Deutsch, *The Nerves of Government* (New York, 1963).

算的限度，倘負荷過重，溝通就不順暢。政治系統中的通道交織成溝通網，為政府的神經。政府決策必須依賴健全的神經，健全神經表現於正確的獲致反饋的功能。

杜意契把政治系統設想為一個藉溝通網而自我駕御的系統，此系統的穩定與均衡之維持，有賴於其能達成目標；追求目標為一持續不輟的過程，而且目標是多重的、變動的，政治系統的環境也是變動的。這種情勢下，獲得反饋資訊的能力極為重要。決策者依賴良好的溝通網，獲得資訊，以便不斷糾正自己的決策行為。

杜意契的整個架構，是把決策視為政治活動的中心。而溝通則為決策的樞紐，故其理論也可認為係決策理論的一個分支。

■ 第三章　民族國家

　　研究政治，一個良好的起點是瞭解國家與民族的概念及其涵義。由於至少至目前為止，政治權力的行使，仍以國家為主要的單位，國際間的對抗與衝突大多是國家與國家間的對抗與衝突，而所謂某一國際集團與另一國際集團間的紛爭（如北大西洋公約組織與華沙公約組織）也不過是一組國家與另一組國家間的；每一個人，不論自己願不願意，一生下來就必須隸屬於一個國家，受該國政府的管轄、治理、保護、照顧、服務或「剝削」；國家的觀念，是最普遍深入人心的，一切政府也都在盡力追求增強人民的國家認同感與效忠的意識。現代國家，大多是所謂民族─國家 (nation-state)，在原則上，這是以一個民族建立一個國家為「理想」的型態，在實際上，現今世上一百九十二個國家當中，只有部份符合這個理想型態❶。儘管如此，我們仍把現代國家看作民族國家，今日的國際體系為一個民族國家的體系。

壹　民族國家體系

　　「民族國家」的出現是比較晚近的，在十五世紀以前，並無這種型態的國家。在西洋、古希臘僅有城邦國家，希臘人雖然說著大體相同的語言，祭祀大致相似的神祇之宗教，但卻分割成不同的城邦：一個城市及其附近的領土組成一個城邦，在一個政府管轄之下；希臘人在與埃及人與波斯人等接觸時，雖已具有一種「我族」「異族」

---

❶　大多數國家都有少數民族，其中有些為多元民族的國家，其多數民族與少數民族人數差異甚小。

的觀念，但只有在異族入侵之時，才能團結一致抵禦外侮，平時只把自己認同為雅典人、斯巴達人、柯林斯人、底比斯人等，並無全希臘民族的認同感。

與希臘正好相反，上古的波斯人、埃及人已開始建立帝國，城邦是一個民族的一部份人建成的，一個民族可分割成許多城邦，帝國則容納若干民族，使其都隸屬於帝國政府的統轄下。在帝國之內，當然某一民族屬於支配的地位，其他的民族則處於臣服的地位，但基本上，帝國不是以「民族認同」原則建立的。希臘衰敗後，西洋政治史進入「帝國」時期，羅馬帝國提供了一個嶄新的政治組合的模型，羅馬帝國與近東的一些帝國之不同乃是近東的帝國都是人治色彩甚重的，一個雄才大略的君主在位，國勢就昌盛，否則就靠人民的政治冷漠與四周缺乏強鄰而苟延殘喘，除了軍事組織以外，國家的組織缺乏嚴密的系統，羅馬則設置了一個井然有秩的統治體系，並且發展出一套羅馬法，羅馬人這種成就使人感到一個大帝國是可以置於堅固的基石上的。中古歐洲的國家型式是相當混雜的，義大利半島的城邦型式至文藝復興時期達到顛峰，其他的地區，則為封建的制度所籠罩。英國較早發展出民族國家的雛形，這與它的地理位置有關，但在尚未確立國教之前，英國的民族主義還未發達，在今日德國，林立的小邦與神聖羅馬帝國的軀殼同時並存，神聖羅馬帝國代表一些企圖以羅馬帝國的形式，而以基督教精神為內涵，把整個歐洲納入一個政治體系的人士之美夢，這些人士中，有的具有理想主義色彩，以為這就可保持永久之和平，然而，在民族國家思想的激盪下，這種主張顯然不合時宜，神聖羅馬帝國遂被人譏為既不神聖，也不是一個帝國。

中國自秦統一天下後，就建立了一個幅員甚為廣大的國家，歷二千餘年，這一國家型式始終不變，雖然國家的領土常有分合之現象，但分裂時期，對立的政權都以「統一」為目標，並自認擁有「正

統」,「分久必合」成為中國人的信念,中國在秦一統天下後,全國
人民就開始使用統一的文字,漢武帝獨尊儒家以後,傳統中國的人
民又開始受同一種基本觀念所薰陶,因而對政治、社會等問題,具
有相當同質的認知,科舉制度與土地制度對中國社會有相當巨大的
影響,整個社會嚴格地區分為勞心的士大夫與勞力的農民兩個階層,
然而某種程度的社會流動則使這社會的現實不致過份殘酷。中國的
這些發展使其政治、文化、社會都具有某種特色,使華夏迥異於其
他任何國家。中國地理上的孤絕、隔離於其他的重要文明,使其能
大體上少受外界影響(至晚近西風東漸,僅印度佛教為較高的文明
之影響)的情形下,自行發展。中國疆域四周的胡人,大多為文化
程度較低的游牧民族,為中國人所輕視,中國人對自己文明的驕傲
感與對胡人的輕視,給予中國人某種「華夏」意識,可是由於這種
意識主要是文化的,不是「民族」的,胡人只要接受中國文化就不
再被當作胡人。而中國人一旦胡化了,就不再是中國人,故基本上
傳統中國只能說具有某種程度的民族意識的萌芽,並無真正的民族
意識,傳統中國也不能認為係一「民族國家」。

　　民族國家最早出現於歐洲,英國與法國可說是最早的「民族國
家」,這些國家在十五世紀末葉至十六世紀初葉時,封建勢力隨工商
業的日趨發達,社會秩序的日趨穩定與王權的日益鞏固與強化,而
趨於沒落。工商業者渴望消除國內的封建勢力以利工商業的發展,
並希望國力保護以與外國競爭,紛紛支持君主權力的增強,君主則
儘量利用此種支持來削弱封建勢力,並增強自己地位。新教改革也
有利於民族國家的興起,此可從兩方面來說:一方面新教改革激起
的宗教鬥爭,把歐洲分裂為二:南部舊教,北部新教,在若干國家,
新教與舊教徒間的鬥爭不息,君主為鎮壓此種衝突,並鞏固其地位,
往往設定國教,並以自己為國教政策的執行者,此不僅削弱了教廷
與教士的影響力,而且給予自己統制人民思想的權威,此權威的運

用使全國人民在基本信仰上趨於一致，對產生共同的認同感貢獻甚大；其二，新教改革者欲信徒與上帝直接溝通，不假手於舊教教士，都著手以當地白話翻譯聖經，以代替拉丁文的聖經，此刺激白話運動的發展，白話漸漸演變為國語，白話文學成為國語文學，各個民族都擁有自己引以為傲的民族詩人，如英之喬叟 (Chaucer)，義之但丁 (Dante) 等。

十六世紀時，歐洲已形成一個以民族國家為單位的國際體系，對精英份子而言，民族主義已經成為一種有力的意識型態，但一般民眾雖已有民族認同感，但尚未具有堅烈的民族意識，此一意識的產生，乃是法國大革命與拿破崙戰爭的產物。

法國為較早出現的民族國家，但即使在法國，強烈的全民民族意識也要等到十八世紀末葉至十九世紀初葉才產生。法國大革命後，新建立的共和政權為歐洲各國的君主政權的聯軍圍攻，為求自保，革命政府決定激起法國人民的民族意識，高漲的民族意識產生了近代意義的民族主義，成為民族國家的精神支柱。

十九世紀之時，亞非兩洲都已成為歐美各國的殖民地與保護國，少數未成為殖民地的國家，如我國、日本、暹羅（今稱泰國）與所謂非洲三個「獨立國家」❷也都在列強勢力籠罩之下苟延殘喘。

亞非地區成為殖民地或屬國後，其知識份子受到西化教育，也感染了西方傳入的民族主義，而發為獨立運動；亞非國家的紛紛獲得獨立，始於第一次世界大戰結束後至一九六〇年代末期殖民主義沒落，全球已出現一百六十餘獨立國家。這一百六十餘國家，在國際法的地位，是大致上平等的。❸但在政治地位上，差距極大。可

---

❷ 即埃及、阿比西尼亞（現改名為衣索匹亞），與賴比瑞亞，其實十九世紀時，這些國家僅名義上獨立，事實上都未充份獨立。

❸ 由於聯合國安理會的常任理事制與否決權規定，其國際法地位並不完全平等。

大致分為四個等級：美國是超級強國 (superpowers)，經濟、軍事力量甚龐大，科技據於領先之地位，對世界具有極大的影響力；其次，有少數區域性強國或大國，有些因在科技與經濟生產能力方面居於領先地位，有相當影響力，如英、法、德、日等；有的因領土廣大，人口眾多，如印度、印尼、巴西……等都是國際社會具有相當影響力，尤其在其所據的區域扮演舉足輕重的地位；第三級為一般的國家，凡人口在三百萬以上而不屬以上兩類者皆屬之，這些國家由於資源、科技、生產能力……的不同，政治地位也不相等，但高者不能與以上兩類相匹，低者也不致無足輕重，毫無地位。最後一級為迷你國家 (mini state)，有的為城邦國家，如新加坡；有的為島嶼國家，如南太平洋的一些國家如東加王國、諾魯……這些國家的大量出現，是當代國際政治上特殊的現象，也是「民族國家」觀念的間接影響造成的。

這一百九十餘國構成一個互動的國際社會，這就是我們今日的民族國家體系。當前的民族國家體系面臨了一種嶄新的情勢。「民族國家」的觀念在一九六〇年代，可說在全球獲得普遍的實踐，殖民地極大多數已獨立，碩果僅存的，數目已微不足道。歐洲人最早發展成「民族國家」的觀念，這個觀念隨著西方文明的擴散，為亞非的西化知識份子所接受，這些人領導的民族運動，終於使殖民地獲得獨立，為歐洲文明的另一產物——殖民主義——鳴了喪鐘。

民族國家的大量出現，造成國際社會高度的割裂 (fragmentation)。這種「割裂」對人類福祉的改進與若干嚴重問題的解決，造成某種程度的不利：由於科技的發展，今日世界人類的關係已日益密切，國際合作的需要大為增加，不少因人口激增與工業化帶來的問題，都只有藉大規模的合作才能解決，由於民族國家的偏狹主權意識，在以往常使這種合作發生困難，在今日，也一再妨害種種合作的計畫，不少有識之士，都感到民族國家體系必須改變，

人類才有光明前途。

在民族國家觀念的發祥地——歐洲，這觀念的沒落已經多多少少成為事實，歐洲共同市場，經濟共同體，歐洲議會，及歐洲人權法庭在結構與功能上的演變，顯示一種新的超國族 (supranational)的「實體」正在孕育。當然，即使在歐洲，民族國家的觀念之沒落，也僅在初步階段，在歐洲國家內部，也僅一部份人能完全接受這個事實，對許多人而言，新時代帶來新的矛盾：一方面他們感到「民族國家」已不能滿足他們的需要，而另方面他們的歷史包袱具有情感上的重要意義，不能輕易捨棄。因此，在實際行動上，歐洲雖有促使民族國家體系改變的力量，但這力量仍未被充足地使用，因而即使在歐洲，民族國家體系仍然維繫著，不過，改變的種子已播下了，但開花結果，恐仍將待相當時日。

貳　民族主義

「民族國家」的精神基礎為民族主義。民族主義的含義必須從兩個概念中求取：民族性 (nationality) 與愛國心。「民族性」乃是指一群具有共同的根源與傳統的人之個別的特質，這可指民族性格，也可指歸屬某一民族的認同感。此概念具有客觀與主觀兩個層面：一群具有共同根源與傳統的人在地球上為一客觀的存在，這些人之具有歸屬感與認同感則為其主觀的心理狀態。❹「愛國心」指愛護國家，效忠國家的情緒，在歷史上，愛國心並不一定與民族相聯，古希臘人的愛國心表現於對其城邦的忠忱。但民族國家興起後，愛國心與民族國家不能分割，這種愛國心遂與民族主義不再區分。

界定民族主義相當不易，現在關於民族主義的定義，甚為眾多，

---

❹　參閱 Hans Kohn, *The Idea of Nationalism* (New York, 1944), 及其
　　Nationalism:Its Meaning and History (Princeton, 1955).

　　兩位研究民族問題最有成就的學者海斯 (Carlton J. H. Hayes) 與康恩
(Hans Kohn) 都曾表示仍無一令其完全滿意的。大體說來，這些定義
一方面要著重民族主義的主觀心理狀態的涵義，另方面需顧及其客
觀的事實存在。例如史耐德 (Louis L. Snyder) 指出：「民族主義乃是
歷史上某一階段的政治、經濟、社會、文化因素的產物，乃是一群
居住在明確界定的地理區域，操同一語言，具有表現其民族希望的
文字，執著於共同傳統與習俗，崇拜自己的英雄，有些甚且有共同
宗教的一群人的心理狀態，感情或情緒。」❺ 又例如康恩曾說：「民
族主義首先是一種心理狀態，一種意識的行動。」❻「它已成為遍佈
全球政治生活的共同形式」，但各國的民族主義的性質都不相同，這
是隨其特殊的歷史條件與社會結構而異的，而且由於其強調國族主
權與文化個別性，已成為使全球「嚴重分裂的力量」。❼

　　民族主義與民族國家的形成與鞏固，具有密切的關係。當歐洲
民族國家最早形成時，一般民眾似仍無強烈的民族主義，這些國家
的成立，主要靠雄才大略的君主與亟須削弱封建遺跡以利其工商業
發展的中產階級之合作，藉武力與鎮壓的能力以達到的，但國教的
建立，國語文學的發展確有利於民族主義之興起。民族主義成為大
眾的俗世的宗教則始於法國大革命之時。法國大革命標榜全人類的
自由、平等、博愛，本是與民族主義相逕庭的，但當各國聯軍攻擊
法國之際，法國革命政府為動員全國人民對抗，乃在宣傳上把法國
描繪為代表正義與公理，法國民族為進步、開明、理性的，而其他
國家之統治者代表壓迫、暴力與不義，受其壓迫的本國人民必須藉
法國民族的啟蒙，始能獲得「解放」，此種宣傳與動員，激起法國人

❺　Louis L. Snyder, *The Meaning of Nationalism* (New Brunswick, N.J., 1954), pp. 196–197.

❻　Hans Kohn, *The Idea of Nationalism* (New York, 1944), p. 10.

❼　參閱 Hans Kohn, op. cit.

強烈的民族主義，對「自由、平等、博愛」興趣不濃的農民遂能隨
馬賽曲的節奏前往前線。法國人的民族主義也鼓動歐陸其他民族的
民族主義，如西班牙的民族主義曾給拿破崙的佔領軍甚大的困難。
在民族主義最先興起的國家如法國等，可說先有民族國家，然後民
族主義鞏固了民族國家，但在民族主義較後發生的國家，其作用就
各不相同：在有些國家，它成為促成統一的力量，如十九世紀時義
大利與德國；在另一些國家，它成為現代化的改革或革命的動力，
如在俄國、日本與中國；在另一些國家，它是建立民族國家的先決
條件，亦即少數知識份子接受民族主義後，組織民族運動，此一運
動成為對抗殖民主義的主力，並成為建立民族國家的主動者，如不
少亞非國家的情形。

　　上節的敘述，似乎指出民族主義具有積極的建設性的力量，有
促進人類福祉的作用，其實，這僅是民族主義作用的一面，民族主
義的另一面是完全不同的。研究民族主義的學者當中，有些對其破
壞性的作用，具有深刻的睿見，如康恩即為其一。康恩是第二次大
戰前在捷克普拉格長大的猶太知識份子，他對巴爾幹半島各國民族
主義的互相傾軋，民族偏執造成的對境內少數民族的迫害，及俄德
兩種帝國主義（由其民族主義演變而成）的劣行，具有切膚之痛，
對納粹民族主義的種族偏見，施於猶太人的殘害，藉口日耳曼民族
的優越大施擴張領土，以民族利益為由侵犯個人自由與人權，更是
知之甚稔，他的一系列著作，可說是對民族主義的消極面最深刻的
描繪與譴責。❽

　　康恩把民族主義分為兩類：即西方國家的民族主義與非西方國
家的民族主義。❾他認為西方國家的民族主義是內生的，比較理性，

---

❽　Hans Kohn, *The Idea of Nationalism* (New York, 1944), *Nationalism:Its
　　Meaning and History* (Princeton, 1955), *Prophets and Peoples:Studies in
　　Ninteenth Century Nationalism* (New York, 1946).

對個人自由不致構成威脅；非西方國家的民族主義，包括德國與俄國人，是在西方衝擊下，或為模仿西方，或抗拒西方而外生的，具有羅曼蒂克的狂熱性，對個人自由與人權構成威脅❿。康恩這一區分，主觀的價值判斷的成份甚濃，不甚妥當。海斯認為民族主義的發展經歷五個階段，亦即民族主義可分為五種型態：人道的 (humanitarian)，「傑柯濱」的 (Jacobin)，傳統的 (traditional)，自由主義的 (liberal) 與整合的 (integral)。⓫前面四型源於十八世紀，在法國大革命與拿破崙時代及十九世紀中漸漸形成。最後一型為二十世紀的產物，主要在極權國家的政策中表現，但在民主國家的政策中，也不免受其影響。史耐德把民族主義分為四類，即凝聚性的 (integrative) 為一八一五年至一八七一年的；分裂性的 (disruptive) 為一八七一年至一八九〇年的；侵略性的 (aggressive) 為一八九〇年至一九四五年的，及當代的 (contemporary) 為一九四五年以後的。在第一期，民族主義促成國族統一，如德義的統一。在第二期，在若干多元民族組成的國家如奧匈帝國，國內被統治的民族紛紛要求獨立，結果這些對國際秩序具有穩定作用的國家都解體了，產生了足以導致戰爭危險的權力真空。在第三期，民族主義變成侵略性的帝國主義，並且引起對立勢力間的衝突，前後兩次世界大戰都可歸諸狂妄的民族自大與無節制的追求民族光榮與利益，亦即病態的極端民族主義之結果。當代的民族主義表現於亞非國家的反殖民主義的政策，其正面的意義為求取大小各國的平等與尊嚴，但其反面則為偏狹地短視的維護民族的利益，而拒絕作超越這一歷史階段的國際合作，

---

❾　參閱 *The Idea of Nationalism.*

❿　參閱 Louis Snyder, *The Meaning of Nationalism* (New Brunswick, 1954), pp. 118–120.

⓫　Carlton J. H. Hayes, *The HistoricalEvolution of Modern Nationalism* (Peterborough, N.H., 1931).

這一態度使不少國家寧願維持其非理性的經濟政策，偏狹的文化政策，可能妨害世界和平的政治軍事措施，而不肯採取對其人民福祉更有益的合作行動。

參　國家要素與主權理論

一般所謂國家的四大要素，為領土、人民、政治制度與主權。

(一)領土：係指一個國家政府的管轄權所能及的地理區域，為該國國民居住生活的土地；一國與別國在陸上交界之地，為兩國的邊界，除非友好國家，邊界是兩國重兵駐守的，有的國家之邊界是所謂天然邊界，即河流、山脈等，引起問題較少，有的為人為的，雖立有界碑為記，但常引起兩國不同的解釋，可能造成衝突，不少慘重的戰爭如南美巴拉圭與鄰國間的查柯戰爭（Chaco War，一九三二～一九三五）皆是因邊界衝突而起，一國的海上邊界也有釐定的原則，根據通用的慣例，一國的領海為自其海岸線向外海延伸三海里，以外即為公海，領海與公海間的線即為海上的邊界，但目前各國對三海里之領海規定，頗多異議，若干國家主張領海應為十二海里。另一些國家則更主張領海外二百海里的特別經濟區，在區域內，濱海國在捕漁及海底採礦方面應享特權，另有少數國家甚且主張二百海里的領海，世界海洋法會議對這種種紛爭，迄未作一各國皆接受的解決。世界各國之領土，大小甚為懸殊。

(二)人民：人民為構成國家的第二個要素。一國的人民，具有該國的國籍，謂之國民。大體來說，獲得國籍成為國民有兩種途徑：

1.天生的，即一旦降生即如此，關於「天生」的國民其國籍之獲得，世界上共有兩種不同的規則：(1)出生地規則 (jus solis)：即一個人只要出生於該國的領土內，即為該國國民，如英國與美國即依此規則決定其國民之國籍；(2)血統規則 (jus sanguinis)，即一個人出生後，

其國籍與其父母相同，不論其生於何地，我國與歐洲大陸各國皆依循此規則。在實際上，此等規則的遵循並不呆板，在遵循出生地規則的國家，不給予出生於其領土內的外國外交官員之子女該國國籍；在一些遵循出生地規則的國家如英美，也給予其公民在國外出生的子女該國國籍；2.歸化的，即外國人符合某些條件，經過一定手續，得取得一國之國籍。國民達到某種年齡（一般為十八至二十歲），就成為公民，公民除一般性人權外，更取得若干公民權，如投票權，但也需承擔若干義務，其責任比一般國民義務略為增加。世界各國的國民人口，相差懸殊甚大。當十九世紀末葉二十世紀初葉之際，民族主義浪潮高漲，許多人士都認為人口為國力的關鍵，因此竭力鼓勵增加生育，目前由於科技之快速發展，許多人都知一國人口多寡，對國力雖有影響，但已經不是決定性的關鍵；而且人口過多也可能帶來嚴重問題，因此節育已成為大多數國家人口政策的目標之一。

㈢政治制度：政治制度為國家的另一要素，這制度的核心為政府，政府乃一套法律規範與一組人員的綜合體，政府組成的方式在各國有許多類型，但其功能是相同的，其結構的一些主要特徵如層級性也是相同的。我們將以專章討論政府。

㈣主權：是另一個所謂國家的主要屬性，以上幾項屬性，乃是實體的 (physical characteristics)，即我們可用感覺器官認知，主權根本上是一種抽象的觀念，一種影響人們政治行為的主張，但這一觀念與主張，於十六世紀被法國人布丹 (Jean Bodin) 提出來以後，在有利的歷史條件下，發展成一種普遍為人類接受的「原則」，甚至被人們當作顛撲不破的「真理」，如今，主權已被許多人幾乎看成一種實體的存在，這一發展，是民族主義成功的例證。

所謂主權 (sovereignty) 是指國家擁有的至高無上的決策與執行政策的權威。當主權的觀念首先提出時，其目的在支持君主在其轄

境內享有完全的管轄權，以對抗較小的封建領主、教廷與神聖羅馬帝國皇帝的種種權力主張，主權理論對民族國家的奠立具有頗大的作用，它一方面為削弱國境內的地方勢力以增強中央大權的勢力提供理論基礎，另方面也在理論上抗拒了外來勢力（如教廷與神聖羅馬帝國）對民族國家的限制。在三十年戰爭（一六一八～一六四八）結束後，主權理論已在歐陸被普遍接受，影響各國的政治行動，如今，主權理論對國家行為的作用，可從兩方面來說明：一是在一國國境內，代表國家的主權者（統治者或政府）有權主張對其管轄下的領土與人民，行使排他性的管轄權；另一是每一國家都聲稱主權不容侵犯，亦即按國際法獨立國的地位是「平等」的，而且其內政外國不容干預。主權理論的正確詮釋，具有實際的重要性。有一種絕對主權說，認為主權是絲毫不容減削的，不論因何理由，都不容打絲毫折扣。推之極限，持這種主張者甚至認為國家的行動享有完全的自由，假如國際法原則，或條約義務對之產生妨礙，它可棄之不顧，這種觀點，對國際秩序的建立，世界和平的維持，國際組織的發展，都有害處；這種主張在內政上，也有實質影響，不少暴虐的政權，在轄境內侵犯人權，整肅異己，每遇國外輿論之譴責，也常以此來為自己的行為辯護，並以此為藉口，鼓動國內的偏狹民族主義者，以謀對抗，基於這些實質的弊病，不少人士不贊成主權的絕對說。在原則上，他們認為主權理論仍有其價值，至少在維護實力不平等的大小國家在國際法上的地位，及理論上抵制帝國主義者或強國對弱國內政的無理干預上，它都具有積極的作用，但一國的主權不能解釋為其政府具有完全的行動自由，任何政府的行動都不應違背基本人權、其在國際法與國際條約的義務、人道主義的精神，凡是違背了這些價值，對國際輿論的指責，似不能解釋為干涉內政。

此外，他們認為由於人類生存環境的改變，互相依存關係的日趨密切，需要各國共同合作解決的問題之增多，主權觀念也應作必

要的修正，總之，在他們看來，相對主權論與有限主權論等觀念必須取代不合時代的絕對主權論。

肆 國 體

所謂國體，是指國家在政治權力的組成與分配方面的體制。第一種關於國體的區分，是依據國家元首的產生方式為標準而作的。這種區分，雖然我們仍有知悉的需要，但對實際政治的瞭解，已無重大用處，有時反可能引起誤解。根據此一區分，國家可分為君主國與共和國。所謂君主國，乃是指國家元首由世襲的君主擔任的國家。學者又把君主國分為君主專制與君主立憲兩類，在君主專制的國家，君主既為名義上的國家元首（所謂虛位元首），也為實質上的政治領袖；在君主立憲的國家，君主往往僅為虛位元首。在共和國，國家元首是由公民們普選或國會選舉產生的，通稱總統，也有以其他名稱為其頭銜者。元首可能僅為虛位，也可能擁有政治權力，甚至甚大的政治權力，如美國總統。現今世上，君主國仍為數頗多，如歐洲的英國、荷蘭、比利時、丹麥、瑞典、挪威、西班牙（佛朗哥下臺後改為君主國）、摩納哥、盧森堡；亞洲的日本、泰國、馬來西亞、約旦、沙烏地阿拉伯、科威特、阿拉伯大公國、安曼、南太平洋的迷你小國東加王國均屬之。不過，第二次大戰後，君主國被改制的為數眾多。其中有些如東歐的國家，戰前為君主制，諸如南斯拉夫、阿爾巴尼亞、羅馬尼亞、保加利亞等，戰後君主都被拒返國重掌政權或放逐出境；另有一些則經過流血革命，推翻了君主，如阿富汗、伊朗、伊拉克、衣索匹亞等。在君主國中，君主掌握頗大的實際政治權力者僅有沙烏地阿拉伯、約旦等。西歐的君主國其實為民主國家。初學者也許會感到迷惘：為何這些國家，既為君主，又為民主？其實，答案很簡單：其為君主，乃是按國體區分之一種

標準——元首的性質——而言，其為民主，是按其政治權力實際的歸屬與運作而言。國家元首經「選舉」產生的共和國中，有些不算民主國家，因為其選舉多多少少是形式化或少數人幕後操縱的。

另一種區別國體的標準是根據政治權力在中央與地方的分配。根據此一標準，全球各國可分為聯邦國家與單一國家兩類。這種區別，在實際政治上，比較重要。我們將在下節詳加說明。

伍　聯邦國家與單一國家

一種簡單，但不完全正確的說法是聯邦國家與單一國家的區別在於中央政府與地方政府權力的分劃不同，在聯邦國家，地方的權力頗大，在有些領域，有充份的自主權；在單一國家，地方政府的權力皆來自中央的授權。這說法大體能把這兩種體制的主要區別勾劃出來，其缺點在於兩點：1.所謂地方政府，其實不限於一個層級，在州政府（或省政府）以下，還有郡（或縣）、市鎮等政府，在聯邦國家，第一級的地方政府（州政府或省政府）確實在若干政策領域中，擁有聯邦憲法所賦予的自主權，但其他層級的地方政府是否擁有自主權，則並不一致；2.單一國家，地方政府的權力是來自中央授權，這似乎表示在這類國家，地方政府的權力甚小，重要事務都得聽命於中央。的確，原則上，單一國家的地方政府，權力來自中央。但在實際上，地方政府權力的大小，在各個單一國家頗為不同，在英國，地方政府在有些政策領域擁有相當大的權限，對於地方政府在這些事務上的決定，中央政府照例是尊重的。雖然英國巴力門依法可不必如此，這種行為的慣例與習尚，構成實施地方自治的精神基礎。

其實，一個國家成為單一或聯邦，不是機械的制度設計的結果，而有其歷史的淵源與實際的考慮。我們試舉數例加以說明：世界上

第一個聯邦制國家是瑞士，瑞士是逃避法國舊教迫害的喀爾文派新教徒，與不滿其國內政治的德國諸小邦的德裔人及少數義大利裔人組成的，在數座大山的山谷中生存的人民，享有完全的地方自治，政治權力分散於各個地區，當瑞士人為抗禦可能來臨的外侮而必須合作時，他們感到只要在甚有限的政策領域（如軍事）中，把權力交給一個「中央」政府即可，倘「中央」政府權力過大，人民就可能喪失他們避居山谷所追求的個人與信仰自由，更何況言語不同、信仰不同（採法語的新教徒與採德語的舊教徒）的人也不願如此結合，結果，瑞士最初組成的僅為一個「邦聯」(confederation)，所謂「邦聯」，是指各邦的「地方」政府仍舊保持其權力的極大部份，僅把少數領域中的權力交給「中央」政府，而且該「中央」政府的存廢及行動方針，必須各邦一致同意才能決定，邦聯實為一種矛盾心理的產物，一方面人們希望有某種程度的合作以解決若干共同問題，另方面人們又擔心這種合作如果過份，可能使「中央」政府具有獨立的權力，以壓迫人民。邦聯的制度，實際上是一種無效的制度，因為中央政府必然因權力太小，權力基礎太薄弱，而無法達到成立邦聯的目的。瑞士今日仍自稱邦聯，但實際已是一個聯邦，但它是一個聯邦政府權力最小的聯邦。另一個邦聯失敗的實例是美國的邦聯。英國人統治美洲大陸十三個殖民地採取的政策是一方面培植每個殖民地某種程度的自治，即擁有自己的殖民地議會，此一議會的權力並不大，但在若干領域可以立法，但受英國政府殖民部任命的殖民地總督的否決權之節制；另方面每一殖民地的政治關係大多是直接與英國之間的，殖民地間的關係比較鬆散。十三個殖民地關係不密切的另一原因當然是其殖民的方式各個不同。十三個殖民地獨立為十三州後，很不易結合成一個團結一致的國家，但是，由於發展商業，保衛國土的需要，它們又不能不如此，因此，遂有組織邦聯之議，邦聯組成以後，毫無作用，至一七八九年（十三州於一七

七六年獨立）若干有遠見的各邦領袖遂在費城開制憲會議，制訂聯邦憲法，組織聯邦，在憲法的制訂與批准的過程中，仍有不少人擔心權力過大的聯邦政府會侵害邦的權力並危及人民的自由，麥迪森等人的辯才與文才及其他領袖的政治手腕才使這些反對的聲浪漸趨平息。但早期的聯邦政府權力仍舊相當有限。一直要到南北戰爭，州權主義者遭到挫敗後，聯邦政府的權力才增大。瑞士與美國的聯邦制是歷史的產物。

目前全世界共有十七個聯邦國家（俄羅斯、瑞士、美國、阿根廷、巴西、墨西哥、委內瑞拉、加拿大、德國、奧地利、澳洲、印度、巴基斯坦、馬來西亞、奈及利亞、喀麥隆與坦桑尼亞），這些國家採取聯邦制，有的是歷史的因素，如美國與瑞士；也有的是國內社會分歧的現實，使其非如此不可。這可用前蘇聯、解體中的南斯拉夫、奈及利亞、印度為例加以說明。

俄國在沙皇統治時期，為一中央集權的君主專制國家，沙皇政府對國內少數民族的政策是鎮壓其民族精神並力行俄羅斯化，並且強迫其人民學習俄文與俄國歷史，在政治上，藉俄羅斯人與俄化的少數民族份子組成的官僚來施以俄式的統治，這一政策激起少數民族之痛恨，在革命者的陣營中，少數民族的知識份子為數頗多；當列寧從事革命活動之時，他認為少數民族的問題必須特別注意，一方面，少數民族對俄化政策的不滿，可給布爾塞維克革命者良好的鼓動機會來吸收其優秀份子參加革命；另方面，俄國國家的前途，仰賴少數民族問題適當的解決。布爾塞維克革命成功後，決定組織蘇維埃社會主義共和國聯邦（簡稱蘇聯），可說是為棘手的少數民族問題之解決謀一出路，根據蘇聯的制度，原則上每一主要的少數民族，倘若居住其歷來聚居的地區，可成立一個蘇維埃社會主義共和國，人數較少的少數民族可成立自治共和國或自治區，蘇聯是十五個共和國合組的蘇維埃社會主義共和國聯邦。然而，蘇聯的各個加

盟共和國實際上並無自主權，共產黨是一個權力高度集中於中央的組織，而在蘇聯，一切主要政策皆由共產黨決定，如此，所謂聯邦實際政治上意義不大。南斯拉夫的組成聯邦，也是因民族的問題使然，南斯拉夫與蘇聯不同的是，在蘇聯俄羅斯人比其他任何民族的人數超出甚多，而在南斯拉夫，塞爾維亞一克魯西亞 (Serbian-Croatian) 人並不超過其他的民族的人數太多。第二次大戰後，狄托領導的共產黨人也希望仿照蘇聯，成立一個聯邦，而權力仍集中於中央。這個想法在狄托在世時，大體上尚能體現，但狄托一旦過世，南斯拉夫的民族問題就爆發了，六個加盟共和國與兩個自治區的人民都認同於自己的地區,即使當地的共產黨員也不例外，結果權力漸漸移向共和國的層次，聯邦政府權力大減，一九八〇年代末葉，西部天主教徒聚居的克魯西亞 (Croatia) 與斯洛文尼亞 (Slovenia) 宣佈脫離聯邦獨立，塞爾維亞 (Serbia) 以聯邦之名出兵干預，經過短暫內戰後，克、斯兩國終於獨立，繼而回教徒、克魯西亞人與塞爾維亞人混合聚居的波斯尼亞一赫塞哥維納 (Bosnia-Herzegovina) 在回教徒主政之邦政府主導下，也企圖獨立，但境內的塞爾維亞人在塞爾維亞支持下，與回教徒展開激戰，五年來傷亡平民達數十萬人，聯合國與西方國家經數度調停，並對塞爾維亞人採有限度之制裁行動後，始告停戰，目前波國領土已分割為三部份：塞爾維亞人控制區、回教徒控制區與克魯西亞人控制區，但能否獲致永久和平，仍未可知。馬其頓已完成獨立，目前南斯拉夫僅剩塞爾維亞與孟特尼格羅兩個加盟共和國，而且，在塞爾維亞主宰下，南斯拉夫聯邦已名存實亡。

　　奈及利亞是赤道非洲最大的國家，人口據估計在一億左右，全國分成四大區域 (一九七〇年代軍政府將其改為十二個省)，北方的回教徒與東區的基督教徒不僅宗教信仰不同，種族也不一樣，雙方關係甚為惡劣，奈及利亞組織聯邦，實在是避免分裂的唯一方法。

事實上，獨立後各大區域間的衝突，曾導致劇烈的內戰，東區人分治的運動是其他地區以武力平息的。其後，軍政府將四區改為十二省，企圖解決此問題，但並未完全成功。印度在英國人統治前從未在政治上統一過，即使莫臥兒王朝也僅統一印度的大部份地區，英國人統治的印度，政治結構甚為複雜，除了英國派駐的總督直接管轄的地區以外，還有若干受總督監督的當地君主管轄的「君主之國」(princely states)。印度的人口異常龐雜，主要語言就有十五種之多，印度人之具有共同的認同，以往是基於印度教，英國統治後則是基於精英份子所受的英式教育與民族主義。這樣一個廣大而複雜的國家，獨立後唯有組織聯邦，才能一方面保持統一，另方面使各地區不致擔心受其他地區的壓迫。

聯邦國家一個重要的政治問題是權力的分配：中央（或聯邦）政府與邦政府的權力如何區分？倘若這兩個層級的政府發生了權力衝突，如何解決？在聯邦國家，中央與地方權力的分配往往在憲法上指明原則，這些原則可能因國家而異，譬如根據美國的聯邦憲法，聯邦政府的權力限於憲法上明確規定者，凡未曾規定的權力悉行保留予各州（邦）政府，加拿大的聯邦憲法則指出各省（邦）政府的權力限於憲法上明確指出者，凡未指出的權力悉行保留給聯邦政府。憲法的這種原則，僅能作為瞭解聯邦政府與各邦政府權力分劃的一個起點，這是因為兩個原因：1.憲法規定的權力，其範圍與性質都要經過「解釋」才能斷定，故在一個特定情勢下，某一政府有無權力，並不能貿然決定；2.社會不停地改變，人民的需要在變動，需處理的問題在變動，人民對政府的期望在改變，政府需要應付環境的能力在改變，這些都能影響聯邦政府與邦政府權力的實際分配，關於權力分配的「解釋」，也勢必因這些因素與需要而異。茲舉美國的聯邦與州權力的分配過程中實例說明以上所述：美國立國兩百多年以來，聯邦政府的權力大為增加，每一種權力的增加，都是先有

某種需要（多半是某種嚴重的社會問題或危機發生，人民要求政府解決，州政府不願或不能辦到），然後聯邦政府在輿論催促下，運用權力來滿足此種需要，同時，法院作某種解釋來「證明」聯邦的行動是合法的。其中聯邦政府「節制州際商業」的權力的運用最為有趣。當聯邦政府取得「節制州際商業」的權力後，此一權力是用來加強聯邦政府的緝捕罪犯、管制工商企業，執行最高工時與最低工資的勞動立法等領域的權力。

我們曾經說過，聯邦政府權力的增加，是透過「解釋」，這「解釋」之權，通常由聯邦法院擁有。在若干聯邦國家，聯邦法院有所謂「司法審查」(judicial review) 之權，運用此權，法院（尤其指最高法院）可裁定立法機關通過之法律或行政機關的法令是否違背聯邦憲法。大體上，在聯邦國家，邦的立法機關通過的法律或邦政府的法令被裁定違憲者較多，在近數十年來，大多數聯邦國家的法院都比較支持聯邦政府權力之增大，這與現代世界的工業科技造成的種種問題需要比較有力的中央政府處理是有關的。

在大多數聯邦國家，聯邦政府的權力都在增大，但這並不表示聯邦國家與單一國家在中央與地方的權力分配上已經區別不大，其實，聯邦國家的聯邦政府權力即使有所增加，邦的真正自主已經減少，但在民主的聯邦國家，各邦仍在若干領域內擁有相當大的決策權力。儘管在有些單一國家，地方政府擁有在若干領域內相當大的自治權，但這種自治權與聯邦國家各邦具有的決策權仍有相當重要的區別。❷

單一與聯邦的制度孰優的問題，也曾引起不少人的興趣；其實，這問題並不十分重要。在理論上，聯邦制的優點是提供政治改革較佳的實驗環境，因為聯邦制下，不必在任何政治事務上有統一的規

---

❷　聯邦國家邦的決策權來自憲法，而單一國家地方政府的自治權，不論多大，理論上仍為中央所授與。

定，一種新的構想，可在某一地區實施，倘成果良好，可推廣於全國。這是若干行政學者支持聯邦制的主要理由，這個理由其實並不妥當。在單一制的國家如英國，也不是在任何政治事務上規定必然一律，不容因地制宜的，至於在某一地區作某種政策的實驗，在單一制國家也並非沒有的，而在某些重大問題上，統一規定的需要，在今日世界，聯邦國家也不亞於單一國家；另一種支持聯邦國家優於單一國家的說法是在聯邦國家中央權力過份強大的弊病可以避免，而有利於地方的自治與人民的自由權的保障，這一說法也不全然有理。單一國家中如英國等，地方自治與人民的自由並不因權力理論上集於中央政府而受影響，這是因為人民自由的確保來自國家的憲法、法律、傳統與輿論、政治習慣……等諸種因素交互發生的作用，所謂權力集中中央僅是就權力之中央與地方政府間的分配而言，並不是說全國的權力皆集中於政府。在一個民主的社會，民間的集團具有制衡政府的力量，而地方自治也往往可因不成文的政治傳統而存在。聯邦制與單一制孰優的問題，只有置於一個具體的情境中才有意義，換句話說，我們應該探詢的問題是：在某一國家，採取聯邦制較適宜？抑或採取單一制較適宜？大體而言，一個多元民族的國家如要維持一種比較民主的政治，最好採用聯邦制；再說，在有些社會，人們若要組成一個國家，就不得不採取聯邦制，否則就不免分裂成若干國家。

中國是一個單一國家。有人曾經對其高度中央集權相當不滿，認為這種情形造成偏遠地區落後局面的難以改進，有些人以為中國如改採聯邦制，也許能糾正這種情況，也有些人則感到中國的少數民族問題已相當嚴重，而高度中央集權的制度無助於此問題的適當處理。雖然在人口比例上，中國的少數民族人數遠少於漢族，但少數民族都聚居邊區，其生活方式與漢人相當不同，其中蒙人、藏人、維吾爾人中都有人具有「獨立」的念頭，這問題不容忽視。不過，

這種改變國體的主張，是否值得採取呢？是值得商榷的。一個更強烈的理由支持維持單一制，中國二千多年來，一向是一個單一國家，自秦統一天下以來，就是「書同文」的，經歷這相當悠長的歲月，中國民族漸漸凝結起來，由於地域廣大，人口複雜，歷史上常歷治亂的循環，亂局之時國家就遭分裂，但由於國人根深蒂固的「大一統」思想及文化上的一統，常能重新統一，由於此一歷史的因素，我國的愛國之士一向反對任何削弱統一的主張與作為，因而，「聯邦」之議不可能獲得廣泛的支持。再說，民國初年曾有「聯省自治」之議，經證明為各省的野心份子劃地自雄的主張，此議之出現與揚棄使改採「聯邦」的主張在我國恐更難獲得同情。

中國似乎不可能改變為一聯邦，如此，中國欲減少以往過度「中央集權」的弊病，只有認真實施地方自治，我們說過單一國家並不一定都是「高度中央集權」的。在適當的地方自治安排下，少數民族的特殊政治要求、文化特質與需要等都必須予以尊重，而大漢族優越感必須消除；如此，我國的民族問題才可望順利解決。

陸　「國家」的意義與價值

在民族國家興起的初期，民族主義者對「國家」都給予正面的評價，有些人認為「國家」為集中力量以獲得財富的有效工具，財富則可富足社會、改進人民的生活，此即所謂「重商主義」(mercantilism)。十八與十九世紀德國的羅曼蒂克的民族主義者像費希特 (Johann Fichte) 等人，則把「國家」當作一個崇拜的對象，其本身就是一個目的，此種看法在黑格爾 (Georg W. Hegel) 的思想中，達到最系統化的發展。黑格爾認為「國家」為上帝的神靈在世上最完美的表徵，此種對「國家」的頂禮膜拜遂具有神秘主義的色彩，是狂熱而非理性的。

　　十九世紀時，產生了一種對「國家」的價值持否定態度的思想，這又可分為兩類：第一類僅對某一類「國家」加以否定，此即馬克思等的思想。馬克思與恩格斯批評資產階級的「國家」為其用來壓迫無產階級的工具，他們認為此種工具必須加以粉碎，代之以無產階級專政的國家機器，雖然他們曾表示無產階級的「國家」為臨時性的，其功用在消滅階級壓迫，並為建立一個沒有階級的社會及實現共產主義的生產與分配制鋪路，一旦此等任務完成，「國家」就會凋謝，但是，實際上，他們的「國家凋謝」的理論甚為鬆散，而其無產階級專政國家論則為其主要理論之一。第二類是巴枯寧 (M. Bakunin) 等無政府主義者則對「國家」的意義與價值徹底否定，根據他們的看法，「國家」必然是一種壓迫人民的工具，其徹底摧毀是人類獲得自由的必要條件。無政府主義者有的主張使用暴力的手段來摧毀國家，巴枯寧的名言「破壞也是一種建設」代表這種態度；但大多數主張用和平的教育方法來達到目的。

　　羅曼蒂克的崇拜「國家」這一建制或無政府主義者對「國家」的仇視，都是極端的、不甚持平的態度與主張，在人類歷史發展的此一階段，「國家」特別是「民族國家」的建制已成為人類政治生活重要的組織型態，它對人民共同生活的維持，集體利益的增進有其積極的意義，然而，我們也不能不考慮兩點：第一，「國家」的政治權力實際上由政府所掌握，而政府乃是一群人組成的。既然是凡人，當然能為善也能為惡，能造福社會，也能壓迫社會，不幸的是，在人類歷史上，為惡的壓迫人民的政府為數頗多，因而無政府主義的思想能夠廣為擴散，吾人肯定「國家」的基本價值與存在的必要，並不表示我們認為個別的「國家」（政府）都是造福人民的；第二，「國家」是歷史階段的產物，在初民社會，並無「國家」的存在，在古典時代，希臘的「城邦」，羅馬的帝國，與今日的「民族國家」也甚為不同，因此，儘管人類已生存在與民族國家這一建制息息相

關之環境歷數世紀之久，我們沒有理由認為這一建制必然會無限期
持續存在，相反地，由於科技的不斷進步，全人類關係的日趨緊密，
今日愈來愈多的人士發現民族國家已不足以解決不少重大的問題，
一旦這種覺醒成為一股龐大的力量，足以削弱各國人民對其自己的
國家的依戀時，一種新的型態的政治建制的出現，也未嘗絕無可能。
然而，由於民族國家建制的根深蒂固，各國人民利益矛盾之嚴重，
民族主義的強烈，民族國家的改變與沒落，似乎不至於在短時間內
發生，而必然要經歷一個持久的過程後才可能實現。

第四章 憲法與憲政

憲法常被當作一個國家的根本大法，它不僅規定政府的基本結構，賦予其權力合法的基礎，釐定各主要部門職權的範圍與限制，而且標明人民的權利與義務，其對實行憲政之治的現代國家的重要性，是至高無上的。❶

在本章中，我們擬就憲法的意義與功能，憲法之制訂與修改，憲法之解釋及憲政之治的涵義，作一解說。

壹　憲法的意義與功能

憲法的英文字 constitution，原意為結構或體質，此為希臘人對此的瞭解，希臘人慣於把社會的現象與有機體類比，人有體質，則城邦當然也有體質，正如個人一般，這「體質」是因城邦而異的，為其結合的基本原則，這一原則是否形之文字，並不重要。亞里斯多德把希臘諸城邦依此分為六類。❷

---

❶ 憲法常被稱為「根本大法」。有一種觀念是憲法建立政治社會，而其他的法律乃是政治社會建立後的產物。

❷ 亞里斯多德運用兩種標準：㈠統治者的人數（實徵標準）與㈡統治的目的（規範標準──即統治的目的係為統治者自己的利益，抑或社會全體的利益），把城邦分為六類。即

統治者人		為全體	為自己
	一人	君主制	專　制
	少數	貴族制	寡頭制
	多數	「憲政之治」	暴民之制

　　「憲法」之具有如今的根本大法的意義，與契約論的觀念之出現與興起有關。在政治思想中，最著名的契約論首先出現於霍布斯，繼之於洛克與盧騷，但契約論並不是霍布斯等人所創，在霍布斯以前，英國反國教的教派關於教友結合與組織，就強調類似「契約」的原則。五月花號上的殖民前往美洲大陸途中，也締結契約，作為建立新殖民地後居民關係的根據，足見在十六、七世紀時，契約論的觀念在歐洲甚為流行，十八世紀為「成文」憲法的時代，美國的聯邦憲法，法國的憲法都在其時訂定。把建立政治社會，確定人民與政府關係與其權利、義務的重要原則與事項，統統寫在一紙文件上，似乎這紙文件就是政府權力的依據，這是與契約論，尤其洛克的契約論中政府應建在「被治者的同意」的觀念相符合。

　　憲法的主要功能大致可分三方面來說明：

　　㈠象徵的功能：憲法代表國家執政者權力的合法性 (legitimacy)，只要一個政府是根據憲法獲得權力的，其行使權力遵照憲法的實質與程序的規定，它就有合法性。在民主國家，由於憲法的制訂是民意的表示，依照憲法行為，也代表政府是按「被治者的同意」原則的。這個象徵的功能極為重要，因為理論上和平轉移政權之所以可能，就是由於此點。

　　㈡結構的功能：憲法為構成法 (constituent law)，它是整個國家的政治結構（在有些憲法中，這是指政府，在另一些憲法中，政黨等也可能包容在憲法中）之建立與運作的基本規則，它可能包括政府主要部門的權職，主要角色的任務；權力取得的正當程序與限制，部門間與角色間的關係，政黨組織與行為的基本規則等。

　　㈢規範的功能：憲法中往往規定政治競爭的某些基本原則，政府與人民間的權利義務關係，這些規定都是旨在規範政治人物與政

───────────

　　參閱 Earnest Barker (ed.), *The Politics of Aristotle* (Oxford, 1948), p. 110f.

府的行為的，使其在權力的爭取與使用上，有所節制，並且都能按照法定程序 (due process)。

貳 憲法之制訂與修改

全世界的國家，除少數如沙烏地阿拉伯外，都有憲法，這些憲法有的甚長如印度聯邦憲法，也有的甚短如美國憲法，但內容大致相似。幾乎無不包括三部份，其一是關於憲法本身的，如制訂的緣起、宗旨、修憲的程序等；其二是政府或政治結構的組織、職權、各部門或角色間的關係、獲得權力的合法程序、權力的限制等；其三是人民的權利與義務。

憲法中有一特別的個案，此即英國憲法，英國憲法常被人稱作「不成文憲法」，以別於其他國家的「成文憲法」。所謂「不成文」，倘若是指英國沒有一紙足以稱作「英國憲法」的特定文件，這是正確的。英國憲法的發展經歷若干世紀，它是散見於巴力門（國會）陸續制訂的若干重要法律，諸如一九一一年的國會法 (The Parliament Act 1911)，一九六四年的內閣大臣法 (Ministers of the Crown Act 1964) 中等的。英國政治體系的運作比較依循慣例與傳統，與其缺乏一紙特定的憲法不無關係。可是，由於其國會通過的法律如與以前的法律矛盾，以前的自然失效，因而英制又有相當大的彈性，這當然是「不成文」憲法的優點：它可在比較不露痕跡的情形下，達到相當程度的政治改變，而不致引起一個眾所矚目的憲政危機。然而，不成文憲法也有其缺點：有人認為倘若社會對政治慣例與傳統的「共識」消失或遵守的意願降低時，這就可能不足以有效防止某些人士的「僭權」。

成文憲法都是在特定的場合制訂的，如美國聯邦憲法是在一七八九年在費烈特爾費亞制訂的，該一制憲會議雖在美國國勢並不十

分光明，對「聯邦」反對聲浪相當激烈中召開，但由於參加者中頗多各州人民敬仰的知名之士，憲法遂能在老佛蘭克林比喻為旭日初昇的樂觀氣氛下制訂；我國的憲法是民國三十六年在南京的第一次國民大會中制訂，當時國家已隱藏山雨欲來的巨大危機，但制憲者中若干尚懷遠大的民主建國理想，對憲法的一點一滴費了心血。總之，憲法制訂在一個國家歷史上，都是莊嚴的場合，國是的演變雖未必因制憲而有重大的進展，但制憲總給一些人帶來希望。由於制憲者中代表不同利益常把制憲之舉看作重大的處置 (great settlement)，認為這事一旦完成，政治上以後的一切重大作為都要遵循憲法，不能再憑己意，而且有時它又代表前賬的一筆清算，因而，在制訂中，常常要據理力爭，制憲乃成為一種妥協，憲法中難免顯示某種妥協的成份。國人中少數人偶爾埋怨我國憲法中有些規定並不完全符合其所憧憬的「原則」，似應瞭解制憲中這往往是無可避免的情況。

有一種看法是：由於憲法是根本大法，關係到人民的重大權益，其制訂固然應該慎重，其修改也不應輕率為之。一般成文憲法都規定，相當複雜而且不能輕易完成的修憲程序。這種程序的存在，顯示人們固然承認憲法應容許修改，俾其能適合於變遷的社會，但也顯示其不贊成輕易修憲，而且認為除非一個國家相當多的人民主張修憲，否則憲法不應修改。憲法中規定繁複而困難的修憲程序的，有人稱為「剛性憲法」，以其不易移動，相反地，像英國憲法，只要某一重要法律（被認為屬憲法一部份者）被巴力門（國會）通過的較新法律代替了，即可說已作了修改，巴力門通過法律，不過是下議院出席投票議員過半數投贊成票而已（上議院事實上往往不能否決下院的決定）。❸故英國憲法常被稱為「柔性憲法」。

---

❸　上院可使下院通過的普通法案延後實施，對關於稅款、預算等的法案，則上院完全無權影響下院的決定。

　　剛性與柔性之分，其實並不完全準確。在一般成文憲法中，正式的修憲固然相當困難，但正式的修憲程序並不是改變憲法內涵的唯一方法。誠然，對憲法結構作基本性的改變，必須經過正式的修憲程序。但使憲法的實質內容發生改變（有時甚至相當重要的改變）往往不必透過該項程序。憲法之條文，適用於社會上各種問題時，必須透過「解釋」，解釋往往由法院為之，不同時代的法院對同一條文的「解釋」可能不同，從後一時代的人之立場，憲法條文雖然不變，但「憲法的涵義」其實已經變了，這種「修憲」在美國憲政史上頗為平常，此外，若干「慣例」(conventions) 也在憲政實踐的過程中次第形成。若干憲法學者據此認為美憲為「活的憲法」(living constitution)。種種「修憲」方式的存在，說明「剛性」憲法也有其柔性的一面。

　　而英國的柔性憲法也自有其「剛性」的一面，此因英憲的重心不僅在於巴力門通過的若干重要法律，而且在於其國民（尤其政治精英）的政治習慣與傳統，在這方面，迄最近時期，英國人不僅具有相當高度的「共識」，而且經歷相當時間而變動不大，此種持續性給予英憲相當程度的穩定性，而且，由於此種穩定性，英國巴力門對重大法律之變動往往相當慎重，而許多法律實際上是反映社會現實的。如本世紀一系列的國會法，實在僅為一再限制上議院權力的表徵而已；而這也不過是反映貴族政經勢力日益式微的現實罷了。

　　把憲法分為剛柔二種，雖然並不是太有意義的，但一部憲法，倘若具有適宜的剛柔之成份，也許不失為優點。許多國家——大多數為開發中國家，但也包括法國等西方國家——的憲法更動過於頻繁，為人詬病，憲法更動迅速，往往是國家政治力量的衝突使然，與憲法的條文無關，但也有因憲法制訂不妥，過份刻板，以致不能在既有憲法的架構內，容納新興的社會勢力，或給予社經權力的新分配適切而及時的政治反映，結果憲法不得不更換。憲法更換過於

頻繁，人民的內心就對其不會尊敬，也就不易孕育憲政的傳統，盧
騷所說的鑴刻於心版的憲法就難存在了，這當然妨礙了國家憲政的
成長。❹過柔的憲法當然也不足取，它固然比較能適應變遷的社會，
並反映社會的現實，但倘若修憲程序過份簡易，則少數人就可輕易
鼓動修憲，然後團結性較強的少數派往往可使修憲成為事實，如此，
社會上各種政治勢力，不論其真正的群眾基礎至如何程度，都可在
適當時機，發動修憲，甚至達成目的，則憲法穩定社會的規範性作
用必會受到腐蝕，憲政的良好傳統也不易建立。

參　憲法之解釋

在一國行憲的過程中，有關憲法的爭議是無法避免的；大體說
來，爭議有兩類：一是政府部門間職權之爭；二是有關人民權利之
爭議；政府的各部門，諸如行政與立法機關，或中央與地方政府，
往往因職權而生爭執；爭執的雙方都可能援引憲法，指責對方違憲
而堅持自己的立場；人民也可能認為政府的行動違憲而質疑政府的
決定，但政府則堅持其決定並無不當，這就涉及有關人民的權利的
爭議。這些有關憲法之爭執，必須由具公信力與權威的主管者加以
裁決，才能解決紛爭，俾行憲得以順利進行。欲作此等紛爭的裁決
就必須解釋憲法。

釋憲之作用不僅在於其為解決憲法爭議之必循途徑，而且這也
是充實憲法內容，使適於在變動不居的社會環境中運作。茲補充說
明如下：

我們必須知道，一國之憲法，不論制訂得如何完美，制憲者的
思慮如何周密，都不可能沒有缺點，也不可能因應行憲後發生的一

❹　參閱 Jean Jacques Rousseau, *The Social Contract* (1762), translated. G. D.
　　H. Cole (London, 1937).

切情勢，這些問題雖可藉修憲來解決，但修憲往往要付出高昂的社會成本，而且只有在形成社會甚大共識時才可望成功，故修憲僅能在極為必要之時機偶爾為之，修憲過於頻繁並不利於行憲。既然如此，制憲者對有些部份應僅作原則性與抽象性之規定，俾保持憲法之彈性，使之較能適用於未來的各種不同的情勢。釋憲者之解釋即在使憲法中原則性與抽象性的規定能適用於其所處的社會與解決具體問題，如此，憲法就獲得了具體的內容，一國行憲愈久，釋憲的次數就愈多，這些釋憲文就構成了一國的憲政法 (constitutional law) 的部份內涵。憲法是憲政法的核心，但並不是全部內容。具有悠久憲政傳統的國家未必具備最完美的憲法，但必然擁有豐富而運作無礙的憲政法。譬如美國聯邦憲法制訂於一七八九年，僅有短短七條，而且頗多瑕疵，其後二百多年，修憲的次數也不多，但由於聯邦最高法院的眾多釋憲文，使美國的憲政法頗為完備，儘管在二百多年內，美國由一個領土只有大西洋濱十三個州，人口僅三百萬的農業國家演變為一個跨越大西、太平兩洋，人口逾兩億的科技大國，其憲法仍能適用。

　　釋憲的方式可分為立法釋憲與司法釋憲兩種。所謂立法釋憲，是指由立法機關（即國會）負責解釋憲法：在不少實行巴力門——內閣制的單一國家，釋憲往往由巴力門（國會）負責，姑不論採用不成文憲法的英國，即使在一些採用成文憲法的這類國家也是如此，在這些國家倘若發生憲政爭議，巴力門就會藉通過新法的方法來解決：而這一新法往往代表巴力門對憲法的解釋，由於「巴力門至上」的原則，其他政府部門與人民都得接受。立法釋憲不適合於總統制國家或聯邦國家，由於在總統制國家，在「分權制衡」的原則下，立法釋憲對行政部門缺乏約束力；在聯邦制下，聯邦與各邦間的爭議不斷，而在不少政策領域，邦享有獨立的主權，因此，這類憲政爭議自然不宜由聯邦國會來裁決。由於總統制與聯邦制的特性，立

場中立的司法機關釋憲自然較國會釋憲理想。事實上，現在甚至若干實行內閣制的單一國家，也採取司法釋憲。這是因為許多人都認為司法釋憲有一些立法釋憲所缺乏的優點：首先，國會往往是政黨角力的場所，因此，國會對憲政爭議的看法未必客觀與妥適，甚可能只是代表爭議爆發時的多數之立場而已，而且國會議員未必具有憲法學的素養，其釋憲能力不足，可能不足以判別複雜的憲政糾葛中之是非曲直，司法釋憲原則上可避免這些缺點；不過，原則上可避免並不等於事實上避免，欲司法釋憲真能發揮最大效果，負責釋憲的法官必須具備道德勇氣與優越的憲法學養，而釋憲的司法機關的獨立與中立性及其權威必須確立，獲得全社會之尊重。

司法釋憲在不同國家實施的方式並不相同：在有些國家，設置專責的憲法法院或類似機關（例如法國的憲法委員會，我國的司法院大法官會議），專門負責釋憲。也有些國家，如美國，並無專設的憲法法院，釋憲由普通法院，如聯邦最高法院負責。

肆　憲政之治

世界上大多數國家都有憲法，但並不是這些國家都具有憲政之治。事實上，真正實施憲政的國家，仍屬少數。在有些國家，一紙憲法的頒佈，僅表示某一政治與社經建設階段的結束與另一階段的開始，或者具有一種「宣傳」上的意義，旨在使世人相信它們也是現代的「文明」國家。

所謂憲政之治，是指國家政治權力的分配與使用，必定遵照憲法；憲政的涵義之一是政府權力是受限制的。「有限政府」(limited government) 是憲政精義所在，倘若一個政府的權力無限，它就可能淪為暴政，憲法的主要目的是為整個政府及政府的各部門及各主要角色設立限制的，有關政府組織與職權的規定，人民權利的條款，

都是達此目的之手段。憲政的另一層意義是使政府的行動遵照法定的程序 (due process)，政府的權力不僅應受實質上的限制，而且其行使也應按照法定的正當程序，一個權力不受限制的政府固然可能淪為暴政，而一個行動可任意不受法定程序的約束的政府，其行動可能任性，不論是暴政抑或行動任性的政府，都足以妨害人民的利益與福祉，人民制訂憲法，重要目的在掃除這類情勢。

憲政之實踐，徒具憲法是不夠的，必須仰賴若干條件：其一，政治精英對憲政的執著與對憲法的忠誠：美國聯邦憲法制訂後，許多人——尤其是州權主義者——都不贊成該憲法的若干部份，但大致都能服膺它，並不積極設法推翻根據它設立的制度與權力安排；而執政者——也均能恪遵憲法以行使權力，這對美國憲政的建立，作用甚為重大，南北戰爭固然顯示對憲法解釋不同的兩派，因基本利益的難以調和，終於分裂，可是一旦戰爭結束，政治精英對憲政的執著與憲法的忠誠立刻恢復，成為美國憲政成長的精神基礎。美國的憲政問題引起爭執者甚多，涉及地區的利益，少數民族的問題……等，但由於人民具有這種精神，終能次第解決。這種精神可見之於該國政治精英對聯邦最高法院的憲法裁決，不論如何抨擊，皆能服從或以和平的憲政方法謀求改變。印度獨立後憲政的實踐，經歷無數困難，迄今縱然未奠定與美國同樣堅固的基礎，但已有相當成就，其前途似乎還算光明。印度憲政的條件頗劣，其主要憑藉在於該國領導精英——尤其國民大會黨的領袖們——對憲政擇善固執的態度。其二，憲政的守護者是司法機關：理想的司法機關必須具有司法獨立並擁有素質良好的司法人員。凡憲政成功的國家都有這種司法機關，致力於遏阻行政機關的濫權與立法機關以法律來侵犯人民民權之舉，並保障人民的自由。不少開發中國家實施憲政最大的困難是缺少這種司法機關，在有的國家，「司法獨立」並不存在，司法竟淪為統治者控制社會的工具，並不能保障人民的權利；在有

些國家，司法人員的素質不良，其學識操守都不足以使人民尊敬，其裁決遂缺乏道德的約束力。其三，憲政的教育，極為重要，尤其在開發中國家，透過這類教育，政治精英對憲政的執著與對憲法的忠誠乃能普遍傳佈於一般國民，成為國家政治文化的一項要素，如此，憲政的基礎乃能根深蒂固。

■□ 第五章　人權與民權

　　人權是憲法中主題之一，任何憲法都以保障人權為其主要目的之一，在大多數憲法中，都列有清楚明確的人權條款，規定政府承擔義務保護的各種人權，與防止政府侵犯的自由領域。人權與憲法雖然是密不可分的，但人權的觀念由來已久，嚴格說來，並不是憲法的產物，不過，制憲與立憲的運動對人權的推展與促進，確有不可磨滅的貢獻。

　　本章旨在探討人權的涵義，及其在現代社會中的重要性，全章分為人權的涵義與演進、憲法中的人權、人權的問題及其處理、自由與平等、自由與國家安全、現代世界的人權困境等節。

壹　人權的涵義與演進

　　人具有尊嚴，天生具有某種權利的觀念，在古典時代，東西文明中都已存在。中國先秦的儒家，提倡民本的思想，認為統治者有責任造福民眾，因此應實行仁政，事實上這就隱含一種人權的意識。古代希臘人主張萬事萬物皆以人為量度的標準，這種人文主義的精神，也蘊含人權的思想。羅馬人的人權思想，更進一步，尤其斯鐸克派哲學家，指出由於人皆具有理性，在人格上是平等的，而且，基於此點，宇宙間存有自然法，一切人為的法律必須符合自然法方始有效，此種觀念對統治者的橫暴行為的正當性，在理論上予以根本否定，這對人權的增進，是甚饒意義的；希伯來文明一神教的思想中，強調人都是按神的形像塑造的，因此世人同一來源，皆為神的子民，此亦隱含人有其平等的人格尊嚴。

　　然而，這些古典時代的人權觀念與日後的人權思想與人權理論的區別仍然頗大。首先，這些觀念都是隱含的，未曾明確地表達，系統化的人權概念與理論在古典時代並不存在。其次，古典時代的人權觀念僅在原則上肯定人的某些價值，但並不具體顯示在現實的情形下，人應享有的權利之性質，因此，對實際生活中存在的類似日後之人權問題引不起自覺。譬如羅馬人儘管有自然法的觀念，但對於數目龐大的奴隸之存在仍坦然接受；希臘最睿智的人文主義哲人柏拉圖與亞里斯多德等都認為奴隸制度的存在是天經地義的。不過，縱使有這些缺點與不足，古典時代的人權思想對後世的人權理論仍然有其積極的影響。

　　佛烈德里哈 (Carl J. Friedrich) 對西方社會人權的演進，曾作了精闢的剖析。❶他把其分為三個步驟：

　　㈠在十六、七世紀時，人們關心的是消極的人權，亦即如何避免政府的干預。在若干領域，人民是自己的主宰，政府絕對不得侵入，譬如良知與信仰的自由，表意的自由，行動的自由，免於非法逮捕或拘禁的自由等等。在那個時代，西方國家的人民方從權力極大的王權與國教思想的統制下獲得解放，他們對強大政治力量甚為恐懼，因此，人權思想家心目中的人權乃是如何限制政府，如何劃一個政府不容進入完全屬於個人的領域等消極性人權。這種思想的代表人物是洛克，他一再強調政府的功能在保護人民固有的權利，其權力應嚴加限制，以免危及人民的自由或掠奪人民的財產。如今，消極的人權在自由主義的人權思想中佔重要地位，原則上，大家都維護這些人權，如良知與信仰自由，表意自由，免於非法逮捕與拘禁的自由，皆被當作基本人權。

　　㈡在十九世紀時，許多人關心的是選舉權的擴大，因為十九世

---

❶　Carl J. Friedrich, *Constitutional Government and Democracy*,4th ed. (Waltham, Mass., 1918), pp. 155–160.

紀中葉以前西方各國的選舉權限制甚多，僅擁有某些財產並達一定教育程度的男性公民才享有投票權，一般民眾都不能享有任何類型的政治參與，其後在若干國家，選舉權漸漸擴大，但終十九世紀之時，全民選舉權未能實現。選舉權的問題，成為政治風潮的主題，一些主張人權的人也把政治參與權——尤其是選舉權——當作人民的基本權利來強調其擴充的必要性。彌勒 (John S. Mill) 雖然對勞工階級能否理性地行使選舉權頗表疑慮，並因而認為選舉權的擴充不宜過速，但原則上，仍主張政治參與為一種民權。他認為政治參與不僅能給予參與者心理上的滿足，並且能使其對社會萌生責任感，一個人人都享政治參與權的社會，比較容易進步。❷

　　㈢至二十世紀，許多人關心廣大民眾的經濟與社會的福祉，工業革命以後，生產技術大為進步，在工業國家，生產力大增，少數人獲得了極大的財富，大多數人民的物質生活僅比封建時期的農民略有改進，而其工作的安全與工作環境則反而倒退，此一現象，造成極大的不滿，十九世紀時，社會主義者認為只有徹底改變資本主義的制度，才能全盤解決這一社會問題；而一些自由主義的改革者認為只要改良資本主義社會種種不合理的措施，也可獲致同樣效果；但也有不少較保守的自由主義者仍堅信資本主義制度的優越性，認為貧富不均的現象是社會競爭中不可避免的副作用，不足詬病。至二十世紀三〇年代以後，在西方資本主義國家，主要的輿論都接受早期社會主義者的一種看法：即政府有義務給予人民某種生活保障及若干必要的福利，這一看法被納入許多國家的憲法或其他重要法律中，發展出經濟與社會的人權。在聯合國的人權宣言中，則明確指出兩類必須保障的人權：公民及政治人權 (civil and political rights) 與經濟、社會與文化人權 (economic, social and cultural rights)。

　　消極的基本人權乃是對政府行動的限制，參政權與經濟、社會

---

❷　J. S. Mill, *On Representative Government*.

的人權乃是政府需保障與促進的人權，這些人權的實現，必須依賴政府的行動。消極的基本人權的實現並無任何特別的先決條件，而經濟與社會人權的「實現」則有一個程度的問題，在富裕的國家，所能實現的程度自然比較高，在貧窮的國家，所能實現的程度則較低。倘若某類福利，為一個國家的財富與生產能力所能負荷，而該國政府未能提供給其國民，則經濟與社會人權的問題可能產生，政府可被認為未能善盡其職責。倘若一個國家的財富與生產能力不能負荷，則政府的責任較小。不過，基本的經濟與社會人權諸如生存權、就業權等，各國政府都應盡一切努力來給其人民充份的保障。

隨著時代的演進，人權的範圍與種類在不停地擴充與增多。譬如隱私權，按十八、九世紀的人權觀念，是不重要的，二十世紀中葉以後，由於人際接觸的日益緊密，電子探偵器材的大量施用，它遂成為受人重視的人權；又如經濟的人權，在一九六〇年代以前，僅指生存權、就業權等，亦即基本生活的保障；至一九六〇年代以後，在先進國家，基本生活的保障已大體上不成問題，而另一方面，由於環境污染、噪音等問題日趨嚴重，乃有所謂維護生活品質的需要，使生活品質保持在某種程度也就成為經濟人權的一部份。

人權也有國際化的趨勢，此處所謂國際化，是指兩方面而言。首先，人權觀念漸漸普及於全球，對基本人權的性質，不同文化區域的人獲得了日益一致的看法：雖然世界上許多不同的文化，都蘊含某種人權意識，但由於不同文化區域的人生活在不同的社會環境，具有不同的歷史傳統，受不同的倫理的影響，其對何謂人權，及何謂人權的侵犯……等問題的答案不可能完全一致。由於這項理由，當兩個不同文化區域的人初次接觸時，一個文化區內司空見慣的行為很可能會被另一區域的人視為違犯人權。時至今日，由於西方強勢文化的擴散，西方文化的人權觀念已漸漸為全人類所接受，全人類對基本人權的性質及違犯人權的事實的認定，已具有相當一致的

看法；其次，國家對人權問題的作為或處理，已日益受到國際輿論的重視：在第二次大戰以前，人權常被認為係一國的內政問題，國際社會對任何國家政府壓迫其本國國民的事實，並不能藉口人權，加以干預，因此，於希特勒政權通過所謂紐倫堡法將德籍猶太人降為二等國民之時，其他各國也只能默然接受，第二次大戰以後，許多國家的有識之士，感到納粹政權之敢於殘害六百萬猶太人，其實導源於各國對紐倫堡法的容忍，深感嚴重的人權侵犯，國際社會實不應視為一國的「內政」而視若無睹。

　　國際輿論這一態度的改變，不僅反映於聯合國人權宣言與公約，歐洲安全會議中人權公約的發佈與簽訂及若干國際人權法庭的設置，而且更見之於若干國家的外交政策：譬如美國在卡特出任總統後，就主張把人權列入其外交政策的考慮中，在援外方面，受援國國內人權情況，也被當作決定其應否獲得援助的標準之一；美國國務院並奉命每年向國會提出外國（尤其是開發中國家）的國內人權情況的報告，藉以影響國會議員考慮美國與這些國家的關係時之態度。卡特的所謂「人權」外交，對其他國家的人權影響究竟多大，吾人甚難定評，但無論如何，其影響必然是存在的；有人認為自雷根上任美國總統後，卡特這項政策實際已經放棄，這說法並不完全正確。今日美國國務院仍然每年向國會提出外國人權情況之報告，似說明政策的延續性，以外國的國內人權情況作為本國政策的考慮因素之一的作風，似乎也正蔓延至若干歐洲國家，英法德國等國家也有不少人士認為其本國對開發中國家的政策也應把這些國家的國內人權情況列入考慮。歐美國家的這種作風，在開發中國家，有人讚揚，也有人批評。讚揚者認為這種作風有助於這些國家人權情況的改善；由於許多開發中國家政治權力分配的現狀，其民間力量不足以促使其政府維護與改善人權，也無法匡正其侵犯人權（尤其涉及政治參與者）的劣行，國際輿論與強國的壓力可能為迫使其尊重

基本人權的重要力量；批評者則認為開發中國家的政經社會情況迥異於歐美先進國家，先進國家政府以其本身的標準，衡量其人權現狀，難免失誤；而對其施加壓力，可能增加其政府謀求政治穩定與國家發展上的困難，甚至鼓勵其國內反政府顛覆份子提出不合理政治要求與壓力，使其政局更難安定。吾人對這兩種不同的看法，不擬判別孰是孰非，僅擬在此指出以顯示人權國際化的影響。

貳　憲法中的人權

法國大革命後發佈人權宣言，英國光榮革命後出現人權清單 (Bill of Rights)。顯示二、三百年前這些國家的人民已經設法把其權利明白地宣告並列舉，俾約束執政者；當美國聯邦憲法制訂後，在各州的批准過程中，引起極大爭議，反對者的一項重大理由乃是該憲法中缺乏「人權清單」或未曾以專條明列人權。其後，制憲者同意在憲法批准後，將以修憲的程序，增列人權條款，此一承諾削弱了反對者的力量，獲致憲法的批准。現在各國的憲法，無不明列人權的條款，而人權遂成為憲法中主要內容之一。

一般憲法中所列的人權，包羅萬象，品類相當繁多，大體上，可按其性質作如後的劃分：（見表 5-1）

表 5-1　憲法中明列的人權

實質的人權	基本自由權	
	參政權（民權）	
	受益權	
程序的人權	司法的適當程序 (due process)	
	行政的適當程序	

茲對上述人權作較詳盡的說明：

(一)人權可分為實質與程序的，實質的人權具有實際的作用，其重要性不需多加解釋；程序的人權有些人認為不甚重要，其實不然，程序的人權有兩種作用，其一是更有效地保障實質的人權。譬如倘若行政機關行事不按法定程序，就易造成責任難明之現象，承辦人員濫權的可能性就較大，人民實質人權就容易受損；又如犯罪偵防機關如不依法定程序傳訊或約談嫌疑人，法院不依此處理案件則造成冤獄的現象就難以防止或匡正。其二是更公正與平等地對待所有人民，而減少特權的運用。行政與司法機關倘以法定的正當程序行為，則徇私與公報私仇的作風會減少而人民獲得公平待遇的可能性就增加了。

(二)實質的人權中，1.基本自由權，此等自由常被認為係人民固有，政府不得侵犯的，包括良知與信仰自由（包括政治與宗教信仰與從事宗教活動），表意自由（包括言論、著作、出版、講學等自由），集會結社自由，居住與遷徙自由，人身自由（免於非法逮捕與拘禁）；2.參政權包括參加與組織政治團體的權利，請願與訴願的權利，選舉權、被選舉權等；3.受益權即經濟與社會的人權，原則上，國家應根據憲法給予其人民充份的受益權，但由於國家的財政與經濟情況並非固定不變，受益權應達何種程度，應包括那些細目，始可視為充份，殊難定論。一般來說，現代國家人民的受益權包括工作權、財產權、義務教育權、生存權（即失業時適當的救濟）、獲得政府適當的服務之權……等。

(三)在許多憲法中，均詳列司法程序中，人民應享一些較重大的程序性權利，例如提審權 (habeas corpus)，「提審狀」又稱「人身保護狀」，乃是指被逮捕的犯罪嫌疑人得要求拘捕或偵訊機關書面告其本人親友拘捕原因，並於二十四小時內向法院舉出拘捕他的「初步證據」(prima facie evidences)，並立刻把案件移交法院，其本人或親友亦可在二十四小時內要求法院提審。拘禁機關如無適當初步證據，

應立即釋放，(關於這些程序性權利有關司法程序部份，將在關於司法的專章中較詳細討論。)若干憲法，也列有行政機關（主要指執法的行政機關）施政之正當程序。（此將在關於行政機關專章中較詳細討論。）

我國憲法第二章規定人民的權利包括居住與遷徙之自由（第十條），表意自由（第十一條），秘密通訊之自由（第十二條），信仰宗教的自由（第十三條），集會結社之自由（第十四條），生存權、工作權及財產權（第十五條），請願、訴願與訴訟之權（第十六條），參政權（第十七條），服公職權（第十八條），受國民教育權（第二十一條）等實質權利，與第八條之程序性人權（包括提審權）等。

參　人權的問題及其處理

「人權」引起的爭議極多，在十七、八世紀時，西方「人權」成為一個推翻君主暴政的有力號召，其時自由主義者力主天賦人權，尤其指基本自由為人所固有，保皇的保守份子對於此種論調反駁雖然甚力，但已不足以逆轉或阻擋人權的潮流。十九世紀關於人權的爭議，集中於馬克思及其他社會主義者對自由主義人權的抨擊，馬克思批評一七九三年法國憲法的人權條款，認為該項條款中所包含的政治權利與平等保障，其目的不過是保證中產階級的財產權利與維持社會不平等的現狀，隱匿在以自由市場為基礎的共和國背後者實為工廠的暴政，隱匿在形式的政治平等背後則為實質的社會不平等。

至二十世紀，「人權」的範圍比以往更加擴充了，基本自由、參政權、經濟與社會的人權均已兼容並包於許多國家的憲法中。故馬克思式的批評除了作為東西冷戰中，共產國家攻擊非共國家的藉口外，已不再具有深刻意義。今日，關於人權的爭議，已經無關乎人

權的價值與性質等理論性問題，而是關於人權在各國的實施情況，也即在個別國家，人民享有的人權是否充份與合理，及人權違犯的事實認定等問題。

　　二十世紀，出現了兩種極權政權，其一是一九三○與四○年代德國與義大利的法西斯政權，此為右翼的極權；另一是蘇聯與中共等共產政權，為左翼的極權。這兩種極權政權違犯人權都極為嚴重，納粹德國在希特勒與希姆萊主持下，曾殺害六百萬猶太人，共產蘇聯在史達林、耶古達、葉佐夫、貝利亞主持下，也曾整肅大批政治上異己份子與富農 (Kulak)，在集中營中拘禁了千萬人民，中國大陸在毛澤東、康生、謝富治、江青等主持下，於文化大革命期內，曾侵害許多知識份子的人權。大體而論，這些集權政權，除在一定限度內，損及一般人民的人權外，還特別殘害根據其意識型態而認定的敵人：右派極權主義者為狂熱的民族主義與種族主義的產物，其依意識型態規定之敵人為種族的異己份子，即所謂「低級種族或民族」。納粹德國為求國內民族的純粹，決定徹底消滅德籍猶太人，而為消滅「低級民族」或使其成為「高級民族」的工具，決定消滅征服國的猶太人及波蘭國的知識份子及其他社會精英；左派極權主義者對「階級敵人」也不寬容，不是予以整肅（史達林式），就是剝奪其公民權，予以勞動「改造」。此外，一切極權主義者對政治上批評其領導者政策的人，均嚴加打擊，不容其享有政治人權。

　　除了極權政權外，一般非民主的政權，也常常成為人權的侵害者，但程度與範圍比極權政權可能較小。在西方國家，種族主義與種族歧視有其深厚的基礎。「白人優越感」或多或少地存在於大多數歐美國家或歐美民族建立的國家，如南非共和國、澳洲、紐西蘭等。當歐美民族主宰一個包容其他種族或民族的社會時，種族主義或歧視就可能以不同的程度出現，造成各種程度的人權問題。

　　當然，這類人權問題，是按這些社會的政治、法律、社會、經

濟等條件而異的，其處理與解決方式也不一樣。一個極端的例子是
南非共和國，南非是少數統治多數的國家，少數白人（約四百五十
餘萬人）享有政治權利及經濟的特權，二百七十萬雜色人種（黑白
混血）與八十七萬亞裔人（印度人為主）則享有極為有限的參政權，
多數黑人（二千二百萬人）則完全沒有參政權，在經濟上則為被剝
削者，在社會生活上，自一九四八年起直到一九八〇年代末葉，「種
族分隔」(apartheid) 是被嚴格執行的政策。

　　南非的剝奪多數黑人及其他有色人種(譬如境內的印度裔居民)
的人權，曾引起舉世的關切，聯合國也曾決議譴責。境內有色人種
的遊行示威、罷工暴動更是頻頻發生。在內外情勢交迫下，一九八
六年執政的國民黨 (the National Party) 開始逐步修改政策。一九八九
年德克拉克 (F. W. de Klark) 繼承保守的波特 (P. W. Botha) 為總統
後，就採取了若干改革措施，諸如廢止公共場所種族分隔法等。一
九九〇年初他宣佈將徹底取消「種族分隔」並將與黑人分享政權。
一九九三年，德氏政府與孟德拉 (Nelson Mandela) 為首的非洲民族
議會 (African National Congress) 組織暨其他在野勢力展開談判，結
果決定成立臨時性機構過渡期行政委員會 (Transitional Executive
Council)，容納政府與反對黨人士，安排政權之交替。在會談中，討
論黑白人種如何分享政治權力，爭執之焦點為黑人領袖們堅持實行
「一人一票，每票等值」的方式，選出議員，組成國會，德克拉克
政府則認為南非國情特殊，應採取各族（包括白人、雜色人、亞洲
裔、黑人中的祖魯 (Zulu) 人，與科沙 (Xhosa) 人）以族為單位的平
等代表權選出議員組成國會。黑人拒絕讓步，德克拉克政府只得接
受「一人一票」原則。一九九四年南非舉行不分種族的大選，結果
非洲民族議會組織獲 62% 選票，代表白人的國民黨獲 21%，代表祖
魯人的印加塔自由黨獲 10%，三黨聯合組成全國團結政府
(government of national unity)，孟德拉出任總統，其首席副手姆巴基

(T. Mbeki) 出任第一副總統，德克拉克出任第二副總統，內閣二十七位部長，非洲民族議會黨佔十八席，國民黨佔六席，印加塔自由黨佔三席，此一政府任期為五年，其後南非就採取正常的內閣——議會制。

　　美國的人權問題，也大多來自種族歧視，主要是南部白人對黑人的歧視。南部白人對黑人的歧視與隔離政策在一九六〇年代以前，是透過州政府的公權力與州議會通過的法律來達成，其時聯邦法院及行政當局對這類州權的不當運用並不加以干預，多多少少協助此種情勢的維持。一九六〇年代以後，聯邦國會與法院的態度改變，已使南方白人不能藉州政府的公權力與州議會的立法權來達到削弱黑人民權的目的；在甘迺迪、詹森為總統時，聯邦國會並通過一系列民權法案，來積極促進黑人民權（如投票權），這些法案執行的效果，並不一致，若干法案效果較佳，若干則未能有效執行。此外，華倫為院長時，聯邦最高法院對涉及黑人及其他少數民族的民權案件，採取積極態度，俾削弱種族主義的影響，然而，華倫及其他數名自由派法官離職或逝世後，聯邦最高法院已由較保守的法官據優勢，其對民權已無復往日的積極態度。

　　大體而論，美國今日已不再有藉議會立法或行政公權力來推行種族主義政策或危害非白人之人權的情形。然而，白人中，仍有不少人利用社會力量（如若干工會，公司的雇用員工的權力）來限制黑人或其他少數民族的權利。聯邦政府、國會與法院在積極促進民權方面，較一九六〇年代，熱忱已減低，因此許多積極政策的效果並不理想。

　　在開發中國家，主要的人權的問題計有兩類：一類涉及政治異議份子的政治人權；另一類涉及社會上較貧窮階層的基本生存權。由於大多數開發中國家，政治並不充份民主，權力集中於少數寡頭之手，然而，由於西方文化的影響，國內知識份子與其他中產階級

份子要求民主憲政的慾望甚強，其言論與行動，必然與寡頭的利益發生衝突，知識份子與中產階級中的政治積極份子中，頗多政治異議份子，這些人因從事激進的政治活動，常被拘禁或放逐。這類人權問題在大多數拉丁美洲國家、中東阿拉伯國家、伊朗、土耳其、巴基斯坦、印尼、泰國、菲律賓、阿富汗、韓國、非洲國家都曾發生，這類人權問題的處理與解決，必須依賴這些國家政治民主化的達成。另一類人權問題之發生，一方面是由於大多數開發中國家的生產落後、社會貧窮，另方面是由於這些國家中貧富不均的情形，極為嚴重。在若干國民平均年所得不足二百美元的國家中，有年薪數十萬美元的巨富，則這些國家貧窮者的生計之艱難，當可想見。這些貧窮者包括農民（甚多自己並不擁有耕地），都市中之大批無業者，半技術或無技術勞工等。這些階層人權的改進，必須透過大規模的經濟發展與社會改革（包括土地改革，更有效的累進所得稅及有效的節育政策之推行……等），這些將在專章中作較詳細討論。

肆　自由與平等

自由與平等，為人重視的兩種價值，也是人權的兩種基本的內涵，有人說自由主義者的人權觀念，重心即為自由；而社會主義者的人權觀念，重心即為平等，因所謂經濟與社會的人權，實際上即是經濟分配上達到「平均」，在人的社會地位上，消除因財產差異造成的不平等。

在以往，有人把自由與平等當作對立的，若干自由主義者甚至認為一個平等的社會，必定是藉消除人天生的差異，抹殺個性，阻遏自我發展，杜絕競爭造成的，因而必然是不甚自由的；也有些主張「平等」的人則認為「自由」即容忍強凌弱，鼓勵自私自利，忽視社會責任，也即助長不平等的情況。今日，這類誤解已不嚴重，

大多數有識之士都相信自由與平等在原則上可以併存與兼顧，而且
應該如此；然而，如何達到兩者適當的平衡，仍不無困難。

在西方社會，保守的自由主義者一般認為自由比平等重要得多，
而所謂「自由」，不僅是基本自由，而且應包括經濟活動的充份自由，
亦即政府對私人經濟活動應減少干預，他們特別重視財產權，並對
財產權的保護作廣義的解釋，他們認為政府為促進社會福利增加稅
收，即是對財產權的一種侵犯。保守的自由主義者反對政府（尤其
行政官僚）職權的擴大，其表面的理由是政府權力過大會危害人民
自由。其實，真正的理由是今日西方國家政府職權的擴大，大多是
由於政府干預私人經濟活動與提供社會福利的任務增多所致，而這
些正是保守派所反對的。保守的自由主義者心目中的平等，僅限於
「機會的平等」，與法律地位的平等，而非經濟、社會的平等。

力主社會福利的自由主義者則對平等的價值相當重視，他們對
人民的財產權與個人經濟活動的自由並不否定，但認為私人財產權
如與社會中其他成員的生存權發生衝突時，財產權應受節制；個人
的經濟活動倘若危害公平競爭或社會公益，也應受限制。他們心目
中的平等，不僅是指機會平等與法律與政治地位的平等，還包括某
種程度的經濟與社會平等及在享受社會生活的利益方面的平等。（更
確切地說，是減少過大的不平等。）

社會主義者並不統統忽視「自由」的重要性；他們認為在資本
主義社會，由於私人財產制與生產工具的擁有權，造成極大的不平
等，此種不平等已使政治與法律的平等失去意義，貧窮階層的自由
已成為形式，既不能用來改進其生活，也不足以保衛其人格的尊嚴。
因此，他們主張欲獲致真正的全社會人民的自由，經濟與社會的過
份的不平等的現象必須消除，此應從生產工具擁有權之改制著手。

雖然在民主憲政國家，自由與平等的平衡保障與追求，自一九
三〇年代以後，已成為各主要政黨主政的政府一致的主張，但各黨

的政策強調的重點，仍有不同，較保守的政黨主政時往往藉口維護自由，而略為削減社會福利與政府職權，並減少政府管制私人經濟活動之措施；而在較不保守的政黨主政時則往往較重視社會福利政策，並較多干預私人經濟活動，為此他們並不在乎擴大政府職權。此種不同的重點，常引起爭執。在今日西方國家，對政府職權的範圍，私人經濟活動的自由程度、財產權的爭議，是相當普遍持續而強有力的。

伍　自由與國家安全

在憲法諸種人權條款的具體實踐上，「自由」──尤其是表意自由、集會結社自由等引起的問題最多。這些問題的引起，原因之一是這些自由各有其界限，在具體的情況下，一種言論或行動是否逾越這個界限往往頗難認定；另一個原因是在若干國家，出於國家安全之考慮，對這些自由所加的限制較大，這些限制是否適當也不易認定。茲分別討論如下：

我們都知自由雖然重要，但並非沒有界限的，在群居的社會，人的言行必須考慮別人的利益，彌勒的名言「人沒有在擁擠的劇院中隨便高喊失火的自由」，說明自由應有其界限。但這種界限應置於何處？應由何人決定此界限？這些問題甚為困擾，在不同社會引起甚多爭議。

原則上，表意與言論應比行動的自由範圍更大，但即使言論與意見之表達也有其限制；大體上，若干種意見或言論受到節制：諸如教唆犯罪者，危害社會公序良俗者，鼓動以暴力顛覆以憲法程序產生的政府者，破壞別人名譽者。但一種意見與言論是否屬於以上任何一類，不能隨便認定，其認定必須按若干原則：1.由司法機關作權威性認定，即凡涉及此類案件，司法訴訟的程序應予採取，並

由獨立於政治壓力的司法機關來裁定；2.認定與鎮壓這類意見與言論，必須按照法定程序，由依法具此類職權的機關為之；3.一種意見或言論是否屬於以上任何一類的認定應從寬，即應盡可能尊重憲法自由。就言論與意見自由而論，政治性言論是否應受憲法保護的問題最具困擾性，在美國與英國等國，於冷戰期內，對這類言論的限制較為嚴格，但即使在冷戰期，其法院在處理這類言論問題時，也相當慎重，大體而言，它們一方面把言論與意見以其發表的方式與場合等分為單純的表達、鼓吹 (advocacy) 等，如為單純的表達，即使為「顛覆政府」的理論，也往往不禁；另方面它們發展出若干準則，如「明顯而立即的危險」(clear and present danger) 與「惡劣傾向」(bad tendency) 等準則，作為衡量某一言論或意見是否應禁止的依據，這些準則以「明顯而立即的危險」最為通用，根據該項準則，一種意見與言論必須對政治秩序產生嚴重的危險，而且其危險明顯是由該言論引起，而且危險立即會出現，才可加以處罰❸。

　　至於行動，其自由範圍比言論為小，但一種行動應否禁止或行動者應否受罰，也應依法定程序由法定機關審慎為之。行動中，尤其涉及人民的政治權利的，更應獲得良好之保障，集會結社自由攸關政治權利，因倘無此種權利，人民的參政權會直接受到危害，故其限制必須格外慎重。

　　言論與表意自由與集會結社自由在開發中國家往往因國家安全的考慮而受到限制，在不少開發中國家，由於政治不穩定、經濟落後、政治競爭缺乏良好傳統，人民為種族、階級、部落、宗教的分歧分割為種種互不容忍的「集團」,受外國影響的顛覆份子伺機而動，其國家安全問題自然相當嚴重，對這些自由作比西方先進國家作較多的限制，也許並無不當；然而，在若干國家，統治寡頭也往往藉

❸　參閱 Geoffrey Marshall, *Constitutional Theory* (Oxford, 1971), pp. 177–179.

口「國家安全」需要，限制人民的自由，以維持其統治特權，並阻止可能不利其權力之政治力量的出現，這是菲律賓馬柯斯、印尼蘇哈托、埃及沙達特之流的慣技，這是對人權不當的侵犯。

陸　現代世界的人權困境

現代世界的人權困境，不僅是實踐上的，也是理論上的。就實踐的層次而言，幾乎任何國家都有人權受到剝奪或由於歷史與社會的限制未能充份享有人權的國民。在極權國家，人民的自由權與參政權往往受到嚴酷的限制；在其他不民主的國家，參政權未能充份實現，尤其政治異議份子，常可能因其政治意見而受到懲罰，即使在民主國家，少數民族──尤其是種族與膚色不同者──的人權往往少於多數民族，雖然這種現象的造成，不再是由於政府的政策，而是由於人民根深蒂固的種族或民族偏見及社會與經濟結構，但自詡民主自由國家的政府未能以有效的政策來消除這種現象，自然是不容否認的事實。

在經濟與社會人權方面，目前雖然已獲普遍承認其與政治人權與公民自由同等重要，但其實踐上困難更多，實踐效果更差。所以致此，其主要原因有二：1.開發中國家的生產仍舊落後，而經濟發展的成就不足以消除歷史性的貧困；2.大多數國家，尤其開發中國家的傳統社會結構，妨礙求取經濟平等的社會改革，以致貧富的極大差距不僅未曾縮小，反有擴大之虞；而富裕國家與貧窮國家間的差距，不但是由於生產能力之不同造成，而且是基於國際金融與貿易制度，因此頗難予以縮小。

這些人權問題的存在，都是基於人類根深蒂固的種族偏見，偏狹的民族主義，政治與社會特權的維護與保持的心理，頑強的傳統社會經濟結構……等，都甚難改變，這是為何人權的普遍提高永遠

是一個美好的理想，但人權的改善速度則甚為緩慢的理由。

在理論方面，在十八、十九世紀時，權利理論對人權的推展都甚有貢獻。十八世紀是「天賦人權」的時代，天賦人權的觀念強調人的若干權利是先於政治組織與政治關係而存在的，統治者不是這些權利的創造者與賜予者，而且這些權利是人人生來就有，與他的身份、社會地位、教育程度、職業、對國家的貢獻與道德品質、效忠的對象都無關的，人們在擁有這些權利方面是完全平等的。這種權利理論，對當時的不公正的社會結構、貴族的特權是一項挑戰，對推展人權自然有其作用；但我們如細加考察，不難發現，天賦人權的理論所能推展的人權僅限於法律地位與形式的政治關係上的。因此，它對中產階級的助力遠超過對其他階級。中產階級的政治運動，藉天賦人權與洛克與盧騷式的契約論的助力，蓬勃發展，把貴族的特權次第削弱。

十九世紀時，西方社會產業工人已具有某種程度對政治與社會情勢的自覺，他們之中有些人已瞭解其處境的造成乃是一個結構性問題，不是其個人之問題，此種理解使其對當時的人權理論產生懷疑，這些人士已見到，形式的自由與權利與實質的自由與權利間的差距，而人權理論則無視該項差距的存在，甚至足以使人誤信形式的權利即為實質的權利。中產階級之能接受該項人權理論，不僅是因為對他們來說，這理論能幫助他們爭取權利（他們所要者為法律、地位與貴族平等），而且是因為它能誤導勞工相信法律的平等就是實質的平等，法律意義的人權就是「人權」的全部涵義，而這種「麻醉」作用對中產階級的經濟利益也甚有助力。

對十八世紀人權理論的不滿，產生的反應有兩種：一種是徹底否定該項理論，重新塑造新的人權理論，另一種為充實該項理論的內涵。

社會主義者如馬克思之流，否認人權是天賦的，他們認為人權

是歷史發展至某一階段時，人為的產物。個別時代的個別社會的「人權」，僅對一部份人有利。如十八、十九世紀歐洲國家的「人權」，是對擁有生產工具的資產階級有利。雖然人權不是天賦的，也不是出於人的良知的，但他們認為人權仍有至高的歷史重要性，因為這是造成社會改革與變遷的號角。馬克思雖然承認天賦人權的理論在摧毀封建主義的桎梏，促成人類歷史上巨大進步具有積極的作用，但這一理論僅有助於資產階級權利的獲得與維護，不是科學的人權理論。他認為真正的科學的人權理論應該有助於人類全體的「解放」，並依據人類社會進化的歷史法則來建構。他認為資產階級的人權觀念的另一項錯誤是它是以「個人主義」為基石的，而所謂個人的人格，不是天生的，而係社會環境與經濟制度的產物。因此，資產階級社會的個人必定是貪婪、好利、寡情、自私的，以這種「個人」為核心基礎的人權觀念必然會使「人權」成為壓迫與剝削他人的護符，鼓勵不當的競爭與罔顧社會利益的態度。

馬克思之流否定了「天賦人權」說，但並未完整地建立了有系統的新的人權理論。至多，他們僅使人注意到人權如不考慮及經濟與社會的層面是不夠的。

馬克思之流對「天賦人權」說的否定，對後世產生的影響有正面，也有負面的。正面的影響是使人注意到經濟與社會的人權之重要性；其負面的影響則相當嚴重；可從共產黨建立的極權國家，對若干基本「自由」的政策獲得印證：譬如，在一九三六年的蘇聯史達林憲法中，形式上言論、集會、良知與宗教信仰自由……等都有保障，然而，在實際上，這憲法公佈之後，蘇聯的大整肅就展開了，對人權的蹂躪達到極點。然而，蘇聯與其他國家的左傾知識份子中，頗有人不以為蘇聯的政策違背其憲法，因為他們受馬克思人權觀念的影響，認為「自由」不應僅從個人人格的需要來衡量其價值，而應從社會的集體的利益，這種想法使他們在良知上能接受蘇聯政府

對「反社會」的行為之鎮壓，竟認為其並未違反憲法中的保障。這
種「知識的自欺」能不被若干世界第一流的知識份子覺察，而且他
們甘心為蘇聯的政策辯護，不是由於對蘇聯的政策資料不足，也不
是他們不誠實或趨炎附勢，主要的原因，是馬克思的人權觀念對他
們判斷的影響。❹

　　有不少人士，並不否定十八世紀的天賦人權的理論，而僅設法
加以充實。我們知道十八世紀天賦人權理論有兩個成份：一個成份
為人權的淵源為天生的，既為天生，則其基礎當然是個人主義的；
另一成份為人權的內涵主要為消極的自由──人身的自由及言行的
自由──與財產。充實該項理論的努力是對其作部份的修改，並增
加其內容。一種努力是所謂「社會權利」或「法律權利」說。邊沁
(J. Bentham) 曾批評天賦人權說為空洞的論調，缺乏事實根據，他認
為權利是人組成社會後才可能產生的，其內涵由人之關係及社會生
活之需要所決定，德國的凱爾森 (Hans Kelsen) 則認為人權是政治社
會出現後的產物，是這一社會的規範（法律）的結果，這些都是所
謂「實徵」的人權理論，這些理論都有沖淡天賦人權理論過份偏重
個人主義的作用，但基本上，它們仍是以個人主義為基礎，不過比
較著重個人與社會的交互關係而已，與馬克思派的否定「個人主義」
是不同的。在人權的內涵上，十八世紀天賦人權論者所指的人權為
「生命、自由與財產」，十九世紀的人權論者已有人主張應把經濟與
社會的人權包括在內，自由主義者與社會主義者的區別在於後者比
較著重經濟與社會人權，而不認為私有財產權為一項人權。但一般
非馬克思主義的社會主義者對個人自由的重要性則比較重視。

　　二十世紀人權理論的問題，有的是承襲自十九世紀，即馬克思
主義的人權觀念與自由主義的人權觀念的差異所造成；自由主義的
人權理論基本上雖然不變，但對人權的內涵，已經擴大了。目前，

❹　此為 Raymond Aron 在其 *The Opium of the Intellectuals* 特別批評者。

自由主義者已接受經濟與社會人權的重要性，對財產雖然原則上予以肯定，但大多數開明的自由主義者皆認為財產權應該節制，並且是一種次要的人權。社會主義者中，溫和派已多少與自由主義者持相似的立場，他們雖然原則上不承認私有財產制的神聖性，但已不急於取消該項制度。但激烈派已在蘇聯及歐亞的一些其他地區成為執政者，他們對自由主義的人權理論，基本上持反對立場。由於世界上兩種政治社會對人權理論上的歧見，雙方無法在共識的基礎上推展人權。

在西方國家與其他受西方文化影響的國家，人權理論也隨實踐上發生的困難而出現一些問題。自由主義的人權觀念是以個人主義為基礎的，即人權的剝奪與否是依個人為單位來衡量的，人權的增進也以個人為單位從事的。然而，今日在不少國家與社會，人權的增進，有時必須以「集團」為單位來從事，因為某些人的人權遭到損失，是因其「集團」身份造成的。例如美國聯邦政府的若干「積極行動計畫」(affirmative action program) 是以「黑人」這一「族群」為單位的，而這些以「集團」為單位的努力，則可能損及非屬這些族群的人的個人權利。關於這一矛盾，是人權理論應設法處理而迄今理論家們仍未足夠重視的。❺

---

❺　參閱 Alan H. Goldman, *Justice and Reverse Discrimination* (Princeton, 1979).

第六章　民主政治

　　民主已成為大多數世人擁護的政治制度或生活方式。根據聯合國教科文組織一項問卷調查，幾乎每個文化區的人士都認為民主政治是他們應採用的，但對民主政治的性質與內涵則存有相當多的歧見。❶今日世界上的一百九十餘國家，幾乎都自以為是民主的，譬如史達林執政時，蘇聯常自詡為民主國家，東歐的共產國家也都命名為「人民民主」國家，它們常常詆毀西方國家為資產階級統治，不算真正民主國家，印尼在蘇卡諾執政時，也大施推行其所謂「指導的民主」。在這種情形下，「指鹿為馬，指馬為鹿」的現象就相當普遍，除非我們作一番客觀的探討，否則鹿與馬就不容易分清了。我們在本章中，擬對民主政治的性質作一番分析，並詳論民主政治實踐的一些課題，在下章中我們再討論民主理論，這兩章可視為一個單元。

壹　「民主」的涵義

　　「民主」一詞，字面的定義，甚為簡單，此詞來自希臘，希臘文之意即為人民的治理，英文 democracy 中字首 demo，即為人民，cracy 即為治理，但這種字義的詮釋，實際上意義甚微，因所謂人民的治理，當然不可能指全體人民同時擔任同樣的治理的工作，換言

---

❶　參閱 A. Naess and S. Rokkan, "Analytical Survey of Agreementsand Disagreements," in Richard Mckeon (ed.), *Democracy in a World of Tension* (Chicago, 1951). 此又為根據聯合國教科文組織請一萬位學者界定「民主」的問卷答案而撰寫的。

之，人民治理必須藉某種方式，某種程序，某種制度以達成。我們如欲瞭解民主，就不能不探究這些方式，程序與制度，不能僅以記住字義的界說自滿。

古往今來，世人給予民主的定義，是相當多的。林肯的名言「民有、民治、民享」也曾被人用來界定民主政治，倘若我們把這三者作為民主政治制度下，人民應處的地位，林肯之言是頗有價值的，但作為界說，則並不妥當，其他種種「界說」，也都有以偏概全或曖昧不清或過於空泛諸弊。因此，我們認為讀者應主張放棄把民主作一個簡單界說的習慣。

一般試圖瞭解民主的人，常為一種現象所困惑：有些研究者把民主單純地視為一種政治制度，另一些研究者則把它看作一種生活方式或社會整體的現象。如把民主當作一種政治制度，則我們僅需指出這種制度的特色，及其運作的情形，就可剖析民主，如把它視為一種生活方式，就複雜多了，則所謂民主就不全然是政治意義的，也具有文化的、社會的意義，就不單純是制度，而涉及觀念、價值、規範與態度了，更有些人企圖把這兩種意義的「民主」結合，在其探討中，特別強調制度運作的非制度基礎或動力，這類研究，雖然有其價值，但對於試圖瞭解民主的初學者，往往製造相當嚴重的混淆。

傳統上，許多把民主當作政治制度的人士認為該項制度具備以下諸項特質：㈠人民主權，㈡責任政治，㈢多數治理，㈣尊重少數與個人，茲分述如後：

㈠人民主權：這原則強調國家的主權是屬於全國人民的，在不少民主國家的憲法中，都特別標明此點，這是洛克政府必須建立在被治者的同意 (consent of the governed) 的觀念之反映。「人民主權」說起來很堂皇，但如何才能把這觀念具體實踐與落實，其實並不簡單。一般民主國家藉選舉、國會的運作與輿論的作用來表示「人民

主權」的存在，但這些都不無問題，使「人民主權」無從充份體現，有些人士認為「人民主權」實際為一「虛像」(fiction)，其目的與柏拉圖的「神話」是一樣的。旨在使人民願意接受精英的支配與指導。這種說法，可能稍嫌誇張，但把「人民主權」作為民主的特質之一，其地位確實比較脆弱。

㈡責任政治：所謂責任政治，乃是指執政者對其政策的成敗，要負政治責任，在民主國家，執政者的產生是透過選舉，選舉前，候選人把其欲實施的政策呈示於選民之前，理論上選民是依據「政見」投票的，候選人之當選表示選民授權他實行其政策，一旦政策失敗，就表示他的政策不妥或他的能力不足，他求取連任的希望就渺茫了，此就是政治責任。此外，行政部門在施政時，要接受立法機關與輿論監督與批評，一切作為必須依法，並不得逾越職權或濫用權力，倘若不依法行事，或越權或濫權則會受到罰戒，此也為政治責任（或行政責任）。責任政治確實是目前民主國家與非民主國家的一大區別，非民主國家雖然也有選舉，但主要執政者的在位，不是選舉決定的。然而，我們也不得不指出真正的責任政治原則之貫徹，即使在今天的民主國家也是相當困難的，選民投票未必根據政見，也未必是理性的，他們中有些人完全依自己情感來投票，因而選舉未必能成為貫徹政治責任的方法，議會之監督每因議員們的政黨與其他歸屬之私利的影響，而對同黨或同派官員盡量「護航」，對敵黨則盡量攻訐；此外，議員們也常徇私。對政府官員的「監督」常常不當或流於形式，無助於政治責任的貫徹；輿論則因大眾傳播媒體為大企業或政黨所操縱而不能忠實反映民情，當然也就不能成為貫徹政治責任的利器。

㈢多數治理：我們倘若詢問一個對民主政治僅有膚淺認識的人，民主政治的主要特性為何？他很可能會說是多數決，或「少數服從多數」。的確，「多數決」或多數治理是民主政制運作的基本原則：

在選舉中獲票最多的候選人當選，在國會中一項議案辯論終結時表決是依多數作取捨的。由於「多數決」使用得多了，它被一些人看作「神聖」了，好似「多數治理」就等於「理想的治理」「智慧的治理」，其實，這種想法是缺乏根據的，「多數治理」的普遍採用，並不是它具有什麼「神聖性」或「理想性」，而是因為下述基本理由：倘若我們要「民主」，就不能沒有「多數決」；盧騷是批評「多數決」最嚴酷的，也確實能深刻地指出它的「缺點」：盧騷認為政治社會每個成員的參加該社會，是希望能維護個人自由，尤其是其自由意志，多數決對少數是殘酷而不公正的，它不僅使少數的自由意志難以伸展，而且還逼迫少數去做他們反對的事，因此，盧騷認為「全體一致」的決定 (unanimous rule) 應代替多數決。盧騷的建議在純粹理論上是言之成理的，只可惜我們生活的世界不能依賴純粹的理論，倘若我們在集體決定時，堅持全體一致的決定，將無法達成任何決定，或者可能使達成決定的時間花費過多，使決定失去時效。既然全體一致的規則是行不通的，在民主的原則下，就只得採用多數決了。然而，為期減少其對少數的「壓迫性」，尊重少數與個人的原則是必要的，否則多數統治有淪為多數暴政之虞。

　　㈣尊重少數與個人：關於民主國家，多數與少數的關係，有兩種頗饒趣味的看法。根據第一種看法，多數與少數不是固定的，多數可能變成少數，而少數則可能變成多數，這種改變的過程無時無刻不在進行著。這種說法，倘就兩個「政見」的集合體來說，是相當正確的，但以其他因素如種族、宗教……等結合的少數，有的可能永遠變不了多數，例如美國的黑人，在漫長的時間內，不同的政黨交替執政，但這一少數集團直至一九六〇年代都是受忽視的，在美國政治體系內,黑人擔任重要公職的人數始終與其人口不成比例。根據另一種說法，在多元的民主社會，並無一個固定的多數，僅有很多「少數」，但按不同的政策課題 (issues)，這些少數結成贊成與

反對的兩種「聯盟」，這種「聯盟」較大的，即為多數，這一理論的最周全的發展是卡爾洪 (John Calhoun) 的所謂匯合的少數 (concurrent minorities) 的說法。這種說法，其後又影響道爾 (Robert Dahl) 的民主理論。❷ 這種說法確實能給予我們瞭解民主國家多數與少數關係一個很有用的指引，但是，我們必須指出，有些「少數」，由於其個別的特殊性，不可能因其對政策課題的立場，而與其他的少數結盟，換句話說，這些少數是永遠在「主流」之外，不能「匯合」成渠。譬如黑人在一九六〇年以前，就是如此，即使今日，其為其他集團接納的程度也較低，以往美國民主黨只有在選舉時比較重視黑人的意見，一旦選舉過後，黑人仍然是受忽視的。

　　姑不論多數與少數的性質為何，其關係為何，在民主社會，多數尊重少數的原則則是甚重要的，其重要性不僅是由於它能減少盧騷所提出的「多數暴政」的「壓迫性」，而且其對政治秩序的安定也有貢獻，因為倘多數一貫不尊重少數，則少數可能會憤而不理會多數決的約束，甚至不願與多數共處，歷史上許多政治社會的分裂主義運動都因多數不尊重少數引起或惡化。

　　多數尊重少數原則的實踐，有兩個層次：一方面多數的風度與態度，這是民主的政治文化的層次。譬如多數應在決策時主動考慮少數的尊嚴與利益，避免對其作不必要的損害，並在達到多數政治目的時，如少數的利益與其並無矛盾，則能盡量顧及；在重大問題上，即使多數能憑己力獲得成功，也能顧及此舉之不良政治後果，而與少數協商謀求妥協；多數能容忍少數意見與言論，不因人廢言，而能理性地判斷其意見；多數一貫以誠信與公正的心理與態度對待少數等皆屬必要。另方面制度的安排，這是民主政治結構的層次。譬如在國會中性質不同的問題上，議案通過所需的「多數」是不同

❷　參閱 Robert A. Dahl, *Polyarchy: Participation and Opposition* (New Haven, 1971).

的；一般性問題由簡單多數決定，若干問題由三分之二多數決定，有些則由四分之三多數始能通過；否決權的採用；議員發言時間儘量延長的規定（如美國參議院的 filibuster）；在一些所謂協同民主 (consociational democracy) 的國家，整個政府都透過種種制度安排來保障少數利益。❸

除了尊重少數，還要尊重個人，尊重個人的原則是體現於憲法中關於人權的條款中，這些人權條款有的完全在維護個人人格的尊嚴，自主與不可侵犯性。此外，尊重個人也表現於個人在與政府接觸時獲得的待遇上，在「官尊民卑」的觀念籠罩下，東方國家的行政官員對人民的態度往往倨傲不遜，這與民主政治的尊重個人原則是牴觸的。

道爾的民主觀，特別強調政治職位的競爭性，倘若政制的競爭性愈高，它就愈民主，否則就不甚民主。道爾根據此點，認為在一九七○年代初世界上真正的民主國家僅二十九國而已。❹道爾這一觀念，也有助於吾人瞭解民主的涵義。

貳　民主政治的實踐

民主政治發源於古代希臘，人們慣於稱古代雅典為民主的搖籃，這當然是正確的說法，但是，我們也不能忽視古代雅典的民主政治與我們今日所瞭解的民主政治在觀念與制度兩方面都存有極大的差異。就制度而論，古代雅典的民主是所謂「直接民主」，而今日的民主國家實行的是「代議民主」。直接民主只有在「小國寡民」的社會才能實行，因此，在人類歷史上，除了古代雅典，就沒有其他的實

---

❸ Arend Lijphart, *Democracy in Plural Societies: A Comparative Exploration* (New Haven, 1977).

❹ 參閱 Dahl, *Polyarchy.* 自一九七一年此書出版至今，民主國家已大量增加，目前全球一百九十餘國中，半數左右可視為民主國家。

例了。古代雅典是一個城邦，其人口約在二十萬至三十萬之間，有權利參政的男性自由公民僅四萬餘人，事實上，在同一時間內參加國民大會議事投票的，不過數千人而已。在雅典的制度下，擔任公職人數甚多，而且一般性公職沒有資格限制。由公民輪替擔任，任期甚短，此為其直接民主的另一特色，但是，才能卓越之士，往往能擔任具有實權而任期較長的職位，發揮所長，如柏利克里斯 (Pericles) 為西元前五世紀時雅典著名的政治家，在相當長的時間內，他以「將軍」的身份，為雅典的實際領導人。可是，其領導方式主要是靠辯才，來說服別人接受他的建議，不能憑藉職位。在基本觀念上，古代雅典的民主與今日民主國家的民主，也頗不同。古代雅典人幾乎把城邦這一政治社會視為一種有機體，每個公民都應與它完全認同，他必須毫無保留地參與其一切活動，雅典人強調的個人主義與今日的個人主義是完全不同的，雅典人之個人主義乃是指每個個人都應培養他德智體群的一切潛能，成為一個完美的個人，此一完美的個人應積極參與城邦的一切事務，體現「人為政治動物」的觀念，倘若他不去參加，就類似亞里斯多德所說的，如果不是神就是低於人格的非人了；現代的個人主義是指每個人應有權決定他自己的生活方式，他對社會固然具有某種義務，但該項義務不是無限的，也不是無條件的，只要他負擔了這些義務，他願不願意參與更多的社會事務，是他自己的事。根據現代自由主義的觀念，國家決不是有機的，它不過是個人為實現某些有限目的組合，為個人的一種工具，它不能要求個人無限的奉獻。事實上，個人有其自己的人生目的：宗教的、道德的、藝術的、科學的、經濟的……，他勢必以自己的個別目的為重，把公民角色視為次要。雅典的觀念是城邦直接民主的精神基礎，倘若雅典人沒有這種觀念，其直接民主必然失敗。而我們今日的觀念已迥異於雅典，「小國寡民」的情況也已不存，直接民主自然已不可能實現了。

　　直接民主雖然已不再可能，但人類對直接民主的憧憬仍然相當強烈，許多對代議民主制下代議士的素質與作為不滿，或認為代議制無法充份反映複雜而多樣的民意的人士，都曾把恢復直接民主(或作某種程度的恢復)視為一項理想。這證明「直接民主」仍可當作我們改進代議制的一個標準，因此，研究該項制度的意義不僅是歷史的。

　　代議民主是今日民主政治實踐的唯一制度。代議制是民主國家政治制度的重心，其立法機關是完全根據代議原則設置與運作的，其行政機關則部份是依代議原則的 (政治部份)，另一部份雖然不按代議原則 (行政部份)，但必須對「政治」部份負責；司法機關雖不按代議原則設置，但司法人員任命所依的法規與標準皆由代表民意的立法機關決定，而人員的任命雖由行政首長為之，但往往需立法機關同意。代議民主是否真能實踐民主的精神，是一個有趣的問題，我們在討論政府的組織與運作時，將加以討論。

參　民主的條件

　　雖然大多數人都期望其國家實行民主政治，但真正的民主國家為數頗少。許多開發中國家在甫告獨立時，頗有實行民主的意向，它們都採用了仿自歐美的憲法，建立了三權分立的制度……等，但獨立後不久，這些國家就從民主的路上退縮，有些國家實行了軍事獨裁，禁止一切政黨活動，解散了民選的國會，代之以執政者自己選拔的橡皮圖章式的國會，司法獨立也名存實亡，政治異議份子不是流放國外，就是囚禁於特設的監獄中；有些國家，領導者漸漸濫權與跋扈，他們可能保留了制度的外表，但其作風與施政，則已不再符合「民主」原則了，這些領導者可能使用「指導民主」「非洲民主」……等藉口，來維護他們的作為，並減少反對力量，但民主政

治在這些國家事實上已不存在了。開發中國家民主試驗失敗的事例，及世上真正民主國家數目之稀少，說明實現民主政治，並不是輕而易舉的，一個不民主的國家發展成民主國家，必有其理由。我們探究這些理由，似乎有兩種途徑可資採用：一種是對公認的成功的民主國家從不民主的政制走向民主的過程，作歷史的探索，另一種是比較民主的國家與不民主的國家，找出其在社會結構、文化……或其他方面的差異，再以這些差異為出發點，來作邏輯的推論。若干學者從這兩種途徑的研究，得到一些結論，似乎顯示民主政治的具體實踐，其成功有賴於若干條件：

第一類是經濟的條件：學者們發現過份貧困的社會，實現民主比較困難。❺現有的民主國家，經濟發展的程度，一般來說，均高於不民主的國家，如以地區來分，亦復如此。經濟的條件之重要性可作如下解釋：除非一個社會的經濟達某種水準，其識字率不可能達一定標準，識字率過低的社會，大多數人民對政治不可能發生興趣，政治知識也可能相當貧乏，而且在生活逼迫的情況下，不易理性地看待或處理政治問題，容易受反民主的野心家誘惑或煽動去從事暴力的政治活動；經濟情況過差的社會，政治不易穩定，緊急情況時常出現，人們對民主的迂緩決策程序可能失去耐心；而且經濟發展程度過低的社會，民間組織，利益團體都不夠發達，不足以構成一個各種社會力量互相制衡的多元社會。然而，經濟條件儘管重要，我們不宜存有經濟決定論的想法，以為經濟條件差的社會，即使其他條件充份，也無法實行民主政治。印度的經濟條件甚差，但一九四七年以來，實行民主政治已獲得大體上尚稱良好的成就。此外，我們雖然知道某種程度的經濟發展有利於民主政治，但這程度

❺ Seymour Martin Lipset,"Some Social Requisite of Democracy.Economic Development and Political Legitimacy,"*American Political Science Review*, Vol. 53, No. 1 (March 1959), pp. 69–105.

究竟為何，研究者仍乏定論。

第二類是社會的條件：「實行民主政治仰賴一個民主的社會，」是一種普遍流傳的說法。的確，這說法並非沒有道理，唯一的缺點是不夠明確。如何的社會才是民主的？這是一個甚難回答的問題。有些人從社會的階層化來判斷其民主的程度，階層化高的社會就不如階層化低的來得民主，或者，舉例來說，英國就不如美國民主。也有些人則從社會的流動性來判斷，流動性高的社會是民主的，反之則不然，所謂「流動性」可指人的流動——職業角色與地位身份的流動，及居住與工作地點之流動——，也指觀念與知識的流動（開放性）。也有人從社會的多元性來判斷，倘若一個社會的組織類型複雜，權力分散，則比較民主，倘若一個社會其權力（經濟的、社會的……）皆集中於少數寡頭集團手中，則實行民主的成功機會就甚小。此外，一個分歧過多過大（宗教的、種族的、部落的……）缺乏基本共識的社會，也無法輕易達成民主。❻

第三類是文化的條件：文化生活足以影響人民對事物的態度與觀點及處理問題的手段與方法。民主政治是一種講究理性、妥協、容忍異見的政治，這種種人格特質與態度只有在一個開放、開明的文化環境中才能培養，在一個重視科學與實證知識，不尚迷信與盲目崇拜權威與教條的學術環境中才能生根。❼

第四類是政治的條件：一個國家的政治精英，尤其是居崇高職位的份子，如果能堅持民主政治的理想，不因自己的權力慾或施政的方便，而放棄它，則實行民主的可能性就增加甚多，譬如美國聯邦組成後，首任總統華盛頓出任總統兩屆後，就拒絕了別人勸他連任的一切要求，解甲歸田，他的決定對美國日後民主的發展，頗有

❻ 但也有不同的看法，如 A. Lijphart 的 consociational democracy 之觀點參見❸。不過，建立 consociational democracy 並非易事。

❼ 如英國哲學家 B. Russell 就特別強調此點。

貢獻；又譬如印度獨立後，國民大會黨領袖甘地・尼赫魯等人，聲望甚隆，他們在百般困難中，堅持民主憲政，這對印度的民主政治之維繫，有極重要的積極作用。

<h1 align="center">肆　民主政治的優劣</h1>

民主政治與非民主的政治孰優孰劣的問題，是民主實踐過程中需要處理的理念問題。倘若民主政治不如非民主的政治，則人民相信民主，就根本是一種迷信或人云亦云的盲從，不值得重視了，果真如此，不民主的國家也就沒有必要費神於推行民主政治。

關於民主政治優劣的問題，論辯是很多的。主張民主政治的人，提出的論旨大體可分為數類： 1.絕對論者，如哈羅威爾 (John Hallowell) 認為民主有其道德的基礎，其價值在於它是符合人性、正義、公平……等猶太教、基督教文明的道德價值的。其優越性不需實徵的求證，可作為一種信仰而加以接受。❽這種絕對論現在已不受重視，因為它代表一種盲信的態度，根本上是不理性的。 2.若干民主政治的衛道者，如羅梭 (Bertrand Russell) 等，認為民主政治有利於公民的自我保障，自我發展，並能促進社會進步。就自我保障一點來說，這是渺小的個人與權力極大的政府發生關係時，最令人擔心的，理論上，一切政府都自稱是為人民謀福利的，即使人類歷史上最殘酷的暴政也不例外，但由於政府不過是一群人的組合，而人非聖賢，其道德品質未必都高，一旦權力在握就不免濫用，有時也可能為了自以為崇高的目的而壓迫人民，民主政治比非民主的政治，更能限制個別官員的權力，這對個人的自我保障是有利的；就自我發展來說，我們雖不必附和彌勒 (John S. Mill) 的看法：政治參

---

❽　參閱 John II. Hallowell, *The Moral Foundation of Democracy* (Chicago, 1954).

與會使個人對社會產生責任感與認同感，而免於私心，提高道德品質；但無可否認地，個人有權利對社會事務表示意見，對其決定能夠參與，可提高個人的自尊心與自信心，這對其人格的提昇，是有些幫助的；倘若無數個人的人格能獲提昇，而大家的聰明才智都能充份發揮，社會自然能比較進步。這種個人主義、功利主義的看法，雖然有相當的理由，但也有其缺點，因民主政治固然能促成社會進步，但也可能阻撓它，倘若政治參與過程中，個人一味追求私利，求取私慾的滿足，則民主政治就未必有利於社會全體之進步。 3. 有些支持民主政治的人士認為民主政治對解決兩個政治上基本的大問題，比非民主的政治，要理想得多，一個是「誰指揮指揮者？」("Who Guides the Guardians?") 之問題；另一是執政者繼承問題。這兩個問題如不能順利解決，政局頗難安定，法治不易落實，民權的保障無法有效。第一個問題乃是如何控制與監督最高的政治權威的問題。倘若這問題無法處理與解決，則一國的命運就要依賴頗不固定的因素，諸如某一或某些個人的道德品質，個人才具與能力，及性格等來決定，在現代國家，這是令人擔心的。第二個問題在一些非民主國家的發展史上，曾產生困擾，領導者死亡之時，接踵而至的權力鬥爭，不僅造成國家人才的損失，而且引起社會心理的浮動，國政的廢弛，甚至內戰的威脅等。

反對民主政治的論調，也頗不少。史匹茲 (David Spitz) 把它分成兩大類： 1. 「統治階級」論 (ruling class doctrine)，根據此類論調，民主是不可能實現的。主要的理論家如密契爾斯 (Roberto Michels)、莫斯卡 (Gaetano Mosca) 與柏雷圖 (Vilfredo Pareto) 都認為政治組織必然是寡頭控制，「精英」主宰的，所謂「民主」僅為表象而已，不過是「口號」與用來號召某些集團為某一目標團結的符號而已。 2. 另一類理論則認為民主是惡劣的，不值得採取的。這類理論又分(1)「貴族」適合統治的論調。即唯有把權力給予某種「貴族」，政治才

會走上軌道或造福社會,「貴族」則可能是指人種的,或血統的等等,
⑵某些權威人士應統治社會。這類論調的基本假設為一般平民的能
力、才具必然低劣, 倘若一個國家實行民主政治則必然會退步。 ❾

　　這些反民主的論調,都不是理性的,不僅邏輯上不能自圓其說,
而且實證上缺乏根據, 就理論的價值來衡量, 是不重要的。不過,
它們在實際政治上仍然有相當影響, 在一些民主基礎不堅固的民主
國家或試圖實行民主的國家, 它們曾激勵反民主的政治勢力, 並誤
導許多對民主認識不足的人, 為反民主的運動增加了力量。

　　另外, 還有一種理論, 不從原則的層次來考慮民主政治優劣的
問題。根據這種理論, 民主政治基本上是好的, 但在有些社會, 則
非民主的政治反而比民主政治更佳。根據這一看法, 一個國家倘處
於戰爭狀態或遭遇嚴重的危難, 則民主政治不甚適合其需要, 而必
須將權力賦予某些「獨裁者」以便更有效地處理非常時期的問題。
這種看法有其事實根據: 在羅馬共和國時代 (羅馬共和國當然還不
算今日之民主國家, 但可類比), 每逢戰爭或其他重大危機, 元老院
就會把治國權力賦予某位「獨裁者」,至戰爭或危機解除,「獨裁者」
又把權力交還。近代民主國家在戰時或緊急危難時, 也採取迥異平
時的政治程序: 如英國在第二次大戰期內,「政黨休戰」, 一方面保
守黨與工黨組聯合內閣, 由保守黨的邱吉爾 (Sir Winston Churchill)
出任首相, 工黨的艾德禮 (Clement Attlee) 出任副首相, 另方面國會
的選舉暫停。法國的第五共和憲法, 則規定國家面臨緊急危難時,
共和國總統可宣佈緊急狀態, 逕行決定某些應付危難的措施, 戴高
樂在阿爾及利亞危機處理的過程中, 也曾動用該項權力。

　　此外, 有人認為一個經濟落後而急於開發的國家, 實行非民主
的政治可能較佳, 因為非民主的政治下, 理性的經濟規劃比較可能,

---

❾　David Spitz, *Patterns of Anti-Democratic Thought*, rev. ed. (New York,
　　1965).

消費行為比較容易控制，資源運用的順序可按專家的意見來釐定，其浪費的可能性能減少……等。

以上的論調，也有反對者。關於國家面臨緊急危難或戰爭時，適用於平時的政治權力關係與政治程序應作某些改變，無人曾加否認；但這些改變的範圍、性質，與達到改變的方法，有合於民主憲政規範的，也有不合的；倘若是前者，這些改變只能說是民主國家應付危難的調適，採取這些手段並未使國家放棄民主，倘屬後者，則只能說國家的領導者以危機或戰爭為藉口，達到「政變」的效果──使國家從民主淪為不民主。

至於經濟落後而急於開發的國家是否以實行非民主的政治為佳（倘若以快速開發經濟為唯一的最高價值），則至多只能說尚無定論。倘若吾人把第二次大戰後獨立的開發中國家，實行民主政治的與實行非民主的相比，民主國家的經濟成長率確實略低，但這可能是由於其他因素，與政治未必一定有關。倘若以個別國家來看，則民主國家經濟政策固然有其非理性的一面，非民主的國家也有之，資源浪費的情形亦復如此；民主國家的困難往往由於人民的消費慾求，而非民主國家則可能由於領導者一意孤行的錯誤難以防止與匡正，而這類國家狹義的政治忠貞的考慮往往影響人才的甄用，官僚權力集中化形成效率減低……等。

伍　民主憲政與自由

民主與憲政原本是分開的兩個觀念。憲政的國家，未必皆是民主的，譬如十九世紀中葉的英國，下議院的地位已經鞏固，政府的權力已受到限制，其施政必須按法定的程序與規範，人民的自由與其他人權已獲充份保障，可說已成為一個不折不扣的憲政國家，但選舉權仍未普及，大批國民未能參政，故不能視為民主國家。

又民主國家在理論上未必一定為憲政國家。（事實上，則民主國家即為憲政國家）例如泰孟 (Jacob Talmon) 的名著《極權民主的起源》(*The Origins of Totalitarian Democracy*)❿曾探討極權民主之可能性，並剖析其理論。托克維爾 (Alexis de Tocqueville) 也曾探討「多數暴政」為內涵的民主。⓫

事實上，今日的民主國家無不為憲政國家。民主憲政已成為一體之兩面。「民主」旨在強調政府的權力基於民意，「憲政」則顯示其權力的獲得與行使都必須依照憲法所定的規範與限制。「民主憲政」的涵義為政治權力關係的某些基本部份，係由憲法所釐定，即使一時的民意也不能變更，此乃維持體制的穩定性，並節制暫時性的民意所需者；而此關係的非基本部份，則必須隨民意而變動；基本部份則只有在民意的改變已定型化，具有相當穩定性時，才能更動。此即修憲的涵義。

民主與自由原本亦為分立的觀念。自由的國家，未必是民主的，而民主國家，也未必是自由的（「多數暴政」對少數而言）。但今日的民主國家，無不強調自由，而且皆為自由國家。因此，今日討論民主，就不能不討論自由。許多民主國家皆以保障個人自由為其重要的政治任務。

民主國家政治團體標榜者有些是自由主義的民主 (liberal democracy)，有些是社會主義的民主 (social democracy)。前者以英美的自由主義政黨（保守、共和黨、民主黨）、法國西德的保守政黨（戴高樂派政黨、基督教民主黨）為代表，後者則以歐洲與拉丁美洲的非共的社會主義政黨為代表，雖然自由主義民主著重在以民主的手段來保障個人自由，社會主義民主則以民主為方法來實行社會主義，但在實際上，自由主義的民主固不能不採取「福利國家」的政策，

---

❿　Jacob Talmon, *The Origins of Totalitarian Democracy* (New York, 1960).

⓫　參閱 Alexis de Tocqueville, *Democracy in America* (New York, 1954).

而社會主義的民主也必須保障個人的自由，兩者的區別已不如理論上之明顯與尖銳。⓬

⓬　另有所謂基督的民主 (Christian democracy)，為羅馬教廷所提倡，主張勞資應和睦相處，以基督的精神，對待對方，同謀大家的福祉。中歐與南歐的基督教民主黨皆持此理論。

■□ 第七章　民主理論

　　民主理論的產生，有幾個理由：第一，理論家對政治生活與政治關係，持有若干基本價值，並相信民主政治是實現這些價值的唯一有效的方法，他遂決心推動民主政治，在推動民主政治的過程中，他必須對抗君權思想，民主理論遂有其必要；第二，在民主政治實踐的過程中，出現許多問題，涉及實踐民主的策略、民主價值的擴散、在不同社會實踐民主的程度與速度、民主人格……等課題，這些問題的解決，不僅能滿足求知慾，而且對民主實踐的成敗也有相當關係，民主理論為提供探討這些問題的基本架構；第三，民主政治發展的過程中，主張民主政治的人必須對抗各種反民主的思想(極權主義、獨裁主義、精英主義……)，民主理論為一種武器；第四，人們對民主政治的意義、內涵、價值、目標……有不同的認知與評估。這些紛紜的看法系統化的結果，就構成各種類型的民主理論。

　　大體來說，我們把民主理論區分為兩大類：古典理論與修正理論。古典理論乃是指洛克、盧騷、邊沁、彌勒、格林、杜威、巴克、林賽……等一脈相承的民主觀，❶由於這類理論闡明者主要為民主的價值與民主的實踐應如何……故又稱規範的民主理論；修正理論主要在說明與解釋民主政治的現象──民主政治程序的真相是如何的──。這是指熊彼德、道爾、薩杜里……等的民主觀，又稱實徵理論。❷然而，事實上規範與實證的區別並不能嚴格維持，因所謂規範理論有其「描述」的成份，而所謂實徵理論也含有一種迥異於古典理論的「規範」性含義。

---

❶　參閱呂亞力與吳乃德編譯：《民主理論選讀》(高雄，民國六十八年)。

❷　見前註。

本章將簡略介紹古典理論、修正理論、及對它們的批評。

壹　古典民主理論

古典民主理論乃是指十七世紀以來的一些理論家對民主政治的看法。十七世紀以來，探討民主政治的主要人物，如洛克、盧騷、麥迪森 (James Madison)、邊沁、彌勒，以至較近代的格林 (T. H. Green)、杜威、巴克 (Ernest Barker) ⋯⋯等人，對民主政治的看法，雖然並不相同，但具有若干重要的共同性。

首先，他們的基本假設是在適當的政治環境下，公民的政治行為是理性的，他們對參政會萌生濃厚的興趣，對國事會設法獲得相當充份的常識；當然，在許多社會，情形並非如此，譬如，彌勒對選舉權的擴大持「既贊成又反對」的態度，實反映他對一般「下層」階級人民政治知識與判斷力的不信任，因此雖然在原則上他支持人人參政，而在實際上則反對在民眾水準提高前如此。這一基本假設含有兩層意義：第一、他們相信只要人民的政治教育程度提高，他們就會如此，這種「樂觀」主義當然是承襲啟蒙時代的；第二、他們相信這些條件達到時，民主政治的實踐才能趨於理想。

其次，他們的理論核心為人人積極參政，認為只有在人人積極參政的情況下，民主政治才能充份實踐。

第三，他們的理論肯定民主政治具有多元的目標：政治的、社會的與個人的。政治目標為建立一個足以維持個人自由的政治秩序與權力關係；社會目標為保證社會的進步；個人目標為藉積極的政治參與，培養個人對社會的關懷與公民責任感從而提高其公共道德的水準。❸

古典民主理論具有濃厚的理想主義色彩，但亦有其依憑的「現

---

❸　如 J. S. Mill 就特別強調此點。

實」（不過這「現實」也是經過理想化的），此即古代雅典的城邦民主——人人積極參政，對國事具有濃厚興趣……等等，不過這一「現實」似乎是依據柏利克里斯的「國殤講詞」所勾劃的，❹與真正的「事實」仍有距離。在十七、八世紀時，歐洲國家選舉權限制甚嚴，擁有選舉權的人皆具相當教育程度，其中頗多生活清閒的鄉紳，都具有培養政治興趣的時間與能力，至十九世紀後，選舉權擴大，而各國的人口也增加甚多，古典理論的理想，似乎更難維持了，其理論建構所依憑的「現實」原本就「理想化」的，至時更加不易存在了。

貳　修正民主理論

一九四二年，一位擔任過奧地利財政部長的經濟學家熊彼德 (Joseph Schumpeter) 在其流亡國外，擔任哈佛大學教授的時期，寫了一本著作：《資本主義、社會主義與民主》(*Capitalism, Socialism and Democracy*)。❺這本書對民主政治提出了一種嶄新的看法：熊彼德認為民主政治基本上僅為人民選擇決策者的一種特殊的程序：只要政治制度允許期望擔任決策者的精英集團透過公平、公開的競爭，來爭取人民的選擇，而人民有權以自己的自由意志作此選擇，即是民主的。依照熊彼德的看法，人民參政僅限於選擇領導者而已，超過此程度的參政，實際上是不存在、不可能、也不宜有的。熊彼德的看法被人稱為「民主的程序論」。

熊彼德相信他的理論符合民主國家政治程序運作的真相，他批

---

❹　Pericles 的 Funeral Oration 見於 Thucydides, *History of the Peloponnesian War*, tran. B. Jowett, 2nd ed. (Oxford, 1900).

❺　Joseph A. Schumpeter, *Capitalism, Socialism and Democracy* (New York, 1942).

評古典理論缺乏「實徵性」，也即不合實情，而且會激起民眾對於民主政治過高的不切實際的期望，倘若期望不能滿足，就可能產生冷漠、疏離與憤世的政治態度；再說，倘若人人積極參政，則政治狂熱主義也許會出現，這種狂熱主義對自由社會可能構成危害。

　　熊彼德的影響甚大，第二次大戰後，許多探討民主政治的學者，都多多少少受他的基本觀點的影響。熊氏的理論，加上許多學者的補充，遂形成修正的民主理論。以下我們擬指出修正理論的數項重點：

　　㈠修正理論批評古典理論缺乏實證基礎，其基本假說不符民主國家的實情。古典理論假定民主公民為理性、政治知識充份、對政治具高度興趣。修正理論的理論家們指出根據民主國家公民政治行為的研究，許多公民的政治行為並不理性，其政治知識相當貧乏，對政治事務的興趣並不高。❻而且，即使教育程度甚高的公民，也大多如此。

　　㈡古典理論假定倘公民對政治興趣低落，政治知識欠缺，則民主實踐無法成功。修正主義者認為事實非如此，若干民主實踐相當成功的國家，多數公民並不符合古典理論假定的標準。而且，民主政治實踐最佳的國家乃具有所謂「公民文化」(civic culture) 的國家，公民文化是指一種對政治既不過份冷漠,也不過份熱心的政治文化，在一個社會，其公民中，對政治有高度興趣的人數與無興趣的人數成適當比例，就可說具有這種文化。一個公民全數對政治具高度興趣的社會，正如一個人人對其冷漠的社會一般，不適合民主，因前一種社會的政治可能走向狂熱主義，而後一種則可能趨向犬儒主義。❼

❻　參閱 Bernard Berelson, Paul Lazarsfeld and Willion McPhee, *Voting: A Study of Opinion Formation in a Presidential Campaign* (Chicago, 1954).

❼　參閱 Gabriel A. Almond and Sidney Verba, *The Civic Culture* (Princeton,

㈢古典民主理論者主張人人參政，而且認為政治參與的內容應豐富；修正主義者認為這是既不可能，也不必要的，在一個分工的社會，政治應由專職的精英負擔重要責任，一般民眾的參政僅限於選擇領導者，只要在此過程中具有真正的決定權，就可不必擔心無法控制精英的行為。對精英政治行為過多的控制，會影響政治決策的品質與施政的效率。

㈣古典民主理論者強調政治參與的道德目標，修正論者認為政治活動不應過份強調道德目標，人民道德的提昇為教育與宗教的功能，與政治無關。政治活動固然要守法與公共道德規範，這僅是程序所需的。政治目的在於決定權力與社會價值之分配，個人道德目標之提昇不是它的目的。

參 對修正理論的批評

修正民主理論，在一九六〇年代，甚為風行，但是，也曾遭到酷烈的批評。這類批評，大約分三部份：首先，批評者認為修正論者對古典理論的批評，是謬誤的；修正論者對古典理論最大的批評是它不符合民主實踐的經驗事實，批評修正理論的人士則認為這一批評根本忽視了一項事實：即古典理論是規範性的，其是否合於「經驗事實」與其價值根本是無關的，而且規範理論的所以需要，正是因為事實與理想有差距，倘事實已合理想，則有何必要建構理論來改進現實的情況。古典民主理論的重要性，在於提示「理想」，並且指出如何達到「理想」，而不在描繪「現實」；其次批判者認為修正論者對若干「經驗事實」的解釋，是不正確的：修正論者雖然見到若干民主國家中大批人民對政治冷漠，缺乏知識，但依然相信這些國家的民主政治過程之運作是健全的，其權力分配是合理的；有些

1963).

修正論者，為了解釋「政治冷漠」的現象，表示這意味人民對現狀的滿足，他們甚至認為倘若人人都對政治感到高度興趣，可能預示危機的來臨。❽批評者則認為「政治冷漠」的普遍存在乃是由於政治體系的病態，譬如一九六〇年代初期美國黑人對政治普遍不感興趣，但這並不表示他們對現狀滿意，而是由於其對政治程序的絕望，這決不是正常的現象。第三、批評者指出主張修正理論的人雖然自稱其理論純粹是「實徵」的，其實也有其「規範」性，也代表他們的政治價值，批評者認為這種價值是不足取的：它一味肯定現狀，誤認「只要存在的，都是對的」，而不顧現狀中的許多缺點，需要改革，它支持精英的控制地位，不顧群眾的爭取實質的平等的需要。總而言之，它反映缺乏自我反省的保守主義。❾

肆 參與的民主

批評修正民主理論的人，把修正理論稱作「精英民主論」，❿他們認為精英民主論的出現與流行，為一個歷史轉捩點的現象：一方面，在西方國家知識份子已從摒除在權力以外的地位進入「權力圈」內，或至少已從與「權力集團」對立的地位變成其盟友與謀士。這個改變在美國發生在羅斯福的新政時期（一九三〇年代）。在歐洲則發生於第二次世界大戰時期。知識份子一旦嚐到「權力」的滋味，就改變其對權力關係與體現此一關係的建制的批判態度；另方面，

---

❽ 見 Almond and Verba, Ibid.

❾ 參閱 Lane Davis,"The Cost of Realism:Contemporary Restatements of Democracy,"*The Western Political Quartely*, XVII, no. 1 (March 1964), pp. 37–46.

❿ 參閱 Carole Pateman, *Participation and Democratic Theory* (Cambridge, 1970).

第二次大戰前若干歐洲大陸國家如德國、奧地利的群眾運動——群眾積極參與政治的狂熱，暨其對極權主義的支持——使知識份子對群眾不再信任，不少人認為群眾與政治的關係不宜過份密切，由於群眾的不夠理性，其政治狂熱很可能演變成支持極權主義或個人英雄主義的力量。這種心理使知識份子比較願意接受精英民主理論。

　　然而，在一九七○年代，另一個歷史轉捩點又出現了。在許多西方國家，經濟開始衰退，社會危機紛紛出現並日趨嚴重，一般民眾感到政治上無能為力，政治建制與他們的距離愈來愈遙遠，領導精英對他們的要求缺少反應，在這種情形下，年輕知識份子開始對老一輩的支持現狀的立場深為不滿，修正民主理論（精英民主理論）遂遭到批判。

　　在修正民主理論遭到批判的同時，「參與的民主」之觀念被提出了。所謂「參與的民主」，其基本理想與古典理論並無二致，但它更具行動綱領的意味。主張「參與民主」的人認為民主參與的場合應不限於政治組織如國會或政黨之類，應普及於其他一切影響人民日常生活的建制中，諸如工廠、公司、學校……等。這些建制雖然表面上不是政治性的，其實仍是「政治性」的。因為在這些建制內存在著權力關係，這種關係對社會成員的利益具有嚴重的影響。

　　在大多數民主國家，雖然在純粹政治的場合，一般民眾有權參與，但在這些對他們切身利害關係重大的建制內，他們往往完全沒有真正的影響力，因為如此，他們並不能獲得充份的人格尊嚴，「參與民主」的提倡者主張國家應以法律明定在各種建制（工廠、公司、學校……等）內，雇工、職員與學生都應與董事會、經理部門與行政人員一樣，參與決策。他們認為若干歐洲國家，工廠中勞工選出的委員會有權出席董事會或經理會議中涉及本身利益的事務之討論，為「參與民主」初步實踐的實例。⓫

　　⓫　Carole Pateman 曾以南斯拉夫的實例加以說明，此外德國與瑞典也有

提倡「參與民主」的人士，另一關心的主題是國家行政權力日益集中化的趨勢，他們指出這種集中化使行政機關與民眾愈來愈脫節，對民眾要求之反應愈來愈遲鈍，欲達到真正民主的社會，行政權力集中化的趨勢必須阻遏與逆轉。國家的政務，除了少數絕對必須由中央主管者外，應盡量分散給地方處理，中央應僅負協調之職。 ❷

另有一些提倡「參與民主」的論者，特別擔心在目前以自由主義為理論基礎的代議民主制下，政治已淪為財大氣粗的人循民主程序來追逐私利的手段，社會公益已遭忽視。這些論者可以巴勃 (Benjamin Barber) 為代表。巴勃認為自由主義強調個人目標與利益的獲取，重視私人的隱私與自求多福的權益，忽視社群的價值，在自由主義為精神基礎的民主制下，人民往往把「公共事務」完全委之於代議士，完全忽略了其本身的公民責任，由於自己並未真正參與政治，他無法從中領悟公益之可貴與一味追逐私利的可憎，他也不能阻止那些追逐私利的利益團體囂張的行徑，巴勃把這種民主稱作「薄弱的民主」(thin democracy)，認為應該以「強健的民主」(strong democracy) 來替代。 ❸ 所謂強健的民主是指公民們擁有各種參與的機會並且充份運用它們的民主；他建議設立社區委員會，由每個小地區的鄰里組成，討論並決定社區生活有關的各項問題，政府應儘量分散權力，他認為現代科技如電腦可用來讓人們討論政治課題並作決策，甚至一些國家大政，也可以此法來處理，他鼓吹普遍實行創制與複決、與公投等制度，他主張許多公職應該仿照古代雅典，縮短任期由公民抽籤輪流擔任，俾培養公民責任感。

類似的制度。

❷　見 Pateman, Ibid.

❸　Benjamin Barber, *Strong Democracy: Participatory Politics for a New Age* (Berkeley and Los Angeles, 1984).

　　「參與民主」的呼聲一度甚為高漲，但這種主張並未發生預期的影響，一方面由於現代社會的發展，國家行政權力的高度分散與民眾大幅參與其工作場合之決策等建議，已不甚能實行；另方面一般民眾對社會事務的積極參與並不熱心，歐洲國家工廠中勞工委員會代表的表現，並不突出，甚至常常成為有名無實，許多人對目前社會的若干現況，也許並不滿意，但對徹底改革，也不願付出必要的努力。

第八章　極權獨裁

大多數國家的統治者都自稱其政治制度是民主的，但實際上，世界上獨裁國家的數目遠超過民主國家。因此，獨裁政治是很值得研究政治的人注意的。在本章中，我們擬對獨裁政治作一般性的說明，並對獨裁政治兩大主要類型之一的極權獨裁制加以剖析。

壹　獨裁政治之特徵

歷史上，權力極大，而又能按己意行使它的政治領袖相當多，曾以不同的名稱被人稱呼，獨裁者 (dictator) 是這類領袖的一型。獨裁者這個名稱，首先出現於西元前五○一年羅馬共和國時代，係為對付第二次普尼克戰 (Punic War) 後的緊急狀態而設置的，其目的在彌補兩個執政官分權所造成的決策遲緩，其含義是把羅馬君主國時代的君主暫時恢復，但獨裁者的權力仍有其限制，而且一旦危機結束，獨裁者立刻把權力交還元老院。羅馬時代以後，「獨裁者」一詞專指權力不受憲政限制（或僅名義上受限制）的國家之領袖，如希特勒之流。以獨裁者為首的政制，即所謂獨裁政制 (dictatorship)，此名詞充份顯示獨裁制的「人治」特性。

中文「獨裁者」一詞，也可用來指西文中的 autocrat，例如舊俄的沙皇，往往被稱作 autocrat，此詞的意義為其權力之合法性之依據係來自自己的意志。autocracy 係指「一人的治理」。事實上，dictatorship 與 autocracy 是有區別的。前者在表面上仍標榜其權力來自「人民」，後者則表示其權力來自統治者本身，如沙皇即是如此。

獨裁政治與民主政治的主要區別，可按獨裁制以下數項特性加

以說明：

㈠在獨裁國家，重大政策的決策權集中在一人或少數人手中；其決策過程，甚少受民意、國會、或政府以外的勢力之影響；（當然，不是絲毫不受影響）

㈡在獨裁國家，獨裁者及高級政治官員的職位之保持，受民意的影響甚小；

㈢在獨裁國家，國會在決策過程中，扮演的角色，即使不是全然象徵性的，也僅具邊際作用；

㈣在獨裁國家，與執政集團具平等競爭地位，並能依法取代它組織政府的合法反對集團或勢力是不存在的。

現有的獨裁政治的體制又可分為兩大類： 1.極權的獨裁政制 (totalitarian dictatorship) 與 2.威權的獨裁政制 (authoritarian dictatorship)。此兩大類又可分為若干小類，見表 8–1。

表 8–1　　獨裁政制的分類

極權的獨裁政制 { 納粹（極右）
　　　　　　　　　共黨（極左）
　　　　　　　　　……法西斯（義大利墨索里尼）
　　　　　　　　　　　　　（西班牙佛朗哥）

威權的獨裁政制 { 政黨的（坦桑尼亞）
　　　　　　　　　軍人的（伊拉克、埃及）
　　　　　　　　　宗教領袖的（伊朗何梅尼）
　　　　　　　　　官僚的（葡萄牙薩拉沙）
　　　　　　　　　君主的（沙烏地阿拉伯）

極權的獨裁制與威權的獨裁制的主要區別在於獨裁者對社會控制的領域與程度之不同，威權獨裁者（集團）的企圖嚴格控制者為人民的政治生活，為了減少或消除足以威脅其權力的政治反對與異議份子，他（他們）對人民的政治思想，言論與行動密切注意，倘

若這些思想、言論與行動對政權具有威脅性，他（他們）會加以鎮壓；但威權獨裁者對人民非政治性的思想、言論與行動，除非與政治有所關聯，往往不加控制，在一個威權獨裁的國家，人民在政治以外的領域，所享受的自由可能不亞於民主國家；在極權的獨裁國家，獨裁者的目的不僅在維持權力，而且在徹底改造社會，為了這個目的，他（他們）對人民的思想、言論與行動，不論其屬於政治領域抑或社會與文化的領域，不僅要加以控制，而且要予以指導與改造。他（他們）的目的不僅在隔離與消除「毒素」的思想、言論與行為，而且是要按其理想的藍圖來規劃整個社會的思想、言論與行動，使其有利於新社會的建立與鞏固。❶

　　極權獨裁國家出現於二十世紀，有其歷史背景：極權獨裁制在蘇聯與德國的建立，都是一群具有狂熱的政治信仰的人努力的成果，這些人都相信他們可以理性地規劃社會的未來，整個社會就像一部機器，可以根據預先設想的藍圖來改建、操縱、與控制，使其有利於特定的人群（不論是「無產階級」，抑或「亞里安人種」），這種想法基本上是一種「烏托邦」的思想，深受歐洲啟蒙時代的理性主義的影響。極權獨裁政治或國家的前身是獨裁政治運動或政黨，這些運動或政黨的成員對其政治信仰視為一種「世俗的宗教」，它出現於充滿危機的社會，由於科學文明的影響，這種社會的知識份子與半知識份子對宗教已失去信心，但根深蒂固的「宗教社會化」使其在處理個人信仰問題上仍不脫宗教的獻身之意識。二十世紀初葉的俄國，與一九二〇～三〇年代的德國的政治與社會環境適於孕育這類

---

❶　關於極權獨裁制的起源，參閱 Hannah Arendt, *The Origins of Totalitarianism* (New York, 1966)；關於其特性，參閱 Z. Brzezinski, *Totalitarian Rule: Its Nature and Characteristics* (Middletown, Conn, 1968) 與 Carl J. Friedrich and Z. Brzezinski, *Totalitarian Dictatorship and Autocracy* (New York, 1965).

份子；其次，極權獨裁制的成功，必須依賴現代科技文明，現代管理與組織技術與習慣於工業組織之嚴格紀律的人員三者的配合。二十世紀初年的俄羅斯，其廣大農民誠然缺乏科技文明的洗禮，生活散漫，缺乏紀律，但布爾塞維克黨員（知識份子與工廠勞工為主）則已是這種產物，史達林政權的成就之一就是把這種嚴酷的勞動紀律與冷峻的科技文明加之於廣大農民，使整個國家的農業地區實質上成為一個龐大的農業工廠。一九三〇年納粹德國則已是這三個因素配合良好的國家，在希特勒狂熱意識型態及組織才能操縱下，它成為一個典型的極權獨裁國家，自不足怪。

貳　納粹德國與蘇聯

極權獨裁制最典型的實例，出現於納粹德國與史達林執政時的蘇聯。因此，我們有對此二例加以描述與分析的必要。

納粹德國（一九三三年至一九四五年）的意識型態，可見於希特勒的著作《我的奮鬥》(*Mein Kampf*) 及納粹的所謂理論家魯森伯 (Alfred Rosenberg) 與戈培爾 (Joseph Goebbels) 等的著作中。由於納粹政治理論頗為膚淺，而且情緒化的成份遠超過說理的成份，這種政治運動的吸引力並不在於其知識性，而在於其能激起生活在某種非正常情境下（如經濟恐慌）的人之強烈的愛憎之情。所謂「納粹主義」含有若干主要成份：

㈠「領袖原則」(Führer principle)：納粹運動與體制，皆以領袖為其核心，納粹領袖希特勒被描繪為一個具有神秘色彩的「超人」，這個超人被認為具有非凡的能力與遠見，能領導德國人民到達至高的境界；人民對領袖的崇拜，是納粹主義的一項原則，這與其他的獨裁體制下，雖然也有「個人崇拜」，但被當作病態或政治策略上一時的需要或官僚體制之副產品，是不同的。

㈡種族主義：納粹主義的中心教條之一，就是世界上的種族優劣不同，日耳曼種族最為優秀，其他種族則缺乏創造性（猶太人），或缺少若干品格的優點如勇敢、耐性……。日耳曼種族有權自較劣種族爭取生存空間。

㈢反猶主義：納粹主義的強烈反猶主義與歐洲民族主義者傳統的反猶主義有相同之處，也有相異之處。其相同之處是都認為猶太人這一「外來民族」由於其「狡猾」與「家族效忠」，在十八世紀獲得法定平等地位後，短短兩百年內，已在主要歐洲國家擁有龐大的經濟勢力，而因為猶太人並不完全認同於其居住的國家，這一經濟勢力在國際局勢危急時可能不利於國家；納粹主義更強烈的反猶主義另有兩項因素：1.由於種族主義，納粹害怕猶太人與日耳曼人通婚，會使日耳曼種族的純粹性無法保持，而喪失其「優秀性」；2.由於納粹相信猶太知識份子對若干國際政治運動如國際共產主義運動的熱心，對德國民族頗為不利。納粹強烈的反猶主義構成其外交與內政政策的一項重要主題。

納粹自稱其所實行者為國家社會主義 (National Socialism)，也即國家主義與社會主義兩者並重。事實上，納粹從未實行社會主義，其對威瑪共和國的社會主義政黨甚為敵視，其實行者為狂熱的民族主義與軍國主義。

納粹運動的主要參與者與支持者，計有數個階層：1.德國的較低的中產階級份子：如手工業者、小商人、小企業主、公務員、鄉村學校教員……等，在一九三〇年代經濟情況惡化之時，這些人不僅擔心工作不穩，而且害怕淪落為無產階級，失去「身份」。這些人討厭資本家與工會，對納粹宣傳同時攻擊英美與蘇聯（代表「資本家」與「工會」）甚為支持；2.退伍軍人與現役軍人，渴望整軍經武，以恢復其職業地位，並支持納粹的強烈民族主義；3.部份知識份子，其中有些討厭猶太知識份子的職業競爭；4.若干地區的農民：如德

國西北部及東普魯士，及巴伐利亞等地。納粹運動雖為一獨裁運動，其建立的政治體制為獨裁體制，但納粹確實獲得廣大民意的支持，希特勒於一九三三年初出任德國總理乃是大選中獲勝的結果，其後，德國雖無真正的自由選舉，但納粹黨似乎仍獲得相當廣泛的民意支持。

納粹的體制實為雙線，即在柏林的政府，與在慕尼黑的黨部，這雙線都以希特勒為首，他同時依賴政治警察 (Gestapo) 與納粹黨內的黑衫團為政府與黨的兩個並行的特務組織控制社會，此外，他極度依賴私人的寵從，其體制的制度化程度並不高，黨政兩方面的爭執相當頻繁與激烈，除希特勒個人特別關心的事務外，行政效率並不高，如依德國民族重效率的性格來衡量，納粹政府的政績並不特別傑出。

納粹政權在一九四五年戰爭中崩潰，它歷時甚短，因此我們無從推測其發展之可能軌跡。納粹政制是一個依賴「個人」甚強烈的政制，其「制度化」的程度相當差，作為研究極權政治的實例，其興趣主要限於此種政制的興起與建立的探討，對於其他有關課題的探索，並不特別有用。

迄一九八九年，共產主義政黨曾專政的國家，計有蘇聯、波蘭、捷克斯拉夫、匈牙利、羅馬尼亞、保加利亞、南斯拉夫、阿爾巴尼亞及德意志民主共和國（東德）、蒙古人民共和國、北韓、越南、寮國、柬埔寨與中國大陸、及西半球的古巴❷；此外，中美的尼加拉

---

❷ 一九八九年，共黨國家發生巨大改變。波蘭、捷克斯拉夫、匈牙利、保加利亞等國，原有的獨裁者被迫下臺或權力被限制。在匈保兩國，改革派共黨仍為執政的主力，但非共人士已進入國會。波蘭的獨裁者賈魯塞斯基被迫與反對的主要政團團結工聯（一九八一年曾被他禁止活動）妥協，賈氏雖保持總統職位至一九九一年初，但總理一職由工聯人士出任，一九九一年總統選舉，工聯領袖華勒沙當選總統；捷克

瓜，阿拉伯半島的南葉門，非洲的衣索匹亞、安哥拉，也是以馬克
思主義者為執政主力的，亞洲的阿富汗曾處於蘇俄侵略勢力造成的
內戰中，親蘇的政府軍與反政府武力的鬥爭持續了將近五年後，該
國呈現無政府狀態。在這些國家，政治體制的性質並非完全一樣，
雖然在若干主要原則上，頗為雷同。

　　共產主義的意識型態之主要來源為馬克思主義。馬克思主義為
一涵蓋面甚廣的思想體系。但其對「無產階級」革命後，應建立何
種政治體制以為過渡期（過渡至無階級、無國家的社會）的政府，
並無詳細的規劃，僅表示應建立無產階級專政。此一「專政」體制
下，資產階級份子的政治參與權固然會遭到剝奪，但是，由於馬克
思認為無產階級應為社會成員的大多數人，此種「專政」是否必然
為少數「獨裁」，至少表面上則無定論。唯依列寧的觀點：無產階級
本身並不會主動革命，從事革命為少數「職業革命家」的專長，這
少數革命家組成的團體應領導無產階級，如此，布爾塞維克黨（即

斯拉夫共黨在選舉中失敗後，總統由曾數度為共黨政府囚禁的劇作家
哈維爾出任。羅馬尼亞獨裁者西奧塞斯庫拒絕對民意讓步，遂發生民
眾暴動，軍隊支持民眾的情形下，西奧塞斯庫被殺。改良派共黨目前
執政，但非共人士已進入國會。南斯拉夫陷於國內民族糾紛中，改良
派共黨雖仍執政，但其政經體制已遠離共黨典型。阿爾巴尼亞為東歐
共黨仍堅定執政的唯一國家，但其死硬派的獨裁者也被迫作了不少讓
步，如准許宗教自由、開放國境、釋放政治犯等。東德共黨獨裁者何
內克被迫下臺後，該國自由選舉中，非共政黨獲勝，積極準備將與西
德統一，兩國已於西元一九九〇年統一為一國。
一九九一年，蘇聯發生共黨中死硬派反戈巴契夫政變，政變失敗後，
戈氏也漸漸喪失權力，葉爾辛取代戈巴契夫後，蘇聯解體，加盟共和
國紛紛獨立，共黨體制皆崩潰，各國正處於民主化與市場經濟之建立
之改革中。目前，全球共黨主政之國家僅中國大陸、越南、北韓與古
巴。

日後的共產黨）乃以無產階級的先鋒自居，自認有權領導，「階級專政」的理論遂演變為「政黨獨裁」的理論。在蘇聯十月革命成功後，這一理論遂付諸實施。「共黨獨裁」政府遂告成立，無產階級則事實上淪為被「專政」的對象。

共產主義的意識型態理論層次頗高，本書將以專章討論，此處僅提示共黨政治體制中，若干特質及其理論基礎：1.一黨專政：在大多數共黨國家，除共產黨（在波蘭稱為勞動人民黨，在南斯拉夫稱為共產主義者聯盟，但事實上皆為共產黨）外，其他任何政黨皆禁止存在；在少數共黨國家，如東德，共黨以外的政黨雖可存在，但這些政黨不得宣揚反對共產主義的主張，而且其活動也受相當限制，故其實為附庸黨而已。共產黨主張一黨專政的理論為政黨代表階級利益，在一個「進步」的社會主義社會，階級衝突已不存在，因此不需要互相爭執的政黨來代表它們；兩個友好的勞動階級——無產階級與農民——之聯盟，可由共產黨一黨來代表；或至多增加一個代表農民，但對共黨友好的小黨。2.政治組織依賴所謂「民主集中」原則：此處所謂「民主」是指在政策決定以前，組織成員有參與討論之權，一旦政策決定，則「集中」的原則就要發生作用，此即任何異議均不准存在，組織成員應絕對服從權力中心的指示全力執行之。3.共黨為無產階級的先鋒，它不僅領導社會（負責決策與指揮），而且教育群眾以提高其階級覺悟，在其與群眾的關係上，標榜兩項作風：其一為幹部盡量瞭解民眾，以便利領導功能之發揮，此即所謂「群眾路線」；另一為一切所謂「民間組織」皆由共黨監督組成，作為與群眾溝通的通道，或「傳遞帶」(transmission belts)（史達林語）。

共黨國家的政治組織是按以黨領政的基本原則建立的。共產黨黨紀嚴明，其組織高度階層化，金字塔頂點為中央政治局，十餘名委員中約有三四名同時充任共黨中央書記處書記之職，兩三名在政

府（部長會議……等）中擔任最高級職位，此外若干名則擔任重要
的地方黨部負責人或重要的團體如工會的主席或最高級軍職。中央
政治局負責國家重要政策的決定，並監督政府執行政策。黨的行政
工作之最高負責機關為中央書記處。中央書記處權力極大，其原因
有三：　1.中央政治局雖負責決策，但政治局決策所依據的資料與建
議，皆由書記處提供，而且書記處書記中有三四名為政治局委員，
發生甚大影響力。2.中央書記處在國家重要人事任用上，權力甚大，
如以蘇俄為例，中央書記處掌握所謂 nomenklatura，此詞乃是指書記
處對全國重要人事──政府、生產機構、學術機構、工會等──隨
時準備一份適任名單，此名單並由書記處隨時調整，一旦某一職位
出缺，由書記處推薦名單上的人員，由主管任用者選擇任用。書記
處此一權力，使全國有志擔任要職者不敢拂逆其意旨。　3.中央書記
處在行政上指揮各級地方黨部，而地方黨部則監督同級的地方政府
及該地方之各類機構，如此中央書記處遂成為國家的神經中樞。名
義上，中央政治局為黨的決策單位，而實際上，中央書記處的權力
有時可能超過中央政治局。在蘇聯，第一書記或總書記（史達林時
代之稱號）往往為實際上的國家首領❸。

　　「政府」實為共產黨高級領導份子決定的政策的執行機關。在
執行的過程中，政府的各部門並受共黨中央書記處的監督❹。由於
共產國家黨政關係的安排，遵照相當健全的原則，而且經歷頗多的
試鍊，故納粹雙線制產生的傾軋與紊亂，往往得以避免，雖然在政

❸　蘇聯名義上的國家元首為最高蘇維埃主席，在史達林主政時，該職往
　　往由聲望不甚顯著的人擔任，在布里茲涅夫出任第一書記時，該職由
　　其自兼，目前第一書記往往兼任該職。

❹　中央書記處組織龐大，除數名書記擔任領導外，分為許多組，每一組
　　都監督一相關的政府部會。此外，另有組去管對外國共黨的聯繫，及
　　對國內的工會等組織的監督等。

策執行的層次，黨政間的衝突，偶爾仍會發生❺。

　　蘇聯為共產國家中，歷史最久，而且係全憑自身的努力在沒有模式可供參考的情形下，建立其體制的國家，其發展經驗特別值得重視。

　　列寧主政的時期，蘇聯的主要政策考慮似乎是對付國內外的敵人，以謀求政權的生存。為達此目的，蘇聯仿照沙皇祕密警察組織成立了切卡 (Cheka)，並賦予該機構廣泛的權力以鎮壓所謂「反革命」活動。為行政的需要，成立中央人民委員會，由若干人民委員組成。至於黨的基本組織，中央政治局則為革命時期的組織的延續，表面上政治局委員由中央委員會票選，實際上則由領袖們自己推舉候選人，票選成為具文，一九二〇年代，中央政治局為日常行政的需要設立中央書記處，指派史達林主持，列寧的原意是中央書記處純為一幕僚機構，處理政治局交辦之日常事務，本身並無實際決策大權，但其後因史達林利用足以安插人事，遂成為權力鬥爭的大本營，在史達林整肅異己成功後，中央書記處遂成為蘇聯的權力核心。在史達林時代，由於中央書記處決定中央委員候補人選，甚至中央政治局新任委員人選，其權力甚至凌駕政治局。

　　史達林為建立蘇聯極權政治體制的關鍵性人物。史達林在體制的建立方面，有兩件事值得注意：首先，他完成了史無前例的「個人獨裁」，在他為蘇聯的獨裁者的時期（一九二九年至一九五二年），個人權力之大，超過歷史上任何專制君主。列寧為蘇聯領袖之時，共產黨雖已成為蘇聯的主宰，但共產黨內高層領袖們常為政策問題爭辯不休，列寧之為群龍之首，主要是由於其個人之聲望與能力，並不完全由於其地位，列寧雖不能容忍黨外之異己，對黨內之異己則相當寬容；史達林清除了黨內政敵齊諾維夫 (Zinoviev)、卡門涅夫 (Kamenev)、布哈林 (Bukharin)、托洛茨基 (Trotsky) 後，對黨內異己

❺　參閱 M. Fainsod, *Smolensk Under Soviet Rule* (New York, 1963).

份子進行了大整肅，其後黨內重要職位，皆由對他個人效忠的份子擔任，從此蘇聯由政黨獨裁步入個人獨裁。其次，他使蘇聯黨政機關發展高度官僚化 (bureaucratization) 的型態：共產黨黨部組織的高度官僚化，為史達林的傑出成就；史為組織長才，他與布爾塞維克其他早期革命家不同，不喜理論與宣傳，並缺乏這方面的才能，他把中央書記處組織成一個黨務行政的中心，並使黨務行政成為黨的控制社會的主要途徑。史達林提拔的重要黨工人員，大多屬工程師出身，精於實務管理的人才，不擅言辭。對理論興趣不高，對外國語文也缺乏高深造詣，這與列寧時代的老革命家正好全然不同，而這正反映了獨裁者個人的甄拔人才的標準與蘇聯建國的需要的改變。

史達林嚴酷殘忍的統治，為前蘇聯人民帶來甚大的痛苦。其數個五年計畫，使蘇聯社會付出了沉重的代價，但也使蘇聯從一個僅有薄弱的工業基礎的落後農業國家以極快的速度成為工業強國，並使蘇聯的勢力範圍大為擴充。

蘇聯自史達林於一九五三年逝世後，出現若干改變。關於這些改變的程度與性質，專家們的看法頗有出入。若干專家認為一九五三年後，蘇聯雖然仍為一獨裁國家，但已不是極權的獨裁國家，利用所謂極權獨裁的模式去瞭解它，往往不得要領[6]。但也有專家認為儘管蘇聯已經歷不少改變，史達林式統治的酷烈性已減少許多，但基本上，體制仍是極權的獨裁。一九八九年，戈巴契夫 (Gorbachev) 出任蘇共總書記，力行改革，企圖改變體制，一九九一年，蘇共保守派政變未成，蘇聯解體，加盟共和國獨立，共黨統治崩潰，俄羅斯及其他加盟共和國步上民主化。

---

[6]　參閱 Juan J. Linz,"Totalitarian and Authoritarian Regimes,"in Fred Greenstein and N. Polsby, *Macropolitical Theory* (Handbook of Political Science, Vol. 3), pp. 336–350.

參 極權獨裁政治理論

關於極權獨裁政治與政制，理論性的探討較受人注意的計有艾蘭 (Hannah Arendt) 的《極權主義的起源》(*The Origins of Totalitarianism*) 與佛烈德里哈與布里辛斯基 (C. Friedrich and Z. Brzezinski) 的《極權獨裁》(*Totalitarian Dictatorship and Autocracy*)❼。在前一部著作中，作者追溯極權主義的根源為中歐浪漫的民族主義（反自由主義、個人主義，強調個人無保留地沒入國族這個集體之中，並狂熱反對「非我族類」的一切）、反猶思想等。在後一部著作中，作者們為極權獨裁政治勾劃出其數項特徵，建構一個所謂極權政制的「模式」，其勾劃出的特徵如下：

㈠官定的意識型態：所謂意識型態 (ideology)，乃是指一套統攝的思想系統，對歷史、社會、政治、經濟、甚至宇宙人生的重大問題都提供明確的答案。意識型態是十八世紀後才出現的，不少思想家受法國啟蒙時期理性主義的影響，都企圖建立「思想系統」，至二十世紀，若干政治運動都以其自己的意識型態作為號召民眾，團結「同志」，與指導行動的方針，這些運動一旦掌握政權，就可能設法使其意識型態成為舉國民眾信奉的最高原則、國政的方向指針。極權獨裁政治運動，對意識型態特別認真，這是因為這些運動原本具有某些「烏托邦」色彩，企圖徹底改造社會，這些運動一旦獲得政權，會不遺餘力地根據其意識型態治國，並「教育」人民接受其意識型態。譬如蘇聯對共產主義的重視，是頗少見的。一般非極權的政治運動與執政集團也有重視其意識型態的，但態度上較為和緩，尤其對其他種思想的排斥與鎮壓，沒有極權獨裁者之積極與強烈。

㈡群眾性的唯一政黨：在極權獨裁政治下，僅有一黨有執政的

❼ Arendt, op. cit., Friedrich and Brzezinski, op. cit.

機會，在大多數極權國家，其他任何政黨皆不得存在，在少數極權
國家，雖有執政黨以外的小黨存在，但這些小黨都是「有名無實」
的；極權國家的執政黨，為獨裁者統治的主要工具，該政黨是從群
眾中選拔黨員，因此它為群眾性政黨，但黨員人數不超過人口的百
分之十以下，甄選相當嚴格，原則上，只有對意識型態完全信仰，
對黨徹底效忠者，才能獲選入黨，為保證黨的純正，黨員要經歷思
想學習與改造，黨部並定期清黨。黨員的任務為協助獨裁者動員民
眾、控制社會、傳播其意識型態與政策，並監督行政官僚。黨員的
任務繁重，但極權獨裁國家中，一般期望在社會上出人頭地者皆想
入黨，因唯有黨員才能擔任重要職位，極權黨的組織極為嚴密，黨
內決策之權向上集中，基層黨員組成小組 (cell)，每一小組人數不超
過三十人，以利學習並互相監督，小組以上的層級，皆有專業黨務
人員負責黨的工作。

　　㈢政治警察：極權獨裁政治，依賴政治警察的程度頗大，納粹
德國的蓋世太保 (Gestapo) 與蘇聯的 K. G. B.（以往的名字有 Cheka、
M. V. D.、N. K. V. D. 等）都是組織龐大，權力可觀的機構，政治警
察負責政治案件的偵防與處理。在極權獨裁的高潮期，如納粹德國
在第二次大戰初期與蘇聯史達林執政期，政治警察又負責監禁與處
決大批政治犯與其他的異己份子及成千上萬的無辜平民。政治警察
造成的恐怖，是二十世紀人類最大的悲劇之一。

　　㈣嚴格控制的大眾傳播媒介與文化活動：在極權獨裁國家，大
眾傳播媒介必然受嚴格的控制，一切報紙、雜誌、電視、廣播都由
極權黨與政府擁有，絕無民營的，主持這些媒介者皆為忠貞黨員，
從業人員都經慎重甄選以確保其政治的可靠，政治警察並派員專門
監督大眾傳播媒介。大眾傳播媒介的重要任務，除宣揚意識型態，
闡釋主要政策外，還有發佈政治路線，誇耀獨裁政府的成就（有時
為真實的成就，但有時為杜撰的），詆譭「敵人」及其他型式政府的

「缺點」。此外，大眾傳播媒介還被用來塑造獨裁者的個人在群眾中的「超凡」形象，以利「個人崇拜」。極權獨裁者，頗多酷嗜「個人崇拜」者。其部屬為討其歡心，也常提倡「個人崇拜」之風。大眾傳播媒介則被利用來推動這種風尚。與「個人崇拜」相對的，則為對遭罷黜的政治領袖的污蔑與貶抑，這在權力鬥爭後，往往也成為大眾傳播媒介的一項任務。

極權獨裁國家對文化活動控制也甚嚴格。這項控制是雙方面的：一方面對與其政治目標與要求不相符合的文化活動與產物的禁止：極權獨裁者一旦獲得政權，必然會禁止異己者之著作，並不讓其從事文化活動或強迫其承認其著作為「錯誤」等；另方面迫使全國文化活動按獨裁者決定之死板模型發展，不論在內容或形式上，均使其為政治目標「服務」。

㈤官僚經濟：極權獨裁國家，經濟活動也受政府嚴格監督或控制。在共產國家，私人企業是不准存在的，一切企業都在「國營化」的名目下，受官僚控制與管理；農業則以集體農場經營，農民除少量「自耕地」外，沒有所有權，而「自耕地」的面積與存在，都可由共黨政策隨時改變；在納粹德國，私人企業雖然存在，但被政府嚴格監督，以便使其成為戰備的一部份。

肆　極權獨裁制成功的條件與蛻變

迄今為止，典型的極權獨裁僅有納粹德國與史達林時代之蘇聯，其他的所謂極權獨裁制有的並未真正成功，如墨索里尼的義大利或佛朗哥的西班牙，故為「有名無實」的極權獨裁；有的雖然努力仿造史達林模式，但並未完全達到目的，如東歐的一些國家。更有少數統治者如烏干達的安明 (Ida Amin) 期望把一切權力集中於他手中，其結果是自己變成一個「暴君」，但其統治的社會仍是散漫與缺

乏紀律的，並且無明確的政治目標，這些政體，只能稱為「暴政」，根本無資格稱作「極權獨裁」。

極權獨裁制在一個國家成功地實行，有其條件，它與民主政制一般，不是任何國家的政治領袖想實行就能如願的。

第一項條件是獨裁者必須擁有一個有效的工具——一個黨紀良好，對「意識型態」具高度信仰的政黨——。這個政黨在社會上維持某種程度的號召力（至少有一部份人對它具有好感，認為其政治目標符合他們心目中的社會利益），因而可吸收一些真正有能力的人才。

第二項條件是獨裁者本身具有頗高的聲望，對政治權力的運用有相當高超的手腕，並能有效地追求政治目標（或至少給人此一印象）。

第三項條件是一個頗有效率的官僚組織，在獨裁者的控制之下，可用來節制人民的行為，並滿足民眾的某些要求，這一官僚組織的人事應能於必要時快速流動，否則獨裁者的意旨會受官僚隨性的阻撓。

第四項條件是一個發展中期的社會，有人認為一個發展中期的社會，比較適合實行極權獨裁政治。一個經濟發展至相當高度的社會，多元化的型態會阻撓獨裁者的意旨之推行；而且，大批具有科技理性觀念的人會懷疑「意識型態」的「永恆」價值；專業人才由於其訓練與行業，會萌發「個人自尊」的觀念，不願輕易接受從上而下的「紀律」。而在一個發展程度甚低的社會，也頗難成功地實行極權獨裁。因為這類社會傳統文化的力量太大，傳統文化蘊含的價值常與極權獨裁主義的價值對抗❽。

由於極權獨裁政制成功地實行，需依賴以上的條件：當一個極權國家由以上的條件隨政治、經濟與社會的改變或發展而更動時，其政制自然也會改變。

---

❽　例如家族觀念即為此種價值之一，中國大陸農村地區共黨遭到的困難之一，就是根深蒂固的家族本位思想。

■□ 第九章　威權獨裁

全世界一百九十餘國，民主國家與極權國家，合計不過六十多個，其餘都是「威權獨裁」國家。這些國家的政治目標與體制形形色色：有些以社經發展為目標取向，其政治體制是以便利權力集中來動員社會資源為主要考慮，也有些以維持現狀抗拒變遷為目標取向，其政治體制基本上沿襲傳統的建制，但利用現代化的外飾與技術來強化其控制能力；有些是走向民主的過渡驛站，其領導者基本上接受民主理念，但由於感到現階段社會尚缺少實行民主政治的條件，故不得不維持威權獨裁的統治方式，在這類國家，政治家自認為民主的導師，其一項重要任務為培養人民的民主理念與自治技能；❶在另一些國家領導者是痛惡民主的保守份子與既得利益份子他們利用政治權力來鎮壓企圖改變現狀的任何勢力。

壹　威權獨裁政制的種類

德國學者韋伯 (Max Weber) 曾經把政治權威按其來源與性質分成三類：1.理性—法律類 (rational-legal type)：其權力來自體現「理性」的法律，譬如憲法，如民主國家政治領袖的權力；2.傳統類 (traditional type)：其權力來自傳統，如世襲君主的權力；及 3.噶里斯瑪類 (charismatic type)：所謂「噶里斯瑪」(charisma) 乃是指某種特殊的人格特質與稟賦，而使某些民眾心甘情願的接受其領導，此類權威可見於穆罕默德或耶穌對其信眾的權威，或宋江對梁山泊其他

---

❶　例如 Edward Shils 稱這類政制為 tutelary democracy，見其 *Political Development in the New States* (The Hague, 1962).

好漢的權威，威權獨裁政制的權威，大多屬於後二者。不過，也有些逐漸向第一類發展。

吾人茲根據上章中表 8-1 的分類，對各類威權獨裁政制加以說明：

㈠政黨的威權獨裁政制：政黨的威權獨裁制大多建立在新興的開發中國家，幾乎完全是由領導獨立運動的民族主義知識份子建立的，譬如肯亞、突尼西亞與坦桑尼亞等。這類國家中，有些曾被同情者視為「一黨民主」的國家❷。然而，嚴格說來，它們都是獨裁國家，不過，這類國家都以政經發展為國家目標（至少理論上如此），而其領導份子中，有些具有相當進步的思想與觀念。這類國家對政治異議份子的態度與言論自由的容忍，一般來說，比其他類的獨裁國家要開明，但其開明的程度，往往要看獨裁者個人的氣度與胸襟來決定，這類國家最大的政治困難似乎有二：1.獨裁者的繼承問題：由於這類政權的領導者之權威都是「噶里斯瑪」類型者，一旦領導者亡故，繼承問題往往趨於嚴重，如肯亞的肯雅塔 (Jomo Kenyatta) 亡故時，曾有相當時間的政治不安，突尼西亞布吉巴 (Habib Bourguiba) 與坦桑尼亞尼雷爾 (Julius Nyerere) 等人亡故時，繼承問題較不嚴重，但也引起困擾。2.獨裁政黨的凋謝或解體：新興國家一黨獨裁制的一項最大困難是獨立後，獨裁政黨的組織日趨鬆懈，紀律日益渙散，黨內派系之爭愈演愈烈，及黨中人才漸漸離開黨務工作，出任政治與行政職務。❸獨裁政黨的凋謝或解體，往往會給這類政權帶來重大的困難。

㈡軍人的威權獨裁政制：大多數獨裁國家都是此類，拉丁美洲

---

❷　參閱 G. Carter (ed.), *African One-Party States* (Ithaca, 1962).

❸　參閱 Immanuel Wallerstein, "The Decline of the Party in Single-Party African States," in Joseph LaPalombara and Myron Weiner, eds., *Political Parties and Political Development* (Princeton, N.J., 1966), pp. 201–216.

國家中，軍人獨裁相當普遍；亞洲的緬甸、巴基斯坦、非洲的埃及、阿爾及利亞、利比亞、薩伊、迦那……等也都由軍人掌握政權；在不少新興國家，軍人政變的威脅隨時存在，建立軍人獨裁的機率都相當高。軍人獨裁政制的型態有兩類：一類是一位軍人獨裁者獨攬大權的情形，如韓國的情況；另一類是數位軍人組成執政團 (junta)，由該執政團決定政策，執政團也許有名義上的領袖（往往由資深者出任），這人的職位可能是國家總統，但實際的權力則由執政團成員分享，拉丁美洲智利、玻利維亞的情形就是如此的。軍人獨裁制往往是軍人政變的結果；新興國家獨立後，都仿照歐美民主國家設置政府機構，但由於種種限制條件，這些機構的實際運作往往迥異於歐美民主國家，以致政府效能低落，社經困難無法解決，軍人遂乘機攫取政權，軍人獨裁政權成立後，有時又被另一組軍人的政變所推翻，在不少拉丁美洲國家，自十九世紀獨立後，已有多次軍人政變的經驗，成立了各種軍人獨裁政權。軍人獨裁政制在基本政策取向是不同的：有些為保守的軍事將領所建立，強調民族主義，但抗拒現代化的影響，企圖維持現狀與社會特權，其接受的新事物僅限於科技層面；另一些則為具改革傾向的軍人所建立，主張經濟與社會的改革。但是，軍人獨裁者在處理國政的方式上，則大致雷同，他們厭惡「政治程序」，尤其是政黨的競爭，認為這是缺乏效率，並且過份追求私利的，因此禁止政黨活動幾乎是任何軍人政權首項工作；他們強調行政效率，認為只要行政機關廉潔而有效率，一切問題都可迎刃而解，他們對「科技官僚」(technocrats) 具有某種程度的信任，對別類政治與行政人員則較不信任，因此，軍人獨裁政府內，重要職位除軍人外，往往由科技官僚出任。

軍人獨裁制在開發中國家普遍存在，文人政府的軟弱無能，其社會支持勢力的散漫與微弱，固然為主因，軍人的組織紀律與武力能迅速解決某些迫切的危機也是原因之一。然而，軍人獨裁制也有

些基本的弱點：第一、軍人獨裁者往往企圖用簡單的方法解決複雜的問題，結果問題反被掩飾了，變得更加嚴重，更不易解決；第二、軍人獨裁者必定依賴一個軍人集團掌握政權，此集團的支持對其保持權力甚為重要，因此，他對該集團主要成員的貪污舞弊、濫權枉法皆必須加以容忍，這是為何軍人政權往往以「消滅貪污建立廉潔政府」為號召，而實際上掌權一段時間後，往往不能免於大規模的舞弊。集團成員間內鬥，因無公開承認的規範，往往在暗中進行，直至爆發為新的流血鬥爭，此亦為軍人獨裁制的一大缺點。

㈢宗教領袖的威權獨裁政制：在人類歷史上，宗教與政治曾一度發生密切的關係，這對宗教與政治都曾帶來不幸的後果，因而「政教分離」的主張才被提出，並成為不少國家憲法肯定的一項原則，但是，這原則並不被普遍接受，在不同社會，仍有些人主張各種方式的政教合一：有的人主張政治權力應控制宗教，把教會變成政府的工具；也有些主張宗教力量應左右政府，使政府在決策上服膺教會的意見。在實踐上，「政教合一」的一個最徹底的例子為伊朗什葉派回教領袖何梅尼 (R. Khomeini) 的獨裁。伊朗於一九七九年推翻了君主專政後，回教革命領袖何梅尼自國外返國，就成為國家實質上的最高領袖。何梅尼的政治權威完全來自篤信回教與民族主義的群眾對他的支持與其革命衛隊的恐怖鎮壓反對力量。伊朗的政治體制頗為獨特：外表的體制，有總統、國會與最高法院，但總統聽命於何梅尼，國會中則有大批回教教士，控制主要的職位，世俗人士則扮演次要角色，法院的法官中也有些是宗教法庭的法官，在審理涉及政治與社會關係之案件時，則運用回教教義的觀點。何梅尼的體制，曾有人認為基本上是不穩定的，甚至估計其短時內將崩潰，因為它基本上是一個「人治」的制度，而且其追求的政治目標是保持回教原始教義所認可的傳統社會及其價值，抗拒西化，然而，這類預測可能低估了這類體制對於痛恨西方影響的民族主義份子的吸引

力與激發其奮鬥精神的力量，這種力量之大在伊朗與伊拉克的戰鬥中，伊朗平民自衛軍的表現可得明證。

㈣官僚的威權獨裁政制：另一類比較不常見的威權獨裁制是官僚為主的。在各種類型的獨裁制中，官僚往往扮演輔助的角色，但官僚甚少扮演主角。最著名的官僚獨裁的實例為葡萄牙薩拉沙 (Antonio De Oliveina Salazar) 於一九三二年至一九六八年的獨裁。薩拉沙於一九二八年出任葡國財政部長，改革財政，表現了卓越的能力，獲得廣大的信任，一九三二年出任首相後，就運用行政官僚的權力及政黨的矛盾，使自己成為獨裁者。薩拉沙的統治，是側重行政的，基本政策方向是守舊，維護社會既得利益與傳統的天主教價值，但在行政上則力求改革，提供人民良好的服務。此種行政獨裁最大的弱點為政府處理重大問題缺乏政治眼光，僅作行政的考慮，而社會輿論不自由，無法提供補充或匡正的建議。葡萄牙於一九六〇年代的非洲殖民地政策的破產，足以說明此一弱點。

菲律賓馬柯斯 (F. Marcos) 的獨裁制，基本上也為行政獨裁，馬柯斯政權的主要弱點是菲國缺乏有效率而廉正的行政官僚組織，故其處理政策問題的能力恐不及薩拉沙。

㈤君主的威權獨裁政制：現在，以君主為國家元首的國家，仍然相當多，❹其中大多數所謂「君主國」所實行的政制乃是民主的，譬如英國，在這些國家，君主僅為虛位元首，其真正的政治權力甚為有限。少數君主國家，君主的權力極大，這類國家，可稱為君主專制國家，也即我們所說的君主的威權獨裁政制國家。較著名的君主專制國有沙烏地阿拉伯、約旦、摩洛哥、尼泊爾等。君主專制國

❹　西歐的英、荷、比、盧森堡、北歐的瑞典、挪威、丹麥、南歐的西班牙（佛朗哥離職後）及日本皆屬君主立憲的民主國家，泰國為君主擔任國家元首的軍人與官僚主政的獨裁國家，尼泊爾也為君主國，約旦、沙烏地阿拉伯、科威特則君主權力甚大。

家的政府權威是傳統的，因此，與當前世界理性化、科學化、世俗化的潮流是違背的，因此，君主專制國家有逐漸減少之勢，碩果僅存的都有其特殊的背景。❺ 就政治發展的觀點來看，這類政權是保守的；其基本政策取向為維持社會的現狀，尤其是傳統的層級結構、利益分配型式與價值觀念；但在基本政策的執行上，則並非全無彈性，譬如沙烏地阿拉伯在費沙擔任國王時，就採取與前任紹德不同的社經政策。一方面利用大量油元實行若干農工業開發計畫，並給予平民較多的福利，教育機會也比以往平均分配；但是，這些社經政策的終極目標並不是社會的改革，而是減低民眾的不滿，以增加其對政府與君主的向心力。因此，每項造福民眾的措施都有相當限度，並在周詳考慮其副作用的條件下進行，而且這些計畫都在限制民眾政治參與的情況下進行，為此甚至大量運用外籍人員。儘管如此，有人認為長遠來看，這些措施恐仍不免產生某些不利於政權的後果；不過，也有人認為這些後果並非不能控制，開明君主專制在若干文化區域不是絕無生存機率的政治制度。

貳　威權獨裁制國家的演變

威權獨裁制國家的政治局勢，比較不穩定，其演變也比較難以預測。由於缺乏固定的型式，基本結構的改變可能隨人事的變動而發生，而人事的變動往往是戲劇性的政治事件的結果，而非遵循體系的規範。威權獨裁制國家這一現象，有下列諸項原因：

㈠這些國家都是人治的，獨裁者的權威來自傳統或「噶里斯瑪」，其基礎不甚堅固，傳統的權威植根於人民對傳統的接受與信服，一

---

❺　如沙烏地阿拉伯具有石油財富，人口稀少，與外界比較隔絕，而且人民有強烈的回教信仰；約旦的統治者個人才能甚高，並且因其國戰略地位，其統治權為西方及阿拉伯國家中溫和派全力支持。

個社會發生快速的變遷，並受到現代化的價值與觀念的影響後，對傳統不再接受與信服的人就會增加,這就會削弱傳統權威的獨裁者，衣索匹亞的君主塞拉西 (Haile Selassie) 曾經領導該國抵抗義大利入侵，聲望甚隆，但於一九七四年竟為少數名不見經傳的馬克思主義派少壯軍人政變輕易推翻，足見這類權威在今日的脆弱。來自「噶里斯瑪」的權威，也頗不固定。許多民族主義運動的領袖長於對抗殖民國家，但短於治國，其在獨立之際，常在群眾間享有崇高聲望，但執政後，往往顯露弱點，其在民間的聲望迅速下降，同時，新興國家出生率高，人口結構改變甚快，一個在早年擁有「噶里斯瑪」的領袖，擔任政府領袖十數年後，對眾多的年輕民眾來說，已成為一個腐朽的老政客，一旦這位領袖的權威遇到挑戰，他們不會去支援他，印尼蘇卡諾的命運似乎足以說明這點。

　　㈡這些國家的社會，呈相當程度的割裂 (fragmented) 狀態。現代化的民間組織與結社，大多疲弱無力，傳統的集團已漸漸失去功能，因此，一個人數雖少，但組織嚴密，紀律良好的祕密政治團體，常能發生強大的影響力，甚至在政變中獲得政權，而在這些國家，這類團體是存在的。它們發動的政變，曾經推翻了阿富汗的陶德政權，衣索匹亞的塞拉西政權，讓不少名不見經傳的人物躍上國際政治舞臺。這也正好說明這類國家政局的不穩與其演變的難測。

　　㈢除少數例外，這些國家的政府並不擁有充份行使其權威的行政能力，其武力鎮壓的能力也相當薄弱。它們雖是獨裁國家，但往往無法徹底貫徹政令，在國家的偏遠地區，可能存在反政府的地方性力量，由於這一原因，這些國家爆發內戰的可能性是隨時存在的。

　　這些威權獨裁國家政治演變，可能向若干方向：民主政治、極權獨裁、及其他類型的威權獨裁制。我們擬討論其每種可能性。

　　首先，我們擬指出：每一威權獨裁國家向何種方向演變，要看內部條件與所處國際環境而定。每一國家的這些條件與另一國家都

不盡相同，因此，其演變自然不可能完全一樣。限於篇幅，我們無法討論每一國家演變的可能性。其次，我們必須指出：除少數例外，大多數這類國家在這些條件上都有相當程度的共同性，因此，其演變方向似乎仍有一類似的型式。

以上我們已指出了三項共同的國內條件：人治、社會分歧與割裂與政府行政與鎮壓能力的軟弱。

此外，尚有兩項條件，對政治演變有重要性：

㈠知識份子的激進傾向：大多數威權獨裁國家的知識份子，除部份進入政府擔任公職者外，都對政府不滿，而年齡較輕者，則對激進的政治運動，支持、參與或同情的人數比例愈大。知識份子此種反政府的態度，有數項原因： 1.知識份子或受西方民主觀念與表現之影響，對威權獨裁政制不滿，或受極權獨裁意識型態與成就的誘惑，對其政府缺乏解決社經問題的能力與決心感到失望； 2.知識份子在事業方面的挫折感：在威權獨裁國家，知識份子往往感到事業不易開展，由於學術與言論不自由，從事學術研究的人不免心灰意冷，從事藝術創作者，也感到「政治」壓力。擔任教職者，也有類似的顧忌，這種事業的挫折感使許多最具創造力的知識份子不是「自我孤絕」於社會，就是參與激進的政治運動； 3.年輕的知識份子失業的問題：在大多數威權獨裁國家，年輕知識份子失業的情形，相當嚴重，這對促使其激進傾向，有相當重大的影響。

知識份子的激進傾向表現於支持反政府的政治運動，這些運動都以「推翻獨裁，實行民主」為號召，然而，對於為何在其社會的實際環境中，實行民主並無切實的計畫：知識份子對民主政制的憧憬也是僅呈現於其對威權獨裁的反對，而不在其在理論與實行規劃的設計上，如何在其國家建立堅實的民主政制。

㈡國際環境的衝擊：大多數威權獨裁國家，都在經濟與軍事上依賴美國：獨裁政府固可利用美國防止共黨攘取政權，並利用人民

害怕蘇聯影響力增加的心理，把國內的反對者統統劃歸為共黨或同路人，並使用美製武器來確保其權威，然而，也不得不作出若干「讓步」，諸如改進國內人權……等，來滿足美國「民主良知」的要求。這類「讓步」，在五〇～六〇年代，都是「象徵」性的，在「冷戰」的全盛期，美國政府的「鷹派」不在乎受援的獨裁政府的國內情形，只要它「反共」即可，而其時美國民眾對外國的無知，使其容易接受其政府的任何「說明」或「解釋」。在七〇年代以後，美國的「壓力」就增加了，美國政府在提供軍經援助時，都注意到這些國家國內「民主化」的表現，而美國人民也在監督其政府是否能真正注意受援國政府的作為。威權獨裁國家的政府為了獲得美援，不得不作若干「民主化」的改變，而這些改變，又會鼓勵其內部的反對勢力要求更多的「讓步」。

威權獨裁政制的國家在內外壓力之下，是否可能演變為民主政制的國家？在可預見的未來，大部份國家如此演變的可能性相當低，其主要原因不僅是由於它們均缺少成功地實行民主政治的條件，而且政治上具有實力的集團——不論其為軍人，抑或激進政治運動的核心領導集團——都不是民主政治的支持者，知識份子中，有不少人對民主的原則相當熱衷，但他們對如何在其社會實踐這些原則都缺乏瞭解，而且對政治行動並無經驗，因此其鼓吹民主的言論僅能對現行的政權產生不利的影響，對這些國家民主政治的真正推展，並無助益。

另一種可能是演變為極權的獨裁國家。在目前的情形下，這就是建立一個類似蘇聯的共產政權。由於不少威權獨裁國家都有共產黨存在，而且也有支持它的部份民眾，共黨革命在若干國家已發生過，而且其中有些成功的建立了馬克思主義者的政權，如安哥拉、衣索匹亞、南葉門等。我們沒有理由斷然認定這種演變絕無可能。然而，這一可能性似乎也不大，而且，即使發生，也只能在極少數

國家成為事實。主要的原因不僅在於大多數這類國家，缺乏成功地實行極權獨裁政制的條件，而且在大多數這類國家共黨本身的實力也微不足道，當然，由於這些社會的割裂性，人數頗少的共黨也有可能獲得政權，但一旦掌握政權，它不可能單獨治理國家，而必須與其他集團聯盟，如此，共黨就有與其他集團謀求妥協的必要。也許有人會說這種妥協必然是暫時性的（如衡諸歐亞的若干共黨政權）。以後，共黨就會消滅其他集團建立其極權獨裁的政府，這確實是若干共黨國家的情況，但大多數目前實行威權獨裁制的國家內之共黨，未必能夠如此，因為這些國家的共黨本身在意識型態上並不純粹，組織與紀律也不能與蘇俄的布爾塞維克與歐洲的一些共黨相比，有許多內部存有派系。我們也許可大膽地說，在大多數威權獨裁國家，共黨革命成功的機率相當小，而在少數其可能成功的國家，共黨即使掌握政權，也無法建立一個史達林式的極權國家。

　　大多數威權獨裁國家的演變，在相當時間內，既不可能成為民主，也不可能成為極權獨裁，其最可能的發展似乎有二種：一種是獨裁者與集團的改變，而基本體制不變，如拉丁美洲的一些國家過去四五十年之情形，軍人獨裁者一個被另一個推翻，獨裁集團隨之更換，這種走馬燈式的改變，能給人一種錯誤的印象，以為發生了真正的變遷，其實由於先後的獨裁者在意識型態與權力基礎上區別甚小，其爭執完全是為了個人權力，與重要政策毫無關係。這種改變過於頻繁，實際的效果反使這些國家政治上缺乏活力。另一種改變是一類威權獨裁為另一類取代。根據過去三十餘年的情形，君主專制為軍人獨裁取代的相當多，如埃及、伊拉克、衣索匹亞，都是如此，政黨與官僚獨裁為軍人獨裁取代者也有之，如韓國、印尼，君主專制也有為宗教領袖或政黨獨裁取代者，如伊朗或阿富汗；軍人獨裁在大體上是增加最多的，但也有被推翻的，如尼加拉瓜的蘇慕沙政權被桑定斯泰運動以革命武力擊潰。一個威權獨裁政權為另

一個取代的方式，有政變與革命等，軍人取代別種政權或別的軍人
獨裁政權，都採政變的方式，其他的類型取代則可能藉革命。一種
威權獨裁取代另一種，對人民的自由與參政權的擴大，影響不大，
但對其他方面的權利的增損與社會之發展，可能發生各種程度的影
響。

■ 第十章　政府的類型與組織

在老式的課程中，政治學常被稱作政府學，由此可見，「政府」在政治學中所佔據的地位何等重要，一般人一想到政治，就立刻想到政府，他們儘管對政治學探討的其他主題不甚瞭然，但對政府都有某種程度的認識。在本章中，我們擬對世上主要的政府類型作一鳥瞰，對行政部門作較詳細的討論，在以後的兩章中，將討論立法與司法部門。

壹　「政府」的涵義

政府乃是指一組建制與一群人員，這組建制與這群人員配合起來，執行的任務係為社會作「權威性價值分配」。❶理論上，政府的建制是依據法律設置的，其人員的權責也依法賦予與限定。然而，在非民主的國家，法律可能僅代表大權在握的政治領袖的個人意志，或者即使並不完全如此，也會缺乏足夠的拘束力。在這種情形下，政府的權力就可能缺少限制或在行政上缺乏規範。如此，政府就可能暴虐 (tyrannical) 或專橫 (arbitrary)；就是在民主國家，由於政府的職務不斷擴充，人員不斷增加，暴虐與專橫的可能性也必存在。若說人類設置政府是為了有一改進共同生活的「工具」，但這工具可能成為壓迫他們的「主子」，這個難題迄今仍未解決；若說政府原來雖是少數人用來控制多數人的，如今「民主化」的過程乃是「多數」的解放，則今天這種「解放」是否已完全實現？政府是否已完全成

---

❶　參閱 David Easton, *A Framework for Political Analysis* (Englewood Cliffs, N.J., 1965).

為一個為他們謀福利的工具？大體上說，在民主國家，似乎是如此，但也未必全然如此，在非民主國家，則政府有時雖可能為民謀福，但也可能壓迫人民。

「政府」一詞，英國人與美國人心目中的涵義並不一樣。英國人指的政府，通常是指行政部門，他們把立法部門都稱作「巴力門」，把它與「政府」分開，美國人所謂「政府」，是指行政、立法、司法三者的綜合體，這與我們中國人的觀念是相同的。不過，中國人有時把行政部門與行政機關當作「名正言順」的政府。雖然根據孫中山先生的說法，立法院為「治權機關」，如此，立法委員應該與行政院的各部會首長一樣，是「政府官員」，但一般人民慣認其為「民意代表」。

政府往往自認或被認為是維護「公共利益」的。其實，其是否必然如此，仍值得商榷。就此而論，有兩點需加探討：首先，所謂「公共利益」並不能在任何情形下均可很清晰地界定，社會全體成員也不可能對某一個別事物是否符合「公共利益」有一致的看法，因此，政府所維護的「公共利益」，很可能是政府人員心目中的「公共利益」，此一認定為社會接受之程度，需視政府權力的合法性基礎與人民對政府人員的見識與能力的信心來決定，譬如滿清政府末期，其權力合法性已被革命黨人的宣傳破壞（「韃虜」強佔中國人之政權）。而其見識與能力因在涉外事件中的表現而為國人輕視，則其所自稱維護的「公共利益」，也就被認為係維護滿人的特權利益。其次，就客觀事實而言，任何政府都不可能在任何情況下不去維護某些非公共的利益。在民主國家，政府（或執政黨）為了爭取某些游離票或鞏固某些支持票，必須對這些投票人的私利多加照顧；在非民主國家，政府為鞏固統治，必須對其最忠誠的支持者的利益特別優待，（譬如烏干達的安明政權對信奉境內回教的部落比較優遇，因軍隊官兵大多來自這些部落。）此外，政府既然為一群人組成，人不免有

其私心，則政府官員為其家族與親友謀取私利也往往難以避免。然而，儘管如此，世界上的政府在維護公益與私利的程度上，仍有相當的差距。

政府擁有權力，權力被用來履行其主要功能，此即為社會作「價值分配」，及附帶的功能（或為履行上述目標或功能的工具性功能）諸如管制與服務。權力是不可缺少的，倘若政府權力不足，就無法適當地履行功能，然而，權力引起的問題也不容忽視，濫用權力與誤用權力的現象，在任何政府體制下，都可能發生，不過，憲政政府，有系統的濫用與誤用的可能性比較小，偶然的濫權，也會獲得有力的糾正。在非憲政的政府，濫用與誤用權力可能因某些領袖的個人習慣，而成為系統化的，糾正也困難得多。

政府的權力必然具有鎮壓性的成份，儘管不同的政府在使用權力時，依賴的鎮壓性成份並不相等，但這成份是一定存在的。不少反對人際關係中存有「鎮壓」意味的人士，就反對任何「政府」；這種無政府主義 (anarchism) 的思想代表極端的個人主義與高度珍視個人自由的心態，但忽略了群體生活的維繫，不能完全依賴個人的自制與合作的天性，因人性中含有自私與貪婪的成份。無政府主義，尤其克魯泡特金的一派，作為對暴虐政府的批判及提醒人們任何政府都可能有其暴虐的一面，並標示一個社會生活人際關係的理想，是有其價值的，但作為一個實踐的藍圖，它就有過多烏托邦色彩，未免不切實際，無論如何政府將在人類社會中扮演著重要的角色。

貳 立憲政府與權力的限制

立憲政府與非立憲政府的主要區別是前者的權力是依憲法限制，而且其行使須按憲法規定的原則，而後者的權力不受限制或僅為一些較不確定的因素諸如政治道德、領袖的個人性格、傳統等所

限，其行使也不按憲法規定之原則。

憲法限制政府權力，在於兩方面：一方面是人權條款所加的限制。按照人權條款，在某些領域，政府不得行為，譬如個人自由的保障，在另一些領域，政府不得不採取行動，這對政府重要人員的意志加上約束，如我國憲法規定教育經費不得少於國家總預算的某一比例，此使政府不得不重視公共教育，另方面，是有關政府各部門的職權與關係之規定限制了它權力擴張的可能性。舉例來說，美國聯邦憲法中關於政府行政、立法、司法部門的職權與關係之規定，有人認為係反映孟德斯鳩的權力分立 (separation of powers) 與制衡 (checks balance) 兩項原則的。孟德斯鳩認為把這兩項原則蘊含於政府建制之中，就能避免政府濫權或誤用權力及防止它侵犯人民的自由。不論孟氏的想法是否合理，美國聯邦憲法的規定對政府的各部門之權力確實作了限制。英國不成文憲法體現的原則是巴力門至上 (Supremacy of the Parliament)。由巴力門來監督政府（英國人的「政府」採狹義的界說），理論上政府可免於濫用或誤用權力。而巴力門議員既然必須定期改選，他們自然不敢違背選民的意旨。

參　立憲政府的類型

立憲政府可按行政與立法的關係區分為總統制，內閣制，半總統制（通稱雙首長制）與委員制。

(一)總統制：總統制的典型存在於美國。在總統制的政府中，行政部門的首長為總統（他同時也為國家元首）。行政部門的主要政務官員均由總統任命，除了必須參議院的同意外，總統可從任何黨派、任何行業中選擇其中意的人選。唯一的限制是他如果任命一位國會議員擔任行政職位，這位議員必須在就任行政職位前，辭去議員之職，重要政務官員（計二千餘人）的職責為執行總統的政策。故在

原則上，其任期按總統的意旨決定，一旦失去他的信任，總統有權將其立刻去職。行政部門與立法部門的關係按嚴格的分權原則釐定：1.行政官員不得兼任國會議員，國會議員也不得兼任行政官員； 2.總統對其行政部門的僚屬之控制權，不受國會議員的干擾，根據此點，總統往往下令其僚屬拒絕國會要求提供機密文件，除非總統核准；或答覆某些敏感問題，除非總統同意； 3.總統與國會議員皆有其固定的任期，及個別的選區，以維持其分權。總統制政府釐定行政立法關係的另一原則為制衡，此即行政、立法、司法三部門的權力在行使上互相抵制，以免任一部門權力超過其他部門，以維持整個政府體制中權力之平衡，就行政與立法兩部門而言，制衡原則呈現於總統對國會通過的法案之否決權（國會兩院以三分之二多數票決又可否決總統對法案之否決）──此為總統對國會之制衡，及總統之重要任命與條約必須獲得參議院之同意──此為國會對總統的制衡。

總統制政府嚴格分權與制衡原則，反映歐洲十八世紀某些思想家的兩種觀念：其一為對政府高度的不信任，認為政府權力過大，人民自由必遭危害；另一為機械論的想法，認為政府的組織猶如一具機械，其權力似有一定數，如集中於一個部門，該部門之權力就甚大，如加以分散，則各部門之權力都不致太大，倘分散得宜，則可以使各部門分得的權力相等；而且，人們經過某些設計與安排，就可獲致權力的平衡。此種機械論的想法，確實有些天真與單純。事實上，制度的分權與制衡，如果行使得過份，就可能造成政府效率的低落，甚至行動癱瘓，因此，在制度上體現三權分立為制衡原則的國家都發展出種種克服其不良作用的非正規作風或措施，如美國總統利用政黨領袖的地位影響國會，或運用政治優惠 (political patronage) 的分配來爭取議員的支持等。老實說，今日民主國家，人民自由的得以保障、權力濫用的得以避免或矯正，主要並不在於政

府制度的制衡，而在於社會力量的多元發展及此種發展所造成的社會對政府的制衡。

(二)內閣制：內閣制政府有一黨組成內閣者，如英國；也有數黨組成聯合內閣者，如歐陸的若干國家（法、義、比、荷、北歐諸國）。英國的內閣制政府，自一七二一年華爾波 (Sir Robert Walpole) 出任首任首相以來，已歷兩百八十年歷史，此一制度並為大英國協的其他國家採用。內閣制國家的元首為虛位元首（如英國君主、印度總統等），政治實權甚少，真正的政治領袖為內閣首相（總理），首相（總理）與內閣閣員（主要的大臣（部長）、少數國務委員等）組成內閣，為行政部門的決策中心。內閣制政府中，行政部門與立法部門的關係不根據分權原則，而強調兩者密切的結合。在英國，「巴力門至上」(Supremacy of the Parliament) 是教科書上指出的，其含義是巴力門（國會）代表民意，巴力門至上即政府永遠聽從民意，並根據民意組成，受代表民意的巴力門控制。然而，實際上，由於內閣是由巴力門中多數黨議員的領導份子組成（主要是下議院議員，但也有少數上議院議員)，而英國政黨良好的黨紀使一般議員樂於在重要政策上支持其領導份子的決定,內閣遂對巴力門有甚大的影響力。有些英國人認為這種情形並不違背「巴力門至上」，因為「內閣」實際上是巴力門的一部份，並未與其分開。然而，也有些英國人士，對其國家內閣權力日趨膨脹，而一般議員的政策影響力日益縮小的現象，深表不滿，認為有加以改正的必要。❷ 不過，近年來，英國政黨黨紀已不如往昔，內閣對其同黨議員的「約束」更強調妥協與說服，不期然間某種「改正」已在產生。

歐洲大陸的一些國家如義大利，是由多黨組成聯合內閣的。在這些國家，任何政黨都不可能在國會中獲得過半數議席，因此只得由數黨組成聯合內閣。聯合內閣與英國式內閣制政府產生的政治後

❷　參閱 Nevil Johnson, *In Search of English Constitution* (Oxford, 1976).

果頗不相同：首先，聯合內閣的任期一般都較短，因為內閣由數黨組成，只要這些黨派對某些重要政務存有嚴重歧見，它們就可能退出，則內閣就不能繼續存在；英國的內閣法定任期為五年（因國會下院議員任期五年），在這期內，內閣首相如感到國家情勢與民意有利於執政黨，而欲增強下院中政府的地位，也可宣佈改選；如下院因某一爭執性法案對內閣作不信任投票，則內閣得在辭職或解散下院宣佈改選二途中擇一。由於英國良好的黨紀，內閣任期往往頗長；其次，聯合內閣的閣員雖是入閣各黨的領導份子，但他們彼此間的爭執，使其無法增強其對一般議員的影響力，再加上歐洲大陸政黨黨紀參差不齊，如此，在這些國家，國會的影響力甚大，內閣往往受其牽制。第三，聯合內閣為避免分裂，有時有延宕爭執性較大的政策決定之傾向，這可能使這些國家政治領導比較缺乏政策主動。

　　㈢半總統制：半總統制通稱雙首長制，其典型是目前的法國。法國於一九五八年第五共和憲法通過改制前，是內閣制政府，由於聯合內閣失敗，戴高樂受各方邀請主政，在他主導下採取了現制。按照杜佛傑 (Maurice Duverger) 的說明，此制之下，總統由全民直選產生，本身擁有若干重要且獨立行使的權力，主要在國家安全與外交領域，但內閣總理與閣員須對國會負責，在其負責領域，享有決策權。❸杜氏認為，除法國以外，芬蘭、奧地利、葡萄牙、冰島及愛爾蘭也可視為同類制度，但除芬蘭外，這種說法並不被廣泛接受。❹

　　在半總統制國家例如法國，憲法規定總統任命內閣總理，不必經國會同意，但由於國會有權對內閣提出不信任案，總統在任命總

---

❸　參閱張台麟著：《法國政府與政治》（臺北，民國七十九年），p. 2。

❹　芬蘭總統在外交決策上享有大權，其他國家如奧地利、葡萄牙、冰島，雖然總統由人民直選產生，但真正實權甚小，愛爾蘭與奧地利總統在外交上有一些決策權，但範圍甚小。

理時並不能全憑一己之意。大體說來，當總統所屬政黨及其盟友在國民議會（國會）選舉中獲得多數席次時，他就可任命其重要僚屬出任總理，其時，總統事實上成為政府領導者，總理往往聽命行事，當總統所屬政黨及其盟友在國會大選中成為少數黨時，他必須任命與他不同立場的政黨之領袖來組閣，其時總理就成為政府的實權領導者，總統的角色就侷限於少數政策領域。西元二〇〇〇年前，法國總統任期長達七年，國會議員任期僅五年，故在總統任期內，必定會舉行國會大選。總統與總理難免分屬於對立的政治陣營。譬如一九八六年，法國國民議會選舉，右翼的兩大政黨──季斯卡與勒卡呂埃領導的法國民主同盟和巴黎市長席哈克領導的共和聯盟以 42.03% 的選票，加上其他右翼政黨的 2.71% 選票，獲得過半數席位，左翼社會黨籍的密特朗總統任命右派席哈克為總理。此種安排，稱為左右共治 (La Cohabitation)，左右共治實施後，總統與總理在若干政策上，屢有歧見，但由於雙方皆儘量避免政治危機，遂試圖在各方面妥協，總統在經濟社會政策上儘量尊重總理，總理則在外交與國防政策領域，姿態較低，由於此種互讓與妥協，左右共治維持至一九八八年總統大選，未曾出現重大困難。❺由於半總統制的順利運作依賴個人因素過大，許多學者不認為這是理想的制度，尤其不適合政治文化中缺乏妥協精神的開發中國家。但是這種制度對於內閣制出現危機的國家，如第四共和時期（一九四六～一九五八）的法國則具有安定政局的作用；第四共和時期的法國政黨林立，而政黨中極右與極左之政黨勢力均大，兩極間的政黨在國民議會中席次僅能勉強過半，聯合內閣必須建立在這一脆弱的多數上，因此倒閣頻繁，政局不穩，國民議會過份強勢，行政權相形頗弱，並不能採取堅決的手段，來解決殖民地諸如阿爾及利亞獨立之問題（阿爾及

---

❺ 西元二〇〇〇年，法國縮短總統任期為五年，此舉能否減少左右共治之發生機率，仍待觀察。

利亞危機幾乎釀成軍人政變)。民族英雄戴高樂被徵召出來安定大局，他一手策劃完成的第五共和憲法，俗稱戴高樂憲法，其核心即為增強總統之職權來制衡國民議會，以選舉制的改革（將比例代表制改為單席次不得轉讓多數制）來誘使政黨間合作，而逐漸減少政黨之數目（註：關於法國選舉制之改革，將在第十八章中討論)。

　　㈣委員制：委員制政府僅能在小國寡民、政務簡單的社會才能存在，目前只有瑞士是如此的。瑞士為一聯邦，各邦 (canton) 及其下級行政單位 (Commune) 權力頗大，而且主要政策要經公民複決 (referendum) 才能決定，因此聯邦政府權力相當有限，聯邦行政部份為聯邦委員會 (federal council)，由委員七人組成，此七人包括主要政黨的成員，故頗為接近大聯合政府 (the grand coalition government)（大聯合政府必須包括國會中有議席的較大政黨的成員，目前瑞士僅一兩個小黨摒除在外，四個較大政黨都參加聯邦委員會)，每一委員分掌一部，委員由聯邦下院選出，任期五年，成員不限於國會議員，聯邦委員會主席由委員輪流擔任，此人名義上為國家元首，實際權力並不大於其他委員，不過為委員會開會時主持議程進行而已，而且由於任期僅一年，更說不上特別的政治地位。瑞士為一高度民主，而權力分散於地方與基層的國家，中央政府功能本就有限，其實行委員制並無礙於國政的推展，在政務比較複雜的國家，採行委員制會損及政府的效率。

肆　現代國家的演變與行政權的擴充

　　國家的政治制度是決定行政與立法關係一項主要因素：由於各國的制度不同，這種關係自然不同；另一項決定行政立法關係的因素，乃是目前各國都面臨行政權擴充、立法權萎縮的情況：十九世紀末葉以來，政府功能已大為改變與擴張，這是現代福利國家與「要

塞國家」興起所造成的現象。

關於現代福利國家興起的思想背景及經過，我們將在其他的章節中敘說；在此我們僅擬指出，福利國家興起後，政府的職責增加。而且，這些新增加的職責大體上皆屬於服務性質，諸如國民的醫療保健、失業救助、國民住宅……等，這些都是行政機關的工作，履行這類職責，固然為行政部門份內之事，就是有關這類事務的政策決定，如經費的分配等，行政機關的角色也遠超過立法機關，此因這類工作具有高度的專業性與技術性，而立法議員大多為通才，缺乏消化大量專門資料的能力，因而對政策決定，就只能扮演「反應」的角色（即對提案表示贊成與否），並無法主動提案了（除非為少數私人利益的提案）。如此，現代福利國家的興起就促成了行政權的膨脹，相形之下，立法權則顯得萎縮了。

所謂「要塞國家」（"garrison state"）是拉斯威爾所創的概念，他認為二十世紀中葉以後國際局勢持續緊張，國家安全成為許多國家的政府必須隨時留意的課題，而現代國防依賴機密與專業的科技知識與能力，因而國防政策遂幾乎成為行政部門獨佔的領域，立法部門在該一領域中能扮演的角色甚為有限。「要塞國家」之興起，比「福利國家」的興起，更加助長行政權的擴張，相形之下立法權就顯得格外削弱。

這種行政權與立法權不平衡的狀態，在許多國家，已引起有識之士的憂慮，在若干先進國家，國會中已有人在努力設法扭轉這種情勢。

伍　行政的組織與任務

行政組織的基本型式是層級或金字塔型的。行政機關有其主管的職責。依法它可負責提供某種服務、管制某類活動、或照顧某種

受益人 (clientele)。也有些行政機關的重要職責是協助其他的行政機關，更有些行政機關除主要職責外，還可能有若干次要之職責。譬如警察局的主要職責是管制交通、偵緝罪犯，但也提供消防服務。在其職權範圍內，責任主要是根據層級原則分配，而任務則依互相配合的分工原則劃分的。原則上，全機關有一人負總責。他把責任分配給若干部屬，每人分擔部份工作。這些部屬又按目標的原則與分工的需要，把工作分配給他們的部屬，舉例來說，教育部有高等教育司、中等教育司……等，而每一個司又分為若干科，每個科又轄有若干股，每一分劃部份的首長對其頂頭上司（也僅對其頂頭上司）負責，此原則稱為指揮權統一（或統一命令）(unity of command)。自機關主管，逐級下降，至其最低級僚屬的指揮系統，稱為指揮聯鎖 (chain of command)。理論上，每一位首長，指揮其直屬官員（如部長指揮監督其屬下的各司、處長），這些直屬官員構成他的有效控制範圍，即控制幅度 (span of control)。

　　機關職權的劃分一般都依據功能，地理區域與受益者的性質來分劃；譬如教育部劃分為高教司、中教司、國民教育司等乃是根據功能；外交部劃分為北美司、中東司、歐洲司……等是根據地理區域；如美國衛生福利部屬下有兒童局，是按其活動的受益者性質而分劃的。

　　在較大的行政機關中，必然有若干單位其工作並不直接涉及該機關的主要任務。它們的功能是為該機關提供輔助的服務或協助其主管執行任務，這些單位顯明的例子為人事室、會計室、醫務室、總務處等。

　　層級型式雖為行政組織的基本原則，但並非一切機關均按此原則建立的。事實上，就是表面上按此原則組織的行政機關，在今日也不能完全按這原則行事。傳統上，層級組織的用意為使人員不能規避責任，一切決定均要透過嚴密的逐級報告與監督的系統來處理，

自然不能推卸自己的工作。但這也有若干缺點：其一是「公文旅行」，影響行政效率；其二是可能使行政程序過份僵化，阻止較低階的人員發揮自己獨創力或自動性解決問題，並間接導致某種程度的不滿與失望；其三是在緊急狀態時，有時此系統可能缺乏彈性，無法迅速處理面臨的問題。在今天，由於行政業務大為擴充，各類專家進入行政機關，往日的傳統行政觀念已不盡適用，過度的層級意識及「指揮」觀念已不再妥當。行政程序已不再全是「上級下令，下級服從」的舊規，而已具有一些協商、討論，甚至「談判」的色彩。

從結構方面來看現代的行政組織，可分成若干類：1.一般性的行政機關，其組織仍按傳統的層級或金字塔原則建立；2.委員會 (board or commission)：一組人員共同負責某一任務，其決策與行動是集體的。在歐美國家，此類組織的主要任務為管理工作，諸如核發醫師執照，公司行號開業准許等，及制訂涉及勞資關係的行政法規等，設置這類機構的目的在給予有關的利益團體發言權。故這些委員會的委員不僅有政府人士，也有行業的代表；3.「獨立」管理委員會 ("Independent" Regulatory Commission)：在美國，有所謂「獨立」管理委員會，如聯邦政府的州際商業委員會 (Interstate Commerce Commission)。它們被稱為「獨立」是指不屬於任何部，而且，總統對它們的管轄權也相當有限。僅能在委員有缺額時，任命新委員，當作新任命時，總統必須避免使某一政黨在委員會中優勢過大，而且總統不得因政治理由罷黜任何委員；4.公營企業：在許多國家（即使是採行「市場經濟」的），都有公營企業，公營企業的管理，與一般行政不同。在西方國家，它擁有自己的人事規則、預決算系統；也可自由動用部份收入，不必全數繳交國庫；在訂立契約方面，它不受一般行政機關所受的拘束。這種種獨立性在給予公營企業較多彈性，以利商業競爭，另方面，它們也得不到種種特殊優待，如營業稅等並不比私人企業輕。在若干國家，如法國，更有公私合營的

「混合公司」("mixed corporation")。公營企業的設置，主要目的並非賺錢，而是為社會提供私人企業不願或不能有效提供的服務，或為達成國防等政策性目標，因此，在其董事會的組織中，常常包括民間或政府相關部門的人士。

行政組織旨在履行種種任務，我們茲把主要的行政任務，作一分析。從事政府任務者，通常分為政務官員與事務官員，傳統的說法認為政務官員與事務官員的工作是截然不同的：即政務官員是決定政策，而事務官員是執行政策的，這種說法，雖然不算完全錯誤，但也不完全正確。的確，制訂政策是政務官員主要的任務，但他必須監督政策的執行，這使他不得不涉入政策的執行中；事務官員的主要任務，雖是執行政策，但由於今天行政事務的複雜與專門技術性，政策制訂已不能僅靠政務官員。高級事務官員勢必提供政策建議，而涉及政策的制訂。為期更清楚地說明行政任務，我們茲分項敘述如後：

一、政務官員的任務：

㈠制訂或決定政策：在民主國家，政務官員必須負責實施其所屬政黨之政綱（如英國）或競選諾言（如美國）。由於理論上選民付託彼等執政，是要其把這些允諾付諸實現。為此，他們必須制訂政策，並說服國會與社會各界支持其政策。政策的制訂，當然不是政務官員獨自的工作，他必須依賴高級文官提供的資料與建議與其形成的方案，但採擇那些資料、建議或方案是他的決定，因此萬一政策不妥或錯誤，他必須負責。

㈡監督政策的執行：政務官員負責政策的制訂，政策制訂後，事務官員就必須解釋該政策，並釐定行動的各種步驟，而後執行政策。在這整個過程中，政務首長必須予以監督，以確保政策未被曲解，執行未有違誤，並具有足夠的效率與效果。政策執行時，如有

違法失職情事，政務首長應予糾正，並在必要時懲處違法失職人員。

　　㈢公共關係：政務官員另一重要任務是維持政府與外界的良好關係。在許多國家，政務首長常負責內閣中之一部，該部與國會、社會各界的關係極為重要，這不僅影響其預算，而且涉及政策之有效執行，部長及其政務助理必須努力於維持良好的公共關係，如英國部長的首席助理之主要工作就是維持該部與議會的聯繫，故其職銜為 Parliamentary Secretary，相等於我國的政務次長。

二、事務官員的任務：

　　事務官員的任務，主要可分為三大類，視其職位之不同，而任務的重心亦不同：

　　㈠協助政務官員制訂政策：此為高級事務官員的任務，高級事務官員中，大多行政實務經驗甚為豐富，或對其專業深具瞭解的人，他們提供政務官員資料、意見與專門知識的判斷，以利其決策。

　　㈡執行政策：執行政策乃是狹義的行政 (administration)，傳統上這是事務官員惟一的任務，現在的觀念雖已迥異往昔，但這無疑仍是事務官員的主要任務。事務官員在行政過程中擔任的角色，隨其職務而不盡相同。大體說來，高級事務官員的工作為解釋政策，制訂實施計畫 (programs) 及監督下屬執行各種計畫；中級人員的工作則可協調執行單位的活動，並負責執行單位與上級的聯繫，且監督計畫執行之細節；低級人員的工作則為計畫細節之執行。此外，中低級人員除執行政策外，尚須完成若干例行性活動，在現代國家，主要的例行性行政活動項目為：1.稅務之稽徵；2.執行法律，例如刑法；3.調查工作，諸如戶口調查，市場調查，公共衛生調查；4.公共服務，如建造公路、水利、就業輔導、福利等；5.地政事務；6.計畫性發展，如鼓勵工業發展、開發落後地區；7.公營事業之經營，如銀行、電力、公車、郵電等；8.研究與推廣，如科技、農業

工業之研究與其成果之應用與推廣；　9.庶務，諸如人事、審計、採購等活動，共同的在維持行政機關本身的健全，以利其他活動的推展。

㈢行政裁量：行政官員往往擁有行政裁量權，所謂行政裁量是指執行任務時，他有某種限度憑自己判斷行動的自由。譬如在依法執行某一政策時，他可在若干途徑中選擇其一。裁量權之範圍頗難精確界定，可大可小，按任務的性質與客觀環境隨個案而有所不同。有時，行政官員可根據廣泛而寬鬆的標準，諸如「合理」「公共利益」與「適當考量」等來決定，有時，則需按行政機關中規定的規則，及一些客觀因素，如執行任務可使用的資源……等限制擁有狹窄的裁量權。行政官員究竟應賦予何種限度的裁量權，往往考驗立法者的智慧。立法者倘賦予行政官員過寬的裁量權，則一旦被濫用，就可能造成執法不公，損害民眾權益，或者徇私等弊病；相反地，倘若賦予的裁量權過狹，則行政官員執行任務的方法過份刻板，拘泥於技術性細節，就可能無法因時因地制宜地執行任務，致政策目標不能達到。近代行政裁量之擴大，與福利國家之出現有甚密切的關係，福利行政涉及者不僅是執行立法者決定的政策，而且必須顧及個別接受資助者的特殊需要與實際困難。較保守的人士，如英國十九世紀末的憲法學者狄賽 (A. V. Dicey) 與二十世紀偉大的經濟學者海耶克 (F. von Hayek) 均主張嚴格限制行政裁量，他們認為法治即是防止任意獨斷的權力與決策，而行政裁量往往助長權力與決策的任意而為，必須嚴格限制；但另一些人士，如英國法學家傑寧斯 (W. Ivor Jennings) 則認為這類批評是對福利國家的隱性攻擊，在福利國家的制度下，行政裁量是達成國家政治目標決不可缺的，而且行政機關裁量權不足，根本無法處理複雜的經社問題。近年來，由於政府職權擴充過大，一些贊成福利國家的人士，也主張適當規範行政裁量，他們認為行政裁量的問題不在於其在個案中之大小，而在於

其有無規範，行政學者戴維斯 (K. C. Davis) 提出規範行政裁量的三項主要技術：行政裁量必須按照規則而為，譬如執行交通安全的警員必須受限於最高限速的規則來取締駕駛人；行政裁量必須結構化（譬如標準之決定其程序必須公開透明並讓社會大眾參與）；行政裁量必須接受監督（可採取行政機關內部與不服行政裁量者間特定機關申訴等管道）。

陸　行政與組織行為

政治學的行為主義途徑，涉及公共行政領域者頗少，公共行政的研究，基本上仍是傳統的行政學者與公法學者的領域，但行為主義者也非完全未曾跨入行政學的研究領域，他們的研究通常屬於組織理論或組織行為。

對組織理論與行為的研究，影響最大的學者是十九世紀末葉、二十世紀初葉的德國社會學家韋伯 (Max Weber)，❻韋伯認為近代文明的核心概念是理性化，「理性化」具體表現於社會的各類組織的「官僚型態」之出現與發展。「官僚化」為現代社會發展的主要趨勢；官僚組織為現代社會的主要組織型態，而且將隨現代化之推展而成為唯一的組織型態。官僚組織的特性是：1.其公務功能受規則約束，並為經常性的組織：理性的組織與臨時的不穩定的關係不同，它必須是經常性的。規則可減少為每一個別問題尋求答案的麻煩，並有利於使大批個案在處理上達到標準化與公平。2.職權具有固定領域：這包括⑴履行固定領域內任務之責任，此領域係由有系統的分工決定的；⑵提供負責者執行任務之必要權威；及⑶必要的權力是清楚界定的，其使用必須遵守若干條件。理性的組織的要件之一乃是工

---

❻　M. Weber, *The Theory of Social and Economic Organization* (New York, 1947). From Max Weber, *Essays in Sociology* (New York, 1947).

作，權力與職權三者的有系統的分工。 3.「組織內的職位按階層原則設立：此即，每一較低職位者受較高者控制與監督」，如此，就沒有不受控制之職位。服從與否不得任意為之，必須有系統的查核與強化。 4.官僚的權威是基於知識與訓練，亦即唯有專業人才才有資格擔任官僚。5.「行政機關的人員絕對不得擁有生產或行政的工具，組織的公產與官員的私產必須徹底分開……」。 6.為增強組織的自由，其資財不受任何外在的控制，職位不為任何人獨佔。它們可按組織的需要調配。任何官員均不得視其職位為個人的「私產」。「行政行動，決策與規則均以文字記錄。……」

韋伯雖認為官僚組織是理性的表徵，在現代化的過程中，官僚化是無法避免的，官僚組織在獲致效率，公平……等價值上，確實勝過往昔的各種組織型態，但他並不否認官僚化的若干弊病：官僚組織的墨守成規，維持現狀的保守性，與其以工具的理性取代實質的理性之傾向——亦即官僚組織原本為動員人力、物力來追求明確的社會目標的有效工具，然此一工具可能把維持其自身的存在作為其追求的主要目標，而忽視其社會目標。官僚組織的「理性」也可能變成冷漠與無情，如此其公平與效率的表象只能用來掩飾壓迫的實質。

韋伯對官僚組織的理性型建構，引發後人注意該類組織的內部行為，而非其結構的外表或法規所設定的職權。

組織理論與行為的研究，也受企業管理方面的所謂「人群關係」(“human relations”) 的研究途徑甚大的影響。在此途徑的研究出現以前，設法增進組織效率的人都相信科學管理 (scientific management) 技術，諸如時間與活動研究等。科學管理的主要理論家泰勒 (Frederick Taylor) 相信把物理、機械的工作條件 (也即工人與機器) 適當調節配合，並把每一工作支解為若干成份處理，則生產效率必可提高。

　　泰勒主義在提高效率上，作用有限，遂出現人群關係研究途徑。人群關係途徑的重要學者梅育 (Elton Mayo) 等的研究，發現生產的增加是由於工作人員人際型式之改變，心理滿足層次的提昇，與受人重視的感覺等「社會因素」的結果，與物質因素無關。

　　這種理論影響行政學的研究為：使行政學者瞭解行政機關法定的組織構造與程序並不能保證工作績效。機關中成員的個人行為，非正規的領導，與小集團的關係等必須加以注意，老式的行政學只重視組織表與章程是一種徒勞無功的研究。

　　當然，我們也不能把企業管理研究中的觀念與發現，原封不動地搬至行政學中。因為公私組織究竟是有區別的，傳統的研究把公私組織看作絕不相同的事物，而忽略其相似性，固然有其偏失，但政府機關與私人企業組織也不能等量齊觀。有一位學者的說法，是平實之論。他說：

　　「公共行政與私人行政最顯著的不同是前者的政治性。而且，此種差異在若干國家比其他國家更大，在一國的若干區域較其他區域更大……在決策時，公共行政人員比私人企業的經理人員更需顧及較重大、較複雜、與固定性較差的社會目標，而且必須適應更高度繁複的環境。」❼

　　行政行為的研究，重點計有下列諸項：

　　㈠個人在組織中的角色：此往往從心理學與社會學的觀點去探討。一個人參加任何組織時，都不是一張白紙，他已預先有了自己的性格、價值、觀念與態度，亦即行政學者賽蒙 (Herbert Simon) 所謂的前見 (premises)。他的前見決定了對組織效忠的程度與在組織生活中的適應情況。當我們探討這些「前見」時，我們分析他參加組

❼　Harold Stein, "On Public Administration and Public AdministrationCases," in Edwin A. Bock (ed.), *Essays On The Case Method in Public Administration* (New York, 1961), p. 9.

織的動機（為了工作興趣，奉獻社會，抑或升官發財），自組織的立
場，遴用的員工倘其個人價值與組織目標不相違背，對組織當然有
益。倘若為甄用這類員工而使組織增加太多額外的開支，超出其利
潤，則只得遴用個人價值與組織目標並不完全一致，但其行為不致
危害組織的人。「志願選入」("selfselection") 能部份解決這項問題。
許多人自然而然進入其喜歡的組織中。不過，在就業不易的社會，
「志願選入」的機率就降低了。我們也應瞭解，組織雖反映員工的
個人價值，員工的個人價值也可因組織內的社會化而改變，此為何
若干雄心勃勃一心想要改良社會的青年,進入政府機關服務多年後,
成為只關心個人出處的「官僚」。更有些人，為了要在組織中獲取較
高的地位，便絲毫不顧個人的價值，變成組織人 (organization man)，
社會學者佩卡 (Vance Packard) 認為組織人的出現，是當代文明的一
個重要現象。這類人可從組織中獲得其行為的主要指導，這對組織
效率的增進，具有積極的影響，但這也說明為何道德良好的個人所
組成的往往為一個不道德的社會，更有一些人，因組織需要與個人
價值的牴觸，產生了角色衝突 (role conflict)。角色衝突的結果不是
組織效率的降低，功能的敗壞，士氣的降低，就是個人脫離組織，
背叛組織或其個人性格改變為暴戾或沮喪。

　　㈡領導：行為主義者對組織表並不迷信，從觀察中，他們知道
組織表上地位高的人不一定就是領導者，雖然其為領導者的可能性
相當大。領袖與領導等概念的定義甚多，但假如我們細察，不難發
現以下共同點： 1.領導與支配並不相等，一個能控制別人行為的人
不一定能領導他們。領導是一種特殊的才能，良好的領導者能激發
被領導的人之自發性以積極追求組織目標，能瞭解他們的需要，期
望與特長以動員其參與；他雖然也運用組織的壓制力，但其成功並
不主要依賴它。一旦壓制力變成領導者權威的主要源泉，領導也就
失敗了。 2.領導與領導情境具有密切的關係，一個在某種情境中為

領導者的人，在另一種情境下恐怕就不能作為領導者。以往人們研究領導問題，喜歡強調所謂領導者的基本特質 (basic traits)，諸如智力……等。我們雖不能完全否定這些特質的作用，但考慮時必須顧及情境，例如一個漁獵民族集體覓食的領導者，體力必須過人，但在現代行政機關中擔任主管這就不重要了。

行為科學的研究，注意到在任何組織中，具有正規與非正規的階層結構，因而，就有正規與非正規的領導；此外，領導的功能不一，因此有不同類的領導，譬如有所謂社會領導 (social leadership) 與任務領導 (task leadership) 之分，前者具有維持良好人際關係的才能，在團體中涉及人際之事項，他們能發揮領導功能；後者對團體任務的達成，具有領導的才能，並發揮領導的作用。

㈢溝通：組織中的溝通網為許多研究者注意的重點之一。由於現代組織的複雜性，處於領導地位的人往往是處於溝通網的關鍵點，能獲得各種信息，遂能影響別人的行為。組織內的溝通有正規的路線與型式，如行政機關中公文的傳遞與會報的舉行，但組織中的成員有時忽視正規的溝通路線，而利用非正規的溝通來消除誤會或增進工作所需的協調，此類非正規溝通的有效運作有賴於成員間及成員與外界人士間良好的人際關係。

㈣組織與環境的關係：組織與環境的關係是研究組織行為的人另一注意的焦點。關於這方面的探討，首先我們要注意組織的邊界問題。通常我們以組織的專任人員來界定它，但有時也把主要的受益者包括在內。公共行政的研究者對組織區位學 (ecology) 相當重視，但探討組織的政治環境的著作似乎不多，主要是討論組織與利益團體的關係。賽茲尼克 (Philip Selznick) 在其關於田納西水利局的研究中，發現若干外界的團體，儘管水利局並非賦予它們正規的角色，對其行動具有真實的影響；而另有一些具備法定地位的團體與個人，卻不發生任何作用。❽

㈤組織內決策：組織內的決策程序，也是研究組織行為的學者們特別重視的。關於這方面，研究者曾發展出多種模式，這些模式的基本差異乃是理論家對決策者在作選擇時所能運用的「理性」(rationality) 程度看法之歧異所導致的。所謂充份理性模式假定決策者是能運用充份的理性來計算各種選項的利弊。其所以能如此，是由於政策的目標是清楚的，能明確列出的；各種選項的制訂均能依據充份而準確的資料，並能按其利弊順序排列，因此，他的決定必然是獲致目標的最宜 (the optimal) 方法——也即最有效率或最可行的。充份理性模式不把決策者的個人特徵如性格等作為解釋決策行為的變項。

賽蒙認為充份理性模式不符合決策的實情，由於決策者無法獲得充份而必然準確的資訊，決策曾考慮的因素甚為複雜，決策的環境變動不居，而決策者的時間頗為有限，任何具有才智的決策者都不可能運用充份「理性」，作出「最宜」的決定：任何決策者依憑的「理性」都是有限度的，其獲得的結果，均是「差強人意」的 (satisficing)。此一「有限理性模式」(bounded rationality model) 現已取代充份理性模式成為研究決策行為者的理論架構。❾

另一種重要的決策模式是林勃龍 (Charles E. Lindblom) 的「小幅累積改變」(small-incremental changes) 模式。❿ 林勃龍認為一般決策的方式往往不是對以往政策大幅的改動，或者在數項選項中作清楚明確的「有或無」的選擇，相反地，決策是藉「連續的有限的比較」(successive limited comparison) 以達到「小幅累積的改變」。決策

---

❽ Philip Selznick, *TVA and the Grass Roots* (Berkeley, 1949).

❾ 參閱 Herbert Simon, *Models of Man: Social and Rational* (New York, 1957).

❿ C. E. Lindblom, "The Science of Muddling Through," in W. J. Goreand J. W. Dyson, eds., *The Making of Decisions* (New York, 1964).

者僅求小幅的改變，其選擇者往往為相似的決策情勢中他本人或別人所選的，政策的大幅更動往往相當罕見。

　　由於現代社會官僚化的發展，大型官僚組織愈來愈多，也愈來愈影響人們的生活，其決策行為的研究實有無比的重要性。

第十一章　立法機關

　　大多數民主國家的政府都是三權制的。雖然行政、立法與司法三權都重要，但一般民主理論家，往往特別重視立法權，此因立法機關是民意機關，代議士們直接反映人民的願望與利益，並受人民的委託監督行政機關。民主國家既以民意為重，立法機關自應受到高度的尊重。

　　民主理論固然強調立法機關的重要與崇高性，但今日民主國家的實情，似乎顯示兩種發展已在威脅立法權的尊嚴：第一、行政權的膨脹，似乎難以遏阻，不少民主國家的立法議員，見到這種演變，都在竭力求取所謂「兩權的平衡」，甚至恢復立法機關的「憲法地位」，但實效都不甚大；第二、由於立法機關在政策制訂方面的影響力已在下降，許多議員都在「服務」項目上「討好」選民（這是舉世民主國家普遍的現象），有時這種作風，相當有損議員甚至議會的形象。同時，議員人數眾多，良莠不齊，若干敗德亂行的議員的行為，經過大眾傳播的渲染，在民間造成甚大波瀾。目前，在不少國家，人民對立法者或代議士的風評都是充滿矛盾：一方面，由於執著於傳統的重視「民意」的理念，在抽象的層次，肯定他們的崇高地位，另方面，受到大眾傳播的影響，往往視他們為「政客」、「假公濟私之徒」。

　　由於對立法機關的不信任，目前若干民主國家，已興起兩種運動，一種是草根民主運動，以「參與民主」為口號，企圖貶抑「代議民主」的價值，並減低代議士與立法機關在政治體系中的功能；另一種是改革立法機關與代議士的品質的運動，譬如一九八〇年代德國崛起的綠黨 (The Green Party)，不僅代表環境保護運動與反核試

運動，而且也代表一種企圖改革國會的努力：多年以來，西方民主國家，國會議員受其所屬政黨控制的程度已在下降，有些國會議員雖掛了黨籍之名，但大多憑自己的種種關係當選，因此對黨的約束不甚重視，其重視者為個人的利益與前途，由於這些往往得自政府行政首長，對政府行政首長的意向往往不敢違抗，如此，他們常常缺乏原則，也不去適當反映民意，綠黨的組織者決定凡以該黨名義當選之議員，必須嚴格奉行該黨的政綱，其獲自議會的一切利益，甚至薪俸，都不得悉數歸諸己有。

這些改革努力，效果值得懷疑，因為都是基於對「代議民主」性質與其在當代社會中運作的問題之誤解而設想的。

壹　代議的涵義

我們曾經指出，在今日社會，代議民主已成為實行民主政治的惟一途徑，直接民主已不可能，所謂「參與民主」，僅能在非政治組織內運作，不能適用於國政上，故其至多僅能補充代議制之不足，而無法加以取代。所謂「代議民主」，是以代議機關（議會）與代議士（議員）為行動主體的民主政治，原則上，代議民主的良窳決定於兩項因素：一是代議機關及代議士與人民間的紐帶 (linkage) 是否適當而密切；二是代議機關暨代議士的素質。欲瞭解「紐帶」問題，我們必須分析代議的涵義。

關於代議，有兩種較傳統的學說。❶ 第一種學說是所謂「反映」說。若干理論家，如法國的盧騷，曾經指出民主國家的議會不應主動創制政策，而只應忠實反映社會的民意，猶如一面良好的鏡子（故有人稱其學說為鏡子說）。他們認為實行民主最好的方法是人民直接

---

❶　關於代議理論，參閱 Hanna Fenichel Pitkin, *The Concept of Representation* (Berkeley, Los Angeles, London, 1972).

參與商議國是，但既然在現代國家這不可能，就只得乞靈於代議制，然而，唯有代議機關與代議士把自己的功能侷限於「反映」民意，否則代議機關就會淪落為一群寡頭的集合，其使用的名義雖為民主，而民主則蕩然不存。主張反映說者又有極端與溫和之分：極端派認為真正的代議機關不僅代議士應在言論與行動方面反映社會的各種民意，而且代議士的構成也要反映社會的社經結構，譬如某一社會百分之五十居民業農，則議會中半數議員應是農民出身。假如按照這種極端的反映說來估量，則自古迄今的議會幾乎找不出真正「民主」的，這派學說現在已不為大多數研究代議問題的人士接受；另一派比較溫和，認為代議士只要在其政治主張與立法提案上，忠實反映民意即可，個人身份與教育等不必如此，中產階級出身的工會律師可以擔任良好的勞工階級的代議士，而瞭解農民困難的農經教授也可充當稱職的農民選民的代議士。溫和的反映說也可稱為代表說；另一種代議學說是所謂「獨立判斷」說（又稱「委任」說），最著名的理論家是英國十八世紀的政治家勃克 (Edmund Burke)，一七七四年他在布利斯托 (Bristol) 當選為下議院議員後，寫了一本小冊子，分發給選民，告訴他們他為他們辦事的原則。他指出：　❷

> （選民）的願望必須受到尊重，其意見必須獲得重視：議員必須全力以赴毫不懈怠地處理他們的事務⋯⋯但是他自己公正的意見，穩健的判斷，開明的良知，不應為你們或任何人，或任何集團而犧牲⋯⋯。倘若政務只是憑意氣之爭，諸位的意願自當無疑地被服從；但政務與立法需藉推理與判斷來進行，徒憑意向是無濟於事的。倘討論之前就已決定，由一群人商議，而另一群人判斷，謀略者與決斷

---

❷　Edmund Burke, "Address, to the Electors of Bristol, Nov. 3, 1774,"in Burke, *Works*,Vol. 2 (Boston, 1871), pp. 95–96.

者相距幾近三百哩，推理又如何進行？……議會並非一群
代表互相敵視的不同利益的使節之集會……它是一個具有
共同利益的國族的議事集會——地區的目標與偏見不應指
導其行事，全民共同理智產生的公益才應如此。

　　有人也許認為在十八世紀的英國，選舉權僅少數具有相當教育
程度與財產的人才能享有，這些選民的利益單純，故「獨立判斷」
說也不致過份違背民主原則——在這種社會情勢下選出的議員，在
重大原則上必然會「反映」選民，其行使的「獨立判斷」不過涉及
細節的問題而已。如今，社會日趨複雜，選民利益分歧，不同選區
對重要政策的立場迥異，如讓議員們行使完全「獨立」的判斷，則
議會必將無法表現民意。此種看法，自然有相當道理；然而，即使
在今日，議員的「獨立判斷」仍有其價值，由於選區的民意有時可
能相當不理性，充滿偏見與無知，尤其在關於外交與國防等政策上，
選民中很少有人能冷靜地思考，其觀點可能受選區中少數「狂熱份
子」「極端民族主義份子」的影響，議員在這種情況下，如完全放棄
個人的判斷，一味聽從選區民意，則國家利益可能受損，美國前任
總統甘迺迪 (John F. Kennedy) 的著作《勇者的畫像》(*Profiles In
Courage*) 中的「勇者」，皆是歷史上膽敢違抗選區民意、堅持原則的
美國參議員。足見即使在美國，議員們的「獨立」判斷仍是受尊重
的。

　　匹特金女士 (Hanna Pitkin) 認為主張「反映說」與「獨立判斷說」
的兩派人士的爭辯，實是源於其對真正的代議之觀念迥異所致。反
映說的理論家的看法是假如一個代議機關中，代議士的作為可任意
違背選民的意願，這又有何代議可言！而主張獨立判斷說的人士則
認為代議士必須制訂政策，完成立法，並不僅是反映「民意」的工
具，欲真正履行立法功能，就不能不運用自己的判斷了。更何況在

一個複雜的社會中，民意變幻莫測，一個只圖「反映」它的機關，幾乎會成為無舵之舟，遑論有所作為了。

　　以上兩種代議理論，事實上都是一偏之見。魏爾克 (John Wahlke) 等研究美國四個州州議員的立法行為，發展出一個三分的代議士角色類型：❸若干議員自認為「代表」(delegates) 即反映民意者；另一些則自認為「受託者」(trustees)；另一類多數議員自認為「政客」(politicos)，為以上兩類的混合，他們的行為有時像「代表」，有時像「受託者」，最後一類的立法成就往往較佳。議員扮演何類角色，一方面固然是其個人性格知識與能力決定的，另方面也是選區特性，黨派競爭強度……等因素決定的。就議員的性格，知識與能力而言，凡性格比較隨和從眾的，就不可能扮演「受託者」的角色；對立法的知識與能力較差，經驗較欠缺者也不可能，政治手腕不夠靈活者，頗難扮演成功的「政客」角色，就選區的特性而言，只有選區競爭性弱的資深議員才能扮演「受託者」角色而不虞落選；而居民教育程度較高的選區的議員比較能成功地扮演「政客」的角色。

　　檢討了代議理論，我們擬討論選區與代議機關暨代議士的紐帶應該如何。代議機關必須代表民意，代議士必須反映民意，是不容置疑的；但這項原則運用於具體的事例上，要考慮兩點： 1.某一選區的民意與全國民意與國家整體利益的矛盾問題：當選區的民意與國家整體利益與全國民意過於矛盾時，民意代表似乎不宜過份堅持代表選區民意，相反地，應設法說服選民改變其立場； 2.在國防外交的基本政策上，選民的知識可能不足，民意代表應較自由地運用其自己的判斷，在其他的政策領域，民意代表應約束自己，不宜藉口「獨立判斷」，忽略選民意見。

　　除了上述原則性考慮，今天，代議機關與代議士，在維持與民

❸　John C. Wahlke, H. Eulau, William Buchanan, and Le Roy C. Ferguson, *The Legislative System* (New York, 1962).

意的紐帶上，也遭遇一些技術性困難，如何克服，也值得考慮。首先，由於人口膨脹，選區的代議士已不可能與選民保持廣泛的經常性直接接觸。雖然代議士可使用種種探測「民意」的方法，但這些方法各有其缺點，因而代議士瞭解民意的企圖，無法圓滿達成目標；其次，選區的利益團體在反映民意上，可能扮演過份重大的角色，如此，不參加利益團體的眾多選民的民意，將遭到忽視。如何瞭解這些「沈默大眾」的民意，似乎是代議士不宜忽略的。

貳　代議機關

決定代議民主良窳的另一因素是代議機關與代議士的素質。在本節中，我們擬討論代議機關，在以下（參）一節，我們擬探討代議士的素質及相關問題。

一、代議機關的類型：

代議機關的類型，劃分的標準為代議之原則。十九世紀以前，歐洲各國的代議機關，其代議的原則是根據階級利益；譬如法國的三級 (estates) 會議。代議士的選拔係根據社會上三種身份的人——貴族，教士與平民——各有不同的「利益」。由於代議原則僅為「利益」，用別的原則來衡量其組成是不適當的：貴族與教士在全人口中比例甚小，而平民的比例甚大，然而代議士的人數中，貴族與教士的人數反超過平民，十九世紀以後，許多國家最主要的代議原則則為「全民」，代議士的權力取自人民的授權或委任，整個議會代表全民。然而，「全民」並非唯一的代議原則，其他次要原則也存在。種種次要原則的存在，往往基於各國歷史的因素或其他環境因素。

當代議機關的組成根據兩種原則時，就有兩院制的 (bicameral) 的代議機關，根據單一原則時，就有一院制的 (unicameral) 的代議機

關。

一院制的代議機關計有丹麥、芬蘭、以色列、盧森堡、紐西蘭與瑞典的國會與美國尼布拉斯加 (Nebraska) 州議會。

兩院制的國家甚多，諸如英國、美國、法國、德國、蘇聯、日本、義大利等都是，茲列舉數例，以說明其劃分的根據的代議原則。

英國國會的兩院為上議院，又名貴族院 (House of Lords) 與下議院，又名平民院 (House of Commons)，英國國會是世界上持續存在最久的國會。本來代議的原則是「利益」。貴族院代表貴族與教士（英格蘭國教教士）之利益，平民院代表部份平民（鄉紳與城市中產階級）的利益。這兩種利益，與皇室的利益〔所謂議會中的英王 (The king in Parliament) 代表此。〕構成英國社會的三種「利益」，隨著英國社會的民主化，選舉權的擴充，農民、勞工等獲得政治參與。「全民」原則漸漸抬頭，然而，英國並未盡棄其傳統的代議原則，目前，貴族院的權力已大為削減，事實上，英國已接近一院制了。

美國國會由參議院與眾議院兩院組成：參議院的組成根據的代議原則為「利益」，在這一聯邦制國家，此即州的利益（州權），為象徵州的主權平等，不論州的人口多寡，每州有兩名聯邦參議員；眾議院的組成，根據的原則為「全民」；雖然，在美國，與英國一樣，「全民」原則逐漸抬頭，但其具體表現不是參議院勢力的削減，而是參議員產生方式的改變，早年參議員由州議會推舉，自聯邦憲法第十七項修正條款於一九一三年通過後，改由人民普選產生。參眾兩院皆由選民直接投票產生，權力大致相等，故美國的兩院制國會名實相符。就國會組織而論，德國的情形與美國相髣髴。

法國、義大利與日本，都有參議院與另一院（名稱各異，法國稱國民大會，義日稱眾議院）。這些皆為單一制國家，也無法定的貴族，其設置參議院，另有目的：即理論上參議院較多受政治壓力較輕的老成持重之士，眾議院通過的法案，可在參院獲得較冷靜的重

新思考，這些國家的參議院實際權力略小於眾議院，但也不似英國的貴族院般幾乎無權。

二、代議機關的組織與運作：

由於代議機關的組織與運作對立法程序與成果影響頗大，我們不能不注意正規的結構與議事規則；然而，往昔的研究者僅詳細描寫這些結構與規則，近來才有人把注意力集中於結構，規則與立法結果三者的聯鎖上，關於代議機關的組織與法規，我們必須討論組織的正式領導，委員會的組成，與議會議事法規。不過，僅從組織的正規面與議事規則，我們無法真正瞭解代議機關的運作；為獲得一個周遍的認識，我們還必須知道代議士的角色結構，代議機關內的不成文規範，與非正式領導等。

㈠正式領導：代議機關中的領導份子，往往由政黨遴選，因此討論正式領導，必須敘述代議機關內的政黨組織。在英國，議會中的多數黨（事實上即是在下議院議員大選中贏得多數席次者）負責組閣，閣員必定為多數黨議員（大多數為下議院議員，但也有少數上議院議員）。內閣事實上也就等於議會中多數黨的領導集團；主要反對黨居領導地位的議員組成「影子內閣」，準備在多數黨內閣被推翻時，出來組閣。由於英國政黨的黨紀良好，同黨的國會議員大體上都能服從議會中的黨領袖，英國國會下議院議長，純粹為一主持會議者，在執行其公務時，要公正無偏，不能具有政黨色彩，議長的地位雖然崇高，但並無實權，他不是國會重要的領導份子之一。

美國的情形迥異於英國，參議院中僅有一百名參議員，任期長達六年，彼此都相當熟悉，而且每位參議員在本州皆為名聲甚高，影響力頗大的人物，自視較高，尤其大州選出的資深參議員及具有特殊才華或魅力的參議員皆有全國性聲望，較不願受正規階層組織的約束，參議院中的領導方式，自然與眾議院與英國國會的下議院

不同。參議院的議長名義上由美國副總統兼任，但議長的權力極為
有限。除了在少數儀典場合，如總統宣讀國情咨文，外國元首演講
等，他主持議程，平日並不出席參院，雖然按規定，當議案表決贊
成與反對票相等時，他可投決定性一票打開僵局，但由於此種情勢
從未發生，也甚難發生，此權幾乎是虛設的。除副總統外，另有代
理議長 (President of the Senate pro tempore) 一人，通常公推一位年齡
較高，能力不甚卓越，但為同僚普遍喜歡的參議員擔任，此職的職
務僅限於簽署參議院的決議案文件，此外並無工作。參院全體大會
主席，常常推派新進議員輪流擔任，此因大家皆視此為苦差，只得
迫新進者勉為其難。參議院真正的領袖為參院多數黨領袖與少數黨
領袖，他們的助理（助理領袖擔任類似英國下院中的議鞭之工作）
與各常設委員會的主席（由在該委員會中擔任委員時間最久的多數
黨議員出任）。在這些人當中，領袖與助理係黨籍議員推選的。眾議
院為四百三十五人組成的龐大機構，需要較嚴密的組織，眾院議長
一般都由多數黨中最具聲望的議員擔任，此人除了在主持全體會議
時形式上須保持公平以外，不必隱藏其「黨性」色彩，眾院由政黨
負責推選其領袖與助理領袖。此外，各常設委員會的主席，也由多
數黨最資深委員充任，這些人士構成國會中的正式領導階層。

　　議會中往往設有常設委員會，特別委員會 (ad hoc committee)
等，這些委員會的主席權力甚大，在美國的慣例是委員會主席由委
員中多數黨籍最資深者（即連續當選次數最多，擔任委員會成員比
其他同黨人士久的人）出任，英國則由黨決定，但在決定時往往徵
詢所有黨籍委員的意見，近年來，美國國會新進議員對慣例已不滿，
並反抗少數委員會主席的專橫，已在作改革，目前若干委員會主席
已不再由資深者出任。人數多事務雜的委員會又分為若干小組委員
會 (subcommittee)，小組委員會主席往往由委員會主席遴選。

　　㈡委員會的組織：常設委員會為議會中職權最重要的委員會，

其任務為設計與審查立法提案。議會人數頗多，立法的種類龐雜，故其全體會議之任務往往僅限於批准或否決常設委員會的提案，因此，常設委員會的決定實為任何議案能否成為立法的首要關鍵步驟。英國國會下院的常設委員會惟一的功能是制訂法律，其數目按需要而定，一般來說，大約為八個，由於常設委員會被假定為整個下院的縮影，故並無專業性，唯一例外，為蘇格蘭事務常設委員會 (Scottish Standing Committee)，由蘇格蘭各選區選出的議員組成，其任務為審查一切與蘇格蘭有關的法案。英國下院常設委員會人數自十六人至五十人不等，下議院議員中並非人人皆參加常設委員會，但內閣大臣與「影子內閣」成員皆被選入不同的委員會，近二三十年來，英國輿論對下院常設委員會的非專業性漸漸不滿，許多人認為不足以應付當前的社會需要，而主張仿照美國，設立專業性的常設委員會。在英國的國會體制中，為特殊事務設立的特別委員會 (ad hoc Select Committee) 扮演的角色不亞於常設委員會，此因其專業性使其更能有效地處理比較技術性的立法問題，如國營工業特別委員會、科技特別委員會與農業特別委員會 (ad hoc Select Committees on Nationalized Industries;Science and Technology; and Agriculture) 都扮演重要的政策角色。另一種特別委員會是調查某一重大社會或政策問題，或為嚴重的政府人員違法瀆職事件而設的，在十九世紀時，這種委員會設立較多，在一八六七年至一九〇〇年間，平均每年設置三十三個這類委員會，自一九四五年至一九六一年，平均僅十五個而已。其功能已漸由皇家調查委員會 (Royal Commissions) 與政府部會的調查小組及司法偵查取代，特別委員會委員約十五人，當委員會成立時任命，理論上，特別委員會在其處理的事務終止時就解散，但在實際上，許多特別委員會如上列科技、農業等委員會，自一九六七年成立後，就未取消，而且角色日益重要。美國的參議院共有十七個常設委員會，眾議院共有二十一個；每位眾議員擔任一

個常設委員會，而每位參議員則通常在三個常設委員會服務。常設委員會委員兩黨分攤，人數分配與兩黨在整個議院的席次成比例。美國國會的常設委員會是專業性的，例如參院對外關係委員會 (Senate Committee on Foreign Relations) 專門主管外交法案，委員會除制訂立法外，並監督立法的執行。美國國會的常設委員會常常再行分割為小組委員會。例如參院的對外關係委員會有十個小組委員會：非洲事務、西半球事務、裁軍與國際法暨國際組織、經濟與社會政策事務、歐洲事務、遠東事務、反種族滅絕公約、近東與南亞事務、海洋及美國的安全條約與海外義務等。目前，美國國會共有大約二百五十個小組委員會。我國立法院共有十二個委員會：內政、外交、國防、經濟、財政、預算、教育、交通、邊政、僑政、司法、法制 (以上為按立法院組織法第十八條設置的常設委員會)、以及資格審查、程序、紀律、經費稽核等四個特別委員會 (以上為立法院得視需要設置的特別委員會)；監察院則有十個委員會：內政、外交、國防、財政、經濟、教育、交通、司法、邊政、僑政。

　　㈢議事法規：議會的議事法規對議事與立法，具有相當大的影響。美國參議院規則第二十二條，規定對冗長辯論的中止，有利於一九六〇年代突破南部諸州參議員的杯葛，使民權法案獲得通過，固不待言；眾議院規則委員會 (House Rules Committee) 的保守份子常常利用死板的議事規則來阻擋議會中佔優勢的自由派欲通過的議案。美國政治學會國會研究計畫項下出版的第一本著作，是佛洛門 (Lewis Froman) 的《國會程序》(*The Congressional Process*)，即為有關議事法規實際運作及其政治後果的系統研究。❹

　　議事法規的重要性，與議會成員人數的多寡及機構的傳統頗有關係。美國參議院的議事規則給予每位議員相當充裕的發言時間，

❹　Lewis Froman, *The CongressionalProcess Strategies, Rules and Procedures* (Boston, 1967).

而且其行動具有相當大的自主性。此種議事規則的採納，不僅是由於參院人數頗少，而且傳統上參院是象徵州權平等，並且一向為人口少的小州的屏障，代表少數利益，然而，這類規則往往被少數派用來阻止多數人意志的實現，如一九六〇年代南部各州藉議事規則所允許的「冗長辯論」(filibuster) 來延冗民權法案的通過。在人數較多的英國下院或美國眾院中，議事法規往往能給予領導份子相當大的權力，因為沒有這種權力，議事的效率就難維持。

㈣規範、角色結構與非正式領導：議會為人群組織，其非正式領導與規範，對其運作具有影響，自不待言。事實上，由於議會的特性——較不強調階層性，衝突與妥協的合法性……等——，非正式領導與規範，比其他類人群組織更加重要。我們首先討論議會的規範：所謂規範，乃是指非正式的不成文的行為規矩，這些都由議員在其與同僚交往中內化，它們對其立法行為具有限制與指導作用。在一個正式規則比較鬆散，並高度尊重個人判斷的團體中，如美國參議院，規範的作用，尤其重要。新聞記者懷特 (William White) 曾把美國參議院比喻為世界首席俱樂部，他的著作《堡壘》(The Citadel) 對參院的規範敘說甚詳；政治學者馬修斯 (Donald Matthews) 曾經有系統地研究美國參議院內的規範，諸如新進參議員如堅守「沉默是金」的格言，勤於出席委員會會議，努力做資深者不甚願做的工作，對資深者保持適度「敬意」，比經常出風頭，有利於自己在參院中獲得成就。❺

在兩院制的議會內，甲院議員對於乙院議員，也有若干行為規範，通常一位議員要在其本院獲得同僚人信任，對他院的議員最好「敬而遠之」，「敬」在維持兩院表面的和諧關係，以利協調，「遠之」在避免讓對方知悉本院太多「秘密」，因為兩院間權力的猜嫉，是難免的，而對自己法定職權的絲毫不讓步於另一院也是常事，然而兩

---

❺　Donald Matthews, *U.S. Senators and Their World* (Chapel Hill, 1960).

院為對抗行政部門仍必須合作。

對於社會，規範較不固定，議員在這方面的「自由」隨其個人的政治實力而異。例如：魏爾克等研究美國四個州的州議會後，發現議員們對遊說者的態度，可歸納為三種角色：支助者、抗拒者與中立者。有些議員與支持其當選的利益團體保持密切聯繫，尤其在議員薪金偏低的州，議員要靠利益團體的津貼才能維持比較舒適的生活，這種依賴利益團體過大，一味維護利益團體的立場之議員，被稱為「囊中議員」("pocket legislators")，而一些對某一團體特別友善者（可能是因為具有會員身份），則被稱為「壇內遊說者」("inside lobbyists")。

議員們對行政部門、同僚及社會都發展出不同的角色 (role)。角色的形成，部份是由於正式的規則，但主要是由於非正式的規範，人們對規範的解釋不同，就形成其對自己應有何種行為，有了不同的看法，因而產生了不同的行為型式，此外，個人性格與選區特性也對角色的形成具有影響。美國國會議員對行政首長（總統）的行為型式，計有數種：有些議員服從其領導；有些對其言論賦予特別注意，在可能範圍內，儘量尊重他的意見；有些則重視維持立法部門的獨立自主，一味抗拒其提議。議員們對社會的角色也頗不同，分析個別議員的行為在解釋角色與規範上是頗有貢獻的。❻

議會中非正式領導相當重要。非正式的領導者的影響力並不來自法定的職位，而係由於其個人的立法才能、人際關係、服務年資、社會聲望等因素使然。這些非正式的領導者有時可能被甄用為正式的領導者，但有的可能因為種種理由——諸如隸屬小黨，政策觀點過於獨立，選區重要性較差，與政黨的最高領導份子不能投合——而無法成為正式領導者。非正式領導者對立法素質的改進，往往有

❻　Ralph Huitt, "The Outsider in the Senate: An Alternative Role," *American Political Science Review*, LV (1961), pp. 566–575.

相當大的貢獻，因為他們往往能在某些情況下超越黨派的偏見，領導議會中較具「獨立判斷」的力量，完成正式領導者無法完成的工作。

代議機關的素質，與其組織與運作所賴的成文規則與不成文規範關係頗為重大。代議機關的功能一方面是反映民意，另方面是制訂法案。為有效反映民意（民意不是一種，而是相當多樣的），其組織必須高度民主化，俾每位議員皆能暢所欲言，議會的領導權應分散，而且侷限於較小的工作領域中，然而，如此做不免對其立法的效率與效能產生不良的影響。議會更不宜過份強調「領導」，與組織高度的階層化，因為這無疑切斷民意與立法間的紐帶，使立法完全代表政黨領導階層的一己之見。如何使議會在其內部組織上，達到適度的民主化，適度的領導，是值得注意的。

參　代議士

代議機關是代議士的集合體，故歸根究底，欲瞭解代議機關，必須瞭解代議士，而代議機關的良窳，與代議士的素質有密不可分的關係。政治學者研究代議士，大都注意其社經背景，選區特徵與基本價值取向。這些因素與其在對法案的投票紀錄間的關係，往往是探討的重心。

馬修斯曾研究代議士的社會背景，諸如收入，教育程度，與當選時的居住社區情況，並將這些與一般人民互相對比。❼這類研究發現在西方國家，代議士大多來自中產階級家庭，受過相當良好的教育，在英美諸國，本業為律師者為數甚多。❽在法義等國，右翼

❼　Donald R. Matthews, *The Social Backgroundof Political Decision-Makers* (Garden City, 1954).

❽　Heinz Eulau and John D. Sprague, *Lawyers in Politics:A Study in*

或中間派議員，甚多地方名流，諸如工業家，鄉村地主，小鎮銀行家之流，左翼黨派則多知識份子（如教師）及工會行政人員。工人出身者為數並不太多。在開發中國家，代議士也都是教育較高的人，如非洲國家，教師特別多，我國臺灣地區，在行憲早期，代議士中頗多地方仕紳與醫師，中期則多企業界人士，也有不少黨工人員，近年內，企業界人士、黨工以外，又增加了一些專業人員如律師、教師等，這多多少少反映我國社會現代化的變遷。

　　另一種研究代議士的方法可以巴勃 (James Barber) 的著作為代表。❾他根據對美國康涅狄克州州議會的研究，把代議士分為四種類型：旁觀者 (spectator)、自炫者 (advertiser)、無奈者 (reluctant)、與立法者 (lawmaker)。此書的主題是代議士甄選方式與其在立法機關中的行為甚有關聯。旁觀者與無奈者大多來自政黨競爭不激烈的農村地區。這些代議士往往自己並不汲汲於「功名」，但被人以服務桑梓的名義勸說出任公職。旁觀者對代議機關的活動雖有興趣，但自己並不積極參與，這類議員是缺少自信的家庭主婦，其中不乏地方名流的夫人；無奈者既不積極參加立法工作，對代議機關內別人的活動也乏興趣。自炫者與立法者可能都是從競爭激烈的選區選出的，但自炫者的動機在引起社會對他的注意，以利自己其他方面的事業，故其參加立法工作雖然積極，實際上並不真正感到興趣，唯其如此，他喜歡在引人注目的事務上力求表現，並不真正關心立法對社會實際的作用；只有立法者既對代議活動具濃郁興趣，又願積極參加工作，這些人一般年齡較輕，教育程度較高，選自都市地區，關心改革。

　　在意識型態之區分比較明顯的社會，如法義等國，議員的行為受其基本價值取向的影響較大。左右兩翼中「意識型態」的純度較

　　　　Professional Convergence (Indianapolis, 1954).

❾　　James D. Barber, *The Lawmakers* (New Haven, 1965).

大的議員，比較不願與立場不同者妥協，除非所屬政黨作政策式決定，否則寧可讓自己的提案完全失敗，也不願為拯救自己的提案，與「敵人」交易。這些代議士也有把議壇當作傳佈其「主張」或「理論」的場合之傾向，寧可作公開的言辭辯論，不願從事幕後的立法妥協之談判。左右兩翼中「意識型態」與「實用」目標兼顧的議員與中間派議員則較重視立法過程中獲得實利，他們的行為自然也就不同了。

一、代議士的主要職務與角色：

代議士的主要職責是代表選區人民，反映其意見給行政當局，並維護與增進其利益。如何實踐此使命並非易事。方法之一是在議壇上以言辭來達「代議」目的，此即「質詢」。在英國的國會制度，質詢實有兩類：一種是以「質」（「質備」）為主的 interpellation，此即當每一重大問題發生時，下議院議員向內閣或某一大臣要求對其立場或採取的政策作一解釋，倘若此項解釋不能令議員滿意，某一數目的議員可提案對內閣或大臣「不信任」，不信任如獲通過，內閣（大臣）必須辭職或解散下院重行選舉；另一種是以「詢」（「詢問」）為主的 questioning，即對政府某一施政要求「資料」或提出「疑問」，議員們往往利用這類質詢的機會，為選區求取分列的利益。當然，在大多數議會中，質詢是代議士們反映選區民意的正當手段，但僅憑此方法，仍不足以促進人民的利益，代議士還須參與「立法」，亦即在基本政策方向上扮演決策角色。在實踐「立法」的功能上，代議士遭遇到其多重角色的角色衝突，就不能悠閒度日了。

代議士的第一重角色，是選區居民的代表，對選區負有責任，在「立法」時，必須顧及選區的利益。理論上，這是沒有問題的，但在實際上，常與他第二重角色衝突。

他第二重角色，是從政黨員的角色，他對其政黨負有責任，要

致力於實現黨的政綱並支持黨的政策立場：任何政黨都藉黨紀來約束黨籍代議士，以保證其在重大問題上，採取與其他黨籍議員一致（或至少不牴觸）的立場。

當政黨的立場與選區利益並不矛盾時，代議士當然不會遭遇任何困難，但當這兩者發生嚴重牴觸時，代議士就面臨「角色衝突」的困境了。

除了這兩重角色外，代議士的第三重角色是由於他與利益團體的關係引起的。在民主國家，許多代議士的當選，往往是由於利益團體人力與財力的支助，其連任又需依賴其繼續支持，因此，他們對利益團體往往負擔沈重的政治負擔。當「立法」時，如果他們所依賴的利益團體的要求與多數選區民眾或所屬政黨的利益有衝突時，他們就會面臨「角色衝突」。

此外，他還會有第四重角色，這是由於他自己的政治理想、良知或實踐某種改革的願望所引起的：當他決定立法投票時，發現其政黨立場、選區民意或利益團體的利益與這些理想或願望矛盾時，他就會遭到另一種「角色衝突」。

角色衝突的解決，因情勢與人而異，頗難歸納出固定的型式。我們在此無意對此詳加分析。本節的目的僅在指出角色的衝突與解決，實構成代議士公務生活的動態面。

二、代議士的投票行為：

代議士在投票時，必須作一項有利於己的決定：就某種意義而言，這代表其角色衝突的終極解決。立法投票研究的重點之一在探討黨籍在立法投票中佔有之地位。英法等國代議士在投票時，大都遵從政黨的決定，或至少不違反黨所標示的立場。表面看來，這是政黨良好的黨紀使然，事實上，黨紀僅是因素之一，英法諸國代議士投票遵從政黨決定的頻率較高，一個原因是由於這些國家地區性

差異較小，社會同質性高，其基本分歧是「階級」（以經濟地位來衡量），而政黨是以「階級」利益為基礎建立的；故遵從政黨決定投票，對代議士而言，不致造成美國代議士那種強烈「角色衝突」（政黨與選區）；另一個原因是在許多領域，政黨在作一約束代議士的決定前，必定容許他們充份表達意見，而這項決定往往是一項妥協；就英國而言，在許多政策領域，政黨的決定僅提供黨籍代議士作參考，代議士只要不反對該決定即可，不必非支持不可。在黨紀不良的美國，表面看來，黨籍也是解釋代議士投票行為的重要因素。❿然而，克蘭 (W. Crane) 認為只有在無關緊要的小事上，黨的團結才易維持，黨籍才成為代議士投票行為的決定因素，其所以如此，並非由於黨紀的約束，而是由於代議士們對之並不在乎。⓫洛茲曼 (David Rothman) 的研究發現在一八六九年至一九〇一年間，政黨不是決定議員投票的重要因素。⓬一九六〇年代，由於民權法案之爭執，南方民主黨與北方民主黨爭執激烈，黨籍更不是議員們投票的決定因素。有些學者發現在有關程序的問題上，諸如何人出任議長，按黨籍投票司空見慣，政府所提法案次之，而在涉及地區利益的法案方面，按黨籍投票的情形就少得多了。此外，一個政黨是否控制白宮對議員投票也有影響，控制白宮的政黨，由於能給予議員較多的「優惠」(patronage)，頗能誘使他們支持黨（即總統）的立場。不過，在真正重大的法案上，這點造成的差異並不甚大。

由於黨籍不能作為解釋代議士投票行為的唯一因素，我們必須考察別的因素。地區差異是相當重要的：譬如美國的南方民主黨與

---

❿　參閱 David Truman, *The Congressional Party* (New York, 1959).

⓫　W. Crane, "A Caveat on Roll-Call Studies of Party Voting,"*Midwest Journal of Political Science*,IV (1960), pp. 237–249.

⓬　David Rothman, *Politics and Power:The United States Senate, 1869–1901* (Cambridge, Mass., 1966).

北方民主黨（在羅斯福與杜魯門時期為民主黨的領導）往往在不少
事務上針鋒相對，譬如民權法案；另一因素為同州的議員之團結，
學者的研究發現每當一項法案引起黨籍議員分裂時，來自同州的同
黨議員的團結為之加強。屈魯門 (David Truman) 對此曾有精闢的分
析。❸此外，選區的特色與選區政黨間競爭的程度也是決定投票行
為的因素。麥克雷 (Duncan MacRae) 利用人口資料及政黨競爭程度
的資料研究麻薩諸州的數個選區的議員投票行為後，發現：「當選時
獲票遠超過對手的議員投票，傾向於與黨的決定相一致……競選時
險勝的議員對選區的特性比順利當選者敏感些。」❹選區對法案的關
切程度也是決定議員如何投票的因素之一。梅休 (David Mayhew) 在
研究了美國的農村、城市、工人區與西部四類國會選區後，發現受
法案直接影響的選區之議員們投票時較會採一致立場，「其他」選區
則否。❺

　　政黨對一貫不理會其所決定之立場而自行投票的代議士之處
置，各有不同。在美國，一般都無計可施，至多只能對資淺者以不
調往重要的委員會作為薄懲；在英國，則可在連任選舉時拒絕提名；
在我國，一九八○年當選的國民黨籍立法委員中，也有極少數往往
在重要法案投票時表現其「獨立」性，而於一九八三年連任選舉前，
被該黨拒絕提名。

❸　David Truman, "The State Delegations and the Structure of Party Votingin
　　the United States House. of Representative,"*American Political Science
　　Review*,L (1956), p. 1034.

❹　D. MacRae, "The Relation Between Roll Calls and the Constituenciesin
　　the Massachusetts House of Representatives,"*American Political Science
　　Review*,XLVI (1952), pp. 1051−1052.

❺　David Mayhew, *Party Royalty Among Congressmen:The Difference
　　Between Democrats and Republicans, 1947−1962* (Cambridge, Mass.,
　　1966).

三、代議士的「次要」任務：

代議士具有多重角色，因此不僅常常需要應付因角色衝突引起的問題，而且也有不少主要任務——立法——以外的次要任務，這些任務法無明定，但代議士都不敢疏忽，否則對其政治前途可能產生不利的影響；其第一項次要任務為擔任選區居民與行政機關間的橋樑：現代行政機關服務項目頗多，這些服務有時難令民眾滿意，民眾為獲得較佳的服務，可能會請求代議士向行政機關提出種種需求；此外，行政機關在管制人民行為時，也可能產生種種使人民感到權益受損或不便的情況，民眾也常請代議士要求行政機關作必要的補救或矯正。在若干北歐國家，議會特別設立一位或數位行政失職調查員 (ombudsmen) 接受人民的申訴並對失職的行政機關展開調查，可說是把議員們這項次要任務制度化了；代議士的第二項次要任務是擔任選區的公共關係人：在美國國會議員常常對國人宣傳其選區的優點，以吸引投資者與觀光客，並促銷選區的產品。

由於代議士的角色多重，其任務的種類繁複，人們對代議士的良窳往往難有共同接受的單一標準：一位在「立法」方面頗具才能，並有相當貢獻的代議士，倘若他在次要任務上毫無表現，有時並不見得會被選區居民推崇為良好的代議士；而一位擅長在次要任務上作傑出表現的代議士，可能是拙劣的立法者。我們認為在中央級議會，立法的表現似應作為衡量代議士的首項標準，當然其他任務的成績也不能完全不顧，在地方議會，則「次要」任務可能與主要任務的重要性相差不遠，但「立法」或制訂規則或「政策」仍應視為考核代議士的首要條件。

肆　立法與行政的關係

在現代民主國家，立法與行政機關的關係，構成一個棘手的問題。按照民主的理念，民選的代議士理應控制行政機關（其大多數人員都是委派的），而且，由於今日行政裁量權的擴大，立法控制行政的需要是相當迫切的。然而，從今日國家施政的需要來看，則行政權的超越立法權似乎無可避免，而且也是理所當然的。除了這兩種可能的關係以外，更有人主張兩權的平衡，這種理想是許多人追求的，但事實上並不可能。

就行政與立法的關係而言，理論上，英美代表兩種不同的型式。英國以所謂「議會至上」為原則建立政府，按理議會應該是它的權力中心，但實際上「內閣」（為議會的一個成份）反成為真正的核心，足以指揮議會（或議會中的多數黨議員）完成施政的任務。美國在行政—立法關係上，強調分權與制衡，這可從其憲法的種種規定與這關係方面發展成的各種慣例推知。

然而，以上的描述，與實際情況仍有出入。英國的內閣雖然「指揮」國會的下議院，但這並不表示它可永遠保持其控制權。在任何涉及對內閣的信任投票中，反對黨當然會對內閣展開猛烈攻擊，多數黨議員中也可能出現「叛徒」，如此，內閣可能被推翻，這種情形在多數黨與少數黨議席相差甚少，或內閣政策引起社會普遍不滿時，最易發生。美國的行政—立法關係相當複雜，而且頗富動態，不是分權與制衡這類概念所能涵蓋的。

在美國歷史上，總統與國會爭權之事屢見不鮮。當國家遭遇嚴重困難或危機，總統又為雄才大略者之時，國會每感權力被削減，而在太平盛世，國會常試圖駕御總統。二十世紀以來，由於外交與國防的重大需要，行政權的膨脹，已為潮流所趨。然而，國會企圖

「平衡」行政權的努力，則始終不懈，尤其當行政權的運用，不獲社會信任時，國會的努力就不致毫無成就，譬如越戰與水門事件，使美國民眾對行政權的擴大頗有戒心，國會才能在一九七三年通過戰爭權力法 (War Powers Act)，嚴格地限制了總統派遣美軍前往海外作戰的裁量權。然而，大體來說，行政權的擴張，是一項明顯的事實，對於這種情勢加以限制，當然仍有可能，欲使行政權恢復至二十世紀前的情況，殆無可能。

伍　立法與司法的關係

政治學者比較重視立法與行政的關係，亦即狹義的「政治」關係，但也有一些人曾努力於探討立法與司法的關係。在「議會至上」的國家，立法與司法的關係比較單純，就司法機關裁判所依賴的法律而言，立法權永遠凌駕司法權，司法機關並無「創制」新法的權力。但就司法機關的審判權而言，司法獨立當然是民主政治的通例。在美國，由於「司法審查」(judicial review) 的傳統，立法與司法的爭執，在所難免，這問題就更值得探討。所謂「司法審查」，簡單地說，是指司法機關具有就立法機關所制訂的法規是否違憲一事作裁決之權。當司法機關作這類裁決時，必須根據訟案，但必然涉及憲法條文與國會（或州議會）制訂的法規的詮釋，這就不免與國會中的一些議員發生意見的衝突。為避免這類衝突，美國聯邦最高法院曾發展出一些行為的「規則」，例如儘量瞭解「立法本意」(legislative intent)，並拒絕對「政治」問題作司法裁決，然而，由於「立法本意」頗難測定，所謂「政治」問題與「法律」問題的分野也殊難分劃，立法與司法衝突的消弭頗為困難。不過，這類衝突不致惡化成嚴重的憲政危機，主要原因是美國司法人員一般素質均佳，在社會獲相當尊敬與信任，因此即使對其裁決甚為不滿的集團，也不致逼迫其

代議士對其作過於敵對的挑釁行動，而司法機關本身在裁決憲政案件時，也頗小心謹慎；此外，美國政治制度提供受不利判決的集團減少損失或彌補其失敗的機會。

第十二章　司法與法院

在現代民主國家，「法治」特別受人強調，所謂「法治」具有兩重意義：第一、法治是與人治相對的。在法治國家，政府權力的行使，必須根據法律（倘若根據行政命令，該項行政命令必定有堅實的法律基礎，由依法具有發令之權者發佈，並與法律不相違背），並在法律規定的限度內以法定程序為之；在人治國家，一位或數位執政者或其代理人的意志構成政府權力的基礎。第二、所謂「法治」是指社會的政治關係必定是由法律（尤其指憲法）釐定的，因此有定規可循，關係的各方對另外一方或數方的行為可以正確的預期，因此權利義務才能落實，而這一關係的維護，則依賴公正而獨立於社會中任何政治集團或個人控制的司法機關的存在。

在個人與個人，個人與集團，集團與集團，個人與政府，集團與政府，政府各部門的錯綜複雜的種種關係上，強凌弱，眾欺寡的現象與彼此衝突的情況，往往難以避免，在現代社會，主持公道與正義或解決爭執的職責都由司法機關承擔，因此，司法機關實處在戰略性地位，一個社會能否公平、合理、和睦、安寧，與司法機關能否發揮良好的作用，關係異常重大。

壹　司法機關之功能

司法機關的主要功能，可分為三項：一、裁判，二、新法的創造與三、監督法律之執行，茲分述如後：

一、裁　判：

司法機關最主要的功能乃是解決紛爭。此種解決必定是應用法律的結果；倘若一件紛爭，不能經由運用法律來解決，司法機關往往無能為力。例如一九五〇年代以前，美國法院對議員選區劃分不公引起的糾紛，往往視為「政治問題」，應由「政治」機構（國會）來處理，而拒絕裁決；必待貝克案 (Baker v. Carr) 中，聯邦最高法院擴大解釋憲法中「平等保護」條款後，才把此事視為「司法」問題。司法機關之裁判，細析之，可分為糾紛事實的肯定，違法之決定（即根據事實，是否違法及違反何法），及違法後果的裁定。

所謂司法糾紛，可能涉及私人間，諸如一人控告另一人違反契約、侵犯其私有財產等；或私人與政府間，諸如政府控告私人逃稅，或私人控告政府侵害其權益等等。

司法糾紛按涉及的事實與性質，可分為民事與刑事兩種訴訟，民事訟訴涉及者為個人的私權，諸如財產權等。民事訴訟的裁定根據民法，主要在決定損害賠償的程度；刑事案件因某人的行為違犯國家的刑法而起，國家（由檢察官代表）在法庭中控告，法庭的任務是裁定他是否犯法及決定其應受何種處罰（如刑期與罰款，雖然刑法規定各種罪的刑期，但大多有伸縮性，法庭在決定每一刑件被告的處罰時，擁有某種程度的裁量權）。

所謂法律的應用，並不一定涉及訟案。大多數公民如能領悟法律的尊嚴及其對社會的貢獻，就能自動守法，則犯法者就限於少數人。此點的達到，公民的守法精神之培養固然重要，而法律本身的適當與執法的公平也不可忽視。人們儘管可說「惡法亦法」，但人民對惡法的遵守程度必然會低於良法。司法機關執法的公平與認真，對法的尊嚴的維持，其關鍵性作用，自然是不待言的。

糾紛的解決，並不一定非依賴法庭不可：在較傳統的社會，民

間的長老，地方的德高望重的長者，都從事排難解紛的工作，他們的仲裁，常使糾紛消滅於無形。在現代國家，不少糾紛是在行政機關中解決的，譬如公民發現繳稅太多可向稅務機關申訴，大多不必經過司法程序；美國聯邦政府的「獨立」管制委員會具有準司法功能，對其主管事務中的糾紛具有初步裁決之權——不服者可上訴至聯邦巡迴法院——。在民事糾紛中，法院也可能鼓勵涉訟的兩造，在庭外達成「妥協」與「和解」。這些糾紛解決的方法不僅可減少司法機關的負荷，而且對社會和諧的維持，也有貢獻。

二、創造新法：

司法機關的主要任務當然是當個別案件發生時，按現存的法律裁判。但法律是相當靜態的，修改法律與創制新法的正規程序相當迂緩，然而，人群關係則常變動不居，嶄新的情勢經常出現。因此，司法機關必須具有某種限度的創制新法的技術以應付新的情勢。此外，今日社會是高度複雜的，在有些領域內，立法者僅能訂下一些「原則」性的法規，在應用這些法規時，細節性的解釋必須由司法機關為之，此種解釋實質上即構成「新法」，當然，司法機關不能任意創制新法，在英美等習慣法 (common law) 法制的國家，法院首重判例。❶如有必要創制新法，也須循判例推演得之；若無判例可循，也必須自其他權威性來源（如國會的立法紀錄）中推演合理的原則，而後依此原則為之。法院創制的「新法」，事後還需立法機關追認，如立法機關拒絕追認，依然無效。近年來，在英美此往往不成問題，因為人們已認識在一些無關基本原則的領域，法院創建新法的工作不可或缺，而英美司法人員的素質頗高，易獲社會信任。在大陸法系的國家，因為裁判重視法典，司法機關創制新法的功能極為有限。

---

❶　參閱 Roscoe Pound, *The Spirit of the Common Law* (Boston, 1921).

三、監督執法：

司法機關監督執法的範圍頗大，諸如信託的履行，公司的改組，離婚後各項事務之處理，保險的業務，均受其監督；更重要的是它具有廣泛的權力來監督政府的作為。當然，在不同的制度下，法院對行政機關的監督權是不同的，在大陸法系國家，監督權很小，但有權處理不同機關間行政管轄權的紛爭，有時也可決定何事屬公法，何事屬私法的範疇。在習慣法的制度下，司法機關可按司法審查的原則監督行政措施。

貳　司法系統

現代世上的兩種主要法系為英美的習慣法法系，與歐洲大陸的羅馬法典法系。在十九世紀以前，雖然還有傳統中國的法系，回教的法系……等，但這些法系的影響力已式微，非西方國家已大體上接受上列兩種法系之一，頂多添加一些傳統的成份而已。由於法系不同，司法機關的組織自然也迥異，司法程序也不等，我們擬簡略描述並分析其差異：

一、習慣法法系下的司法組織與程序：

㈠法官：法庭的主要官員是法官（更恰當的說法應是主要的職位是法官之職，即英文的 The Bench），每一法庭審理一案件，法官可能為一人，也可能超過一人。在英美國家，法庭工作人員，除了最基層者以外，都需受過嚴格的法學教育，並且具有律師資格（其律師資格必須通過執業考試，並且其行為被同行認為不至玷辱其行業者）。一般來說，在這些國家，法官是由行政首長任命（惟在美國的一些州，州法院的法官由選舉產生），為終身職，除非因貪污或其

他職務上的重大過失被彈劾，或者自動辭職，不得罷黜，這是為保障其獨立性與不受政治壓力所必需的。

㈡陪審團：在習慣法系統中，陪審團頗為重要。大體說來，英美法系中法庭的功能由法官與陪審團 (jury) 分擔，法官維持審案的進行，並裁定法律問題；後者查察事實，並按照法官的支持，把法律應用於事實，表示其對法官的裁定同意與否。陪審團有兩類：大陪審團 (grand jury) 與普通的陪審團 (petit jury 或 jury)。大陪審團僅使用於刑事案件，而且只有在審案的初步階段才使用。當一個人被控犯嚴重罪行時，由十三至二十三位公民組成大陪審團，根據檢察官提出的資料（必要時也可自行蒐證）決定其應否受審，（被控犯重大刑案的人，若是無辜，即使被判無罪，其精神與名譽的損失社會難以補償，故其應否受審，需看初步證據是否存在，是否有某種程度的可信度，大陪審團的工作即在作此項裁決。）其一切工作均在秘密情況下為之。一旦大陪審團中多數人認為可行受審，檢察官才能起訴。有人認為在往昔社會生活簡單，一人犯重大罪行，其鄰居可能風聞，而且鄰居對其素行具正確知識，大陪審團可能有些用處，今日此制已無大用，在英國已經取消，在美國若干州州法也已不用，但聯邦憲法規定在一切涉及可能判處極刑或其他「惡名昭彰」的罪行時，必須使用。

普通陪審團由十二名公民組成，倘若任何人對案件存有偏見，依規定均不得成為陪審員。在英美國家，以往一切刑事與大部份民事審判，都有陪審團，如今雖然已不再如此，但在較重要的刑事案件或甚重大的民事案件之審理中，仍應用它。

在英國，陪審團的決定是九票決定，在美國，則以往一切裁定，均需一致同意，如今，在若干州，州法院的案件，陪審團九票同意即可決定。陪審團制度曾被批評為浪費執法人員時間與納稅人金錢，使案件累積而增加法庭負擔，甚至造成審判不公（譬如狡猾的辯護

人可利用陪審員的不懂法律，但感情脆弱的弱點，為犯法者尋求解脫）等，但是，陪審團制也有相當多好處，如對專橫的法官的制衡，給予民權較多的保障。（不過，無可否認地，倘陪審團成員不能袪除偏見，則此項功能不易發揮，例如實徵研究顯示美國南方若干州的法院陪審團在裁定黑人為被告，白人為受害者的案件中，常輕易決定被告有罪，而在裁定白人為被告，黑人為受害者的案件中，則常裁定被告無罪或設法減輕其罪。）

㈢辯護律師：在某種範圍內，相爭兩造的法定辯護人，不論是民事訴訟中的兩位律師，或刑事案件中控方的檢察官或被告辯護律師都應視為法庭的人員，把律師視作「在野法曹」是正確的，他們都有責任遵守並維護法律及法庭的慣例與尊嚴。

律師不僅對委託者有責任，對其職業（或法律）及法庭也有責任；對委託者他必須以至高的忠誠與勤奮來維護其利益，但他應忠於法律，珍視職業道德；對法庭，他不應使用任何有損其尊嚴或敗壞其程序的方法來危害它，更不可用卑劣的言行來降減人民對它的信任。在英美等國，律師的作風，如被同行視為不當，常遭各種處罰，諸如損害賠償，暫停執業，取消執業資格 (disbarment)，這些處置，律師同業公會都可自行決定，甚至具律師資格的人，在其他方面行為不端，情節嚴重者，律師公會亦可禁止其執業，例如尼克森因水門案離總統職後，美國律師公會禁止其重新操律師業。

律師的角色並非全無矛盾，為了維護委託者的利益，他可能採用不當的技術，如隱藏或湮滅證據，賄賂證人等，為犯大罪的人辯護，更不免種種不法行為，由於此一理由，並減少利益衝突的可能性，英國的律師分為顧問律師 (solicitors) 與出庭律師 (barristers)，前者僅提供法律顧問意見，後者出庭辯護，在大多數羅馬法系國家也相似，在美國及我國，則無此分別。

二、大陸法系下的司法組織與程序：

　　大陸法系國家主要是指歐洲大陸，如法德義等受羅馬法（或法典）影響較深的國家，及其他受法德制影響的國家，如我國與日本。

　　習慣法系國家的司法制度與大陸法系者固然有不少差異，但在民主國家，司法的基本精神還是一樣的。它們無不重視法官的人選，盡力設法以適當的步驟遴用廉正而稱職的法官，盡可能保護其免於不當外力的影響，尤其是行政當局與政黨的干擾，以保持其「中立」，在民主國家，不論屬何種法系，公正的司法程序，都受到相當程度的重視。

　　大陸法系與習慣法系國家在甄選法官方面，頗為不同：在習慣法系國家，法官與執業律師的基本訓練是一樣的。法官往往從律師的行業中選拔，偶爾法學教授也可能出任法官；在大陸法系國家，法官為公務員系統中的一員，往往通過文官考試後從基層做起，成績優良者慢慢升遷，為終生的事業，除非犯重大過失，否則享終身職，但在若干國家，司法部長對其考核與升遷具有影響力，如此，他們就不免受一些政治壓力，這是此制的缺點。法國第四共和時期，為減少此類政治壓力，成立了一個高級司法委員會 (Superior Council of the Judiciary)，由律師與法官組成來負責司法官的任命與升遷；在第五共和初期，高級司法委員會依然存在，但在戴高樂領導下，司法部長的影響力又上升了，戴氏去職後，政治影響司法的情形便漸漸消除了。

　　在大多數大陸法系國家，法官的任命與升遷都由司法部職掌；但在有的國家，如荷蘭、瑞士、奧地利等，政治影響司法的情形幾乎不存在，在西德也不明顯，法國的情形就比較嚴重一些；不過，就是在習慣法系的國家，如美國，某種程度的政治影響司法，也不能完全避免。但是，大陸法系的國家，確乎給予政客與行政當局較

多向司法機關行使壓力的機會，而且對民權的保障也可能不及習慣法系。然而，政治是否影響司法，民權是否能獲切實保障，不僅僅是司法制度的問題，更重要的關鍵在於有無良好的民主自由傳統，及社會內部的制衡。

大陸與習慣法系另一區別是在大多數大陸法系國家，法官審案採合議庭，往往至少三人同席，而在習慣法系國家，只有上訴法庭才是如此，基層法庭往往一人審一案，我國雖為大陸法系國家，在這點上，與習慣法系國家一樣。大陸法系國家採取此一措施，旨在減少一位法官過份運用一己的判斷所產生的流弊；在習慣法系國家，基層法庭由於陪審團的存在，不必設數位法官共同審案，只有在上訴法庭，因不用陪審團，才需數人共同複審案件。

在司法程序方面，這兩種系統的區別比較顯著。大體說來，大陸法系程序的特點是法官充當較主動的角色。辯護律師在審案過程中重要性較低，審案時對程序的技術性細節之遵守不及習慣法系。因其司法程序是偵詢式 (inquisitorial) 的，而不是習慣法系的對辯式 (adversary) 的。在對辯式程序中，法官的角色類似一位裁判，他從涉訟雙方辯護律師的對辯中斷案；在偵詢式程序中，他是一位偵詢者，冗長地偵詢被告、原告、與證人，以發掘事實真相。在大陸法系下，法官是「法律的被動喉舌」（孟德斯鳩語）；他缺少「創造新法」的機會，判例缺少拘束性，法官也不努力於發展新的法理觀念。法律的權威來自法典 (code) 及旨在修正或補充法典中的法規 (statutes)。

參　司法審查

在聯邦制國家，司法機關扮演了重要的政治角色，這是「司法審查」(judicial review) 的結果。所謂司法審查，往往是指聯邦最高

法院有權廢止州（或邦）議會與聯邦議會的法規，倘若它認為這些法規牴觸或違背聯邦憲法。法院此一權力，使其能直接介入若干重大的政治爭執的中心，對許多政治紛爭的解決，具有重大的影響力。因此，聯邦國家「司法審查」涉及的複雜問題，是研究公法的政治學者頗為重視的。

司法審查起源於美國，在美國聯邦憲法中，對之並無規定，雖然自憲法的若干條文中，可推斷其存在的需要。不過，這並不是說根據成文憲法，只有最高法院才有資格作為行使該權的機構。事實上，最高法院行使該權，完全是一種慣例，這種慣例沿用已久，就成為「活的憲法」(living constitution) 的一部份。

司法審查起自馬勃來案（Marbury v. Madison）〔1 Cranch 137 (1803)〕，在該案中，美國聯邦最高法院院長馬歇爾 (Chief Justice John Marshall) 宣稱一七八九年的司法法規的一部份違憲。聯邦最高法院獲得司法審查權後，在政治體制中的權力大增，引起了幾個後果：第一、總統在決定最高法院大法官人選時，不免政治考慮，尤其是其在主要政治問題上的基本立場是否與總統自己相距過遠；第二、法院的判決，有時可能引起政治性爭議；第三、法院有時可能成為抵制行政與立法當局的革新努力，以維持現狀的堡壘（如一八六五至一九三〇）；也可成為推動改革的主力，如一九六〇年代華倫 (Earl Warren) 為院長時，在撤銷種族隔離的法規，及促進黑人民權上的作為。

有些人對司法審查有一種誤解，以為是法院主動把州法與聯邦法加以審查，其實，審查必定是由裁定一個案件引發的，換句話說，一項州法或聯邦法經議會制訂後，可能存在十年，不發生任何疑問，一旦有一公民涉及與該法有關的案件，他如提出訟訴，最高法院如認為訟訴涉及重要原則，即可受理，如此該項法規的「合憲性」就會被審查了。

　　由於司法審查在美國存在已久，人們已不再爭辯法院應否有此權，目前爭辯的焦點是法院應在何種條件下行使此權。

　　大體說來，關於這項問題，有兩種意見。一種意見主張最高法院行使該權應非常慎重，應盡量尊重國會及其他民意機關的決定，除非某一法規或政府行動顯然違憲，不宜以此權撤廢，此主張的主要代表人為前聯邦最高法院大法官法蘭克福 (Felix Frankfurter)，他認為法院的職責在仲裁社會糾紛，擴增人民福利，求取經社平等為「政治性」機構的任務，並非法院的適當工作，故法院不應為實施這些目標運用審查權來「干涉」政治機構的決定。另一種主張可以前聯邦最高法院大法官道格拉斯 (Justice William Douglas) 為代表。他以為為若干正義的目的，諸如人權的保障，人種歧視的消弭，法院不妨較積極地運用該權。因法院的功能既為維護與促進正義，它不應滿足於維護現狀；法院固然應尊重政治機構，但也不能忽視「正義」。

　　在其他法院擁有司法審查權的聯邦國家，如印度，這類爭辯也都存在。目前，司法審查僅在聯邦制國家存在，但這並不是說只有這類國家，才能採用該制，譬如日本的一些學者就主張採用之，英國也曾有類似主張。

肆　政治學者的司法研究

　　「司法審查」的討論，為政治學者司法研究的一環。政治學者與法律學者不同，對私法（即涉及人民與人民私權的法，如民法、刑法及商法等）的興趣並不大，其主要興趣在公法，尤其是憲法。此外，政治學者也重視另兩類研究：即法院的司法過程的政治分析與司法行為之探討。

一、憲法研究：

傳統上，政治學者對憲法之起源與哲學基礎之探索，其條文的政治意義之剖析，涉及憲法的司法判決的意義及政治影響的評估等，均甚為重視；在若干國家，他們對「司法審查」的檢討，為此類研究的中心。目前這類研究雖然不像以往般政治研究的重要學門之一，但仍有不少人在持續研究。我國在憲法研究上，甚為落後，專門研究的人固然甚少，研究成果也難見到。

二、司法過程的政治分析：

有些學者頗為注意法院扮演的政治角色及司法程序的政治涵義，夏比洛 (Martin Shapiro) 把這類研究稱作「政治法理學」(political jurisprudence)❷。

一般人都認為法院是獨立於政治的，而民主國家的政治理念也鼓勵大家有這種想法，此派學者則認為這並不完全符合實情，以美國為例，較低層的法官之遴選，也許政治因素較次要，但聯邦最高法院的遴選，是相當政治性的。行政首長在決定人選時，往往會注意其政治觀點是否與自己相符，例如羅斯福選派大法官時，常注意其是否同情新政 (New Deal) 的種種措施；尼克森為了完成其「南部策略」(即打破新政時期後民主黨在南部若干州的「獨霸」局面的策略)，在提名大法官人選時，都找在黑人民權問題立場上較保守的，雷根的大法官人選，都是在政治觀點上較保守的。當然，一個人充當大法官後，政治觀點可能改變，但大體來說，改變者是少數；也許有人會說，大法官就案件投票時，未必會完全按照其政治觀點，這確是事實，但其政治觀點對他的判斷確有相當重大的影響。事實

❷　參閱 Martin Shapiro, *Law and Politics in the Supreme Court* (New York, 1964).

上，法官們在重大案件的審理或處理中，常根據許多項考慮來決定其立場，政治往往為其中一項主要的考慮，其所以如此，一方面是個人基本哲學使然，另方面與其個人背景也有關。學者研究美國南部聯邦地方法院法官在處理「學區種族隔離之撤銷」一事上的表現，發現個人背景甚為重要。❸

法院與政府其他部門，尤其國會的交互關係，也是此派學者研究的重點。這種關係不僅限於法規明定的，也是非正規的表現於行動上的；在民主國家，國會與法院都在密切注意彼此的立場，有時雙方也互推責任。譬如美國國會在制訂爭執性大的法案時，所用慣技之下是用曖昧的用語立法，此不僅有利於通過該法，使議員們對自己的選區有所交代，而且可把責任推向法院，由它來作具體的「決定」。有時聯邦最高法院審案時宣稱某一法規無效，理由不是國會無權制訂該法，而是法規用語太曖昧，要國會制訂較明確的法規。法院有時需要決定「立法意向」，這就不免對國會通過的法規加以詮釋，倘若國會中大部份議員對法院的「詮釋」不表滿意，他們可通過「矯正立法」(Corrective legislation)。

司法判決的政治影響，也是此派學者研究的另一重心。若干重大的司法判決，關係人民的權益甚大，也可能涉及社會的某些基本價值。譬如美國一九五〇～六〇年代聯邦最高法院所作的一系列關於黑人民權的判決，曾震撼整個南部，因為它們對南部許多白人的「基本價值」加以否定。甚至可能摧毀「白人至上」的社會結構的基石。此類司法判決，影響甚大，引起的爭執也甚激烈，人民對其遵從就會發生問題，反對這類判決的人往往會用各種規避的方法來拒絕遵守。近二三十年來，政治學者對人民對重大司法判決的態度之研究甚為注意，這不僅是其學術上的重要性，也是由於一項規範

---

❸　Jack W. Peltason, *Fifty-eight Lonely Men:Southern Federal Judges and School Desegregation* (New York, 1961).

性信念：人民如對司法判決可隨己意決定遵守與否，對民主政治是相當不利的。此類研究的一項實用的目的乃是找出一個增強司法判決約束力的方法。

三、司法行為：

　　司法行為的實證研究，乃是所謂 jurimatrics 的一個重點；Jurimatrics 的定義為「法律問題的科學探討」，以別於其哲學探討的法理學。❹這種研究法是一九五〇年代以後才普遍的。行為主義者對形成法官判決之因素曾經系統化的加以注意；過去也曾有人指責他們過份重視「態度」，對其他因素則未予同等的重視。然而，這似乎是他們使用的研究技術所限。最早研究司法行為的學者是浦里契 (Herman Pritchett)，❺他曾試圖從美國聯邦最高法院大法官們在一系列案件的投票中，找出何人與何人形成「聯盟」，並以此為出發點，探索法官們的基本價值：譬如一九四〇至六〇年代的最高法院，在言論自由及其他基本自由的案件中，道格拉斯與勃來克 (Hugo Black) 往往採取同一立場，一貫支持個人自由的維護；在黑人民權問題上，華倫與道格拉斯又往往站在同一陣線，主張積極維護黑人之權利，勃來克的立場則比較不一致，另有若干法官，則一貫採取「保守」的立場。以後，許多別的政治學者更大規模地研究法官的投票行為時，使用的技術就精緻多了，分析的層次也更深入。修勃脫 (Glendon Schubert) 尤為其中翹楚。他曾使用集叢分析 (bloc analysis) 的技術於此方面的研究。他擴大了浦里契運用的指標，探究法官們「同意」與「異議」而形成之諸種因素，探尋法官們在自由主義─保守主義量度上的個別地位。他的一系列著作，都作了重

---

❹　參閱 Hans Boode, ed., *Jurimetrics*.

❺　C. Herman Pritchett, *The Roosevelt Court:A Study in Judicial Politics and Values* (New York, 1947).

要的貢獻。❻從研究方法的觀點而言，此書相當重要，因作者不僅使用集叢分析，也採用博弈理論的若干觀念來分析最高法院，試圖查察法官們是否藉結盟來增強實力。

修勃脫以外，史佩斯 (Harold Spaeth)、烏瑪 (Sidney Ulmer)、柯特 (Fred Kort)、克里斯洛夫 (Samuel Krislov) 等人，都是研究司法行為的重要學者。

司法行為的研究，就使用的研究技術與分析的方法而言，已達相當精緻的地步。電腦已成為修勃脫等人工作不可缺少的工具，修氏的著作甚為複雜，不少政治學同行無法讀懂，這種研究的價值雖已獲肯定，但它仍不能取代傳統的研究，將來似也無此可能。

司法行為的實證研究，在美國的客觀條件下才有可能，因為美國聯邦最高法院法官裁決案件是採投票方式，投票的結果按贊成者與反對者，中立者具名公佈，法官的各種「意見」也隨之公佈；在有些國家如我國的司法系統中，大法官會議的決定僅以贊成與反對票的票數公佈，何人投何種票外人無從知悉，根本就談不上作計量分析了。

❻ Glendon Schubert, ed., *Judicial Behavior:A Reader in Theory and Research* (Chicago, 1964). G. Schubert, ed., *Judicial Decision-Making* (New York, 1963).

Glendon Schubert, *The Judicial Mind:The Attitudes and Ideologies of Supreme Court Justices, 1946–1963* (Evanston, 1965).

■□ 第十三章　政　黨

　　政黨無疑是現代政治學研究的重心之一，其對一國政治體系運作的重大作用，是毋庸置疑的。由於政黨的重要性，關於政黨的著作，真是汗牛充棟。但是，政黨的性質究竟如何？仍然眾說紛紜，學者們並無一致的定見。在本章中，我們擬擷取政黨研究中較著名的觀點，把政黨的性質作概括地說明。

壹　政黨的定義與類型

　　政黨是一種人群的結合，它的英文字 party 是從「部份」(part) 一字轉化而來，此表示政黨乃代表政治社會中部份人的結合，這部份人有其特殊的目的、意識型態、利益或政治理想，遂結成一個集體。然而，人群結合的方式甚多，政黨不過是其中之一類而已，我們欲瞭解政黨，還必須釐清它與別的人群結合的方式，如勞工組成的工會等，有何區別。此涉及「政黨」的定義。

一、政黨的定義：

　　我們如把關於政黨的眾多定義，加以分辨，可大體將其分作兩種：規範的定義與實徵的定義。早期討論政黨的人士界定政黨，都不免以一己的價值判斷為準，一些對政黨政治作正面估價的人，則把它視作促進國家利益，或人們實現崇高的政治理想的工具或團體。如十八世紀英國政治家勃克 (Edmund Burke) 界定政黨為「按照彼此同意的原則，協力增進國家利益而聯合的一群人❶。」這種過份理想

---

❶　Edmund Burke, "Thoughts on the Causes of Present Discontents," in *The*

化的定義，僅表示一些人理想的政黨（亦即在他們看來政黨應該是什麼，應該如何活動），而不是實際的政黨，這種定義對我們求取關於政黨的真知並無幫助；另一些對政黨政治憎厭的人，則強調政黨促進黨員的私利，妨礙社會的團結，及鼓動紛爭。例如麥迪森 (James Madison) 認為朋黨（他心目中一切政黨都是朋黨）為「一群因共同的利慾或感情而結集的公民，其利慾與感情不利於其他公民之權利，或妨害社會長期的或共同的利益 ❷。」他頗擔心這些朋黨對新生的美國共和政府會構成威脅，但又主張不宜壓制它們，而應讓它們發揮彼此制衡的作用。雖然他的消除朋黨之害的主張對政黨的自由發展頗有貢獻，但他對政黨的看法，則不免詆毀過苛，並不公允，然而，我們必須知道麥迪森的政黨觀，實代表他的時代許多人士共同的看法，即使在今天，持這種看法的人，仍然存在。

規範性的定義，也許可幫助我們瞭解政黨發展的歷史，以及在以往它如何被人估價，對於政治學的科學研究，這類定義，非但無益，而且相當有害，欲真正瞭解政黨的性質，我們應對政黨作實徵的界說。

蘭尼與肯道爾 (Austin Ranney and Willmoore Kendall) 的定義為：政黨是自主的有組織集團，它從事候選人的提名及競選，以期最後獲得並施行對政府的人事與政策之控制 ❸。這項定義強調政黨的兩項主要功能，此即 1.從事候選人的提名與助選，及 2.組織政府。提名候選人及助選的目的是獲得政府中的決策權力，一旦獲得此權力後，政黨就從事政府的高層人事的安排，也即組織政府，此一定義用來界定民主國家的政黨，頗為適宜，但並不適合於獨裁國家的

Works of Edmund Burke (London, 1861), Vol. 1, p. 530.

❷ 參閱 James Madison, *The Federalist Papers,* No. 10.

❸ Austin Ranney and Willmoore Kendall, *Democracy and The American Party System* (New York, 1956), p. 85.

政黨，此因獨裁國家的執政黨其掌握政治權力，並不仰賴選舉，故而在這類國家，政黨的主要功能並不是從事選舉，雖然這也是其功能之一。

張伯斯 (William N. Chambers) 的界說強調政黨的組織層面；他說：「現代意義的政黨乃是具有相當的持久性的社會集合，它追求政府中的權力職位，顯現聯繫政府的中心領袖與政治領域內（無論中央與地方）的大批跟隨者之組織結構，以產生共同的觀點或（至少）效忠的認同之符號❹。」此界說頗能顧及政黨的各種層面──組織、功能；其缺點為過份強調政黨的「社會化」，誠然，有些政黨確實致力於培植黨員的「共同的觀點」，而另一些政黨則並不如此，它們無寧是一群先有了「共同的觀點」（或者更確切地說法是共同的利益目標）的人的集合。

潘諾克與史密斯 (Roland Pennock and David Smith) 的定義相當簡單，他們認為政黨為「社會中大小利益集團的聯盟」。此定義指出民主社會政黨的另一主要功能：即社會中各種利益的仲裁或整合 (aggregation)，但此一定義用來界定獨裁國家的政黨或民主國家的若干政黨如社會主義政黨，顯然是不正確的。

實徵的定義都顯示政黨具有若干特徵： 1.它是社會集團； 2.其主要功能是爭取並運用政治權力，以維持或增進參與者的共同利益或政治理想； 3.政黨基本上具有層級組織，但這一層級組織在黨內權力的分配方面有無真正作用則隨政黨而不同。

二、政黨的類型：

---

❹　William N. Chambers, "Party Development and The American Mainstream," in William N. Chambers and Walter D. Burnham, ed., *The American Party Systems:Stages of Political Development* (New York, 1967), p. 5.

　　政黨的分類方式甚多，完全看以何種角度作為分類的標準。德國學者韋伯 (Max Weber) 曾經指出現代政黨係基於「自由吸收黨員」的原則建立的，即它容許任何人參加。韋伯藉此把它與十八世紀前的貴族朋黨加以區別。然而，事實上，今天有許多政黨並不允許人人參加，如共產黨就是一例。在共產黨執政的國家，許多人願意參加該黨，因為這是進入領導階層的唯一途徑，但共產黨對申請入黨者要嚴格審核，只有其家庭成份思想合格者，才准參加；事實上，只有憲政民主制下的自由主義政黨，尤其是中產階級政黨，自由吸收黨員的原則才獲貫徹。

　　法國學者杜佛傑 (Maurice Duverger) 曾經根據政黨的組織方式及相關特徵作了數項分類❺：

　　㈠自權力來源區分，可分為內生與外生的政黨：所謂內生的政黨，是指其權力核心在政黨內部，亦即黨在國會中的領導中心；在歐洲不少保守政黨與自由主義政黨，於十九世紀末二十世紀初，選舉權擴充到全民以前即已在國會中擁有議席，其議員皆係社會上有地位人士，在選舉權擴充前，其當選均憑其個人的財富與聲望，由人數甚少的選民投票當選，選民人數擴增以後，他們已不可能使用以往的方法獲得連任，就必須一方面至個別選區建立經常性組織，另方面和國會中理念與利益相同的人加強團結,這就形成內生政黨。所謂外生的政黨，是指權力主要由國會外的組織之領導人士掌握之政黨,如英國工黨為產業職工會與費邊社會主義者的會社聯合組成，黨務主導權往往由這些組織的領導人士擁有。這類政黨成立之時，由於其支持群眾仍未享有選舉權，因此它們在國會中並無議席，事實上它們之成立，往往是為了爭取選舉權。一旦選舉權擴充，它們有了議席，然而由於政黨必須努力於提昇其支持群眾的政治認識與

❺　Maurice Duverger, *Political Parties:Their Organization and Activity in the Modern State* (London, 1954).

組織（其群眾大體為知識較差的勞工與農民），故主要領袖並不進入
國會。這一區分原依政黨創建時，權力是由國會中領導人士獨享，
組黨是他們主導；及組黨是由社會人士主導，領導權由國會外的人
士與國會議員分享，但主要由社會外的領袖擁有等情況來定奪，如
今僅依政黨的領導人士是否具備國會議員身份而定，這一區分僅適
合於內閣制國家。

　　㈡自吸收黨員根據的原則分為幹部黨與群眾黨：歐洲大陸如法
義等國的自由主義政黨多半是幹部黨 (cadre party)，此類政黨不在乎
黨員的人數，平日僅有極少數積極份子在處理黨務，除了國會內同
黨議員間的聯繫外，黨的活動幾乎不在，僅有在競選時才有較多的
人員組織一較大的競選組織為黨籍候選人服務。這類政黨組織鬆散，
並無「主義」，僅有若干政治原則，如珍視個人自由等，其基本目標
為競選公職，一方面在阻止較激進的政黨贏取數目龐大的席次，另
方面在使自己的候選人當選，以增加「維持現狀」的力量。基督教
民主黨與社會主義政黨多為群眾黨 (mass party)，它們在群眾中吸收
黨員，入黨者皆納入組織，黨紀的寬嚴雖不相等，但黨員對組織多
多少少有某些義務如繳納黨費等，黨並維持經常性組織，一方面在
必要時動員黨員，另方面給予黨員某種程度的政治教育。在十九世
紀末二十世紀初歐洲大陸國家的社會主義政黨組織都比較嚴密，如
德國社會民主黨的領導權力集中，曾是密契爾斯 (Roberto Michels)
建立寡頭鐵則 (iron law of oligarchy) 的依據❻。其時這些社會主義
政黨提供其勞工階級黨員黨營的俱樂部，工餘學習場所、讀物……
其目的在加強黨員間的聯繫，並使黨的影響能深入群眾中，以其時
的情況，這種作風對勞工階級與社會主義政黨的利益有其需要：其
時勞工的選舉權仍未普及，勞工階級的政治知識貧乏，對自己的政

---

❻　Roberto Michels, *Political Parties:A Sociological Study of The Oligarchical Tendency of Modern Democracy* (New York, 1959).

治利益認識不足，而社會主義政黨則遭到中產階級的敵視，而其中激進派（較傾向於革命）則常有分裂之虞，第二次大戰後，在大多數歐陸國家社會民主黨已成為執政黨之一，其地位穩固，政治立場已趨溫和，其黨員的階級成份也變得更加多樣，勞工黨員的知識程度也已提高，因此，這些政黨的「階級性」已減低，黨紀較前寬鬆，其與中產階級政黨的區別較為減少。

㈢自黨員與組織的關係，又可分為直接與間接黨：直接黨乃是指黨員以個人身份直接入黨者，一般政黨均屬此類；但也有若干政黨，黨員是因其他組織的成員之身份而變成黨員的，譬如英國工黨在一九○八年以前幾乎沒有個人黨員。工黨為英國產業職工會大會與若干費邊社會主義會社的聯合組織，其黨員都是以工會會員與費邊會社的社員身份間接入黨的。一九○八年後，工黨雖已容許個人黨員，但大多數黨員仍是間接入黨的。根據慣例，英國產業職工會的會員只要不公開表示不願參加工黨，就成為工黨黨員，當保守黨於一九六○年代初期成為國會多數黨時，曾通過一項法案，規定產業職工會會員必須公開表示其為政黨黨員，否則政黨不能視其為黨員，此法使工黨黨員人數較前減少，其後工黨成為國會多數黨後，又廢止該法。

㈣以黨的基層組織型態可分為幹部會 (caueus) 方式、支部 (branch) 方式、小組 (cell) 方式及行伍 (militia) 方式。自由主義政黨的基層組織為幹部會，此即少數基本觀點或利益相一致的士紳名流定期集會，商議公共事務，決定候選人等；社會黨的基層組織是支部，支部必須有經常性組織與負責人，一方面傳達上級指示，另方面反映普通黨員的意見；共產黨的基層組織為小組，小組與支部不同，在於每一小組的成員人數少於支部，往往不超過二三十名，小組由小組長與小組幹事負責，定期集會商談事務，並作思想檢討，舉行互相批評。行伍式為義大利法西斯黨的基層組織，代表墨索里

尼的尚武精神，實際上組織不若共黨小組之嚴密。

研究政黨的另一著名學者紐曼 (Sigmund Neumann) 曾按政黨的功能，把其區分為兩類：代表性政黨 (parties of representation) 與整合性政黨 (parties of integration)❼，代表性政黨是指以代表社會中個別的利益為主要功能的政黨；整合性政黨乃是以「整合」社會的各種利益為職志的政黨，這類政黨常以代表國家或全民的共同利益自居，例如亞非若干新興國家的民族主義政黨均屬「整合」性政黨。

朋斯 (James MacGregor Burns) 則以政黨的基本目標把其區分為追求社會結構的改變之政黨 (transforming parties) 與從事交易活動之政黨 (transactional parties)❽，前者是不接受現狀的，雖然它們可在現狀中循規則行事，但其終極目的仍為改變現狀；不少社會主義的政黨與共產黨均屬此類，然而，二十世紀中葉以後有些社會主義政黨已改變為後者；後者接受現狀，並在現狀下與其他的政黨從事競爭與交易的活動，其與選民的交互作用也是一種交易。

另一種政黨的分類法與朋斯的大致相似，是按其基本的社會哲學區分的：它把政黨分為現狀黨、自由主義政黨與激進黨。現狀黨大多是保守政黨，目的在保持國家政治、經濟、社會結構；自由主義政黨提倡各種程度的改革；激進黨則主張結構性的改變，其中有的贊成在適當時機採取革命手段，有的則提倡徹底而快速的改革，最「激烈」的自由主義政黨與最「溫和」的激進政黨的界限往往不明晰，這是這一分類的嚴重缺點之一。此外，我們必須指出所謂自由主義政黨也可能成為現狀黨或激進黨：在一個自由主義已獲「正統」或「主流」地位的國家如美國，它是現狀黨；而在有些傳統社會，它的主張也是相當激進的；共產黨一般人都以為是激進黨，其

❼ Sigmund Neumann, "Toward a Comparative Study of Political Parties," in Neumann, ed., *Modern Political Parties* (Chicago, 1956), pp. 295–321.

❽ James MacGregor Burns, *Leadership* (New York, 1978).

實，在共黨掌權的國家如蘇俄，它是現狀黨。尤其布里茲涅夫晚年時，蘇聯政治局為高齡黨政官僚組成，作風相當「保守」，而在若干拉丁美洲國家，共黨是激進的。

政黨分類也有按其對憲政制度的態度來決定的，可分為憲政 (constitutional) 與非憲政 (non-constitutional) 政黨。例如歐洲的大多數自由主義與社會主義政黨都是憲政黨，因為它們都準備按憲政常規來從事競選，獲取政權；同時按照它們的政見，我們有理由相信它們在獲取政權後也會遵守憲政的體制；共產黨與昔日的法西斯政黨都非憲政黨，它們之接受憲政制度，按其規律行事，都是「權宜」之計，並非出於對憲政制度真正的信仰；當時機有利於其不按憲政常規取得政權時，它們會毫不猶豫地以非憲政的手段來達目的；一旦它們取得政權，現有的憲政體制就岌岌可危了。

以上各種分類法，雖然各有優點，但卻不免偏狹，其分類標準僅限於一隅，而且大多為兩分法，而兩分法的最大缺點，即是把複雜的事象過於簡化。

茲提出一較周遍的政黨分類方式如下（表 13–1）：

表 13–1   政黨分類表

極權群眾黨 （例：共產黨） 英雄豪傑黨 （例：法西斯黨）	傳道黨——掮客黨 　　　（例：美國民主黨）	遺老黨 個人扈從黨 名流黨 聯盟黨

極權黨：共產黨與法西斯黨均為極權黨，敘利亞與伊拉克的執政黨巴斯黨 (The Bath Party) 也屬之，這些政黨的內部組織都乏民主色彩，其目的在獲取政權後，消除其他政黨，建立一黨獨裁的政府，極權黨的策略可能因時因地而異，在「革命」情勢尚未成熟時，也可按民主政治的憲政常規行事，但其目的不致輕易改變。共產黨為

極權群眾黨，以「主義」為號召，重視群眾基礎與基層；法西斯黨的極權的「英雄豪傑」黨 (charismatic parties)，以「領袖」的「神祕個人品質」為精神基礎，不甚重視黨員的人數；阿拉伯國家的巴斯黨與阿根廷貝隆 (Juan Peron) 的政黨可說介於這兩者之間，它們都重視群眾，但都強調「領袖」的個人魅力。

傳道黨：昔日歐陸的天主教政黨與社會主義政黨，都重視原則，並宣揚「主義」，為贏得選舉而犧牲原則則不屑為之。經過了相當時間後，有的傳道黨可能變質了，也關心在大選中獲勝，它們遂可能演變為捐客黨。

捐客黨：美國的兩大黨為捐客黨的良好代表，這類政黨雖然也標榜若干政治原則，但這些原則都是空洞而曖昧，可作各種不同的解釋，或為全社會大多數人都視為當然者，事實上，它們對這些「原則」不甚重視，其主要目的在贏取大選中的勝利，在多元社會，欲如此就必須組成一個容納許多利益的集團之聯盟。這一需要逼使政黨擔任「捐客」角色，周旋於大小利益之間，謀求妥協，使它們都去支持它。

遺老黨：歐洲大陸的若干國家如法國有若干小黨，為十九世紀「貴族」後裔或思想相當保守的士紳組成的小黨，若干極右派的政治勢力，如偏狹的民族主義者，都由其代表，有人認為這些政黨的存在，是這些國家現代化全國各地程度之不平衡，與少數守舊勢力未能轉化所致。

個人扈從黨：是某一個人利用時機的產物，若干「瞬息即逝」的政黨 (flash parties) 均屬此類，這類政黨多半是單一政見 (single issue) 的政黨，多半是抗議性政黨 (protest parties)，它們的產生，往往是社會產生了某一政治問題，有一部份人甚為關心，但大黨及原有小黨均未能注意或處理，這引起這些人對大黨的失望，某位政治敏感之人可能利用這一時機，號召這些人組成政黨，法國第四共和

時代的普查德黨 (The Poujade Party) 與一九六〇年代美國種族隔離
主義者華里斯 (George Wallace) 的美國獨立黨均屬之。這些以「個
人」為中心的政黨，實力當然不足以在選舉中獲勝，但倘若其實力
成長至某一程度，大黨就不能忽視其要求，一旦大黨重視其要求，
這黨的壽命也就結束了。

名流黨：在歐陸國家如法國、荷蘭，都有這類政黨，法國第四
共和時代哈里奧 (Edouard Herriot) 領導的激進社會黨（該黨名為激
進，係由於十九世紀時，反對教會干政甚激烈，至二十世紀中葉，
其立場已甚保守，為一中間偏右政黨），該黨為地方名流的集合，缺
乏固定政綱與組織，實質的實力是基於這些人士的個人聲望，團結
的基礎是共同利益——自由主義的企業家利益。

聯盟黨 (leagues)：組織鬆懈的政治聯盟，有時也以政黨之名出
現於政治舞臺，往往為選舉而組成；在議會中，也以聯盟之名出現。
聯盟中各份子關係良好，可演變為政黨，否則會分裂，故聯盟可視
為一種「準政黨」。但「聯盟」與「同盟」(coalition) 不同，在「同
盟」之中，參加的政黨都保持其本身的身份與名稱，僅在競選中，
作某種程度的「互惠」，同盟當然不能視為一種政黨。

貳　政黨的歷史

政黨的出現可追溯至十九世紀初葉的英國，其時政治領袖們為
了保持自己在政府中的職位或爭取職位，已開始召集小群追隨者，
結成互助的團體，這種集合，類似今日的派系或朋黨。這類集合的
組織並不嚴密，存在時間也不固定，往往變動甚大，成員也按利之
所趨隨時脫離一個朋黨而加入另一朋黨。不過，其時已出現了一些
俱樂部，作為比較穩定的組織。美國與法國的政黨也是源於政治領
袖自行組成的「派系」與「朋黨」。真正的政黨的出現，實與選舉權

的擴大有密切關係。十九世紀中葉以後，在歐美國家選舉權漸漸擴充，愈來愈多的普通民眾都獲得此權。在這種情形下，政治領袖們感到必須發展能爭取並掌握眾多選票，並發掘票源的組織。同時，選民的教育程度提高以後，他們要求政治領袖們顧及其利益與期望，也只有這樣的政治領袖才可望一再當選。如此，政治領袖們就必須掌握一種測知選民動向的方法，此即經常性的深入群眾的政黨。這類政黨顯然不是一兩個政治家獨力所能組成並維持的。因此，一大群有志爭取公職的人就聯合起來了。選舉權擴大後，選民的社會地位、經濟利益……等就不再具有同質性，不同類的選民具有不同的期望與利益要求，政黨就必須強調政見，以別於以往純粹基於人際關係的派系或朋黨。另一項發展是在「派系」與「朋黨」的時期，純粹是領袖指揮跟隨者的，領袖主動組織一個集合體，他決定把誰吸收進去，就以某些「恩惠」來維繫被吸收者，因而對他們有某種程度的單向的控制權，在現代政黨興起後，這個單向的關係就被雙向的關係取代了。一方面，國會的議員們主動在社會上建立他們的政黨組織，另方面社會上的人士也聯合起來以便影響其所支持的國會議員並對其作某種程度的控制。另有些政黨是社會上某些團體所組成或某些運動的產物，譬如英國工黨是產業職工會大會的一項決議之產物，該項決議決定建立一個國會與選舉的聯盟，以便結合從事勞工政治運動的各個較小組織於一體，雖然在十九世紀時英國已有一個獨立工黨 (Independent Labor Party)，但由於工會未加入該黨，其基礎相當薄弱。在其他國家，也有類似的情形，譬如十九世紀末葉，比利時的一些宗教信仰堅強的教師因反對當時學校中關於限制宗教課程的一些規定而組成「天主教學校委員會」，並由此而發展成天主教黨。

　　以上所述的政黨，皆為民主國家以從事選舉為主要存在目的之政黨，另外還有一類政黨，實際上是革命團體或民族獨立運動的領

導集團，這類政黨也在十九世紀末二十世紀初紛紛出現，如列寧的布爾塞維克黨，原為社會民主黨的一派，社會民主黨是一個從事推翻沙皇統治的革命團體，俄國十月革命於一九一七年成功後，布爾塞維克黨改組為共產黨，並禁止其他政黨——包括反對沙皇統治的革命伙伴組織的政治團體的存在，使蘇聯成為一個一黨獨裁的國家。領導民族獨立運動的政治團體也在十九世紀末與二十世紀初葉紛紛出現於亞非殖民地，如印度的國民大會黨就是十九世紀時一些印度知識份子的組織，最早其追求的目標僅是殖民地內政的改革，並爭取殖民政府中印度籍人士擔任公職的機會，並無意推翻英國的統治、完成印度的獨立，其後因情勢變遷，而改變了目標，當甘地於二十世紀初葉獲得領導權後，它逐漸建立了群眾基礎，成了領導印度獨立的主要政治團體；印度獨立後，國大黨雖成為最有力量的執政黨，但並不禁止其他政黨的存立與活動，它矢志於實行民主政治，遂使印度的政治發展迥異於蘇聯。有些開發中國家，領導獨立的政黨與國大黨不同，於獨立後，並不鼓勵其他政治團體。甚至設法阻止其存立，在今日非洲，已有不少「一黨制國家」。不過，這些「一黨制」國家與蘇俄未必相同，其執政黨與蘇俄及其他共產國家的共黨也不一定一樣：柯爾曼 (James Coleman) 與洛斯貝 (Carl Roseberg) 曾把「一黨國家」分為兩種：第一種為「實用—多元型」(pragmatic-pluralistic pattern)，另一種為「革命型」(revolutionary pattern)；第一類的政黨不重視意識型態，比較能順應環境，其現代化策略在範圍、深度與速率上較容忍「有節制的多元精神」；第二類強調「革命」，權力集中，對意識型態甚為注意，其現代化策略具有反傳統、徹底改變社會的成份。非洲的一黨國家的執政黨大多屬於第一類，而共產國家的共黨則屬第二類❾。

❾　James S. Coleman and Carl G. Roseberg, Jr., eds, *Political Parties and National Integration in Tropical Africa* (Bakeley, 1964), p. 5.

參　政黨的功能

　　政黨為多重功能的組織，在政治體系中，扮演舉足輕重的地位。政黨的功能，在不同的政治體制下，可能有些不同，茲首先討論民主國家政黨的功能。

　　在民主國家，政黨的主要功能計有兩項：第一項是反映與匯集民意：反映民意的建制不限於政黨，利益團體與議會也履行反映民意的功能，然而，政黨反映民意與利益團體與議會的反映民意並不能同日而語。首先，在複雜的現代社會，民意並不單純，對同一政策問題，有多種民意，這許多民意，由利益團體，關心公共事務的個人反映，政黨則把若干種大同小異的民意，整合為一，然後加以反映；議會之反映民意，實際是出於議會中的政黨，不同的政黨在議會中辯論，此為反映民意的一種有效而引人注目的方式，然而，並非所有政黨均在議會中有席次，設有席次的較小政黨也反映社會中部份民意；第二項是行使政治領導的功能：政黨為甄選政治人員，予以栽培，並助其當選公職的主要建制，當某一政黨贏取大選時，它就組織政府，這不僅是指它提供構成政府的人事，而且其政綱成為政府施政的重要依據，它藉協調的方法與黨紀的作用，使政綱得以實施，以不負選民之託付，未能贏取大選的政黨，對政府的施政，加以批評與監督，以便累積「政治資本」，以便在日後的選舉中，取而代之。

　　在獨裁國家，尤其極權獨裁國家，政黨的功能是不同的；極權獨裁國家的執政黨往往是該國的唯一政黨（有時也可能有少數其他小黨存在，如東德。但皆無任何影響力，而且其一切活動均受執政黨節制），它不必擔心落選，故反映與匯集民意往往不是其主要的功能，雖然這也是它的功能之一。在民主國家，政黨必須按照民意來

制訂或改變其主要政策方向與政綱，故民意對政黨的行為有頗大的影響力；在極權獨裁國家，執政黨的主要政策方向與政綱的重大原則係意識型態與主要領袖對意識型態之詮釋所決定的，民意對之並不發生影響，民意之作用在於對政策之執行與對行政人員的作風可能產生糾正或限制。因此，在極權獨裁國家，執政黨雖也有反映民意的功能，但這顯然不是其主要功能。在其他類型的獨裁國家，政黨的民意功能比較重要，但也不能與民主國家的政黨相提並論。與其說反映民意，獨裁國家執政黨的主要功能無寧是塑造民意與導向民意，這也即政治社會化的功能。極權獨裁國家的執政黨都代表一種「意識型態」，黨員乃是接受這種意識型態的先知先覺人物，其「使命」之一便是教導人民也去接受這一「真理」，如此整個國家與社會才能按意識型態勾畫的藍圖重建，職是之故，極權獨裁國家的執政黨特別重視「宣傳」與政治教育，整個黨被組織起來灌輸人民「正確」的思想，而且，為防止黨員墮落，對黨員的思想教育也不放鬆；其他類型的獨裁國家的執政黨，當然不若極權獨裁黨般重視意識型態的灌輸與薰陶，但也重視社會化的功能，其政治教育的重心也許不是意識型態，但也必然強調該黨的貢獻，與其獨力治國的必要性，以強化人民對體制的認同與效忠；獨裁國家的執政黨當然也以組織政府為其核心的功能，但它與民主國家之政黨不同，組織政府的權力，民主國家的政黨必須在大選中與其他政黨競爭後取得，而它不必如此，只要使其控制的軍隊及其他力量保持對它的效忠與支持，而反對的力量不足以形成威脅時，它都可繼續維持統治。然而，就組織政府而論，無論民主國家的政黨與獨裁國家的執政黨，有一點是必須考慮的，此即它們都必須甄選適當的人才，不過，何類人才是其甄選的主要對象並不相同，在民主國家的政黨，擅長競選並且具有個人聲望足以贏取選票的人乃是爭取的主要對象，只要這些人大體上接受政黨的宗旨，他們就會被吸收；而極權國家的獨裁政黨

則往往依據兩項主要標準來選拔與吸收人才：忠貞與辦事的能力，極權獨裁國家的執政黨要求其黨員之忠貞的程度甚高，不是民主國家一般政黨可以相比。這種高度的忠貞實包括對意識型態的堅定的信仰，對黨所代表的道德價值與追求的目標之毫無保留的接受。當然，事實上黨員是否皆具有這類高度的忠貞，不無疑問，但是，他們都必須隨時顯示如此，否則可能遭遇「整肅」。除了高度的忠貞外，極權國家的執政黨吸收黨員的另一標準是他們在其本行中的能力。由於這類政黨往往是整個社會的領導核心，它們都想把具有領導地位與才能的各方面人員容納入黨，此是為何蘇聯共產黨黨員中農民與工人在全體勞動人民中的比例並不特別高，而該國的知識份子與行政人員，大多為其黨員。儘管它自詡為勞動者的政黨。在其他類型的獨裁國家中，執政黨吸收人才，也重視忠貞與個人才能兩項標準，但由於在這類社會，獨裁政黨的控制權力未必充份，它往往需與地方勢力妥協，如此，一些地方的「領袖」，如黑社會幫會領袖、地方派系領導份子……等，只要不與其公然為敵，都可能被容納入內。

　　民主國家的政黨，也有不以組織政府為其主要功能的，這大多是一些小黨，當然，有些小黨仍期望將來變成舉足輕重的大黨，能參與組織政府；另有些小黨期望在聯合政府中扮演大黨夥伴的角色。但也有一些小黨，並不存有這種種期望，其主要功能純粹是傳播某種政治理想或主張，或宣洩某種不滿，表達某種抗議，一旦這一有限的目標達成，這種小黨可能消聲匿跡，也可能容納入大黨之中。

肆　政黨的組織

　　關於政黨的組織，學者有不同的看法：有人認為政黨都是名副其實的階層化組織，不論一個政黨如何標榜民主，或者如何矢志推

進民主，其內部組織必然不可能是民主的，這種看法的典型可見之於瑞士學者密契爾斯 (Roberto Michels) 的「寡頭鐵則」(iron law of oligarchy) 說。密契爾斯在研究德國的社會民主黨後，作結論說：任何人的組織，尤其是政黨，都是寡頭控制的，其所標榜之組織內民主，都是粉飾而已；其所以如此，一方面是由於一般成員，對組織的事務都不十分熱心，他們平日關心的都是自己的私事，在這種情形下，他們不可能去真正管理組織的事務，勢必把責任統統交託給積極的份子；另方面這些積極份子專注於組織的事務，乃成為專業人員或具有專業才能者，這少數人在組織事務上必然具有重大的發言權，並負責其日常活動之推展；因此，寡頭的控制組織，在密契爾斯眼中，不僅是無可避免，而且是順理成章的。

假如我們考察政黨組織的實情，不難發現在表面上固然所有政黨都是階層化組織的，但實際上則呈現相當巨大的差異：共產黨與法西斯政黨都盡力維持嚴密的組織，黨的領袖猶如軍隊的最高指揮官，其指示不容拂逆或質疑，倘黨內諸領導份子有路線之爭，多半會演變為清黨之舉，把不服黨魁的意見者清除（或新黨魁驅除舊黨魁及其主要支持者），以維持黨組織的金字塔型態。一般自由主義或保守主義政黨都不可能維持極權主義政黨的組織嚴密程度；然而，即使在這類政黨中，其組織的嚴密度也各有不同：此程度的差異主要由黨內民主化的程度與派系的形成兩者造成。

黨內民主化是自由主義政黨面臨的一項問題。在任何人數眾多的政黨中，都有兩類黨員，一類是積極份子，其中包括黨工人員；另一類是一般黨員；積極份子在提名候選人方面，發揮重要影響力；但當其所提名之候選人為一般黨員所普遍不滿時，黨員中必有人會提出增進黨內民主化的要求，這種要求黨內的積極份子尤其是黨工人員不能置之不理，但也會感到其隱含之意義為對其已不信任與企圖削弱其權力，同時，積極份子也會擔心黨內民主化可能削弱黨的

團結，如此，「黨內民主化」往往成為黨的領導份子一項難題，然而，許多政黨確在這一要求的壓力下，改革其黨內建制與決策程序，使普通黨員在黨的事務與候選人提名上，增加了發言權與影響力。

自由主義政黨在組織方面面臨的另一項問題是派系的存在。當然，任何政黨都可能出現派系，共產黨與社會黨中派系現象的普遍與嚴重，有時不亞於自由主義政黨，但由於共產黨與社會黨都把黨內派系視為嚴重的「毒瘤」，盡力處理此問題，尤其是共產黨，因此派系對黨內團結的長期影響，這些政黨不如自由主義政黨之嚴重。自由主義政黨在處理黨內派系問題上，有其不同的作風：有些政黨，完全承認並接受派系的存在為其組織必然具有的特性，而試圖使派系的活動循某種規範運作，並賦予派系之關係某種建制化的型態，日本自由民主黨可作為這類政黨的典型：日本自民黨中，主流派與其他反主流派的地位與身份是公開的，在黨內角色的分配與內閣成員的決定上，這些派系都會按其實力獲得一定程度的滿足，派系之爭往往表現於黨內主要領袖角色的推選上。另有些政黨，把派系的存在視為不良但無可避免的現象，它們對派系的地位不願公開承認，但在黨內實際權力的分配上，仍然考慮派系因素❿。

影響政黨組織的一項因素是高級黨務人員與從政黨員之關係。在共黨執政的國家，共黨組織為國家政務的中樞，黨的領袖為國家事實上的領袖，政府首長都接受其領導。在非共國家，兩者的關係則呈現不同的型態；在有些國家，政府領袖為執政黨的領袖，黨的名義上的首長實際上不過是政府領袖委派為其處理黨務──主要限於準備競選──的事務人員而已，如美國即為如此，總統為其黨的真正領袖，黨的全國委員會主席不過是總統的一個選務經理人而已；

❿ 關於政黨之派系問題，參閱 Frank P. Belloni and Dennis C. Beller, eds., *Faction Politics:Political Parties and Factionalism in Comparative Perspective* (Santa Barbara, California and Oxford, England, 1978).

不論在共黨國家或諸如美國的型態，高級黨務人員與從政黨員的關係均不致成為影響政黨組織的重要因素；然而，在另一些非共國家，情形與美國並不相同：在法國、義大利等國，參加政府的政黨之高級領導人物，並不一定擔任政府職位，這些人士中，有的將擔任國會議員，也有的甚至不擔任議員，擔任政府職位者與不擔任政府職位者常因政策觀點不同發生爭執；雖然理論上黨的較高領導者應代表黨發言，但擔任重要政府公職者則可能具有較大的名望與較佳的發言機會，其意見往往受到較廣泛的注意。這兩種人士的適當關係，遂成為政黨組織的一項課題。

伍　政黨的紀律

政黨的組織與紀律是不可分的：組織之能夠發揮真實的作用：集中人力物力以達成共同目標，依賴紀律。政黨之紀律寬嚴差異甚大，而其能否有效貫徹，也有相當大的差別，大體而言，極權主義的政黨如共黨與法西斯政黨，黨紀的要求最為嚴格：黨員不僅需要履行其各種義務，諸如繳納黨費、出席小組會議及其他各類會議、履行黨交付的任務，而且必須在思想與言行上服膺黨的主義與立場，檢討自己的錯誤……等，否則就可能受到種種懲戒，包括開除黨籍：在共黨或法西斯政黨主政的國家，為執政黨開除黨籍的後果甚為嚴重；不僅表示無法成為精英的一份子，獲得或保持較有前途的職位，甚至可能被認為政治上的不可靠份子，而被別人懷疑，或使他們不敢接近，致陷於社交方面的孤立。在共黨或法西斯黨派執政的國家，由於執政黨掌握政治、軍事……等各種權力，為社會價值的唯一分配者，其紀律自然較易貫徹，除非其黨的高級領導者爆發嚴重的派系之爭，其黨紀往往相當良好。

在自由主義與民主社會主義的政黨中，黨紀的維護就各不相同

了。首先，一般自由主義與民主社會主義政黨對黨紀的要求與共黨及法西斯政黨是不一樣的；自由主義與民主社會主義政黨對普通黨員根本無所謂黨紀之約束，只要他們選舉時支持黨的候選人就算盡了黨員之「義務」，就若干政黨而言，黨部根本不清楚其黨員人數多少或那些人為黨員，因此，黨員如不投黨的候選人，也談不上違背「義務」，對於黨的公職候選人及以黨的名義當選的人，當然有某些黨紀的約束。大體而言，黨紀僅在兩種情形下可能被使用：其一是違紀競選，也即未獲黨之提名而以黨的候選人名義競選，或為敵黨的候選人助選，或努力使自己的黨之候選人落選；另一是議員拒絕支持或甚至反對黨的重要政綱或政策立場，而且這種態度表現於法案的投票上。對於有上列行為的公職候選人、助選的人員或議員，黨紀制裁最多僅限於拒絕支持其競選，或拒絕在其尋求連任時再予提名，一般而言，使用這種制裁方式的情況並不甚多，在大多數情形下，都以申誡或黨部與違紀者妥協了事。嚴格的黨紀制裁能否被有效採取，視選民的投票趨向、黨及其領袖的聲望、違紀者本身的政治實力等因素而定。譬如英國的選民頗多是按黨籍取向投票的，因此，黨紀制裁較能有效貫徹；美國選民則不然，黨紀就較難有效貫徹了；即使在英國，黨及其領袖聲望高時，黨紀才能很有效的貫徹，我們試以工黨的一些事例來加以說明：第二次世界大戰後，英國工黨內部發生嚴重爭執，對艾德里首相的政策批評最烈的工黨籍國會議員之一是齊里亞庫 (K. Zilliacus)，當其選區工黨組織決定提名他爭取連任時，工黨的全國行政委員會——成員包括首相、十二位勞工領袖、六位內閣大臣及一些其他的份子——拒絕核准，但選區工黨不接受中央決定。當齊里亞庫以極為左傾的政見出馬競選時，行政委員會把他開除黨籍，其選區工黨組織不服，把該案提交全國代表大會裁決，工黨全國代表大會投票時決定支持中央，這位違紀候選人遂以獨立派人士競選，工黨提出的黨籍候選人擊敗了他，這

事說明黨的領袖的聲望亦為黨紀能否貫徹的決定因素之一；倘若我們把這案與一九八〇年代初工黨在福脫 (Michael Foot) 領導下的情形相較，就更可明瞭黨的領導份子的聲望對黨紀的維持之重要性，福脫不是一位極孚眾望的領袖，當他當選工黨黨魁時，工黨正面臨頗嚴重的路線危機；一方面激進的左傾路線可能得不到日趨保守的若干產業工會的支持，而較溫和的政綱則會使青年支持者失望，福脫的激進立場，逼使若干資深領袖脫黨，另組社會民主黨，在這種分裂現象發生時，也有不少工黨政治人物採一種騎牆的姿態，於不少問題上，與中央領導層表示不盡一致的意見，福脫感到自己聲望之不足，並恐社會民主黨勢力之擴大，對這些意見只得隱忍，並不運用黨紀，一九八三年的大選，工黨大敗後，福脫辭職，工黨選出了一位四十一歲的新人金諾克 (Neil Kinnock) 出任黨魁，似乎表示將以嶄新的姿態重整旗鼓。但工黨的復興並不容易，一九九二年大選又告失敗，金諾克辭職，由頗孚眾望的史密斯 (John Smith) 繼任黨魁，在史氏卓越之領導下，工黨卒能調和黨內派系，改變中產階級對工黨之觀點，但一九九四年五月，史氏卒於心臟病，八月工黨選四十一歲的勃萊爾 (Tony Blair) 為黨魁。由於保守黨政府不孚眾望，一九九六年大選，工黨大敗保守黨。

　　一般而言，極權主義政黨黨紀可能勝過民主社會主義與自由主義政黨，是不足為奇的。一方面，極權主義政黨是把政黨當作一個創建新的政治與社會秩序的鬥爭工具，當然對黨紀有較高的要求，為貫徹黨紀，都花費頗多心血。其紀律委員會或類似組織，往往由有聲望的領袖們組成，對違紀行為的處罰頗為嚴厲；在極權黨成為執政黨的國家，違紀者要付出極高的政治代價，黨紀的維持當然更有效；就是在極權黨並不是執政黨的社會，由於參加極權黨的人志願與黨外分隔。黨的生活遂形成一個次級文化的領域。這也有利於黨紀的維持。民主社會主義與自由主義政黨根本上僅僅自認為係代

表社會上某種利益的人之政治組織，黨員的參加政黨或支持政黨（有些政黨根本無所謂「參加」）是志願的、維持或促進自己利益的行為，黨與黨員的關係乃是一種政治交易的關係（黨於競選勝利組織政府後，提供有利於黨員與支持者的政策，黨員與支持者助其當選）。因此，對普通黨員就無所謂黨紀，黨紀僅用來約束有意從政或已經從政的黨員，對於這些人，某種程度的黨紀是必要的，倘若完全沒有黨紀，執政黨的政綱（也即對選民開出的支票）就無法兌現——黨領袖們提出的法案在國會中可能得不到足夠的支持——而反對黨也可能由於若干議員支持政府而無法有效地「制衡」政府；然而，過份嚴格的黨紀則並不宜採取，其理由有二：第一是在當今的多元的工業社會，民意甚為複雜，不是任何政黨的綱領所能概括的。重要的民意必須在國會或其他議會中表達，因此，一位黨籍議員偶爾為表達此類民意，而不顧「黨意」，似乎難免，也為盡其職責所需，如對這類行為以過份嚴格的黨紀制裁，可能不利於民主政制在現代社會中之運作，也可能漸漸造成政黨與民意的「脫節」，而危及政黨的長期發展。第二是這類政黨都瞭解在現代的多元民主國家，過份嚴格的黨紀制裁，對黨的力量之維持，並非必然有利的。當然，完全不運用黨紀，黨的力量會削弱，過份嚴格地使用黨紀，也會削弱黨的力量，此因不少有力的政治人物，其影響力的基礎並不主要來自黨的支持，而係自己栽培，或來自家族、派系……等，黨如對他們實施過份嚴格的制裁，他們可能脫黨，脫黨後，有些個人政治前途也許不受任何影響；有些即使受了影響，也會對其所屬政黨構成損失，落得兩敗俱傷的下場。由於黨紀制裁有時不能不用，但又不能使用過份，溫和的使用未必有任何制裁的實效。許多民主政黨領袖對於黨紀制裁使用之問題，無不感到頭痛，對此問題，他們一般都盡量避免其發生，欲達此目的，他們往往提供從政黨員充份表達意見的溝通途徑，採取可能引起爭執的重大政策或立場前，使其所代

表的民意能夠表達；而且，除了少數重要性甚大的課題，黨的立場必須維護，在其他課題上，即使不支持黨的立場，只要理由充份，也可避免黨紀的制裁；倘若黨紀制裁難以避免的情勢已發生，他們也會按違紀者的個人政治實力，黨的民意支持程度，違紀行為的性質可能後果等準則來審慎考慮制裁的方法與程度。

陸　政黨與社會的關係

政黨與社會的關係，可從三個角度來探討：政黨與民間的關係，其與議會的關係，及其與行政機關的關係。這種種關係，當然又按政黨的性質，政治體制的類型及其他種種因素（諸如政黨是在朝抑或在野）而不同，甚為複雜，在本節中，我們僅擬簡略地敘述：

一、與民間的關係：

任何政黨都必須依賴人民的支持才能存在，為取得並保持這種支持，它必須反映人民的願望，促進人民的利益：欲反映人民願望，促進人民的利益，它必須設法探知這種願望及利益為何。以上為一個大原則，實際上，人民並無一致的願望與利益，故政黨對於如何取得民意支持，實有不同的觀點與策略：一般整合的政黨（紐曼的說法），包括若干一黨制的亞洲新興國家的民族主義單一政黨與一些極權政黨都自認代表全民利益或理應重視的利益，故其宣傳上、政策上，都以全民或全社會為目標，對於其實際上無法或不擬代表的民意，則採取抹殺或壓抑的策略。如此，政黨就不免運用執政者角色所擁有的公權力來否定受壓抑的民意，並藉國家的鎮壓力來維護其代表全民的說辭或迷思。當然，有些民族主義政黨可能在一項政策課題（即民族尊嚴的維持）上獲得廣泛民意支持。然而，由於一個社會不可能僅有一項重要的政策課題，故這類政黨往往是以國家

公權力來維護其地位的；以代表性政黨而言，它們不認為自己可以代表全民，也不敢否定自己無法或不曾代表的民意應有其他政黨來代表，因此，它們在維持與民間關係上的策略是三方面的：1.加強與支持者的關係；2.爭取可能的支持者及游離份子；3.避免不必要的冒犯政黨的支持者。茲就此三項略加說明：

㈠政黨的支持者由何決定？在六〇年代以前，這是比較簡單的。六〇年代以後，雖略為複雜，但仍然不難決定。任何政黨都代表某種利益——大多數是經濟利益，也有些是非經濟的利益；就歐洲的情形來說，十九世紀末至二十世紀初，群眾性政黨（包括精英政黨有限度地擴充其「群眾」基礎）之紛紛出現。它們都是為了某種經濟階層的利益（如社會主義政黨為勞工的利益等）或服膺某種信仰的人之利益（如荷蘭等國天主教徒的政黨係為天主教徒之利益）而成立，由於此種淵源，自十九世紀末至本世紀六〇年代，歐洲政黨的支持者具有相當高的同質性，在宗教對政治影響較小的國家大多數政黨都代表某種階級或經濟階層，而在宗教較分歧而其影響政治較大的國家，則還加上一些支持者主要屬同一信仰（主要為天主教）的政黨。一九六〇年代以後，由於中歐與西歐等國社經發展的結果。傳統的政黨與其支持者關係的型式已有一些改變：生活較優裕的勞工有的已改為支持自由主義的政黨（如英國保守黨的支持者中，三分之一為勞工階級），而白領階級的份子，因對其社會的不滿，支持左翼政黨的人數增加。不過，雖然有這些改變，迄今為止，政黨與其支持者的類別仍大體維持固定的型式。由於此點，歐洲政黨的政綱往往比較明晰，它們必須明確宣示其維護與促進其傳統支持者的利益。唯有如此，它們才能維繫這種支持。然而，政綱固然明確，對於實際的政策課題，政黨在決定立場時，並不能純從政綱推演，它們必須隨時注意支持者的意見——這種意見並不是固定不變的——。因此，它們必須與支持者維持密切的聯繫，並提供其表達意

見的管道，大體來說，這種工作社會主義的政黨做得比較成功，因為它們具有經常性的黨務組織，一般自由主義政黨僅從與積極份子的個人接觸中，探知民意。美國的社會，階級區分比較不顯著，而宗教對政治的影響甚微，其主要政黨不能僅依賴同質性高的支持者維持其實力，而必須把一些利益相當不一致的集團匯合為一個「聯盟」，來支持它，才能在選戰中獲勝。因此，美國政黨的政綱不能顯示其係促進某一階級或階層的利益的；然而，儘管如此，共和、民主兩黨的基本支持者的性質仍有顯著的差異：共和黨的支持者多數為西歐移民後裔，屬基督新教徒，收入較佳，職業多數為白領或農民，係社會的守成份子。民主黨的支持者多數為東歐、南歐及亞非、拉丁美洲移民，屬天主教、猶太教，經濟收入一般較差，職業頗多勞工，比較傾向於改革，並要求聯邦政府提供較多的服務。由於這一差異，美國兩黨的政綱，雖然不像歐洲政黨般標榜其「階級」或「階層」立場，仍然有其差異。

㈡代表性政黨雖然全力維持其傳統支持者，但也必須爭取可能的支持者及游離份子：政黨僅藉維持其傳統的支持者之策略，無法長久保持實力。這是因為一方面社經變遷的結果，使傳統支持者在全國人口中之比例可能改變，譬如英國自由黨在二十世紀初葉，仍為該國兩大黨之一。可是由於英國快速的工業化使勞工人數大增，一旦勞工普遍獲得選舉權，代表勞工的工黨就取代了自由黨的地位；另方面傳統支持者可能大批背棄其原來支持的政黨：這種現象的發生主要是由於兩個原因， 1.傳統支持者生活情況的改善或轉劣，譬如二十世紀中葉後，在若干西方國家，產業工人大批背棄社會主義政黨，改投自由主義或保守政黨者，所在都有，其基本理由為其經濟情況改善，使其自覺已與其他勞工不同，而與中產階級增加認同；而且，由於部份傳統支持者生活型態的改變，使其與其他支持者間差距增加，利益不一致的情形加深，因而就不易維持對同一政黨的

支持。譬如一九六〇年代後美國不少白人勞工與黑人勞工的利益差距增加，並因而反對民主黨若干支持黑人民權的政策，結果轉而放棄對民主黨的支持。 2.一個大黨不可能僅對一種問題——經濟或政教關係——具有立場，它必須對社會上一切重大問題採取一項立場，而在今日社會，重大的社會問題甚多，政黨在對這眾多問題採取立場時，就不免失去傳統的支持者。譬如若干英國的較年長的勞工，雖然支持工黨對經濟問題的立場，可是由於反對工黨的「英國應否參加歐洲共同市場」或「死刑存廢」等問題的立場，而在大選中放棄支持工黨。

　　由於政黨已不能很有效地依賴傳統支持者的支持（這種困難將因現代社會的加速變遷而增加），它們必須發掘並爭取潛在的支持者，尤其是年輕一代及游離份子。欲達此目的，它們無不努力於探測民意的趨向，設計前瞻性的政治綱領，並在宣傳與組織上保持相當程度的彈性，歐美政黨領導階層快速的更新，可說是這種策略具體的反映。

　　㈢在十九世紀末至二十世紀初葉，歐美政黨都富於「鬥爭性」，二十世紀中葉後，此種「鬥爭性」已降低，「鬥爭性」是表現於對敵黨的言辭攻擊與對其立場之否定上，在階級區分明顯、利益尖銳對立的社會，「鬥爭性」在所難免，對黨本身也具有重要的功用：維持自身的團結與吸引認同者較強烈的支持。但在二十世紀中葉以後，歐美工業先進國家，階級的區分已不如以往強烈。利益的對立也較不尖銳，而且跨越「階級」或「階層」以表示其政治支持的選民已經大幅增加，一個政黨顯示過強的「鬥爭性」，不僅對自身無利可圖，而且會被認為不夠成熟，不夠「理性」。在這種情況下，除了大選的尖峰時期與國會中極關重大的爭執性問題辯論的決定關頭，「鬥爭性」的言詞是不常見的，避免這些言詞可避免不必要地刺激敵黨的支持者，並且為將來吸收這類人士中「變節」份子的支持。（在現代

社會，這是大有可能的。）

民間對政黨的支持可分為 1. 人員； 2. 經費； 3. 選票的提供。 1. 人員：政黨的主要功能之一為甄拔政治領導人員，這些人是不斷地從民間去選拔，在民主國家的政黨，專職的黨工人員甚少，主要靠義務工作的積極份子參與推展各種活動，尤其在競選時為然，積極份子中之具有政治領導能力者往往被黨吸收為值得栽培與支持的人才。此外，政黨也從民間團體的領導人士中羅致對其基本綱領大體上認同者出任其公職候選人，一個政黨除非能不斷發掘、栽培與提昇新的領導人才，否則在一個變遷快速的現代社會，是無法保存其在選民中的聲望。 2. 經費：政黨必須有充份的經費，才能展開各項活動。尤其競選，是耗資甚鉅的。因此，政黨對經費的籌措，無不殫精竭慮；大體說來，代表性政黨的經費的主要來源為(1)黨費：民主國家的政黨，有的規定每一黨員必須定期繳納定額的黨費。黨費的金額甚小，徵收的主要目的未必是解決黨的經濟問題，而是藉此強調黨員對黨的義務與效忠，並作為不同時期核算黨員人數的一種方法； (2)捐贈：民主國家的政黨都依賴各種捐贈，尤其以競選時為然。競選時，小戶捐贈不致引起嚴重問題；大戶捐贈則成為眾所矚目的問題。因為捐贈者的動機各不相同，有些純粹為協助其黨的候選人當選，此外別無他求；但也有的動機並不單純，希望獲得政治利益。此類捐贈足以使當選的政黨與政治家失去按良知與法規履行職責的「自由」，遂成為棘手的問題；若干國家曾經試圖立法限制大戶捐贈，如美國的哈契法案 (Hatch Act)，規定政治捐款（不論個人或團體）的數額。但此類法案效果不彰。另有些國家，則規定由國家公款來支持政黨，使其減少對大戶捐款的依賴。但政府以公款支助政黨之舉，要獲得社會普遍支持，承認政黨對國家作重大貢獻，方可採行，否則必會引起重大不滿。尤其那些支持在國會中無議席的政黨與政治上獨立派人士，對此更可能有異議。我國政治人物，

感到競選費用過鉅，無力籌措，並感到長此以往，「財閥」與「金牛」將成為民意機關的主流人物，頗多主張「公費選舉」者，然而，一般民眾對此議並不熱心，故未能成為政治上急待處理的課題。 3.選票：民間對政黨的主要支持為選票。一個無法獲得選票的政黨，不論其主張何等崇高，領導者何等卓越，也不能在政治上發揮作用，人民以選票支持政黨，正如提供其他各類支持一樣，並非無條件的，其條件即是民間對政黨的要求，民間對政黨的要求也可分為很多類，大體說來，支持者的性質不同，其要求自然也不相同。民主國家公民對政黨的支持，按其程度差異，可分為數類：⑴認同者：此輩在內心對某一政黨的好感超過對其他政黨，選舉時會投它票，但不會以其他行動支持它；⑵支助者：此輩對某一政黨的認同較深於第⑴類，除投票支持它外，可能偶爾對它作某種有限度的支助，如捐贈小額競選經費等；⑶貢獻者：此輩對某一政黨作定期的貢獻，如捐贈與助選，但並不熱心參加其活動；⑷積極者：此輩不僅對某一政黨作種種貢獻，而且經常參加其活動。這四種支持者都希望其所支持的政黨一旦當選，會實行黨的政綱，或至少阻止敵黨主張的實現，這種自然的要求，是他們一致的要求；此外，他們也有個別的要求：認同者與支助者大體沒有什麼別類要求，但貢獻者與積極者則要求頗多：有些人要求政黨的「恩惠」(patronage)。「恩惠」乃是指政黨一旦當政後，提供其主要貢獻者與積極份子政治性職位或經濟利益以為酬庸；譬如一九六〇年代初葉甘迺迪總統在作必要改革前，美國駐外大使有二分之一弱是一位新當選總統作為酬庸提供競選經費的工商界人士的職位，職業外交官獲得這些職位的機率甚低；另有些人則要求對政策與施政措施的影響力。

二、 與議會的關係：

在許多民主國家，政黨活動的中心為議會，黨在議會中的團結

為決定其政治影響力的因素之一。為了加強對黨籍議員的約束，往往設有議會內的黨組織，以別於議會外的黨組織；議會內的黨組織包括全體黨籍議員。在其領袖與助理領袖〔即所謂議鞭 (Whips)〕的指揮、督促、協調與說服下，在議事問題上採取較一致的黨的立場。除了議會的黨領袖與議鞭，議會中各黨還設有政策委員會，商討議事爭執中黨的政策與策略。議會中各常設委員會中，每黨分配與其在整個議會中之比例相等的名額；黨籍議員分配至常設委員會的決定，通常也由議會內的黨組織為之。

在議案論辯過程中，敵對政黨的領袖也常常會商，以便商定論辯的若干基本準則，使議事之爭能在較具建設性的情況下進行。雖然在一些歧見較深的問題上，議事僵局有時難免，但政黨的統一指揮與運用，有時確實有助於重大議案的適當考慮，及瑣碎議案的排除。

議會內黨組織與議會外黨組織的關係，對議會政治的運作，關係頗為重大，在若干國家如英國，議會內的黨組織影響力甚大，受議會外組織的牽制較小，但在另一些國家如義大利與第四共和時期的法國，議會內黨組織就不免常受議會外黨組織的牽制，尤以左翼政黨為然。

三、與行政機關的關係：

（在較不民主的國家，議會的地位遠遜於行政機關，行政部門的首長為主要政策的來源，議會幾乎成為「橡皮章」(Rubber Stamp)，其工作僅為毫不考慮地「核准」行政部門的一切政策提案，而且議會的民間聲望也遠低於行政機關；行政機關凌駕議會的地位之維持，主要是由於行政首長本身往往為政黨的實際領導者）；在一般民主國家，政黨與行政機關的關係，是按其為執政黨抑或反對黨而不同的。執政黨掌握政權，對行政機關具有巨大的影響力。在往昔，執政黨

有權處理行政機關的一切人事，例如傑克遜當選美國總統時，把聯邦政府的一切官吏，統統改換成其同黨人充任，英國的作風也類似，至十九世紀末葉，才確立政黨政治不干涉事務性行政官員之任用的慣例，並成立一般行政官員須以專長 (merit) 取得職位，且不得以政黨政治理由辭職的立法。但在民主國家，仍有若干官職供執政黨支配，例如美國聯邦政府中，有二千餘政務官職位，由總統任命，反對黨在政府人事的任免上，影響力頗小。其對行政機關的影響，在於監督權的行使，議會中反對黨議員對此是不遺餘力的，因為暴露行政缺點，指出政府弊端是其積聚政治資本，以便日後爭取選戰勝利的良好方法。

柒　政黨是否已漸趨沒落？

二十世紀後半期，不少人士擔心在先進民主國家政黨已日趨沒落，這可從種種跡象看出：首先，在許多國家的多次選舉中，都顯示不隸屬政黨的獨立候選人得票率日增，主要政黨的得票比率則有遞減之勢；其次，在許多國家的多次民調均顯示政黨在人民心目中的印象日益轉劣，而且，自認不屬任何政黨的人數比例日增；第三，社會上出現了不少龐大的民間團體與社會運動，都在從事政黨所作的工作，有些獲得可觀的成果。許多研究政黨的學者認為政黨之沒落，可歸諸幾個原因：第一，先進民主國家經社環境之改變使許多政黨喪失傳統支持者堅強而一貫的支持：二十世紀中葉以前，在先進民主國家政黨之能夠保持其實力，主要是由於在當時的社會分歧結構 (cleavage structure) 下（所謂社會分歧結構，乃是指一個社會，選民由於其身份、職業、經濟地位、族群……等因素而造成的區隔之型態，譬如一個社會僅以白領工作者與藍領勞工為主要的區分，則其分歧結構為單純的階級分歧之單元分歧結構），主要政黨各有其

明確的堅強支持者，在每次選舉中，均能獲得固定比例的選票，如
保守政黨可獲得中產階級選票，社會主義政黨可獲得勞工選票等；
然而，由於經濟的日益繁榮、生活水準的提高、教育之普及與提昇、
社會流動之增加，至二十世紀中葉以後，原來的社會分歧結構已產
生變化，許多勞工已中產階級化，而許多中產階級的傳統支持者也
可能因別種因素而改變其投票行為；其他形成分歧結構的基礎如族
群……等，則也已淡化，不復以往般作為人民認同的依據。第二，
由於傳播與資訊科技的發展，如電子媒體的大量採用，與電腦科技
的普及，使具備個人魅力的政治人物能直接對選民宣傳理念與政見，
爭取選票，不必透過政黨組織，此使政黨在競選中的作用大不如前。
第三，由於意識型態之式微，使政黨間立場的對立減弱，在眾多政
策上，不同政黨的區隔已相當小，許多選民對選擇政黨已失去興趣，
他們認為既然不同政黨的政策都差不多，倒不如選一位能解決問題
而品德較好的人。因此，選人不選黨的想法，在各國都相當流行，
這種想法也加速了政黨的沒落。

　　不過，近來一些主要的研究政黨的學者，對政黨沒落的說法提
出質疑。他們認為政黨並未沒落，只是其組織方式與社會之關係及
主要功能已在產生微妙的變化：他們根據資料指出民主先進國家的
政黨，就黨員人數在全體公民中之比例，一般黨員對黨的捐獻，黨
與其支持者的聯繫頻率，與政黨非選舉期間在社會之活動……等方
面來看，確實已不如一九七〇年代以前；然而，在其他方面，如黨
的經費、黨務工作人員數目……等則大為增加，這都是由於政黨都
可從政府獲得公費補助；就歐洲來說，除了三五個政黨，如英國的
自由黨等，絕大多數稍有份量的政黨都曾參加過聯合政府分享決策
權。在目前的歐洲，政黨在意識型態、政治立場、基本政見上，差
距已相當小，政黨之組織相當鬆散，大多數政黨都不甚重視與基層
民眾的聯繫，其接觸對象往往為其他政黨與政府機關，政黨的主要

貢獻已不是提供新的政策與治國方向，而是提出管理政府事務與解決日常社經問題的建議與技能。

以上政黨沒落說與政黨轉型說，都有一些支持者與反對者，更有些人士對這兩種看法都存疑，認為儘管沒落說與轉型說所依據的一些現象確實存在，但其程度都還不足以支撐這些看法，不過，民主先進國家的政黨是否會朝向這些說法所標示的方向發展，最後終於醸成先進民主國家政黨之沒落抑或轉型，是一個值得探究的課題。

■⃞ 第十四章　政黨制

政黨制限制了政黨活動的範圍、行動的方式，及在政治體系中扮演的角色。因此，討論政黨必須討論政黨制。

在本章中，我們擬對政黨制作一簡單的敘說與分析，本章共分政黨制的種類、不同政黨制的成因、政黨制之改變、不同政黨制對政治體系運作的影響。

壹　政黨制的種類

現在世上各國的政黨制，依其政黨的多寡與其他特性，可分為多黨制、兩黨制與一黨制。茲分敘如下：

一、多黨制：

在民主國家，政黨制主要有兩類，即多黨制與兩黨制。在標準的多黨制下，任何政黨均無法獲得過半數的選票，因此在國會中都無法掌握一半以上議席，多黨制國家，如義大利、以色列與第四共和時代的法國，其行政組織往往是內閣制，而且以聯合內閣 (coalition cabinet) 方式出現的，所謂聯合內閣是指閣員由兩個或兩個以上政黨的黨員擔任。在多黨制的情形下，每一政黨對國家大政都表示一個較明確的立場。在一般情況下，這些立場可從極右（極端保守，甚至違反時代潮流）至極左（往往由共產黨代表），及許多位於兩者之間的立場，分別由自由主義政黨、社會主義政黨代表。我們平常所說的左右之分，往往僅是基於經濟政策的觀點，左派主張生產工具的公有化與國有化，對私人企業加以較多管制，右派則

主張私人企業具有不容侵犯的神聖性，這種分法不免過份簡化，事實上，經濟觀點並非構成政黨分歧的唯一基礎，諸如政治、宗教、國家主義、地區利益及私人感情均可能成為政黨分歧的基礎，在一個分歧因素較多的國家，如法國與義大利，經濟利益一致的人，也可因宗教或其他方面的不同，而分屬不同的政黨。

二、兩黨制：

兩黨制乃是指一個具有兩個主要政黨的政治體制，這兩黨之一往往在議會中佔據二分之一席次，兩黨的實力隨時間而互為消長，故始終保持「一黨在朝，一黨在野」的情況。任何兩黨制的國家，政黨的數目都不止兩個，但兩個主要政黨以外的小黨儘管參加競選，一般都不致影響兩黨的優勢地位❶。茲以英美為例說明：十九世紀末葉前，英國有兩大黨，即保守黨（由原來的 Tory 轉化）與自由黨（由原來的 Whig 轉化），兩黨輪流執政，至二十世紀，勞工階級普遍獲得投票權，工黨興起，至一九二〇年代工黨漸取代自由黨的地位，第二次世界大戰後，英國政局一直由保守黨與工黨輪流主政，自由黨雖仍有相當實力，但已不再成為執政的政黨了。美國共和民主兩黨輪流執政（指擔任總統）之局，始於南北戰爭以後，南北戰爭結束後共和黨佔較大優勢，至一八八五年克里夫蘭 (Grover Cleveland) 出任總統，才有一位民主黨人主政，其後共和黨的優勢仍然保持（雖然克里夫蘭於一八九三年又再度當選總統），直至威爾遜 (Woodrow Wilson) 於一九一三年出任總統，民主共和兩黨的大致相等的地位才漸漸確立，第一次大戰後，共和黨勢力又凌駕民主黨，

---

❶ 在美國，兩大黨以外的諸小黨，在總統大選中，合計獲得的選票不會超過百分之八，在較低層次的公職的選舉中，除美國進步黨的 Robert La Follett 及美國獨立黨的 George Wallace 曾當選州長外，小黨也無斬獲；英國自由黨勢力較大，但也不足以對兩大黨構成威脅。

羅斯福 (Franklin D. Roosevelt) 於一九三〇年代初葉的勝利帶來民主黨的長時期優勢，第二次大戰後，民主黨的勢力大體超過共和黨，雖然其間艾森豪、尼克森等共和黨人曾出任總統，但大多數時間內國會中的多數黨為民主黨，一九八〇年雷根當選總統前後，美國國內民情似又有改變，共和民主兩黨的實力又漸趨平衡，但這一情勢能否維持，殊屬逆料。無論如何，美國百餘年來政局係由此兩大黨輪替主持，則是毫無疑問的，該國的共產黨、自由黨、社會黨與禁酒黨……等確曾一再參加總統大選及議員選舉，但都不能引起民間較大重視，少數黨獲票未曾超過百分之八。一九二〇年代以威斯康辛州為基地的拉福萊 (Robert La Follet) 的進步黨一度聲勢頗盛，但也不過控制中西部的若干州政府，造成地方性優勢而已，至於一九六〇年代華里斯 (George Wallace) 在阿拉巴馬發動的獨立黨運動，則勢力更小，「風光」的時間更短，更不足道了。

　　一般教科書所載的兩黨制與多黨制之分，大體上是正確的。但有時情形稍為複雜；例如德國，其兩大黨的社會民主黨與基督教民主聯盟 (CDU——通稱基督教民主黨，實際上為 CDP 與以巴伐利亞為大本營的基督教社會聯盟 CSU 的聯合)。然而，這兩大黨主持的內閣中，往往有一較小的夥伴，即自由民主黨 (FDP)，這一小黨在議會中的席次雖微不足道，但由於其溫和的政治立場與兩大黨均可「聯合」，而任一大黨又無法獲得半數以上的席次，故此小黨往往可在內閣中獲得重要的職位。

　　日本也曾被人認作兩黨制國家，其保守的自由民主黨與溫和的社會黨為兩個主要政黨，雖然共產黨與公明黨在議會中也佔若干席次，然而，日本的情形相當特殊，自由民主黨（一九五五年前為自由與民主兩黨，該年合併）自戰後就一直執政，期間僅一九四七年以社會黨為主的短期聯合內閣，以及一九九三到一九九六年間由日本新黨、新生黨及社會黨輪番領導的聯合內閣。故日本政治基本上

仍是一黨掌握的。難怪曾有兩位學者曾戲稱日本的政黨制為「一個半政黨制」。(見 Robert Scalapino 與 Junnosuke Masumi, *Parties and Politics in Contemporary Japan* (Berseleg and L.A., 1962) 直到二〇〇九年,由民主黨的鳩山由紀夫組閣後,才逐漸有走向兩黨制的趨勢。

三、一黨制:

一黨制是今日世界上相當普遍的政黨制度,存在於共黨國家與大多數亞非與拉丁美洲開發中國家。關於一黨制的國家是否必然為不民主的國家,論者的看法不一。首先,我們必須指出這問題其實有兩個層面,第一個層面是實徵的,即今日的一黨制國家是否係不民主的;第二個層面是理論上,一黨制國家是否必然不可能民主,也即競爭性的政黨制(以兩黨或多黨為代表)是否為民主政制的必要條件。關於這兩者,答案都不一。有一些學者認為墨西哥與非洲的少數國家,雖然實施一黨制,但大體上是民主的,其民主的程度也許比不上英美,但我們並不能說它們是不民主的國家❷;因為在這些國家,民意在政策決定與政府重要人事的安排上,確實發揮相當作用,而民間的各種利益也都有表達的途徑。對這看法不同意的學者則認為這些國家的「政治競爭」的可能性及程度都是相當侷限的,儘管執政的政黨內,有種種制度的安排,容許競爭,但那些不接受執政黨的政策之基本原則的人,就不可能參與這種競爭,若說充份而平等的政治競爭,是民主政制運作的要件,則這些國家,最多只能說比其他的一黨制國家不民主的程度較少,但仍不能視作真正的民主國家。

---

❷ 例如 Robert Scott 認為墨西哥在 Party of Revolutionary Institutions 一黨統治下,是民主的。見 Scott, "Political Parties and Policy-Making in Latin America,"in Joseph La Palombara and Myron Weiner, eds., *Political Parties and Political Development* (Princeton, 1966), pp. 201–216.

就純粹理論的層面而論，認為一黨民主不可能的人指出充份而平等的政治競爭為民主政制運作的主要條件，在一黨制下，這條件根本無法實現。因此，一黨民主是少數區域研究的專家的「幻想」；另一派人士則認為以上這種偏執的看法實為有限的政治經驗產生的誤解，他們指出一黨制其實可分為若干種次型：除極權或獨裁的一黨制外，還有一黨為主制與變體的一黨制等，茲分別說明如後：

㈠極權或獨裁的一黨制：極權或獨裁的一黨制的典型例子為納粹、法西斯與共產國家的政黨制。在這些國家，執政黨（納粹、法西斯或共產黨）往往為唯一的合法政黨，任何人企圖組織別的政黨或對這些政黨的權力加以挑釁，都會遭致鎮壓與迫害，這唯一的政黨為整個社會唯一領導中心，控制政府與一切所謂民間團體、輿論與民意受其統制，必須仰賴其提供的管道，才能表達與傳播，否則可能視作「反革命」的宣傳，而受嚴酷的批判與鎮壓。

在極權的一黨制下，執政黨為權力的來源，國家政策由黨的領導層決定，政府僅為執行機構，政府的一切人事由其決定，行為受其監督，所謂民間組織，不論其為工會、職業團體、農會……等，都是黨主動組織的，實際上都是它的「傳訊道」(transmission belts)（史達林語），其存在的目的是把黨的領導層的旨意傳達給人民，並且協助領導層瞭解人民對政策的反應。

在極權國家，執政黨被認為係「階級的先鋒」「民族的精粹」。故黨員的甄選非常嚴格，必須「階級成份」正確，或民族血統純粹，並對黨所持意識型態與政治理想服膺的人，才准加入；而且黨員一旦入黨，必須通過思想與行為嚴格的反覆考驗，才能免於定期清黨中被除名的命運。理論上，黨員應為民表率，對服務社會具犧牲奉獻的精神，一切艱苦的事務，不論其為處女地之開發，抑或協助秋收，都要勇於參加，並且，有頗多的例行任務，如定期開會，協助政府宣導政令等。然而，實際上，不少黨員都成為「特權階級」，獲

得各種優待，其對社會之貢獻並不能與其享受之特權成正比。極權的一黨制外，還有一般獨裁體制下的一黨制，諸如佛朗哥時期的西班牙、貝隆時期的阿根廷，與當今非洲的馬利、幾內亞等，這些國家的法律規定僅允許一黨存在，執政黨在名義上雖為國家的領導中心，但實際地位不如極權的一黨制下的執政黨，政府行政部門的首長往往與執政黨的領導層分庭抗禮，黨的功能在無形中削弱。黨員的甄選與訓練也不甚嚴格，一般公民皆可入黨，黨員並無固定的「義務」，也沒有太多「特權」，一個人如欲擔任重要政府公職，入黨對他可能有利（但也不是一切高官皆是黨員），然而，倘若他缺乏其他個人條件，如家世、財富等，黨籍也就作用甚微了，而本身條件優渥之人，黨會千方百計邀其加入，由於黨的「意識型態」有名無實，黨內派系之爭甚為普遍，黨的有限的團結往往藉黨魁的個人聲望，主要派系領袖們的妥協與權力慾的滿足等因素來維繫。

㈡一黨為主制：若干亞非新興國家，都為一黨為主的體制，這些國家的法律並不禁止執政黨以外的政黨的存在，而且，小黨也確實存在，但執政黨的政治權力獨佔地位並不受絲毫影響。執政黨的優勢的維持，除了運用行政權力以外，還有兩種原因： 1.執政黨在群眾中擁有相當高的聲望，主要是由於它領導國家獨立。 2.這些國家的社會情況還無法使一個足以與執政黨抗衡的政黨建立，大凡一個強有力的政黨，一定要有充足的財力、人才與群眾基礎，這些條件的存在，與社會發展有密切關係，有人認為一個現代化程度不足的國家，是無法建立良好而持久的兩黨，甚至多黨制的。

㈢變體的一黨制：所謂變體的一黨制，是一種刻意設計的特殊的一黨制，使單一的執政黨，在某種程度內，發揮了多黨的作用，最典型的例子是墨西哥。墨西哥的執政黨——革命建制黨 (Party of Revolutionary Institutions, PRI) 雖然獨佔了一切政治職位，但黨的內部組織與運作是依據多元民主的原則建立的，各類利益都可在政黨

的架構內公開競爭,政黨的公職候選人提名是按競爭的結果決定的。雖然墨西哥的制度曾引起該國若干人士的批評, 認為不是真正的民主; 但支持它的人也不少, 有人認為這一制度頗適合一個「共識」基礎較弱、社會分歧較多, 而欲快速現代化的開發中國家的需要,也有些人甚至認為這是在這類國家實行民主的有效方法,他們把墨西哥稱作「一黨民主」的國家。近年來, 墨西哥政治高層可觀的政治與行政的腐化, 有人認為顯示此種制度提供的制衡不足, 西元二千年時, 墨國總統大選, 反對黨候選人當選, 顯示其政制已在改變。

貳　不同政黨制的成因

不同的國家, 為何有不同的政黨制? 一個具有一種政黨制的國家如何才能改變成為具有另一種政黨制? 這些問題, 都甚重要, 但政治學者至今仍未能找到圓滿的答案, 我們僅能提出一些初步的看法, 然而, 這些看法可作為探究這些問題的起點。

法國學者杜佛傑 (Maurice Duverger) 關於政黨制成因的「解釋」在政治學界頗負盛名。他的解釋甚為簡單, 他認為一個國家政黨制的形成與其選舉制有關, 諸如英美等國, 採取單一選區制 (single-member district electoral system), 在一個選區內, 僅有一名候選人當選, 而且當選所需票數, 只要超過其他候選人就可, 不必達到全額的半數以上。這種制度對小黨甚為不利, 其候選人甚難獲選,久而久之,小黨的一些核心份子必會因政治慾望的無法滿足而求去;反之, 大黨的勢力會愈來愈鞏固; 相反地, 多黨制的存在, 是採用比例代表選舉制 (proportional representation electoral system) 的必然結果。按照比例代表制, 每一選區可選出若干名議員, 而每一政黨獲選的議員的名額是按其所獲的選票在全數選票中之比例分配的,這種制度能鼓勵小黨的產生, 並維持其存在, 因為任何小黨, 只要

能在選區中得到每一數額的選票，就必然可在議會中獲得若干席次，甚至一些獲票甚少，本身無法爭取到議席的小黨，也可掌握其選票，在大黨間討價還價，討得一定的政治利益，而且又可期望在以後的選舉中獲得席次。政客們抱有「寧為雞頭，不為牛尾」的心理，組織小黨或在小黨內扮演領導角色的興趣，自然不致減弱了。

杜佛傑的「理論」，許多人認為是一個相當可靠的政黨制成因的「解釋」，不過，這「解釋」並不完全。例如比利時一向是一個採取比例代表選舉制的國家，它是多黨的，這似乎符合杜佛傑的說法，可是，比利時也在相當時間內，曾採用過單一選區制，然而，多黨的情形則絲毫未曾改變，由於此種事實，許多人認為杜佛傑這種單一因素的解釋，不夠充份。選舉制對政黨制的形成可能有些影響，但並非唯一的決定因素。根據若干研究者的看法，一個國家形成某一種政黨制與其政黨興起的歷史背景，其社會與文化特徵及制度因素都有關，茲分述如下：

㈠歷史背景：一個國家的政黨在其憲政史上興起的時機與情況對其政黨制的形成，關係甚大，因為人類的政治習慣改變甚慢，往昔的政治分歧往往並不因原因消失而立刻不見，而不同社會份子對分歧雙方的支持可能持續甚久，並傳遞後代。在英國，現代的政黨之爭出現在光榮革命的前後（一六八八），主要的爭執是議會權力與王權之爭，因此，政黨分為王 (court) 黨與民 (country) 黨，以後演變為杜里 (tory) 與輝格 (whig) 兩黨，成為保守黨與自由黨的前身；於二十世紀初葉勞工運動興起後，自由黨的大黨地位為代表勞工階級的工黨所取代。王黨與民黨勢力涇渭分明，一直延續至自由黨的沒落。美國政黨的分野，淵源於一七八九年聯邦憲法批准之爭，一旦憲法獲得各州接受後，對其詮釋（聯邦政府的權限與州權之分割）之爭形成聯邦派與州權派之匹敵，此一分歧在南北戰爭前為美國主要的兩元分界。

佛烈德里哈 (Carl J. Friedrich) 特別重視政黨興起於國會內與國會外,對其日後風格的影響,國會內興起的政黨——尤其是英國——成立較早,其合法地位早已建立, 人民中政治意識新興或新獲選舉權的份子往往附麗於已存在的政黨, 透過它們來達到自己的政治目標。而且, 政黨也主動爭取新興集團的支持, 並且把它們納入組織;如此, 政黨培養了妥協的習慣, 沖淡了意識型態的重要性; 在歐洲大陸,「合法的政治反對」這一政治傳統奠立得較晚,大多數政黨都是在國會外組織的——往往由學生組織、哲學討論會、工會與農民合作社等演變成的。它們不能在國會中佔一席地, 只得另謀發展。這種政黨常常表現「群眾運動」的傾向, 可能對議會採敵對態度,它們的妥協性較低, 在這類政黨多的國家, 多黨制較可能, 從議會內組織的政黨則常能對其黨員群眾加上某種約束, 使其立場不致過份激烈, 其妥協性高, 有利於政黨數目之減少。

以歷史淵源來解釋政黨制的形成, 頗有價值。它能告訴我們不同政黨的社會支持力量, 但其解釋力並不充份, 因為有些政黨能維持其社會支持力量, 有些則不能, 多黨制國家的政黨都能堅強地維持其特有的支持力量, 此即為何其政黨制歷數世代而不變。

㈡社會與文化影響: 在英美等國, 社會不同集團間的「協和」(consensus) 程度相當高, 譬如英國歷史學家耐密 (Sir Lewis Namier) 就曾指出, 英國選民雖然分屬不同的選區, 但其政治想法往往是站在全國性立場的, 此點特性對其政黨制的建立與維持, 作用不容忽視, 英國人所以如此, 一方面是由於其社會和諧程度較高, 另方面是政治文化使然❸。美國雖為多元民族的國家, 但它為一移民社會,移民固然保留其本籍文化, 但也盡力使自己溶入美國主流文化, 而且, 美國向來就有甚多全國性組織, 如愛國者協會、工商業者聯誼

---

❸ L. B. Namier, *The Structure of Politics at the Accession of George III* (London, 1929), Vol. I, pp. 190–191.

會等，在相當程度內打破了州與州間，區域與區域間的隔閡，英美兩國這種深入民間的「國族」觀念頗有助於限制政黨數目。

此外，英美在完成「政教分離」一點上，較西歐大陸諸國順利而徹底，美國在聯邦憲法中明確標示「政教分離」，其後，宗教就不再嚴重影響政治，人們因宗教信仰引起的政治爭執幾乎不見；英國雖在早年提高國教的地位，並壓迫天主教徒，但至二十世紀初葉，政教已大體分離，人民不再因宗教信仰的歧異而發生政治爭執。

在歐洲大陸，政治社會的團結力（把不同階級、宗教、地區的人民在意識上納入同一政治社區）要薄弱得多，許多重疊的社會與文化的分歧都構成組織不同政黨的理由，而且，由此若干種分歧是情感性的，社會上各類人間互相溝通與容忍遂比較困難，其歷史上每一次重大的社會衝突與危機，都可能使政治社會的割裂情形加重，此亦使其易於建多黨制，而且一旦建立，不易改變；茲以法國為例，略加說明：法國的中產階級與勞工階級歷史性的對立，使其不可能產生像美國民主黨一類的政黨（民主黨的支持者為勞工與中產階級中的自由派），每一階級勢必有不同政黨，而中產階級的政黨，又因政教分離問題的爭執，不止一個。贊成教會干政 (clericals) 與反對教會干政者 (anti clericals) 水火不容，因此經濟利益相同的人，不能像英國般，同屬一黨。法國的社會黨與共產黨份子原來同屬社會民主黨，後來，由於對蘇俄布爾塞維克政權及第三國際的態度，及國內政治上的策略引起爭執，終於導致分裂，形成兩個政黨。

㈢制度的因素：國家制度的特性，對政黨制的形成與維護，也有其重要性。首先，政府的形式與傳統極為重要。在美國，總統的職位與權力非常重要，任何政黨如不能有效地爭取此一職位，在政治上不可能擁有重大的影響力，而欲作到此點，它必須有把握爭取相當多選票及分佈全國各地區的大州之選舉人票，總統的職位是個人職位，因此爭取該職之爭為「有與無」之爭，這個因素對於美國

兩黨制的維持，影響至為重大，否則，一九五〇、六〇年代南方民主黨人恐怕早已脫離民主黨而另立門戶了；英國雖非總統制，但傳統上，內閣需集體負責，這對黨團結的維持，也有積極作用。

<h1 style="text-align:center">參　政黨制之改變</h1>

　　大體說來，一個國家經歷了民主化過程，社會上所有的集團與階級都已獲得參政權並運用這些權利，其時建立的政黨制一般都相當堅固，不會輕易改變；可能持續相當長久的時間，但是，這並不是說政黨制在一個國家建立後，就永遠不會改變。事實上，在若干國家，政黨制曾經改變過或正在改變。

　　政黨制之改變，可能循幾種方式：其一是一黨制改變為其他制度；其二為兩黨制改變為多黨制。多黨制改變為兩黨制在理論上固然不能排除，但事實上未曾發生過。

　　一黨制國家有些是獨裁國家，也有些是民主國家。獨裁國家一黨制之改變，往往是國家民主化的結果，譬如我國在過去十餘年的改變，是政府宣佈解除戒嚴與黨禁的結果；東歐地區與前蘇聯解體後之若干國家，如俄羅斯等國則在共產政體徹底瓦解，民主化開展後出現多黨林立的情況。在實行一黨制的民主國家，一黨制的改變，則往往是由於原來大權獨攬的執政黨，獨享權力過久而日趨腐化，喪失了許多傳統支持者之擁護；同時，這些執政黨往往內部產生不同派系，在孚有眾望、能力高強的黨魁領導時，不致分裂，一旦較弱的人出面領導時，黨即可能分裂，重大的分裂，也可能導致政黨制的改變。日本與印度自第二次大戰後，迄一九八〇年代末葉，極大多數時間，均由一黨主政。日本的自由民主黨與印度的國民大會黨獨享權力。一九八〇年代後，自民黨在一系列醜聞爆發後，喪失了不少選票，黨內較年輕的改革派也醞釀脫黨，至一九九〇年代，

終於失去了執政權，一度成為在野黨，其後，雖然仍以日本第一大
黨身份，繼續主政，但優勢已不復以往，目前，由於在國會中席次
較難過半，時而亦得與小黨合組聯合內閣。印度國大黨也因腐化及
與民意脫節，而漸漸喪失其遠遠超越其他政黨的優勢，如今雖仍為
印度第一大黨，但已成為國會中的反對黨。墨西哥的革命建制黨自
一九三〇年代以後即已成為該國唯一的執政黨，但於西元二千年，
其候選人在總統大選中敗北，這是否意味著該國政黨制的大幅改變，
仍待觀察。

　　兩黨制改變為多黨制的情形，已在紐西蘭發生；加拿大雖然還
不能名正言順地當作一個多黨制國家，但其兩黨制已不甚穩固，改
變的可能性頗大。兩黨制改變為多黨制的主要原因有二：一是傳統
支持兩黨的選民中，不少人對兩黨失望，轉而擁護一個原來的小黨，
使其與兩黨並駕齊驅，鼎足而三；二是兩大黨的分裂。大批選民改
變其傳統支持對象後，可能形成兩種現象，其一是轉而支持另一新
的對象，如此發展為選民組合的重組 (realignment)，其二是不再支持
任一對象，如此發展為選民組合的解組 (dealignment)，政黨制之改
變多半是因選民重組造成的：一個國家的經社情況、人口結構……
等因素大幅改變後，倘若原來的政黨不能調適新的環境，則可能令
許多人失望，如此選民重組或解組就可能發生。在有些國家，這可
能使舊的政黨為新的政黨取代，但未必導致政黨制的改變；在有些
國家，則可能導到政黨制的改變。

肆　政黨制對政治體系運作的影響

　　一國的政黨制對其政治體系的運作，具有無比重大的影響，在
一黨制的國家，執政黨實為政治權力的掌握者，國家大政的決策中
心，與政治領導份子唯一的甄選、栽培與負責安置的機構。在極權

的一黨制國家，政府乃成為一個聽命行事的執行機構；即使在其他類型的一黨制國家，政府的地位也可能略遜於黨的領導機構；此因政府係分為行政、立法……等不同部門者，而且需留意頗多庶政，而政黨的領導階層往往能透過其在行政、立法各部門的黨務人員及民間組織中的政黨核心，構成政治社會的神經，而且，其能集中注意於重大政策的擬定與採擇，不必費神於庶政的處理。然而，黨凌駕於政府的情形，也不是在一切一黨制國家都存在的事實，在若干一黨制國家，政府職位往往吸引黨的人才，結果黨的功能反而萎縮，幾乎有成為「無黨」的局面，這在非洲，是相當普遍的。在另一些一黨制國家，黨的地位也可能與政府相等，此因高階層的黨務人員與高階層的政府首長互換頻繁，及把高階層政府官員納入黨的領導機構之結果。

在兩黨制國家，黨的主要任務為從事競選，以取得政府的領導權，在黨紀較差的兩黨國家如美國，名義上黨應提出一個政綱，供選民選擇，但由於此一政綱並不依據黨的「主義」──事實上，黨往往沒有主義制訂，而係黨內各種利益與派系妥協的產物，在擬訂時，需考慮其欲爭取的各種利益，因此，政綱對於政府的約束力並不甚大，再說，政黨在選擇候選人時，主要考慮為其號召選民的能力，對於其「黨性」「黨齡」皆不重視，候選人能當選，固然要依賴黨的策劃與協助，但這往往不是主要理由：主要理由往往是個人的聲望與權力基礎，既然如此，他並不特別重視黨，在此情況下，黨在政治體系中扮演的角色，甚為有限，至多僅為提供政治競爭的一些符號，並代表某種政治意見的凝聚而已。在這種情形下，政府領袖（總統、州長與國會、州議會的主要議員）遂成為黨的領袖，黨的名義上領袖如全國代表大會主席不過是競選總幹事而已。在在野黨方面，黨的主要領袖往往是準備進入政府的，如可能擔任總統候選人的（美國），或影子內閣的成員（英國），雖然也可能有少數黨

領導份子，不準備進入政府甚至國會，僅負責黨務工作，但人數頗多，而且其在黨中的地位，一般都較低。在黨紀比較良好的國家，如英國，在野黨確能提出一套代表整個黨的政綱，以別於執政黨的政綱，並能對執政黨的政策，提出代表整黨的批評與對應的政策；但在黨紀不良的國家，如美國，這都是不甚可能的，事實上，只有在總統大選時，兩黨才能提出多多少少代表黨的立場的「政綱」。但這些政綱往往不甚明確，至多僅能視為大政方向的指針而已。

在多黨制的國家，政黨對政治體系運作的影響，更難確定。參加聯合政府的政黨，在國會中支持政府政策，自然是其本份，但這項支持隨時可能被撤銷，此為何聯合政府往往不穩定，其生命一般均不甚長，政黨的支持政府政策，乃是由於數個執政黨妥協的成功，一旦妥協失敗，其中的一些執政黨立刻成為在野黨，聯合政府就垮臺了；而國會中，除了這些可能站在在野陣營者外，還有一些極右或極左的「永恆反對黨」，由於它們的基本立場，一般政黨甚難與它們組織聯合政府，它們遂成為長期的反對派。其對政府的立場一直都是批評與挑剔的，這些反對黨，有的有其頑固的主張，排他性強的政見，另有一些，並無固定政治見解，但由於代表某種政治體制不能輕易容納的勢力，也不能參加政府。

不論在兩黨制與多黨制的國家，都有一些無法獲得足夠選票以便在國會中取得席次的政黨,這些小黨的政治體系中的角色與地位，也不容忽視；其對政治體系的影響可從兩方面去探討：1.一些小黨可刺激大黨的改革；小黨刺激大黨改革是兩方面的，一方面小黨可能提供不少新的觀念與政策建議，大黨甚可能採取，譬如美國社會黨的一些觀念如累進所得稅制，提出後為民主黨採取，其後成為國家的政策；另方面小黨實力的增長，可使大黨覺察其所忽略的民意與支持力量的減弱，或本身的弱點或停滯不前；2.小黨的存在，使政黨制轉變的可能性一直維持，譬如英國，目前為保守、工黨兩大

黨為主的兩黨制，可是由於自由黨等較小政黨的實力持續不衰，英
國一直都存在著演變為多黨制的可能性，此亦為政治學者往往不會
忽略小黨的理由之一❹。

❹　參閱 N. Johnson, *In Search of English Constitution* (Oxford, 1976).

■ 第十五章　利益團體

欲瞭解今日社會的政治過程及其運作，我們絕不能忽略利益團體；在多元民主國家如美國，利益團體扮演的角色之重要，是眾所共認、毋庸置疑的；就是在不民主的社會，利益團體似乎也發生某種影響；❶由於利益團體的重要性，當代政治學者關於利益團體，壓力政治，立法遊說……的著作，不論是實徵的個案分析、比較研究，抑或理論性的，可說是汗牛充棟，其數量與關於政黨的文獻，幾已不相上下。然而，我國學者對這方面似乎不甚注意，如今，我國並無一本有系統的關於我國利益團體的學術專著。雖然利益政治在我國也已日益重要。

本章擬對利益團體與利益政治的性質與影響，作一番敘述，分析與評估。全章共分以下各節：利益團體之涵義、種類、活動方式、派系與準利益團體、利益政治的型式與影響及利益政治的理論。

壹　利益團體之涵義

無論為解決衣食住行等基本需要，抑或達到更高的目標，人們必須互助合作，因而他們遂結成各種類型的團體。所謂團體，最簡單的意義乃是人的集合，大至國族，小至家庭，都是團體，但並非任何類人的集合都可稱為團體，公共汽車上的一群乘客，或電影院門口的一大群等候入場的觀眾，不能稱為團體，因為他們缺乏某種成型的交往關係。

---

❶　參閱 Gordon H. Skilling and Fraklyn Griffiths, eds., *Interest Groups in SovietPolitics* (Princeton, 1971).

　　團體又可分為同類團體 (categorical groups) 與志願團體 (voluntary groups) 兩種。前者的集合基礎是某種人們與生俱來的特徵，凡是具有相同特徵的人，均屬同一團體，如按種族則有種種國族，如按血統，則又組成各種家族等。志願團體乃是對某一事項具有共同看法的人士組成的團體，其成員的參加該團體，原則上是完全志願的（事實上，當然未必皆是如此）。志願團體，有些主要是政治性的，追求政治性目標，或從事某種政治活動。透過政治程序，以爭取利益的；有的主要目的並非政治性，或並不從事政治活動的，如各種交誼性社團；更有混雜的，其追求的目標有政治性，也有非政治性的。純粹非政治性的團體，如聯誼會等，不是我們所說的利益團體。凡是具有政治目的，從事政治活動，或透過政治程序以爭取團體及其成員利益的，不論其為純粹政治性或混雜的，都可稱為利益團體。在英國人的著作中，往往使用壓力團體 (pressure groups) 一詞，其涵義與利益團體相似，此因在現代民主國家，利益團體促進成員利益的主要手段為向政府（包括行政與立法各部門）施行壓力，然而，壓力團體一詞，似乎不適宜用來指不民主的國家之利益團體，因為在這類國家，團體所施之壓力甚小，其主要功能似乎在向政府委婉地表示成員的意見，以影響主要官員的看法，而便爭取成員的利益。

　　少數利益團體，崛起政治舞臺，在歐美民主先進國家，為時已久，大約在十八世紀末葉、十九世紀初葉，若干富商與富有地主就已結合成團體，企圖影響英國巴力門議員，但大規模的「壓力政治」或「利益政治」的活動，則出現較晚，大概在十九世紀末葉的美國，才有這種政治活動。

貳　利益團體的種類

在民主先進國家，利益團體的種類極多，大多數利益團體關心的乃是成員的經濟利益，也有少數致力於促進會員的非經濟性利益或社會公益。就經濟利益團體而言，由於現代社會，履行同樣社會功能或從事相同行業的人，其經濟利益大體頗為一致，故不少這類團體都是功能性組合，最具核心地位者勞工、農民與工商業者組成的團體；其次各種專業人員的團體，這類團體的人數雖較少，但由於種種其他因素，也有相當巨大的影響力。茲以美國為例，略加敘說：美國最大的利益團體為勞工聯盟 (American Federation of Labor-Congress of Industrial Organizations, AFL-CIO)，此一組織實為若干從事各類工業的產業工人工會與少數白領工會（如紐約公立學校教師協會）的聯盟，利益並不完全一致，但大體上都是向雇主爭取較佳薪資與工作條件的，在政治態度上，該團體是支持民主黨的；美國農民組成的大型團體，共計三個，代表麥農、酪農及生產其他作物如玉米、煙草的農民，農民團體的利益雖不完全一致，但它們有一項共同的立場，即爭取政府對農民貼補金額之提高，並增加農業品外銷；企業者與商人的團體也不止一個，總商會 (American Chamber of Commerce) 為全國各地商會的聯合會，代表較小的商人之利益；而生產者聯盟 (American Association ofManufacturers) 則代表較大的企業，企業者與商人，不論大小，有兩項共同利益，即防止勞工團體對政府發生過大的影響力，以及減輕工商業者的稅負。除了這些較大的團體，專業者的團體諸如律師公會 (American Bar Association)，醫師公會 (American MedicalAssociation) ……等人數雖少，但也各具有可觀的影響力。美國醫師公會在延宕公設老人醫療保險一事上，表現了其頑強的鬥志，與可觀的實力。

除了經濟性的利益團體，還有非經濟性的利益團體：有的是爭取成員的某種非經濟的共同利益，也有的則爭取公共利益，例如民權的促進、環境的保護、禁止核試……等，形形色色，種類繁多。英國學者稱這類以促進公益為己任的利益團體為 promotional groups，以別於一般 economic interest groups。

參　利益團體的活動方式

在現代國家，利益團體的活動方式，大體上是相似的，雖然由於各國國情不同，環境各異，這種種方式的運用細節，及對某一方式的側重，可能不盡相同。

一般說來，利益團體活動的主要方式可歸納為以下數種：

㈠遊說 (lobbying)：在現代民主國家，遊說為利益團體最重要、最直接的活動方式，所謂遊說，乃是指以種種方法——文字或言詞——向立法者與行政人員表達團體的意願與利益要求，以便影響其立法與行政的行為。由於遊說的重要及其需要高度的技巧，西方國家已發展出專業的遊說人員，這些人員往往受雇於各種利益團體，在首都或其他重要地點如各州（省）的首府，負責與政治人員保持經常性的接觸，並對其經常遊說。這些專業的遊說者 (lobbyists)，都是熟悉政治程序，尤其國會議事法規與行政規則，對政治事務高度敏感，知曉政壇內情，又能言善道，長於交際，經常以某團體立法代表或公共關係主任等名義，活躍政界。

由於國會議員依賴選民投票支持而當選，又由於國會有責任隨時反映輿情，議員承受遊說者「壓力」也較大，遊說者對議員活動的主要途徑為：1.利用國會聽證會期間，出席陳述意見，此為最公開的途徑；2.與議員私下接觸，表示見解；3.發動團體成員，以書信與電話向議員表示意見；除了議員，遊說者也向行政人員表示意

見，但由於行政人員受種種行政法規所限，而且必須以一種「中立」的態度處理問題，遊說者對其活動，必須十分慎重，以免弄巧成拙。

㈡宣傳：利益團體都知道在一個民智頗高的民主國家，徒憑遊說議員及行政人員，仍嫌不足，倘若社會輿論對其追求之目標不表同情，議員與行政官員決不敢冒天下之大不韙，來助其達到心願，因此，設法影響社會輿論，使其同情，或至少不反對其目標，也是利益團體活動的重要方式之一，這就要靠高明的宣傳或公共關係，通常這項工作都由團體雇用的，受過專門訓練的宣傳人員或公共關係專家擔任，在歐美民主國家，這類人經年累月，不斷地在為其服務的團體工作，企圖以文詞、言辭、圖畫、廣告來影響社會對它的宗旨，或其追求的利益目標的同情與支持。

㈢助選：利益團體與政黨不同之處在於它並不推舉自己的公職候選人，但在助選方面，它往往不遺餘力，助選活動包括以經費來支援某一同情該團體或該團體參與甄選的公職候選人、動員團體成員投票支持及為其義務宣傳等。對於政黨候選人的態度，種種團體都不相同，英國的產業職工會為工黨的兩大支柱之一，而且積極參與工黨候選人的甄拔，它與工黨的關係極為密切，一貫支持工黨，該國的企業團體則一貫支持保守黨；在美國，各團體與政黨雖無任何結構上的關係，但在重要的全國性選舉中，勞工團體幾乎毫無保留地支持民主黨，而工商企業團體則一貫支持共和黨，然而，在較低層次的地方選舉中，工會支持共和黨候選人的情形，也可能發生。

㈣抗爭：利益團體活動的一種較激烈的方式是抗爭，對於一些弱勢或追求的目標難獲社會認同的團體，抗爭往往成為活動的主要方式。抗爭可能以數種型式從事，如聚眾請願、示威、遊行、罷課或罷工……等。抗爭的目的不僅在以較激越的手段，促使政府官員、民意代表與社會大眾注意團體成員的訴求，而且也是展示實力，或以行動讓社會改變對團體成員的偏見或誤解。對於一些使用其他方

式往往徒勞無功或根本不能有效使用其他方式（如遊說必須具備技巧高明的遊說人員與一些人脈；宣傳必須有錢、助選則更須具備各種條件）的團體，抗爭是難以避免的活動方式，其效果也往往不差，但一個常常採取抗爭手段的團體，除非能使大眾瞭解或同情其處境，往往會喪失社會的信任與好感。

利益團體的活動，有時相當有效，確切維護與促進了成員的利益，有時則徒勞無功。究竟什麼理由決定其成敗呢？大體來說，有幾種不容忽視的理由： 1.團體人數：假如其他條件相等，一個人數多的團體比一個人數少的團體之活動，要來得有效，道理甚為明顯：人數多的團體掌握的選票超過人數少的團體，而其財力也可能比較雄厚，因而對政黨與公職候選人的捐款、對政治人員之遊說活動，與對大眾的宣傳都能大規模展開：譬如美國勞工聯盟，有一千七百多萬成員，遂成為一股龐大的政治勢力； 2.會員的社會地位：有些團體，人數雖不多，但由於會員具有較高的社會地位，其活動的有效性也未必低於人數較多的團體，如醫生與律師組成的團體，尤其律師團體，更由於政治人物頗多出身律師業者，而增加其運用影響力的機會； 3.會員的團結性：有些團體，人數雖少，但由於會員團結力堅強，影響力大增，相反地，有些會員人數甚大，但因組織鬆散，派系糾紛迭起，其影響力往往不能與其人數成正比。由於團結力的重要，不少團體都力圖加強，其使用的方法大約有兩項：首先，強化組織，使領導的權力增加，因此，現代社會許多民間團體都類似官僚機關；其次，教育會員，增加其對團體目標之認同感，與積極貢獻之決心。不過，這些增強團結力的方法，未必奏效，有時反而弄巧成拙，加速了團體的崩解或使內鬥加劇； 4.領導的才能與技巧：良好的領導者是團體維持內部團結，爭取社會同情的必要條件，假如一個團體的領導者能使成員感到公正、負責，其能力足以信託，則內部團結較能維繫；假如他能使社會大眾獲得良好印象，認為品

格高尚，不致為追求團體私利而罔顧社會公益與規範，則團體目標較易達成。倨傲、無能、自私或品格不佳的領導者常導致團體分裂或成員熱忱的消散。近年來，美國少數工會的領袖與黑社會有關，對工會運動頗有損害；5.遊說與其他活動的技術：就遊說而言，研究者認為遊說者必須首先獲得影響的門徑 (access)，倘若得不到門徑，則根本無法遊說，遑論有效與否了。獲得「門徑」，一方面固然必須依靠團體本身的實力與聲望，另方面則要憑藉遊說者的技術，一個團體如能獲得高明的遊說者、能獲得影響大批政治人士的門徑，其活動就較有效；6.團體的基本哲學與立場符合社會的主流思想或至少不過份違背此種思想，也是決定其活動的有效性之條件之一。例如美國禁酒協會，在十九世紀時，一度勢力甚大，現在已幾近沒落，因工業化、都市化加速發展後，美國人民道德觀念已有改變，鄉村清教觀念為主的倫理已為多元社會容忍異己、尊重私人決定的觀念替代，目前許多人也許仍不贊成酗酒，但反對政府使用公權力來管制或干涉人民的私生活。

肆 派系與其他準利益團體

除了正規的利益團體外，我們也不應忽視許多準利益團體，美國學者奧蒙 (Gabriel Almond) 甚至把這些準利益團體也歸入利益團體，他的「利益團體」分類包括：1.組織的利益團體 (associational interest groups)，即通常所謂利益團體；2.機構的利益團體 (institutional interest groups)，指政府機關，雖然政府機關的功能是執行政務，但它們也從事「遊說」等活動，如美國國防部派有專人向國會議員活動，以爭取較多國防預算；3.非組織的利益團體 (nonassociational interest groups)，指非正規的人群集合，如派系等；4.不軌的利益團體 (anomic interest groups)，如遊行隊伍，暴動時的

自發性暴民群，其存在的目的也是藉政治壓力以爭取利益❷。我們以為奧蒙的分類與利益團體的傳統界說出入頗大，而且也未為學術界普遍接受，故未加採用，而把其分類中的後三類統稱準利益團體 (quasi interest groups)。

政府機關的部份活動近似「利益團體」，在美國較為明顯。此種活動的必要性與可能性，與美國的政治組織與傳統頗有關係。美國政治體系中，行政、立法、司法三權，及聯邦與州都強調分權，政黨紀律不佳，國會內各常設委員會主席或個別議員在不同的政策領域內各有頗大的權力，行政機關的首長必須藉其支持或協助，才能獲得其想要的預算金額，順利執行任務，否則困難重重。因此行政機關的首長必須與國會內某些議員保持良好的私人關係。又因美國聯邦憲法肯定「三權分立」原則，此等關係勢必以非正規方式維繫，此造成機關之準利益團體的活動。又美國政治傳統，標榜多元民主與議價妥協，政府行政程序也不免其影響，然而，為維持總統為一切行政事務的至高決策者的神話 (myth)，此種議價談判的程序必須在隱秘的情形下進行，此構成政府機關的準利益團體活動之可能性。其他民主國家雖然也或多或少具有這種政府機關扮演準利益團體角色的現象，但程度要輕微得多。

「非組織」準利益團體，各國均有之，但在正規利益團體不普遍的開發中國家，最為常見。這類準利益團體以各種不同的形式出現，若說某一國家中，以某種形式的團體最為活躍，這往往是其文化特性，社會結構與政治程序的性質使然。在形形色色的這類團體中，派系 (faction) 為最普遍而頗值得探討的❸。

---

❷　參閱 Gabried Almond and G. Bingham Powell, *Comparative Politics:A Developmental Approach* (Boston, 1966), p. 77.

❸　參閱 Frank P. Belloni and Dennis C. Beller, eds., *Faction Politics: PoliticalParties and Factionalism in Comparative Perspective* (Santa

　　所謂派系，可能是指政黨、利益團體、政府機關，甚至議會內部份成員的經常性的非正規集會，也可能是指地方政治上，以某一大家族或若干大家族為核心組成的經常性非正規集會，派系在正規利益團體不發達或政黨競爭難以充份發揮的開發中國家相當普遍。然而，政治學者一向對之頗為忽視，主要原因是傳統上派系被人認為缺乏正面的價值，其功能純屬負面的；其實，此一觀點，並不完全正確，派系的組成，的確純然以私利為出發點，往往缺少「意識型態」與共同政見的取向（也非完全沒有），但在政黨政治與利益團體政治不能充份發揮其作用的地區或國家，派系也能擔負其部份功能。派系的存在，似乎為人類社會普遍的現象，但在若干社會，派系較多，其在政治上扮演的角色較重要，而且派系的持續生存的能力較大，其原因可能是社會的，也可能是文化的，就社會因素而言，家族為主傳統社會助長派系的產生與發展；傳統社會人際關係重視層級，為派系發展的有利條件；就文化因素而言，傳統社會的若干價值，如重視個人效忠，「人情」為個人選擇的主要準則……等，也有利於派系的存續，這些因素，配合開發中國家政黨政治與利益團體政治不發達，自然促使派系在這類國家普遍與持久的存在。

　　在少數經濟已進入開發國家行列，而傳統政治文化影響仍然相當濃重的國家，派系仍然為政治舞臺上值得重視的組合，例如日本自民黨自第二次世界大戰結束後，迄一九九〇年代初期就一直為執政黨（其間僅片山哲曾於一九四〇年代末期組成以社會黨為主的聯合政府，此一政府執政時間甚短），該黨分成若干派系，所謂主流派指首相與支持他的主要領袖所率領之派系，反主流派則為當首相爭取自民黨總裁（為出任首相之必要條件）時，拒絕支持該首相或自己亦盡力爭取該項職務者所率領的派系，派系的爭執，使自民黨不致淪入某一寡頭集團的控制，對其黨內民主有其積極貢獻，間接有

Barbara, California and Oxford, England, 1978).

利於日本的政治民主。對於一個政黨政治發展仍然為時頗短，政黨競爭仍未充份的國家而言，類似日本自民黨內的派系結構，在促進民主政治方面，可說利多於弊。

另一種型式的派系存在於菲律賓等國的地方政治，這是一種垂直的兩人組織的型態。一個政治與社會地位低的人依附一個地位高的人，兩人間維持一種不成文的關係，地位低者允諾在選舉或其他情況下支持地位高者，而地位高者負責保護與增進地位低者的利益。這類兩人關係層層加高，把整個社會結成一個網。在非洲國家，這類準利益團體往往以部落為中心形成，同一部落的人在政府行政機關或其他機構中形成一體；在印度，則按種性 (caste) 或出生地形成的分類團體，也往往扮演準利益團體的角色，我國的同鄉會偶爾也扮演這類角色。

不軌的準利益團體可分為兩種：一種是組織嚴密的抗議團體 (protestgroups)，它們的組織良好，其目的也是表達意見，並向政治決策者行使壓力以促進其成員的利益，有時這類團體使用的手段往往不合法或不合憲政常規，我們不能視其為正規的利益團體，這類團體的存在，往往是由於其主張及利益太過違背社會的「主流」思想或權勢者的基本立場，以致以正規途徑活動，它們根本無法獲得重視，在不利的情勢下，它們不得不採取示威遊行，靜坐抗議，甚至暴動等策略來達到目的了。

另一種是自發性群眾運動中形成的集團。大規模的自發性群眾運動，都是由某種重大政治事件或危機引發的；有些群眾運動是支持政府的（如第一次世界大戰前夕，德國柏林的群眾大會支持政府對俄宣戰），有些是反外國的，如一九八〇年代日本修改教科書以推卸戰爭責任之舉，在亞洲各國引起的反日運動，但有些是反政府的，此種反政府的自發性群眾運動，倘若規模龐大，可能顯示政府合法性降低或缺乏維護社會基本信任的能力，也可能成為革命的前奏。

　　不軌的準利益團體的活動往往給予民主政府頗大的難題，部份
原因是由於其使用的策略，常為政府產生一個左右為難的困境。倘
若政府不理會其要求，就可能刺激其採取更激烈的行動，甚至讓其
獲得更廣泛的同情；倘若理會其要求，無異承認違反憲政程序與規
範之行為也可達到目的，如此勢必鼓勵別人效法，政府的困難，在
處理自發性群眾運動時，更加嚴重，此因一方面不易找到談判的對
手，其次為其要求可能並不清晰界定，在這種情勢下，倘此一群眾
運動達到某種程度,政府就勢必在徹底讓步或大力鎮壓間作一選擇，
頗難採取介於兩者之間的解決方式，而這兩類手段的政治代價往往
都相當巨大。

　　為期減少不軌利益團體活動的危害性，民主國家的政治程序往
往給予其他形式的利益政治充份的活動餘地，決策當局也盡可能注
意利益團體所表達之各種民意要求，然而，在極大多數社會，不軌
利益團體總會存在的，因為任何社會，總有人對現狀極度不滿，或
者感到其利益根本不可能在現有政治程序中獲得維護,這些人當中，
有的缺少組織利益團體的能力或資財，就可能以不軌的方式，表達
其利益要求。

伍　利益政治的型式與影響

　　利益團體積極活躍於政治舞臺，構成政治程序重要的成份，高
度影響政策制訂的過程，這種政治型態，為利益政治；儘管朋脫萊
(Arthur F. Bentley) 等人把利益政治視為任何現代國家政治過程的重
心，實際上恐怕只有在先進民主國家，利益政治才具有高度的重要
性，但是，無可否認地，在絕大多數國家利益政治必然存在，也必
然會影響政治程序與政府決策。

　　在歐美民主先進國家，利益政治以兩種不同型式表埵：一種是

歐洲大陸國家諸如奧地利與斯堪底那維亞國家的「統合主義」
(corporatism) 型式，另一種是美英等國的「多元主義」(pluralism) 型
式。

所謂統合主義，其本意與法西斯主義與威權政治有關，因此，
奧地利與瑞典等被世人公認其制度具統合主義色彩的國家，也不願
使用此一名稱。不過，目前學界對此詞的用法，把法西斯國家如墨
索里尼的義大利，佛朗哥時代的西班牙實施的統合主義統稱為國家
統合主義；而民主國家的統合主義稱為自由統合主義。前者是獨裁
政權強加於人民的統合制度，後者則是在一些民主社會，民間漸漸
自行發展而成的。統合主義的基礎是功能或職業代議，亦即代表諸
種功能或行業的利益團體由國家公權力賦予特權地位，得在國家政
策形成過程中，直接參與商議，並且以非正規的方式與相對團體獲
致妥協，以爭取成員利益。這些利益團體則必須承諾其成員必然遵
守達成的協議或政策。譬如在瑞典，有關工資、工時等政策，政府
會邀集國會、工會與企業團體的領導份子，在定案前，參與討論並
制訂，一旦獲得協議，便是政策，由國會立法而後執行。

在統合主義的國家，主要的利益團體如工會，都是中央集權的
組織，層級分明，與單一制國家的行政組織無異，例如瑞典的工會，
由中央總工會統一指揮，地方工會的財務，由總工會撥款支應，總
工會領導份子的決定，對下級工會具拘束力。此外，統合主義國家
的法律規定，每一行業的從業人員必須參加其所屬利益團體，如勞
工必須參加工會，不得自由選擇。

自由統合主義首先在奧地利發展，其後為瑞典採取，瑞典採取
這種安排的理由為：其一，在資本主義下，非經特別安排，勞工在
一般利益政治下，必然不能與資方分庭抗禮，故統合主義是使勞資
雙方在利益政治程序中，獲得平等地位的一種措施；其次，統合主
義的安排，可避免因對立的利益團體談判不成，發生嚴重衝突所造

成的社會成本；大體說來，統合主義國家罷工甚少，也許可作為此
一制度的優點。但統合主義的安排也有一些批評者，他們不贊成這
種安排的一個理由是這種制度下，利益團體可能「官僚化」，其領導
份子無異政府高官；另一是強迫參加利益團體的法律，有人認為並
不符合結社自由的基本原則；第三是國家政策之制訂，由利益團體
的領導者在非正規場合商議決定，可能削弱了國會的監督權。

　　與統合主義型式相對的為多元主義的型式，此為英美等國利益
團體的結合與運作方式。在英美等國，利益團體可儘量依合法的活
動影響政府決策，但不能直接參與政策的制訂。相對團體間的妥協
由雙方代表商定，政府僅從旁協助，不直接干預。譬如美國工會與
資方有關工時工資的協議，是由雙方人員談判而定，政府的功能僅
在監督該項協議是否符合法律（如有關最高工時最低工資標準的法
律等），並在雙方談判遇到困難時，出面協調。在多元主義下，每個
利益團體原則上是自主的，並無類似官僚組織的嚴格層級，譬如美
國的工會組織，有二種方式，其一為按照成員工作地點，每一工廠
不論大小，組一工會（當然也有工廠並無工會）。二為根據成員工作
類別，如木工，在一地理區域內，組成工會，全國形形色色的大小
工會，皆有自主性，所謂美國產業職工會 (AFL-CIO) 僅為這些工會
的協調組織，並非它們的上級機構。事實上，一些重要工會，如汽
車工人工會、運輸工人工會，並不參加美國產業職工會。英美習慣
法傳統，也不能規定人民必須參與任何組織與團體，例如美國勞工
中，百分之三十以上並未參加任何工會。多元主義下，利益團體的
組織與活動甚為多彩多姿，認為其比統合主義方式優越的人，認為
這種方式能充份保障人民結社的自由權，減低利益團體官僚化的程
度；對其批評的人則認為在這種情形下，利益團體處在甚不平等的
地位下，有財有勢者可凌駕弱勢團體，而且，利益政治也可能比較
腐化，較難顧及公共利益。在有些情況下（譬如經濟衰退、失業率

攀升之時），也可能因利益團體間對立的尖銳化，而形成嚴重衝突，使社會成本升高。

關於利益政治的影響，我們的討論分為兩方面：一方面是實徵性的，另方面是規範性的。首先，我們似乎可以肯定在極大多數社會，都有利益團體與準利益團體的活動，決策者多多少少會對這些活動加以注意，並對形形色色的利益要求作各種程度的反應，利益團體對政策制訂的影響，在不同的社會，都不相同，而且差異甚大。在美國這類多元民主，分權，政黨紀律不佳，工商高度發達的國家，利益團體當然甚具影響力；英國的民主程度不亞於美國，工商業也甚發達，但由於政治權力比較集中，政黨紀律良好，利益團體活動的空間就不如美國般廣闊。可是，由於英國較大的利益團體如產業職工會為工黨的「支柱」或「後臺老闆」之一，當工黨執政時，其影響力甚大，但我們也不能說工黨政府的一切政策都聽命於它。在法德義等國，利益團體對政治的影響就不如英美，儘管這些國家的政治制度都是民主的，但由於對參加利益團體的興趣較低，而且，在多黨的情形下，政黨與利益團體的功能相當重疊，此外，若干左翼政黨都組織其所指揮的利益團體，如社會黨指揮的工會，與共產黨指揮的工會……等，這些團體實為政黨的附屬組織，並不獨立地履行「利益表達」的功能。不屬政黨的利益團體大多實力較弱。不過，近年來，這些國家的「利益政治」已較前發達。

開發中國家的利益團體對政治的影響力，一般都甚小。然而，準利益團體如派系等，倘若其組成份子為有力人士，則影響力往往不容忽視。

極權國家如蘇聯等，正規的利益團體自然無法存在，其所謂「民間」組織，其實均由執政黨組織與指揮，為其附屬組織而已，但是，準利益團體也產生一些影響力。準利益團體中，比較值得注意的有兩類，一類是黨政官員的派系，另一為次級精英如科技人員，工業

經理人員形成的非正規結合。隨著工業化的增進，後者的影響力可望在若干較現代化的極權國家如蘇聯、捷克、匈牙利等比以往增加，但其影響力對政策制訂恐仍缺乏決定性的作用，至多僅能促使領導份子修改某些決定而已。

其次，我們擬定「規範」的角度，討論利益政治對政治體系之影響。在民主國家，利益團體的存在，有其憲法的依據，因幾乎任何民主國家的憲法的規定人民有結社的自由，利益團體的組成與維持，為此一憲法權利的行使，當然具有神聖不可侵犯的地位。關於利益政治對政治體系的利弊，則有三種看法：第一種看法認為這是有利的。第二種看法認為這是弊多利少的。第三種看法則以為它有利也有弊，其利弊的大小，按個案而異，不可一概而論，茲就此三種看法，加以敘述與分析。

㈠有些學者認為利益團體的活動，可提供立法與行政決策者必要的資訊與民情，以利其制訂符合民意，實際可行的政策，並且可補「區域代議」的不足。在資訊與民意的提供上，個別利益團體的提供者雖然不是客觀的，也不是全面性的，然而許多利益團體提供的併合起來就構成比較全面的情況，而決策者也可從各種不同的陳述中獲得較客觀的認識。就代議的功能而論，區域代議 (territorialrepresentation) 是當今各國議會組成的原則──此即議員是由地理區域產生的──這種方式產生的議員在代表地區利益方面，比較能稱職，但在代表功能或行業的利益上，較不理想。然而，在今日社會，功能與行業的利益（即同一行業的人士的共同利益）與地區利益同樣重要，因此，「代議」理應包括兩者，利益團體的功能其實亦即「功能代議」，可補議會的區域代議之不足。

認為利益團體對政治過程的運作有利的人士，並不否認利益團體追求者為團體的私利，而有時對這些私利可能牴觸整個社會的公益（當然，也有些人士認為所謂公益實為諸種團體競爭後妥協的結

果，抽象的「公益」並不存在），但是，他們認為由於團體與團體的互爭，及社會上潛在團體 (potential groups) 出現的可能性，這種私利危害公益的情況實際上甚難發生。另一些人士認為由於成員的重疊會藉身份的節制作用，過份執著於追求私利的團體可能因失去支持而沒落❹。

　　㈡對利益政治的活動持懷疑或否定態度的學者，則認為利益團體的政治體系可能產生不利的影響。他們認為利益團體以追求私利為目的，其所提供給決策者的資訊皆為一偏之見，會引導決策者誤入錯誤的方向，其反映民情也僅為團體成員或甚至團體領導階層的意見，往往不符真正民意。由於在任何社會，參加利益團體者都是少數人（即使在美國，五分之三的公民也不參加任何利益團體），而且以中產階級份子參加較為踴躍，一般貧民則甚少參加。利益團體的競爭，並不能維護不參加者的利益，所謂「潛在」利益團體，往往並不發生太大作用，因此，利益團體的政治往往損害眾多人民利益，而且由於利益團體的實力並不相等，利益團體的政治對強有力的團體之成員特別有利，他們的自私要求，即使違背大多數人民的利益，也常獲得決策者的重視。

　　此外，利益團體的政治常常使決策程序過份「分割」，缺乏統一性，使決策者無法充份顧及整體目標，在利益團體過份活躍的國家，長期性的計畫不易訂定，決策者遷就現實，其政策眼光不免變得狹隘❺。

　　現代社會，有些利益團體成員甚多，內部組織嚴重的官僚化，團體領導階層權力甚大，並且不受外力的充份制衡（此與民主國家的民選政治官員不同），這些利益團體的領導人員與幹部，往往藉團

---

❹　參閱 David Truman, *The GovernmentalProcess* (New York, 1964).

❺　Mancur Olson, *The Rise and Declineof Nations: Economic Growth, Stagflation, and Social Rigidities* (New Haven, 1982).

體之名以「自肥」，產生的社會影響殊為惡劣，有時某些的領導份子
與不肖政客勾結，竟至危害民主程序。

　　㈢一種持平的看法是利益政治對政治程序與體系的影響有其積
極一面，但也有其消極一面，其利弊之平衡，視個別情況而異。大
體說來，倘若大多數團體較能遵守社會的倫理規範，團體成員的知
識較高，決策程序較為公開，不同階層身份的人士，都參與組織團
體的社會，利益政治的缺點較少。反之，利益政治就可能違反民主、
公益與社會正義，利益團體就可能純粹是少數既得利益份子向政治
人員傳達旨意的工具而已。

陸　關於利益政治的理論

　　利益政治的重要性，隨著工商業的發達與社會的多元分化，而
大為增加，在先進的西方民主國家，十九世紀末葉二十世紀初葉，
利益政治已在政治過程中扮演重要的角色，美國學者朋脫萊 (Arthur
F.Bentley) 最早注意到利益團體的政治影響，他於一九〇八年出版的
《政府的過程》(*The Process ofGovernment*) 中，指出團體的互動──
包括鬥爭、議價……等──就構成政治過程的重心，因此，他認為
研究政治主要乃是探討利益團體的活動❻。朋脫萊為所謂團體論的
創始者，此外，屈魯門 (David Truman)、賴遜 (Earl Latham) 等人，
都為早期的理論家❼。團體論者把政治設想為團體間不停地鬥爭，
如此又何能解釋社會與政治系統仍能維持相當程度的和諧，並不因
強烈的鬥爭而崩解呢？團體論者的解釋是有四種因素使鬥爭不致過
份激烈或踰越常規：⒈政府不僅是團體壓力的承認者，也是團體間

---

❻　Arthur F. Bentley, *The Process ofGovernment* (Chicago, 1908).

❼　David Truman, op. cit., Earl Latham, *TheGroup Basis of Politics* (Ithaca,
　　N.J., 1952).

衝突的仲裁者； 2.潛在團體的存在，可防止團體作過份不合理的要求，或使用過份不合社會規範的手段； 3.交疊會籍的存在。即團體成員同時參加數個團體，防止團體趨向極端，並有助於團體間妥協的獲致； 4.競技的規則 (rules of the game) 的存在。

團體論儘管是對利益政治的一項最具影響力的理論，它的規範含義是肯定利益團體對民主政治程序的積極價值，此種立場，若干研究利益政治的學者未能認同。茲就批評者的理論，簡述如後：

羅維 (Theodore Lowi) 在其《自由主義的末日》(*The End of Liberalism*) 中❽，指出利益團體的政治，已無形中使真正的自由主義的政治程序無以為繼，此因自由主義政治程序強調個人公平競爭的機會。目前，團體已代替個人地位，而由於少數團體過份強大，其他團體根本無法匹敵，平等競爭已成具文，這少數強大的利益團體，挾其成員的眾多、資金的雄厚，及與決策者關係之密切，可以予取予求，如此，政治決策單位已無法為公共利益對抗這些強大的利益團體的追求私利，這實構成當前西方民主國家政治的一大危機。麥康耐爾 (Grant McConnell) 在其《私人權力與美國民主》(*PrivatePower and American Democracy*)❾也提出類似的觀點。

其次，關於團體政治能否真正促進團體成員的利益，學者也有不同的看法。一般學者似乎均確認利益團體確能促進成員的利益，然而，也有人認為目前的利益團體，規模日益龐大，成員日益增加，而大多數成員對團體事務並不熱心，結果團體行動之決定權漸漸落入領導階層與行政人員手中，這些人每每以團體之名，努力於增進自己的利益，團體成員並未真正獲得實際利益，但每每被其矇蔽，誤以為自己從參加利益團體獲得利益，也有些成員，明知未曾獲得

❽　Theodore Lowi, *The End of Liberalism* (New York, 1969).

❾　Grant McConnell, *Private Power andAmerican Democracy* (New York, 1966).

利益，但由於不願放棄未來獲益的期望，也不致退出。

　　對利益團體的政治角色的正反兩種評價及理論，都有所偏，嚴格說來，利益團體對民主政治自然有促進的功勞，對團體成員的利益，也自然有增進的功能，然而，利益政治推展如果不遵規範，利益團體的組織如果盡由寡頭控制，則違反民主原則，損害公共利益就在所難免。

第十六章　民　意

　　許多人認為只有在民主國家，民意才扮演重要的角色。其實不然，就是在古代的專制與當今的獨裁國家，統治者也不能完全不顧民意為所欲為❶。

　　由於現代社會，民智普遍提高，大眾傳播媒體日益普及，民意對政治的影響遂大幅增加。在民主國家政黨壓力團體與個別政治人物都必須花費大量時間、人力與經費去探知民意並設法影響民意；在獨裁國家，政府的宣傳機關的預算也相當龐大，它們「塑造」民意與「指導」民意的任務受到獨裁者高度的重視。

　　在我國，民意是政治人物愛好使用的名詞，它好似具有無比的神力，可以維護自己的立場或主張，並否定政敵的政策。一般對當權者有異議的份子，也慣於以其施政缺乏「民意」支持來作為抨擊的主要理由。民意是什麼？其實際的作用與影響究竟為何？它是如何形成的？我們如何才能測知民意？這些是本章欲探索的問題。

---

❶　十八世紀蘇格蘭思想家休謨 (David Hume) 就指出：「一股永遠與被統治者站在一邊的力量，就是民意，統治者必須依靠它的支持。政府靠民意組成，這一說法用在最專橫與軍人統治的政府，也一樣有效。埃及的蘇丹與羅馬的暴君可能無情地驅使其草民，但也不能不重視支持者的意見。」原引見 D. Hume, *Essays: Moral, Political and Literary*, T. H. Green andT. H. Grose, eds., 2 vols. (London: Longmans, 1875), Vol. I,p. 110. 引自 J. Roland Pennock and David G. Smith, *Political Science: An Introduction* (New York: the Macmillan Compang, 1964), p. 306.

壹　民意之涵義與特性

當美國政府決定與伊拉克作戰時，大批民眾支持這項決定，認為哈珊必須為其侵略科威特的行為受到懲罰，也有大批民眾堅決反戰，高喊不要為了石油流美國人的鮮血。這對立的兩批民眾，就表示了兩種不同的「民意」。

民意是指在公共事務領域內，人民認為政府應或不應採取行動的看法或立場。譬如上述例子，人民中有的認為美國政府應該向伊拉克作戰，但也有的反對此種行動。表面看來，民意是群體的意見，其實，它是個人意見的集合體，因此，基氏 (V. O. Key Jr.) 為其所下的定義相當適切：「民意包含政府感到應予重視的個人意見。」❷

對於公共事務，社會上不可能僅有單一民意。重要的政策課題，不論其為內政、外交、教育、交通等領域，人民都會持有不同的意見：有人贊成政府某一政策；有人必然會加以反對；而且，在 X 政策上站在同一立場的人，可能在 Y 政策上持不同態度；此外，也有人對一項政策既不支持也不反對。

研究民意的人發現它具有若干特性：1.民意並不完全理性：我們都希望民意是理性的，可惜它往往並不完全如此。由於人免不了有偏見與成見，對自己不甚瞭解的事物，更易受到親友或其他第三者言辭之影響，而按情感或狹隘的私利作判斷，也為人情之常，如此其意念就不一定理性了；不甚理性的私見積聚的民意就可能未必完全理性。這種不理性的民意，往往表現在戰爭前夕，人們受到種種宣傳的影響，往往會毫不思索的主戰，反戰的人會被當作洪水猛獸，而不問其理由為何。2.民意往往是對某一問題資訊不足瞭解不

---

❷　V. O. Key Jr., *Public Opinion andAmerican Democracy* (New York: Knopif, 1961), p. 14.

夠的人形成的意見：許多國家的民意調查顯示一般民眾對政治事務與公共政策資訊都相當欠缺、瞭解都不甚充足，其所以如此，並不全是社會上得不到資訊，或一般民眾的教育程度不能使其瞭解公共事物。其實在一些進步的國家，公共事務的資訊供應是相當充足的，人民的教育程度也相當高，其政治資訊貧乏主因是許多人對政治不感興趣，他們忙於本身的事業，追求專業知識與改善日常生活，政治並非其關心的焦點，由於政治資訊不足，許多人對公共事務與政策課題的看法都是在有限的知識基礎上形成的，形成之因素中，更有許多與知識是無關的。　3.民意中有的穩定，有的易變，也有顯性與隱性的不同：所謂穩定的民意，並不是說它不會改變，而是在一段較長的時間內，它能保持不變；而所謂易變的民意則是在相當短的時間內就會變動的民意；人民對一些自認熟悉並有固定看法的問題所持的看法，往往不易改變，外界的影響發生之作用也較小，關於這類問題之民意，往往是穩定的；而其對一些自認比較陌生的問題之意見，則較易受外界影響而改變，這類課題之民意往往是易變的。在有些課題上，民意明顯地表現出來，社會上許多人都清楚地表示其立場，有的人認為政府應採取某項行動，另一些人則認為它不應採取該項行動，而應採取另項行動。在這種情形下，政府較能依某一立場支持勢力較大而行動。在另一些課題上，少數人以積極的態度，高聲表現其立場，但大多數人則成為「沉默的多數」，沉默的多數往往會被誤認為對該課題沒有立場，也即政府採取任何行動，他們都無所謂；事實往往並不如此，這些沉默者中，有的可能的確沒有立場，但有些其實是有立場，只是不願或不懂如何表達出來而已。政府對這些人的民意，如果一再忽視，就會引起他們強烈的不滿而產生反彈，他們代表的民意為隱性的，政府對這種民意應加探測。

貳　民意的作用與影響

　　民意的作用與影響，究竟如何？其力量究竟多大？這些問題並不容易回答。大體而言，民意是民主國家政府制訂與執行政策時，必須考慮的要件之一，倘若政府一再制訂違反民意的政策，或者執行政策的方法一再拂逆民意，執政黨就可能在國會中遭致在野黨的抨擊，並且可能在日後的大選中落選。因此，民主國家的政治人物大多不敢公然表示不尊重民意。原則上，若說民主國家民意能指導政府的施政方針，並不為過。然而，在實際政策上，我們也不宜過於高估民意的作用與影響；在不少政策問題上，民意往往不止一種，對問題的立場，人民可能具有多種不同的意見：有人支持政府的決策，有人反對，有人既不支持也不反對，而支持與反對的強度又各不相同。再說，這些不同的民意的勢力也頗難計算，在這種情形下，政府大可執行其自認適當的決策，並且可自認其政策是獲民意支持的；只有在大多數民意清楚表明反對政府既定決策的情形下，它才需要考慮改變既定行動。

　　即使多數民意反對政府既定決策之情形下，它也不一定非改變不可。它仍有彈性行動的空間，這是由於兩個原因：其一，政府並不僅僅被動地接受民意，且能主動地影響民意，甚至改變民意；現代政府都有龐大的宣傳與公共關係的機關雇用大批專業人員，來影響民意與改變民意，倘若朝野平時維持良好的關係，即使政府作出一兩件人民普遍反對的事，也往往能藉其宣傳與公關的努力，維持其在民間良好的形象與聲譽。這可從美國雷根政府並不因伊朗軍售案喪失民眾支持看出，其二是現代政府決策的領域甚大，決定的政策甚多，倘若政府在決策領域內大體上有良好的表現，則其兩三個政策不合民意，人民也不致有過大的不滿與反彈，因此，一些大體

上為人民堅強支持的民主政府，往往會在外交與國防等問題上，採取一些不合民意的政策，而這些政策可能是領導人認為為國家長遠利益所必須採取的。

在民主國家，儘管在個別政策上，民意的作用並非無限，政府往往並不完全被動地依民意行事，但是，在人民認為切身利害有關的大問題上，倘民意已清楚表示出來，政府的裁量空間就相當狹小，譬如許多國家在政府財政困難，預算呈現赤字時，一般學者專家都認為應該增稅，政府往往不敢增稅，其原因之一是人民普遍反對增稅，一個擅自增稅的政府，往往可能在選舉中落選❸。

參　民意調查

決策者、政黨、候選人都想瞭解民意；決策者在決定政策前要瞭解民意，作為決策的依據或參考；政策決定後要瞭解民意以斷定使用何種方法來說明與勸服人民支持該項政策，及擬訂執行的方法。政黨要瞭解民意來訂定其政綱及決定推舉如何的候選人及採取何等競選策略。候選人要瞭解民意以決定其是否繼續參選及採用何種競選策略。

瞭解民意的辦法不一：從大眾傳播媒體來瞭解是一種方法，但大眾傳播媒體，不論是報紙或電視，本身都有立場，有的是政黨所有，有的是企業家所有，它們都反映了擁有者的觀點，它們雖然也可能反映民意，但其基本目的則在使民眾接受擁有者的立場，也即影響民意，因此，從大眾傳播媒體瞭解民意，雖然有用，但也有其

---

❸　有人曾以此為例，來說明政府政策不應一味順從民意，因為有時增稅有其必要，倘不增稅，則國家經濟不易進步，政府無法推行必要的改革，人民終必受害，但無論執政黨或在野黨都不願提議增稅，因為民意一定不支持該項提議。

缺點；從私人接觸與談話瞭解民意也不失為一種方法：政治家與常人一樣，也可從與親友、僚屬、路人談話來瞭解民意，這是古老的方法，我國古代君主微服出遊探求民隱，與天方夜譚中阿拉伯君王在巴格達夜市聽取人民的牢騷都有同樣的作用，今日臺灣有不少愛論國是的計程車司機，常常成為有意探測「民意」者交談的對象。然而，這一方法畢竟太不「科學」，任何人能接觸交談的人數太有限了，這少數人的意見能否真正代表「民意」，當然是大成問題的，更何況這少數人並非按「科學」方法選出的。瞭解民意最佳的辦法是舉辦民意調查。

民意調查是從全社會中挑選出具有「代表性」的人，作為抽樣的樣本，然後直接詢問其對某一政治事物、政策或人選的看法或立場，這些具「代表性」的人之民意就可假設為全社會之民意。目前世界上許多國家，都有專職的民意調查機構在經常作各類民意調查，這些民意調查機構中，有的是政府設立的官方機構，有的是媒體附設的，有的是大學附設的，更有不少為商業性的，專門為別人從事民意調查以獲取利潤的。著名的如美國蓋洛普主持的美國民意社(AmericanInstitute of Public Opinion)，哈里斯與洛普等人組成的民意調查公司。我國近年來也出現夠水準的民意調查機構，作了不少頗有價值的調查，諸如政治領袖的聲望與政府各部門政績的調查等。

民意調查能否獲得正確的結果，要看其使用的調查技術是否妥當，調查過程是否嚴謹，主持調查者態度是否客觀與調查人員訓練是否良好及有無敬業的精神……等因素來決定。

就調查技術而論，抽樣是決定成敗的第一步。所謂抽樣乃是指從列為調查對象之全部人口（即「母體」）中選出其中具有代表性的較少數人，其意見足以反映母體，譬如調查並預測總統大選的結果，從全部選民中抽出數千人的樣本，即可從事調查。抽樣之樣本如果太大，則不僅調查成本過昂，而且分析調查結果之時間可能太長；

樣本太小，也可能有代表性不足之虞。不過，樣本之大小，不是硬性的，要看抽樣的技術來決定，目前美國的民意調查機構已發展良好的抽樣技術，因此，蓋洛普與哈里斯等機構在預測總統大選的調查中，只要使用一千五百人至五千人的樣本，就能代表一億五千萬選民，預測大體上相當準確的結果了。大體上，常用的抽樣有兩類：一是分層配額抽樣 (Stratified Quota Sampling)：依據此法，調查者選出若干母體人口的特性——諸如年齡、性別、收入、居住的城鄉、職業……，在建構樣本時，盡量使樣本與母體在這些特性上呈正確的比例。如此，就這些特性而言，樣本就是母體正確的反映。此種樣本的缺失為除非調查者所選的特性在形成民意上都有重要的作用，否則樣本的代表性就可能發生偏差；二是隨機的或然率抽樣 (Probability Sampling)：依據此法，母體的每一份子皆有納入樣本的相同機會，因此，可避免調查者預有的假設產生的偏差。問卷或問題之設計為決定成敗的第二步，在這方面，首先要避免導引式問題 (leading questions)，因為導引式問題會使被詢問者按詢問者的意向作答，如此獲得的答案不一定代表他真正的想法，如此的民意就不是真正的民意了。此外，曖昧不清的問題也應排除。總之，設計問卷憑藉調查者的經驗，不僅是技術而已。另一決定成敗的步驟為獲得答案的方法：一般來說，答案可從郵寄、電話訪問與面訪等法獲致。郵寄成本最低，但回收率較低，為其缺點；面訪為以往調查者慣於採用的方法，但由於訓練訪員（即調查者派往受訪者作訪問之助理人員）相當費時而不易，成本甚高……等因素，目前使用較少，目前較常用之方法為電話訪問，在電話使用率高的國家，其效果幾乎與面訪一般良好。登錄與解釋答案為決定成敗的最後一步：在許多場合被詢者的答案可以當作一個數據來看待，如此，其答案就可與其他人相同的答案並列，俾調查者統計處理。譬如對某一政策，回答「是」（表示支持），這一回答就可如此處理。另有些題目的回

答顯示意見的強弱度，譬如對某一政策，調查者欲知民意為強烈支持、一般支持等，則可給強烈支持 5 分，一般支持 4 分等，……及強烈不支持 0 分等，如此，被詢者的回答也可作統計處理。如此處理的過程即為登錄 (Coding)，登錄、分類與初步解釋的工作目前都由電腦來完成。

民意調查是否正確？這是一個不易回答的問題。就個別政策而言，我們實在無法斷定民意調查的結果必然就是民意。我們對民意調查的信心，主要來自美國一些民意調查機構自一九三六年至一九八五年總統大選之預測。在這段期間內，四大機構一共作了二十九項預測，其中二十四項中，其預測當選的人士當選總統，在得票率的預估方面，蓋洛普機構與哈里斯機構的準確度甚高（與實際得票率的平均差異度，蓋洛普為 1.9，哈里斯為 1.2），其他機構略差（洛普為 3.0，克洛斯萊為 3.9），但也不算失敗。五項失敗中，四項是一九四八年杜魯門與杜威的競選，民意調查機構無不預測杜魯門會落選，而結果不然。該項選舉預測失敗，使民意調查的價值受人質疑，但是，以後調查機構改進技術，預測的精確度增加了，又恢復了人民對其的信心。總之，民意調查預測總統選舉結果的精確性比一般專家的預測超過甚多。

近十餘年來，由於政治民主化與社會風氣日益開放，我國民意測驗也蔚然成風，除了政府機關如行政院研究考核發展委員會，重要平面與電子媒體皆會舉辦民意調查，國內已有民意調查文教基金會等組織，專門從事此項工作。國內近年來舉辦的數次大型調查，如政府首長聲望調查等，都相當引人注目。儘管有人對我國民意調查的技術等仍有批評，但民意調查的價值與其對政治的影響，則已獲得公認的正面評價。

第十七章　政治溝通

在政治生活中，溝通是甚為重要的。許多單獨的個人要團結成組織，發揮眾志成城的力量以完成大家的共同目標，就需要藉溝通來化解彼此的誤會與摩擦；一個領導慾強的人，如果擁有溝通的技巧，就能說服大批民眾來支持他，使他成為領袖；選舉期內候選人需要運用與選民溝通的一切機會，來贏取選票。國會與行政部門的溝通是民主體制能夠順利運作的必要條件。

溝通的作用確實是無限的，對其政治上的角色作一系統的剖析，是必要的。

壹　政治溝通的涵義

溝通是指運用符號來傳遞意義。這是一個人或一群人使另一個人或另一群人瞭解或覺察其對某一事物的情緒或理解的過程。溝通可使用不同的符號來達成，諸如圖畫、音樂、數字、手勢、面部表情，甚至粗魯的聲音皆是符號，但在人類社會，最通用的符號為口述與書寫的符號，即語文。

溝通是形成社會所不可或缺的。人類社會是一群人為了共同生活與合作，以解決共同的問題與增進共同的利益而組成的。倘若缺乏溝通，人類又如何覺察彼此共同的問題與利益，則社會又如何存在。事實上，人類社會之日趨龐大與複雜，以致文明日趨燦爛，與溝通技術之進步大有關係。

人類溝通技術之進步，可分為數個階段：文字的發明代表一個新階段的開始，在此以前，人僅能組織規模甚小的社會，因為口語

溝通的範圍是相當有限的，而且溝通的內容不能太複雜，如此社會不能發展高度的文明；文字發明後社會生活就趨於複雜，文明之高度發展就可能了。印刷術的發明又代表溝通技術的一大進步，從此文字溝通就普及了。電話、電報等新科技成品之出現，使溝通更加容易、快速，而且擴及更大的範圍。印刷術與電報等先後發明，助長大眾傳播媒體的時代之來臨。近年來無線電與電視的使用又使大眾傳播媒體之內容更為豐富，文字媒體與電子媒體並駕齊驅，為當代溝通的特色。

在政治上，溝通的角色特別重要，因為人們藉溝通來形成民意，組織政治集團，與影響公共政策。舉例來說，有史以來，人類社會是不平等的，有些人享有特權，擁有財富，另一些人生活困苦受人壓迫，但在相當長久的時間內，人們接受這一事實。一旦貧困而受壓迫的人藉口語與文字溝通瞭解其共同處境與感覺後，他們就集合力量，要求改善，這就形成經濟集團，富有的人為維持原有地位，也透過溝通，組織了自己的集團，這些集團都藉溝通向政府表達其願望與要求，並對政府施加壓力，政府也運用溝通來表示其為不同集團所作之事，並說其不能作之事，這些集團內、集團間與集團與政府間之溝通，就構成現代社會政治活動的內涵❶。

我們欲瞭解溝通，可把溝通過程分解為一系列成份，加以剖析：溝通者、訊息、媒介、接受者與反應。溝通者指任何欲影響別人的個人或團體。在現代社會，主要的政治溝通者為政黨與壓力團體。政府機關有時也希望能影響人民的看法，以利其政務之推行，故也可能成為溝通者。訊息指溝通者發出去的符號，如文字、圖片等，符號都代表每種意義，也表示某種意願與需要。這些意願與需要可能以某種理念的方式出現，如一個希望政府為其減稅的團體發出的

❶ Karl W. Deutsch, *The Nerves of Government* (Glencoe, Ill., The Free Press, 1963) 為從溝通的角度來分析整體政治現象的主要著作。

訊息，可能會說明不減稅不合社會正義或有害國家發展等大道理。媒介指發出訊息使用的工具，如報刊上的社論或專欄、電視廣告、個人談話等。接受者包括所有收到訊息之人。當然有些人是直接收到的，也有些人來自二手。一項訊息的效果按接受者的知識、興趣與原有的信仰等決定。政治溝通旨在對接受者產生某種溝通者期待的效果，故接受者的反應實為衡量成敗的主要標準。譬如一位溝通者作一演說，主張加強與大陸的經貿關係，聽眾可能無動於衷，也可能激起反感，但他本人的原意決非如此，他與任何溝通者一般，都期望聽眾能表示四種有利的反應：啟迪、勸服、強化與鼓動。啟迪是指一些聽眾可能從未對大陸經貿問題注意過，由於他的演說，就會留意此事，換言之，他的言詞開啟了他們的見識；所謂勸服指原來對他的主張略為反對之人，可能因其言詞改變心意；所謂強化指原來對他的主張略為支持的人可能因其言詞更加支持了；所謂鼓動是指原來支持其觀點，但不願採取行動的人，因其言詞而決定採取行動。

貳　政治溝通的媒體

政治溝通的媒體，大致可分為兩類：大眾傳播媒體乃是單一訊息對大批接受者同時發出，而溝通者與接受者間不必面對面接觸的媒體。大眾傳播媒體中，有文字媒體如報紙，有電子媒體如電視。口語媒體把訊息同時傳送給少數人，溝通者與接受者往往當面接觸。

大眾傳播媒體：

㈠報紙：在極權獨裁國家，報紙與其他大眾傳播媒體都由政府擁有，官方經營，其目的在宣傳政府政策，反映草根民意往往不是其主要功能；在若干民主國家，報紙與其他媒體大多為民營，所謂民營有的是屬於政黨，如歐洲大陸的法義等國，一些政黨皆有黨報，

其任務為宣揚政黨之主張，俾選舉時有利於己，另一些民營媒體屬私人所有，以企業的方式擁有與經營，美國之報紙大約均為民營。在有些國家，官報、黨報與企業型態的報刊皆有之，譬如我國，有國民黨擁有之中央日報、國防部擁有的青年日報與私人企業的聯合報、中國時報、自由時報及蘋果日報等。

企業方式運作的民營報紙，其目的之一在獲取利潤，廣告收入往往為其主要利潤來源，而廣告之多少與訂戶與讀者人數多少有關，欲讀者人數增加，報紙就必須具有吸引讀者的能力。報導讀者感興趣的事物當然是必要的。然而，我們也不能說一份民營報紙除了利潤外，就沒有別的目的。辦報者自然有其政治理想與政策觀點，他們期望能影響讀者與政治上有實力者，如重要官員與民意代表，這種影響往往藉社論與專欄來發揮。社論與專欄對於民意之影響究竟多大，是頗難斷定的，各國之情形可能不甚相同，英國與美國人士認為其影響也許不及許多人想像之大，因為兩國許多大報的社論一貫支持保守與共和等黨，然而工黨與民主黨並不因為缺乏報紙社論的支持，而失去選票。不過，就個別性事件而言，報紙社論的影響就較大了。

報紙是次於電視的大媒體，世界上的一些大報，讀者都可能在百萬左右。在日美等國，百分之九十的成年人每日都讀報，在我國，讀報的成年人也佔其總數的百分之六十以上，凡是經濟發達、人民教育程度高的國家，閱報率皆相當高。

(二)電視與收音機：電視與收音機皆屬電子媒體。除了美國以外，在大多數民主國家，電視臺與廣播電臺公營的都相當多，這與報紙的情形是相反的。由於公營之份量頗大，早期若干國家的政黨為了獲得這些媒體的公平待遇，曾經展開爭辯，目前這類問題都因公平對待之法律的制訂而獲得解決。

電視與收音機在傳佈政治信息上，效果非凡，一方面是因為其

利用聲光與顏色，造成較深的印象，另方面是由於不少年輕人不願耐心閱報，但習慣從電子媒體吸收資訊。電視、收音機與報紙主要集中在富有國家，尤其電視。在亞非等貧困國家，電視較不普遍，但近十餘年來，收音機普及率增加甚速，對農村地區人民的影響極大。

㈢電影：在民主國家，電影是民營的，其目的在娛樂觀眾以賺取利潤，政治溝通的作用不甚顯著，但政府機關可能拍攝新聞記錄片，這類記錄片可能有宣揚政令、影響觀眾政治態度的作用。

電視雖然不為政治溝通而拍攝，但不少電影則在對觀眾「潛移默化」中，發生政治溝通的作用。譬如美國好萊塢電影一慣把阿拉伯人描繪為好逸惡勞、自私自利、貪杯好色，如此，美國人一般都對阿拉伯人不具好感，此種成見對美國與阿拉伯國家的關係必然產生某種程度的影響。

㈣次要的大眾傳播媒體：雜誌、書籍、小冊子、看板、招貼……等皆屬之。這些媒體的讀者或觀眾一般較少，但其影響力則不容忽視。因為雜誌與書籍之讀者一般程度較高，為社會上的意見領袖，能以言詞影響他人。

口語媒體：有人認為在經濟進步的已開發國家，大眾傳播媒體是政治溝通的主力，口語媒體的作用不大；而在經濟落後的開發中國家，則正好相反。其實，這看法只有一半對；在極為落後的國家，口語媒體固然是溝通的主角，但在已開發國家，口語媒體的作用也相當重要。在這些社會，與其說人眾傳播媒體取代了口語媒體，倒不如說兩者具有相輔相成的溝通功能。

每個人都是原級團體──如家庭、同儕團體等──之一員，他與這些團體的其他成員維持經常的接觸，在交談中他的觀念與態度受到影響，他的立場漸漸與其他成員趨於一致，即使是他對事物有不同的看法，也因礙於情面，或害怕損害關係而不願表示，久而久

之，他的異見就愈來愈少了。

在現代社會，大眾傳播媒體與口語媒體具有相同的溝通效力，這兩者的關係又是如何的呢？美國一些研究選舉行為的學者，在研究一九四〇年美國總統選舉時，發現大多數人強調與家人與朋友閒談為決定其投票行為的要素，大眾傳播媒體並不重要。他們根據這一發現，創建了所謂兩步流動論❷：政治溝通是經過兩個步驟流動的，第一步為從大眾傳播媒體流至少數意見領袖，第二步則從意見領袖以口語方式流至其朋友與家人。

根據此一理論，大眾傳播媒體把信息傳佈至社會，但社會上大多數人都不在乎，他們對政治不感興趣，只關心自己的工作與娛樂，但這些信息對少數留心的人士發生了作用，這些政治興趣特別濃厚，平日勤於閱讀報刊，而且在影響其朋友、同事與家人的政治立場與觀點上有影響力的人，稱作意見領袖。他們經由和人接觸與交談，把信息傳送給一般民眾。

有人認為兩步流動論，如用來說明一九五〇至一九六〇年代的情形，也許相當正確，但已不足以說明目前的情形。由於電視的普遍使用，一般民眾勤於觀看電視新聞，他們也慣於直接從大眾傳播媒體吸收訊息，而且，在現在西方國家，人們與家人、朋友、同事交談的時間已大為減少，口語傳播媒體的作用已在下降，但無論如何口語媒體仍有其不可忽視的溝通作用。在我國，口語溝通的效用不亞於大眾傳播媒體，可從小道消息的頻繁來佐證。

---

❷ Paul F. Lazarsfeld, Bernard Berelson, and Hazel Gaudet, *The People's Choice*, 2d ed.(New York: Columbia University Press, 1948), pp. xxii–xxiii.

參　政治溝通的效力

在影響人民的觀念與塑造民意上，政治溝通的效力究竟如何？是一個頗難作答的問題。我們曾提過英美大報的社論並不能使讀者改變其政黨認同，似乎說明其效力有限，然而，另一方面，我們也不能否認一些口才特佳的政客，如希特勒曾以演說蠱惑人心，建立起其政權。總之，政治溝通效力之大小是不能一概而論，而必須以個別因素來分析的。

溝通使用之媒體效力在個別情況下是不同的。倘若溝通者希望把一個信息同時傳遞給大批民眾，則大眾傳播媒體，尤其電視的效力必然超過口語，不過，口語溝通具備了一些優點，使其在某些情形下特別有效力。口語溝通給予溝通者很大的彈性，當他的言辭引起反感時，他可以改變話題，然後再於氣氛改善時，重拾原來的話題，反之，大眾傳播媒體的讀者或聽眾，遇到這種情況，就會停止接受溝通的訊息。在口語溝通的場合，溝通者更可運用親情或友誼，使接受訊息者感到壓力，對其主張不敢公然反對。因此，在需要勸服別人的場合，口語溝通是比較有效的。

溝通的效力與信息之內容有關。倘若信息所指涉的是一些我們不懂的事物，我們就很容易接受溝通者的意見或判斷，尤其當溝通者是一個我們尊敬的權威時；相反地，倘若信息是關於一項我們熟悉的事物，我們就不易受到影響。這也許是為何在民主國家，人民對內政問題往往有種種不同民意，對外交問題則意見較少的原因之一。

溝通的效力與接受訊息的讀者或聽眾的性質也有關係，教育程度較低、知識貧乏的人對於政治溝通一般會表現無動於衷的態度，但一旦發生興趣，就較易受溝通者觀念的影響；相反地，教育程度

較高、知識豐富的人對政治溝通往往表現興趣，但比較不易受溝通者的影響。此外，對於每項溝通的內容感到有切身利害關係的人，比感到事不關己者，會更留意該項溝通，但未必一定更易受溝通者的影響。

　　溝通者的權威性與技巧也是決定溝通效力的重要因素之一。倘若一位溝通者被社會公認為其所溝通的問題的權威，人品又值得信賴，則其溝通較一位缺乏這些條件的溝通者有效。溝通技術的作用則不必贅言。

第十八章　選舉制度過程與行為

現在世上大多數國家，都定期舉行選舉，選舉已成為人民最普遍的政治參與之方式，尤其在民主國家，它被認為人民直接影響政府人事與政策的主要方法，代表民主理念具體的實踐，因此，具有無比的重要性；即使在獨裁國家，選舉也相當受人重視，這類國家的主要執政者雖然不致因選舉而更替，但次要的政府官員與政策則可能因其結果而改變，此因選舉所宣示的民意趨向即令獨裁者也不能完全忽略。

本章擬討論選舉的功能、主要選舉制度、投票行為與選舉成敗的評估。

壹　選舉制度的沿革

人類建立政治社會，面臨的一項重要課題，為領導人的產生。大體說來，產生的方式有三類：第一類為自行攫取，即某一人或某組人憑其某種優勢——體力、武力、巫術……等自行攫取領導權。在文明初期的漁獵社會，或近世的極權獨裁社會，政治領導者往往由此法產生，所謂「槍桿子裏出政權」即反映此種自行攫取的方式；第二類為已在位的領導者或領導群選擇其他的領導者或領導群：世襲君主國家君主的繼位，即由此方法演變而來，在盛行長子繼承 (primogeniture) 的社會，君主必須列長子為儲君；在不盛行長子繼承的社會，君主有較大的選擇權，但在這類國家，不論君主選擇儲君實際的權力多大，他仍須根據該社會文化所肯定領導者選擇的某些

原則來從事；現代社會，這種選擇方式——英文為 cooptation——仍相當流行，不僅存在於君主國新王的選擇，也存在於各種場合——公司董事會改選新董事、蘇聯共黨政治局的選拔新的委員等皆屬之。這種選擇方式有時會被披上「民選」或「民意贊同」的外表，譬如蘇共的新任政治局委員事實上都由原任委員決定，但形式上都經中央委員會票選，完成例行手續；若干部落新酋長一經決定，部落民眾要例行性地大聲吹呼，以示贊同該項選擇。第三類方式為選舉：選舉的方式，早期曾被若干宗教團體採用，如羅馬教會新教宗的產生，是由樞機主教團投票決定；有些新教團體，如貴格教派，往往由同一教會的群眾選舉其執事，但作為政治領導人員的甄拔方式，則須俟英國於十六世紀時舉行巴力門議員的選舉，以後選舉方式為其他國家紛紛採用。英國及其他國家在本世紀初以前的選舉，限制頗多，這些限制，以後日漸減少。如今，已大體符合全民選舉的原則。

　　大體說來，本世紀以前，僅少數西方國家以選舉來甄拔政治領導者與民意代表（日本在明治維新後也以選舉來甄用國會議員，但由於合格選民甚少，而且執政的寡頭以種種方法來「保證」選舉結果，其選舉的「儀式」意義多於實質效果。此一情勢在二十世紀初葉，政黨興起後，才獲改善）。初期的選舉，選民甚少，由於教育程度，財產（必須有某些不動產，並繳納稅金）與性別（限男性）的限制，大多數人民都無選舉權，這種選舉對於民主政治，並無促進之功，充其量僅為解決社會精英爭取公職可能造成的衝突之一種手段而已。

　　法國大革命後，革命政府對選舉權大為擴充，除了所謂「反革命份子」與少數都市下層貧民外，公民們均被授予投票權，但一般民眾對投票極為冷漠，絲毫不感興趣，而且選舉的技術欠佳，其對政治人員的甄拔，實際作用並不大。拿破崙三世後，選舉權又恢復

嚴格限制。

美國乃是西方國家選舉權擴充最快，而效果較佳的國家。中西部與西部各州於十九世紀中葉後（其時多數西部地區仍處於建州過程），就紛紛解除教育程度與財產的限制，若干州甚至給予受過良好教育的婦女投票權。東部各州的教育與財產限制也紛紛降低。至若干州，甚至給予新至移民投票權，不必受居留期限的限制。美國公民於二十世紀初，已擁有法律上平等的投票權，但在實質上，黑人的投票權常被限制，在若干州，甚至以州法加以剝奪，一九六○年代的聯邦選舉權法案對黑人投票權的保障有相當貢獻。

英國投票權的擴充，經歷相當複雜的政治爭辯的過程，並與其社會的產業結構的改變，有密切關係；若干有遠見的政治領袖的倡導或贊助，也是造成選舉權擴充因素。一八三二年以前，英國僅有約百分之五的成年公民擁有投票權，一八三三年、一八六七年及一八八四年的三次改革法案把人數提高至成年國民的百分之二十八，但女性仍未獲投票權，一九一八年的改革法案取消任何財產限制，凡二十一歲以上之男性公民及三十歲以上，本身或其丈夫擁有年值五鎊以上的財產之婦女都獲得投票權。此一法案之通過，乃婦女界遊行示威，及第一次大戰期內婦女對國家貢獻的結果。一九二八年的改革，達成男女投票權方面完全平等，使投票人數增至成年公民的百分之九十六，至一九七○年代，英國更將投票年齡的下限降至十八歲。如今，除貴族外，英國成年公民均已獲選舉下院議員的投票權，至於地方性選舉，則貴族也有選舉權。

歐陸各國投票權的擴大，較英美緩慢，至十九世紀末葉，成年男子的普遍投票權才在法國、義大利、瑞士……等國獲得鞏固，婦女們在第二次世界大戰後才在法國與瑞士獲得普遍的投票權。

亞非新興國家，於獨立後，就實行全民投票，此因二十世紀的民主潮流，已不容限制投票，而且，限制投票除了維護特權以外，

對於政治品質的提昇，看不出積極的意義。

我國名義上自辛亥革命成功後，就成為民主共和國，實際上限於種種因素，真正以選舉來決定國家與地方的政治領導人物，是在民國三十五年行憲後，而選舉比較上軌道，具有實質的重要性，則為近來三十餘年的臺灣地區。自民國三十九年起，臺灣地區定期舉行地方選舉，而自民國六十一年後，更舉行中央民意代表的增補選——產生了相當多優秀的政治領導人才，為我國的民主憲政奠定基礎。

貳　選舉法規與制度

欲瞭解一個政治社會選舉的過程，並評估其成就，先要探討其選舉法規與制度。選舉為政治權力分配的重要途徑，因此，在種種社會利益爭執的現代社會，其過程必然激烈，而且由於其結果足以嚴重影響利益的分配，容易演變為鬥爭，除非有良好的法規與制度，使參選者都有公平的競爭機會，否則選舉可能成為社會動亂的根源之一，如此，選舉的基本目的——選擇領導人員，非但不能達到，而且它本身就可能成為引起社會分裂的因素。

在英美等國，並無單獨的選舉法規。英國關於選舉的規範，是散見於巴力門長期內通過的種種法規（這些法規大多不把選舉的技術性規定作為其主要內容，但偶有涉及者）與人們的習慣之中；美國關於選舉的規定，由各州自行決定，聯邦憲法僅規定選舉人的一些消極資格（如最低年齡等），及特別強調選舉權不得因選舉人的種族、宗教與原來的國籍而受特別限制等。此外，一九六〇年代國會通過的民權法案中，也對黑人的選舉權加以特別保障，但是，關於選務工作，則全由州法規定。

有單獨選舉法的主要國家計有德國與日本，這些國家在第二次

大戰前，都曾受獨裁統治之蹂躪；其民主政治缺少堅實的傳統，為期建立良好的規範，都制訂細密的政黨法與選舉法，以嚴格規範人民的投票行為並保障其權益，以便造成公平競爭的政治環境，進而使民主政治落實於國家的政治與文化傳統之中。

我國於民國六十九年制訂動員戡亂時期選舉罷免法，其後此法曾經數度修改，對競選活動之諸多限制予以解除，並增列了限制競選經費與處罰賄選之條文，於動員戡亂時期終止後，改名為選舉罷免法，沿用至今。

選舉制度一詞，有廣義與狹義之分；廣義可指整個選舉過程的制度，狹義是指選區劃分的制度，吾人此處指狹義者。大體說來，目前各國使用的選舉制度，主要的有兩種，第一種為單席選區相對多數當選制 (single-member constituency plurality system)，為英美等國所通用；第二種為比例代表制 (Proportional Representation Electoral System, PR)，為歐陸如荷蘭、比利時、瑞典、挪威、瑞士⋯⋯等國所採用；此外，使用國家較少的制度尚有多種：如德日等國使用的混合制，係混合以上兩種制度；凡那杜 (Republic of Vanuatu) 與臺灣地方議會選舉使用的複席單記不可讓渡相對多數當選制 (multi-member, Single Non-transferable Vote System)❶，愛爾蘭、馬爾他等國施行的複席單記可讓渡當選制 (multi-member, Transferable Vote System) 等。茲說明如下：單席選區相對多數當選制指一個選區內僅能選出一名議員，當若干候選人爭取這一名額時，則由得票最高者當選，不論他所得之票是否超過選區投票數的半數。對該制略作修改的共有兩次類：其一是單席選區絕對多數當選制 (single-member constituency majority electoral system)。根據此制，得

---

❶ 日本與南韓原來也使用此制，但南韓於 1980 年代，日本於 1990 年代均廢除。臺灣的立委選舉原本也採用此制，至 2008 年後則改採單席選區相對多數決制，與政黨比例代表制兩者混合之新制。

票最高者所獲之票必須超過選區總選數的二分之一以上時，才能當選。由於在單一選區選舉制下，倘候選人超過三名時，任一候選人不易獲得半數以上選票，實行單一選區多數制的國家，往往要在候選人無一獲得二分之一多數票的議員選舉後不久，再舉行一次跟隨選舉 (follow-up election)。在這次選舉中，只有上次選舉中得票最多的二人有資格參選，並由二人中得票超過二分之一以上者當選。另一次類為法國現行國民議員選舉制：根據此制，國民議會議員選舉，作兩輪投票，僅在第一輪投票中，獲票率達到百分之十二點五的候選人才有資格參加第二輪，第二輪投票中，得票最多者當選，不論其得票率是否超過投票人數的半數以上。

所謂比例代表制乃是指在一選區內，選出數名議員：每屆選舉，各政黨皆提出數名候選人，在「政黨名單」(party-list) 的比例代表制下，政黨推舉的候選人有其自定的排名次序。選民按政黨投票，議席由各政黨以其得票比例分配之，在這種制度下，同一政黨的候選人，其當選機率往往與其在名單上的次序有關。由於「政黨名單」比例代表制給予政黨領導人太大權威，有些國家的人民對之不滿，遂規定政黨提出的候選人名單，無關任何人當選機率，選民仍按候選人個人投票，每一政黨當選席次數目按其得票比例分配，但每一黨的個別候選人之當選與否，仍依其個人得票數與同黨其他候選人相比而決定。實行比例代表制的國家，劃分選區的數目，各國不同，如荷蘭與以色列，則把全國當作一個選區。但大多數國家，則把全國劃分成數個選區。

單席選區相對多數當選制與比例代表制各有利弊（在本節後段中將詳加說明），為取利去弊，有些國家將二者混合來選出國會議員，如德國與日本。德國聯邦議會眾議員席次六百五十六席，區域部份佔一半，由單席選區相對多數制選出，另一半由比例代表制選出，選民投兩票，一票為區域部份，一票為比例部份，每一政黨所獲議

席根據該黨在比例代表制所獲票比例算出，決定當選人時，先定區域部份之當選人，然後再以比例部份來補不足之數；日本的制度不盡相同：日本國會眾議員共四百八十席，其中三百席由單一選區相對多數決選出，一百八十席由十一個選區以比例代表制選出，選民可投二票，每一政黨所獲議席由區域與比例兩部份分開計算，與德國的聯合計算正好相反。我國採取的方式則與日本相同。

複席單記不可讓渡相對多數當選制，曾經於一九九六年以前使用於日本國會眾院、韓國國會議員之選舉中，如今在太平洋島國凡那杜國會議員選舉中使用。此制事實上是一種單席單記相對多數當選制與比例代表制混雜而成的。根據此制，一個選區可選出數名議員，投票後，候選人以其獲票數排列，以序決定當選，至額滿為止。在這種制度下，選民僅能票選一名候選人，而且選票不能轉讓給其他候選人，這是它與另一種類似制度主要的差異。這種制度即愛爾蘭與馬爾他國會議員選舉所採用的複席單記可讓渡當選制。根據此一制度，每一選區，可當選數名議員，選民在選票上決定票選第一順位、第二順位……等不同候選人。候選人當選必須至少獲得某一當選商數（由選務機關根據一個公式按選民人數與當選名額算出），開票後，倘某一候選人得票已達商數，即告當選，並將該候選人當選所需者以外之多餘選票分配給第二順位者；倘無人達商數，則將第一順位得票最少者除名，將其選票分配予第二順位者，如此反覆核計，直至額滿為止。

一個國家選區的劃分，往往依據數項標準：第一是人口數目：選區人口數相差太遠，會造成選民間的不平等，必須避免，但是，劃分選區也不能僅考慮其人口數目，而不顧慮其他因素，因此，目前一些國家在重劃選區時，往往決定一個最低人口與最高人口的準則，任一選區不得低於前者與高於前者；第二是行政區：世上有些國家，選區與行政區是儘量相同的，如瑞士；但大多數國家，則兩

者雖不必然符合，但會儘可能配合之；第三是社會分歧之程度：一個選區，如果分歧度甚低，則代議士較能代表全區人民，否則必有所偏，在分歧度甚高的選區，有時少數民族、族群或其他弱勢者會因代議士之忽視，而實質上失去國會中之發言權，故劃分選區，應適量考慮選區的社會分歧度。選區劃分之問題對比例代表制國家影響較小。對實行其他制度的國家影響相當大，因為一個國家的人口不會停滯不變，其全國各地的經社發展不會相同，故選區重劃在所難免。有時有些國家為免除選區重劃的困擾或由於其他理由，乾脆把全國或全州（例如美國）整個行政區當作一個選區，這種安排有些學者稱作囊括式選舉制 (at-large electoral system)，如美國聯邦參議員，每州產生二名，一般慣例，並不分選區，由全州選民選出參議員。由於參議員任期重疊，故每次選舉，僅一席為人角逐。在小國如荷蘭與以色列，也把全國當成一個選區，同時選出若干名議員。這種制度有助於使競選活動著重於全國性政策課題之論辯，而減低地區性問題在選舉中的重要性；並且有利於具全國知名度的人物脫穎而出，降低藉親情、友情……等因素當選的地方性人士當選的機率。

選舉制的選用，對選舉的結果、政黨的行為與政治過程都會有影響，採用單一選區複數制，有利於大黨，不利於小黨，早經杜佛傑指出，認為係英美兩黨制的基本原因，杜氏此說或稍嫌過份，但此種選舉制造成政黨獲票率與議席之不成比例，使大黨佔盡便宜，則為不爭之事實。採取此種選舉制的國家，政黨不僅要努力於在社會上贏取支持，而且要盡量使其影響力遍及全國，否則必不能達到執政的目的，政黨行為如此，對國家的整合甚有益處，而且政黨也不致斤斤計較於偏狹的地方利益，對重要問題易採取全國性的立場；此外，在民意較分歧的選區，政黨為了團結，會採取中庸路線，並且支持中庸路線的候選人，這種傾向間接增強採用這種選制的國家

政治上趨於中間路線，不會過份極端。採取比例代表制的國家，小黨容易在議會獲得席次，只要選票達到最低門檻（有些國家是百分之二，大多數則為百分之五）的政黨，均可獲得與其得票率成比例的議席，因此，在這些國家，政黨必然眾多，此對議會中民意的反映，自然有利。又由於議席之分配較能正確反映社會中政治意見的實情，議會可被認為係社會更正確的縮影；由於各類弱勢團體均可在國會中獲得代表，它們不必擔心其利益受忽視；然而，這種選舉制也可能使政治過程中割裂過甚，使強有力的政府之產生，發生困難，在有些情形下，甚至使意識型態之對立，更加尖銳，不利於民主政治。

　　我國區域立委選制，在二〇〇八年以前採複席單記不可讓渡制，在造成政黨得票率之比例與其獲得的議席之比例的扭曲程度上，略單席單記相對多數制為小，但大於比例代表制。因此，此制對組織良好的大黨雖略為有利，但小黨吃虧不大，尤其是組織良好的小黨，能在此制下，獲得相當不錯的選戰成果，而組織不良的大黨反而可能吃虧。這一制度對大小政黨並未造成不公，此為其優點；其主要缺點可能有兩項，其一是這制度下，同一選區內，同黨候選人不止一人，而這些候選人又不像比例代表制下組成一團隊合力對付其他政黨，而是必須單獨奮鬥，以自求多福的方式，爭取選票，他們不僅要與其他政黨的候選人爭票，也要與同黨的候選人爭票。當一個政黨組織甚強、紀律堅固之時，黨的領導能協調同一選區內的同黨候選人，使其不致彼此搶票，甚至能把實力較強的候選人超過當選所需之票「配」給實力較弱者，以增加黨在選區內的當選人數，然而，當黨的組織鬆懈，黨紀不佳時，同黨候選人搶票之情形發生，則實力強者得票可能遠超過當選所需，以致選區內因「明星」型候選人得票過多，使一個政黨當選之名額遠低於根據合理分配選票應獲的名額。由於同黨相爭的可能性，這種選制對政黨的團結頗為不

利，對一個國家政黨政治的健全發展，也可能有負面效果；其次，由於這一選制減弱政黨在競選中的角色而候選人只要掌握少量堅固的支持者的選票，就有當選之望，它就可能鼓勵一些政治立場極端或偏鋒，或者純粹利用私情或賄選的人出來競選公職，對選風與一般政治風氣都可能造成不利的影響。故在二〇〇八年後，改為單席選區相對多數制與正黨比例代表制相混合的制度。

愛爾蘭的選制，優點是選票不會浪費，缺點則為計票相當繁複，並且易滋紛擾，愛爾蘭曾兩度舉行有關選制改革的公民投票，大多數公民均無意改變現制。德國與日本之混合制目的在一方面阻止小黨林立，另方面使既有小黨獲得合理的議席，以免政治紛擾，這兩國的制度，德國的制度較有利於小黨，日本的制度則可減低自民黨繼續弱化的風險，有助於現狀下的政治安定。

參　選舉與投票行為

作為一種政治參與的方式，我們對選舉的第一步認識是人民參與程度差異甚大，大體來說，候選人的參與程度最大；其次為助選人士：我國的選罷法有一特色，即助選人士必須向選務機關登記，成為具備法定地位的助選員，才能名正言順地助選，任何別人助選，會受處罰；在西方國家，任何人只要贊同某一候選人的政見或願見他當選，都可為他助選；助選的方法計有為候選人登臺發表贊助的言辭，散發傳單……等；再依序參與程度次高者為一般贊助者，即捐款或作其他貢獻，但未正式參加助選者；再其次為勤於出席政見會等的積極選民。然後為普通參與投票之選民，參與程度最低者則為習慣性的不投票者。

投票行為為目前政治研究的重心之一，這類研究的核心問題計有三項：1.投票者與習慣性不投票者的差異問題，亦即習慣性不投

票者為那些人？其社會特徵為何？為何這些人習慣性不投票？　2.投
票者為那類人？何等社會因素決定投票率？投票者依據何種準則——
政黨、政見，抑或候選人——決定其選舉？及 3.競選的過程對投票
有何影響？選舉人投票的決定是如何獲致的？這些問題的答案，為
政治學者，政治社會學者與政治心理學者共同關心的研究課題。

　　㈠習慣性不投票：一九二○年代中期芝加哥大學教授梅廉與戈
斯耐爾 (Harold Gosnell) 曾對西方國家習慣性不投票者作一系統研
究，此著作迄今仍為該項探討的權威之作❶。根據此一研究，那些
對選舉極度冷漠，從不投票的份子大多為社經地位甚低，教育程度
甚差的人，他們缺乏促成投票行為的三項要素之動機、資訊與壓力。
這類人感到不論任何政黨或候選人當選，都不會影響他們的生活與
命運，他們也不感到自己對政治過程能產生任何影響。換句話說，
他們的政治效能感是很低的，因而投票的動機就不存在了；資訊是
隨動機與教育程度而決定的，具有採取某項行動的動機的人會主動
去找尋行動所需的資訊，否則便為變得漠不關心，而瞭解資訊的能
力則與教育有關，習慣不投票者既乏動機，又未受良好教育，其資
訊當然甚為貧乏；又不少人的投票行為係來自壓力，許多開發中國
家的農村居民，其投票動機與資訊都不足，但因其社區結構產生的
某種壓力，而紛紛投票造成相當高的投票率。雖然這種投票行為，
是所謂「動員」的，缺乏主動性，其結果也未必充份反映民意，但
壓力對投票行為的影響是毋庸置疑的。此外，一般人士，由於參加
民間社團、政黨，或親友請託，而感受壓力去投票者，也不乏其人。
西方國家習慣性不投票者往往不參加任何團體,與社會形成「疏離」,
與親友也少往來，因此不會感到壓力。習慣性不投票者人數究竟多
少，不易估計，不過不致太少，此情況的存在對政治的影響是不容
忽視的。亞非新興國家似乎也有習慣性不投票者，其中有的為都市

---

❶　Charles E. Merriam and Harold Gosnell, *Non-Voting* (Chicago, 1924).

貧民中之政治積極份子，也有是不滿現實的知識份子，這些人對「體制」不予認同，因而拒絕投票，他們與西方的習慣性不投票者不盡相同，因他們對政治本身態度是積極的。

除了習慣性不投票者，另一種可能不投票者為游離份子，游離份子在選舉中對支持何黨何人，徘徊不定，不能斷然作決定，在競選過程中，競選者的重要策略之一即為爭取游離票，但每次選舉，總歸有相當多的游離票仍然未被候選人爭取，而成為廢票或不投票者。游離份子與習慣性不投票者不同，後者對政治高度冷漠，而前者則並非如此。

㈡投票率與投票準則：投票行為研究的另一重心是投票率的研究。早期的投票研究，常把選民按其收入、宗教、居住社區……等因素加以分類，來考察不同類的人投票率的差異並解釋每種因素對投票行為的影響。根據較近的研究，構成投票率差異的主要因素為教育程度。此外，收入也有一定的影響，其他因素的重要性似不甚大。一般而言，教育程度較高的人投票率也較高，已經多次調查證實；至於收入，我們只能說收入極低的人投票率也甚低，但這似乎與教育有關。然而，收入達某一臨界標準後，投票率與收入就沒有顯著關係了❷。

投票人按何類主要準則決定其投票，也是投票行為研究探討的課題之一。大體而言，投票的主要準則可分為：政黨取向，候選人取向與政見取向。1.政黨取向：在政黨紀律良好，其政綱能引導選民作較清楚的抉擇的國家，如英國，政黨取向的選民為數頗多；在政黨紀律不良，政黨政綱無法為選民提供清晰抉擇的國家，如美國，政黨取向的選民就比較少了，不過，不論在何種情況下，政黨取向的選民仍是三種取向中佔最大比例的，尤其是在高層職位的選舉中。

---

❷　參閱 Raymond E. Wolfinger and Steven J. Rosenstone, *Who Votes?* (New Haven and London, 1980).

近年來，在英美等國，政黨取向的選民人數有下降的趨勢，尤其年輕選民為然，這似乎顯示大黨的作風已不如以往般令人滿意。選民的政黨取向，除了有些人是由於對某黨的立場在認知上支持，也有不少人是家庭傳統使然。因為在英美國家，許多人的政黨歸屬往往出於追隨其父母的歸屬，並非個人理性的選擇。更有不少人則由於經濟與社會地位使然。 2.候選人取向：候選人取向也有其重要性，以候選人作為投票的準則的選民；有些存有「英雄崇拜」心理，尤以年輕人較多，這些人有一種浪漫的傾向，把票投給其心目中崇拜的對象；也有些選民在平常時期不會以「候選人」作為投票準則，但在危機時期就比較可能，在國家面臨重大困難時，他們會把票投給其認為能解決危機的雄才大略的人物，更有些選民以一種單純的道德眼光來衡量候選人，會票選他們認為私生活嚴謹，德性良好的人，在低層職位的選舉中，以道德眼光來決定投票的候選人取向之情形更為普遍，此外，在低層職位選舉中，候選人與選民的親友、鄰居等關係也成為投票重要考慮因素之一，此即國人所謂基於「地緣」與「血緣」的投票行為。 3.政見取向：政見取向的選民，往往被政治學者當作最理性的選民，因為理論上政見取向的選民在決定投票前，會努力去瞭解與分辨不同候選人的政見，仔細推敲其利弊及對自己的影響。如此認真的政見取向的選民當然是有的，但許多所謂政見取向的選民，事實上並非如此。他們往往僅重視候選人對某一項政治問題的立場，而毫不關心他們對其他問題的看法，例如一九六〇年代，在美國南方若干州的選舉中，有些選民僅注意候選人對黑白關係問題的立場，在這種情形下，單項政見的候選人紛紛出現，這些候選人但求在情緒性的種族問題上採取一個討好選民的立場，以爭取選票，這種「政見取向」的選民愈多，非但無法提昇民主政治的實質，而且可能使其下降。

　㈢投票行為決定的經過與競選對選舉結果的影響為投票行為研

究的另一項重心❸。關於投票的決定是如何達成的，政治心理學者曾發展出一個所謂「漏斗」模式，根據該項架構，一個選民在決定其投票之過程開始時，考慮到許多變項，其後漸漸減少，最後作出決定，猶如進入漏斗的尾端，這個漏斗中包括那些重要變項，這些變項的值又如何，其淘汰過程如何，似乎都必須靠實徵的研究來補足；候選人競選過程，往往被人當作決勝的關鍵，實徵研究顯示這多少有些誇張，除非在雙方實力甚為接近的選舉中，競選過程中使用的宣傳與組織策略，僅為決勝的條件之一，並非最重要的條件，英美等國選舉的研究，顯示競選活動的實質效果似乎為二項：一項為爭取游離票，但游離票在全部選票中數目並不甚大；另一項為加強支持者的投票決心；由於社經地位較低者投票決心往往不及社經地位較高者，故依賴這類人的支持較多的政黨比較重視競選，如美國的民主黨與英國的工黨等。

肆　選舉的評估

選舉為民主國家人民參政的最重要方式，對大多數民眾而言，投票也是參與政治過程的唯一機會，欲真正實踐民主的理念，一個國家的選舉必須達到完全公正與公平，讓所有候選人都能自由參加競爭，候選人參選機會不平等的選舉不僅對有意角逐公職的人是一種傷害，對選民的權益也是損害，因為在這種情況下，選民無法作出完全自由的選擇。

維持完全平等的競爭機會，是選舉制度設計的重要考慮，此外，為期選民能作完全自由的判斷，他們應該有權獲得其想得到的關於一切候選人的資訊，亦即候選人應有提供資訊的自由與機會。

❸　參閱 Ithiel De Sola Pool, et al., *Candidates, Issues, and Strategies* (Cambridge, Mass., 1965).

　　選舉是一種競爭，競爭必定要有規則，這些規則必須以維護公平競爭與選民的自由選擇之權利而設計，為了達到選舉的目標，候選人、助選人員、選務工作人員與選民的行為必須受適當規則的約束，然而，這類約束應限於為維持選舉目標之達到，及人在社會生活中必需接受者為限，不宜過多過嚴，以免影響選舉的公正性或人民表達自由意志的權利。

　　為了國家政治的進步與人民利益獲得適當的保護，政治學者當然期望能藉選舉產生優秀的代議士與行政首長，至少能淘汰品德卑劣，純粹追逐私利，或顯然不能勝任其所爭取的公職之候選人。然而，汰劣擇優的目的的完成，主要有賴於選民本身的辨別能力，選舉規則與制度對此皆無能為力，然而，選舉法規可對種種損害選舉結果的不當行為如賄選、暴力脅迫……等加以禁止，此對消極地增進當選者的素質，自然是有助益的；這些法規的執行，甚為重要，否則徒有法規，並不執行，有等於無，就執行而論，對候選人一視同仁，寬嚴適度的執行，最是重要，否則法規不僅無從發揮作用，而且可能為社會遭致紛擾。

■□ 第十九章　政治暴力與革命

　　大多數政治學者把政治暴力當作反常的現象，與其關心的主題
──政治體系的穩定與正常運作──相比，是不宜花費太多心力去
探討的，這種偏見，其實應該糾正。我們只要環顧世界，就不難發
現政治暴力現象之普遍及其影響之鉅大：二十世紀末的一項統計顯
示全球一百九十餘國中，至少三分之二籠罩在政治暴力的陰影下，
或者曾遭受各種不同類型的政治暴力行為的摧殘。政治體系崩潰與
解體的實例俯拾皆是，政治暴力似乎已是「正常」的情形，尤其在
一些開發中國家，這簡直是家常便飯。

　　政治暴力為人類暴力行為之一種，我們加上「政治」兩字，主
要在顯示這些暴力行為是為了達成政治目的，爭取政治利益而為，
或產生直接的政治影響的，與一般無此目的、無關這種利益或不產
生直接政治影響的普通暴力行為，如刑事犯罪……等有其區隔；然
而，即使是一般所謂無關政治的暴力行為中，也可能具有某些政治
涵義，譬如說一個社會一般刑事犯罪的激增，也可能隱含其政府的
無能或它已喪失人民的信任。不過，儘管如此，在探討政治暴力時，
我們仍宜將這類行為摒除，以免失去研討的焦點。

壹　政治暴力的型態

　　常見的政治暴力行為，有數種主要的型態：暗殺、恐怖活動、
暴動、政變、革命與戰爭。這些暴力行為並不是相互排斥的，譬如
在革命的過程中，革命者常常運用暗殺等手段來加速目的之達成，
不過，為分析政治暴力之性質，我們仍可作這一分類：

　　暗殺是普遍為人採用的政治暴力行為，在人類歷史上，政治領袖遭暗殺的，為數頗多；美國總統中，林肯、麥金萊加費爾、甘迺迪都因暗殺身亡；印度自一九四七年獨立以來，已有聖雄甘地，總理甘地夫人與其子芮吉夫・甘地（也是總理）等人先後遭到暗殺，其鄰國斯里蘭卡則有數位總統與總理遭遇暗殺，南韓總統朴正熙遭暗殺身亡，另一位總統全斗煥在緬甸仰光遇刺，他雖大難不死，但數名內閣閣員均死於非命。在中東與非洲，暗殺政治領袖更是若干激進政治運動者鼓吹的有效鬥爭手段，埃及總統沙達特與以色列總理拉賓都是這種手段的犧牲者。暗殺之所以普遍，是因為它不僅可能是陰謀團體策劃的行為，也可能是某一個人就能單獨採取的行為，對於陰謀團體而言，這是成本低而效果高的手段。不少缺乏社會支持、資源短絀、幾乎陷入絕境的極端份子組織，都曾使用這種手段作困獸之鬥。有的暗殺行動，不是團體策劃的，常常是某一政治立場與暗殺對象尖銳對立並對他充滿仇恨的個人所為。更有一些政治領袖如瑞典總理巴姆 (Olof Palme) 於一九八六年被刺身亡，單純是一個心理不正常的人一時衝動的作為，無關政治立場與利益，但由於對該國政治產生的重大影響，也可視作政治暴力行為。

　　暗殺對政治的影響，是由被暗殺者的角色與政治體制的性質而定：一個威權政體的獨裁者被刺身亡，可能造成該政體的崩潰或該國之混亂，而一個民主法治健全的國家的領袖被殺，則不致產生如此嚴重的後果；不過，無論如何，一個國家政治領袖常遭暗殺，必然表示該國法治秩序的不良與脆弱。

　　「恐怖活動」一詞，廣義可指多種政治暴力行為，暗殺也可包括在內；倘把它作狹義的界說，則是指對特定人群所作的殘暴的殺戮或毀滅性摧殘，例如某些統治者或政府對反抗的人民之屠殺及革命團體對政府人員所作的類似活動。近數十年來，另有不少國際恐怖組織，從事對外國的恐怖活動，例如巴勒斯坦解放運動中激進份

子對以色列與中東美軍所作的恐怖殺戮、美國九一一事件等。

　　暴動往往在群眾反政府活動失控時發生。群眾對政府不滿之抗議活動如遊行、示威等，在一般情形下都是和平的合法活動，但倘若政府處理不當或在有心人士鼓動之下，則可能失控，轉變成政治暴力事件。此類暴力事件倘若疏導得宜或阻遏及時，則不致演變為革命，否則就可能導致革命。

　　政變是指一小群人經由密謀推翻政府的活動，政變在開發中國家相當普遍，大部份皆由軍人發動，而且都有流血，不過，多數政變中，流血與暴力的程度都相當低。政變雖然可能導致舊政府被推翻、與發動及參與政變的人取得政權的後果，但往往不會導致一個國家經社結構與政治體制的重大改變。

　　革命不僅是藉暴力手段推翻舊政權，改變舊政治體制，建立新的政府與政治秩序，而且往往對舊有經濟與社會體制，甚至文化進行人為的重大改變。在人類歷史上，法國十八世紀末的大革命，俄國二十世紀初的共產革命與中國二十世紀的一系列革命都產生了無比的影響，由於革命的重要性，我們將作較詳細的論述。

　　戰爭往往被人認為係政治的失敗與終結，國際戰爭的爆發是由於不同國家透過政治程序或外交手段解決爭議的失敗，國內戰爭則往往顯示對抗者根本無意在同一套政治規範下競爭，因此，也是政治的失敗。既然如此，有些人主張把戰爭摒除在政治以外，它是另一種自成一格的暴力，政治學者不必花費太多時間與精力去研究它。這種看法，並不正確。戰爭與以一般政治手段解決紛爭雖然有天壤之別，然而，在人類社會權力與資源的競逐中，戰爭往往難以避免，為了免於毀滅，人類不斷嘗試如何設計出永遠止戰的制度與規範，但是迄未成功，戰爭將會繼續存在，至少我們不能排除其可能性，政治家們也很少有人相信永久和平已經在望，這從世界各國都維持相當數量的常備軍力與可觀的國防預算得到印證。在許多政治領導

者的心目中，戰爭也可作為一種政治的手段，這就是阻遏性防禦，以戰止戰，集體安全體制……等觀念蘊含的意義。誠然無限戰爭，也即非作戰至你死我活，決不中止的戰爭，是非理性的，決不是政治的，而有限戰爭，不論是攻擊性與防禦性，都是理性的，出諸謀略的實現政治目標的一種方式，它是政治性暴力行為，是一個國家政治策略的一環，是毋庸置疑的。

貳　政治暴力的成因

　　政治暴力事件之頻繁為現代社會的一大特色，關於其成因，可從不同的角度去探索，從政治社會學的角度，可歸納為：族群等原級團體的衝突、階級鬥爭、分離主義或獨立運動、激進革命、政變、及理念與政治主張的紛爭之失控等。

　　族群、宗教團體……等原級團體間之衝突，常常釀成暴力事件，這在許多開發中國家是常見的。在不同族群、宗教團體與語言集團比鄰而居或混雜相處的社會，除非它們具有相互容忍與尊重的價值觀與共同遵守的法律與倫理規範，否則不免時生齟齬與仇視，顯現緊張的關係。在許多開發中國家，這類原級團體間存有歷史上長期累積的宿仇，近年來更因經濟與社會的變遷，而激化了彼此爭取利益的慾望，因此衝突就加劇了，這些國家大多未能培養容忍與互尊的傳統，也乏解決紛爭的機制與規範，因此衝突中往往出現暴力，暴力事件愈來愈頻繁、規模也愈來愈大，印度與巴基斯坦分治時的流血爭執，與非洲的族群屠殺，其慘烈令人髮指。

　　階級間的不和與對抗，在任何社會都難以避免，但在大多數經濟發展程度較高的國家，階級鬥爭已不似十九世紀與二十世紀初的激烈。由於社會安全制度的採行與福利國家政策的實施，貧困階層已不再三餐不繼，儘管貧富間之所得差距仍然甚大，但是窮人在人

口中之比例已大幅減少，而赤貧與無法謀生的人已不多，故階級鬥
爭已減少，但在經濟落後的國家，生活缺乏保障的人口仍然甚大，
由於窮人仍乏階級意識，目前這些國家還未出現激烈的階級鬥爭，
但窮人為爭取最低限度的生活所作的抗爭常常形成政治暴力事件；
在中度發展的開發中國家階級鬥爭較多，手段也較激烈。

　　分離主義者，不論是緬甸的少數民族獨立運動，菲律賓的回教
徒之莫洛解放運動，中東土耳其與伊拉克境內之庫德族的建國運動、
南斯拉夫之族群衝突……已成為當今世上最富爆炸性的政治暴力事
件，這類政治暴力事件，常常釀成嚴重的流血衝突，有時甚至演變
為國際干涉的對象。分離主義者往往標榜其追求的目的為其所歸屬
的少數民族脫離壓迫他們的多數民族。這種宣示，有時是正確的，
但有時卻未必如此。像土耳其等國庫德族的建國運動，確實是在法
理與國際正義的立場上可站得住，但有不少分離主義運動並非如此；
有些情形下，所謂少數族群……等，缺乏客觀的依據，而且被指為
少數族群……等人口，也未清楚表示其分離的意願；有些國家，確
有少數民族，但少數民族未受壓迫，分離主義在這些國家，往往是
少數政治野心份子或過激的偏狹心態者竭力鼓吹而浮現的，但不論
這類活動民意基礎的薄弱與參加人口之有限，仍然會釀成政治暴力
事件，例如西班牙的巴斯克分離主義者恐怖組織。

　　最大規模與慘烈的政治暴力行為往往在激進的革命中出現，如
蘇聯的布爾塞維克革命。這類暴力，我們將詳細探討。

　　政變乃是以暴力推翻政府的活動。由於政變的參與者人數必然
不多，政變目的又僅在爭奪權力，故暴力的程度往往相當低，尤其
是所謂宮廷革命，常常在一般民眾毫無知覺的情況下進行，涉及者
通常是一群權力分配上感到失意或權力慾尚未滿足的精英從另一群
精英手上搶奪權力之舉動，與大多數民眾並無切身利害關係。政變
在憲政秩序未上軌道的國家相當頻繁，但由於其暴力程度有限，牽

涉的政治與經社發展,甚至政策層面均不大,故不如革命般值得學者們作深入的探討。

在已開發的民主國家,政治暴力主要是對重要問題與政策立場與理念迥然不同的人,或對政府政策高度不滿的民眾在抗爭活動中失控造成的,這種情形下出現的暴力事件,一般來說,都不致破壞憲政秩序或浪費過昂的社會成本。但也不可能催化重要的改革。

除了上述從政治社會學角度的剖析,學者對政治暴力的成因,還發展出兩個主要的理論:第一個是政治心理學家葛爾 (Ted Gurr) 對人為何會以暴力手段反抗權威的解釋。他認為人們採諸暴力行為,主要是由於內心的挫折感造成,挫折感之產生,是因為其慾望與期望在現實環境中無法滿足,在開發中國家,政治暴力的頻繁是因為許多人都普遍有挫折感。由於經濟發達、人民生活富裕的社會的情況,透過種種傳播媒介,為開發中國家人民知悉,激起了他們享有同等或類似生活的慾念,然而,這些國家的生產條件完全不能滿足他們,因此,大批人民都有沉重的挫折感,這種心理狀態往往以暴力行為呈現出來。這一政治心理學的論說,有人認為無法解釋政治暴力現象。心理學研究顯示,人們處理挫折的方式不僅一端,暴力行為只是諸種方式之一,有些人遭遇挫折,可能藉酗酒、吸毒……等自虐的方式減輕內心的焦慮或不滿;也有些人則採取種種逃避現實的方法。再說,人們即使訴諸暴力,也非必是政治暴力(或反抗權威),很可能是一般性的犯罪……等。因此,政治暴力之現象不能僅從暴力行為者個人的挫折感來解釋,而必須從社會的結構面來說明。有人認為政治暴力的頻頻發生,除了人們內心有所不滿以外,還要兩個重要條件配合:其一是有人組織與動員這些不滿份子。有一種說法是革命者不僅僅是他具有革命的理念與意志,也要有一個革命組織使其能採取行動,政治暴力與一般刑事暴力不同者往往在於前者是有人精心策劃與組織的結果;其二是社會環境:在一個高

度極權與壓迫的社會，往往僅有零星的政治暴力事件，如暗殺領導者，而在一個民主憲政已大體實現的國家，政治暴力的程度不會甚高，如因政見與政治立場之爭釀成的群眾運動失控之情況。政治暴力程度甚高，而甚普遍的社會，大多是一個原來的政治體制是高度封閉與壓迫性的，而正在逐漸放鬆管制之社會，這種情形，十九世紀法國政治觀察家托克維爾 (Alexis de Tocqueville) 就已清楚認識，他認為大革命爆發前夕的法國就是如此。

參　革命的剖析

革命是指快速、劇烈而涵蓋整個政治體系的變遷。它往往含有摧毀舊體制，並且剝奪舊體制中的精英一切權力與地位的涵義。程度較小，牽涉面較狹的變遷為改革，而非革命。有時精英份子愛把一些小範圍的改變稱作革命，這是不正確的說法，一國革命曾否發生，要看舊的精英是否在非常的程序下完全失勢，革命未必需要大量流血，但由於舊體制的精英大多不會甘心退位，某種程度的政治暴力是難以避免的。近年來，世界上爆發的革命大多相當血腥。

革命的爆發，其先決條件是人民對政權高度不滿與挫折感甚深，然而僅此並不足以釀成革命，另一條件是必須有人組織，使社會上普遍的不滿與挫折有了著力的焦點，否則不滿與挫折僅能導致人民對政治普遍的冷漠，至多產生零星的暴力行為諸如街頭暴動等。革命與知識份子關係密切，近世大多數革命其實都是知識份子主導的。知識份子熟悉社會事務，富有理想，往往對現實不滿，他們中不少人具有烏托邦思想。知識份子的鼓吹與宣傳，使人民覺察舊體制之無能、不義與腐敗，激起其改善自身處境的慾望與意念，瓦解了對舊體制的愚忠與迷信，而知識份子的組織能力使從事革命的人團結一致，建立指揮系統並凝結鬥爭的力量。

　　十八世紀末葉法國大革命後，至二十世紀中葉是人類的革命世紀，這段期間，發生的革命有法國大革命、俄國布爾塞維克革命、中國共產黨領導的革命、墨西哥的大革命、伊朗的回教革命、越南的革命……等大小革命不計其數。革命的頻繁，可能是由於一些因素：第一，這一時期，正是世界經濟、社會、科技、文化等變化最快速、最劇烈的時期，工業化在許多地區出現，傳統的農業社會逐漸消失，而傳統的價值觀念也在式微，在現代化潮流席捲的社會，人們對舊體制漸漸喪失信仰，激進求變的觀念遂易為世人接受；其次，此時期產生的種種意識型態，如社會主義、共產主義等，都大幅激勵人們求變的願望與決心。第三，這段時期，環境的重大改變，暴露了舊體制的弱點，而且由於在新問題前，這些體制完全束手無策，遂令人感到其無能與腐敗，而竭思推翻之。

　　革命曾被世人相信是解決社會諸多難題、改善人民福祉、實現公正社會的萬靈丹，因此，一個革命運動，往往會吸引許多有為人士為其獻身，然而，究竟革命真有如此神奇的力量嗎？根據一些對過去革命的研究，答案似乎是否定的。革命爆發之時，革命者往往具有崇高的理想，獻身的熱情，期望其結果會摧毀腐朽的舊秩序，帶來更進步、更公平、更合正義的新社會，在革命的過程中，許多人犧牲生命，財物的損失更是難以計數，然而革命成功後，往往產生兩種結果：一是舊勢力以新的包裝復辟，其二是一些領導革命的人，利用了他人的理想的熱情，獲得了權力，並且建立了一個比其推翻的舊體制，更暴虐、更腐敗的體制。這種發展在一些研究革命的著作中，都曾描繪與剖析。

　　關於革命的過程，歷史學家勃林登 (Crane Brinton) 曾在一九三八年出版的著作《革命的解剖》(*Anatomy of Revolution*) 一書中，提出一個理論：他認為一場革命的過程中，經歷的階段，正如一個人經歷大病的過程。從英國一六四〇年代，法國一七八九年，俄國一

九一七年的革命中，他發現有一些相似點：第一階段是舊體制的崩
潰：行政失序，租稅激增，人民對政府失去信心，甚至政府本身也
失去自信，知識份子對政府徹底失望，儘管其時經濟在改善，但卻
激起更大的不滿與妒忌。第二階段為革命初期：旨在推翻舊體制的
秘密會社、小組、委員會……等紛紛成立，人民拒絕繳稅或盡其他
義務；政治僵局出現，而無法解決；政府為解決之，動用武力，卒
引起民變，這種情況持續一段時間後，舊體制瓦解。第三階段為初
期革命後，革命陣營中溫和派得勢。溫和派人士儘管反對舊體制，
但是由於出身背景與經歷，與舊體制精英仍有關係。這些人開始作
一些溫和的、中庸的改革，引起革命陣營中激進份子的不滿，他們
遂被指責為懦弱、或者甚至被當作舊體制的同路人。溫和派中不乏
品性高尚富有理想的人，但他們缺乏維護其立場的狠勁，其後激進
派取代溫和派，激進派往往組織較嚴密，目標較明確，手段較冷酷，
較無傳統道德的顧忌，因此終能擊敗溫和派，把革命推向狂熱的高
峰。一旦激進派得勢，不僅舊體制的精英被處罰，溫和的革命者也
會被清算，甚至對革命「熱忱」不夠或對其宗旨、目標、手段、政
策有異議的一般人民也可能受到制裁，整個社會可能近乎瘋狂，勃
林登將其比為病人發高燒的時期。

　　接著革命狂熱期的恐怖階段因激進狂熱份子的失勢而終止。狂
熱份子推動的一切活動，造成全社會草木皆兵，經濟活動幾乎停頓，
日常生活難以為繼，結果人民疲勞不堪，狂熱派的支持者也漸失熱
忱，終於有人出來推翻狂熱激進領導，社會在此時猶如病人康復初
期，其時一個傳統的獨裁者浮出檯面，掌握政權。

　　二十世紀末葉以後，革命已漸漸減少，在許多國家知識份子對
革命已失去熱情，並且對其評價也相當負面。這種革命退潮現象之
出現，部份原因是共產主義失敗後，意識型態在政治上的角色已下
降，儘管目前許多國家仍有不少問題，如貧富不均……等，但很少

有人相信僅靠意識型態就能解決它們。欲解決重大問題，必須另闢
蹊徑。其次，過去歷次大革命，使人認識革命的代價實在太大，而
其成果往往甚小，愈來愈多的人相信革命不是改善人類福祉，實現
正義的適當方法。反之，它很可能提供野心份子，建立一個比舊體
制更暴虐的政權來實現其自私的權力慾望之機會。

■ 第二十章　公共政策的制訂

公共政策的制訂之研究，以往一向是政治學者忽略的領域，雖然拉斯威爾早在一九五〇年代初期，就已指出發展政策科學的重要性，並要求政治學者重視這一領域，但是直至一九七〇年代初，研究公共政策卓然有成者大抵為企業管理學者、社會學者，及少數觀念較新穎的行政學者、政治學者。忽視此一領域，一方面是由於政治行為的探討獲得了眾多學者的特別重視，成為「熱門」；另方面是決策的資料頗難獲致，尤其按科學方法論所設定的標準能為嚴謹的研究者接受的「硬性資料」，幾乎無從取得。一九七〇年代以後，公共政策的制訂，成為蓬勃發展的研究領域，並不意味前述限制因素已充份消失，而是由於兩項理由：第一、一九六〇年代中葉以後，人們開始日益認識欲適當使用稀有資源以解決人類社會的種種問題，各國政府的決策能力必須改進，唯有更合理更有效的決策，才能使人類的福祉獲得增進，或至少災禍得以減免。而改進決策能力，有賴於決策的科學研究與設計；第二、企業管理等學科的長足發展，及電腦等工具的普遍使用，使愈來愈多的政治學者感到政策研究是可行的，而民主國家政府行動的公開化及人民知的權利的漸漸得到較高度尊重，及專家學者參與政府工作人數的增加，使資料的獲得與處理，不復成為一個難以克服的瓶頸。

公共政策制訂的研究，有兩個類型，第一類是建立模式。企圖為決策的程序規劃一個周遍的架構；另一類是決策程序的實徵研究。這兩類的研究，也有其關聯性，建立模式並不能全憑想像，必須要以實徵研究獲得的資料為基礎，而實徵研究，如以理論性的架構為引導，則較可能獲得深刻而饒有意義的發現，並有利於知識的系統

化。

　本章擬對政策制訂的模式與實徵研究的大體情況，作一描述與評估。

<h1 align="center">壹　公共政策的制訂</h1>

　雖然政治學者近來才積極地研究公共政策，一般民眾對它的興趣往往超過政治的其他領域，因為政策對他們的利益具有直接的關係，但普通人對政策的興趣往往僅限於政策的結果，亦即實質的政策。對政策如何制訂的程序，則都不甚留意，他們的態度是只要政策的結果對自己有利，如何決定是政治家與政府官員的事，就是在民主國家，這種「不在其位，不謀其政」的態度也是普遍存在的。當然，在現代社會，一項政策的決定，不可能是一兩個人的事，稍重要的政策，參與者往往不下數十人，但大多數參與決策程序的人，對這高度複雜的過程，也不甚瞭然，只有最高階層的極少數人，才能窺其全豹，而這些人士，往往因職責的關係，不能透露決策的經過，由於此種種因素，政策制訂的研究，相當困難。目前這類研究的成果仍不豐碩，至多只能說已有了一個差強人意的開端。

　公共政策乃是指政府所制訂與執行的行動綱領。公共政策的執行，是為了除弊，也是為了興利，是為了解決社會生活中發生的問題，也是為了增進社會成員的福祉與利益。公共政策的產生，往往是由於人民的某種需要，無法以一己之力獲得滿足：當人民想要滿足某種需要時，他們會利用自己的力量或期待政府去設法，一國人民習慣上採取何種途徑——自力設法或政府的作為——與其政治文化與歷史傳統有關；在某些社會，人民習慣上把政府的角色設想得相當有限，如十九世紀以前的美國，他們僅要求政府負起維護社會治安及提供若干根本服務如主要道路的修築，大多數的需要他們都

會自行解決，或組織自治性的團體來協力處理；而在有些社會，人民對政府幾乎一無所求，而政府官員則自認為人民的父母官，他們不僅應管理與監督人民的行為，而且應主動考慮滿足人民的種種需要；在現代民主社會，政府官員固然被期待能主動地發掘人民的種種困難，設法滿足其已感受到但未清楚表示的需要，而且有責任注意民意的反應，人民及其代表也源源不絕地向政府行政官員傳達人民的要求。此外，現代福利國家的觀念，深植人心，使不少人認定政府應在多方面滿足人民的需要，政府的角色於焉擴大，其職責增加，而決策的領域遂大為膨脹。

當許多人都感到某一需要，而且意識到政府對此一需要具有去滿足的義務時，人們就會提出（當然，政府人員也可能預知而先行提出，以爭取人民的支持與好感，或避免危機的爆發），這就形成問題 (issue)。這些問題受到政府當局（行政部門也好，立法部門也好）的注意，並獲得政府內相當多人或地位極高者的重視，就可能被作為公共政策的課題，處理該項問題的方針就會被制訂與執行，此即公共政策。

公共政策制訂的程序，往往相當複雜，牽涉相當多的資力，時間及其他資源的投入與繁複多樣的互動關係，決策的主要責任往往由主要的政治官員（行政部門的首長與議員們）所承擔，因此，人們常誤會整個政策也是少數幾個人擬訂的。其實，整個決策過程中，高階層人士的參與往往相當有限，就例行性政策而言，僅屬象徵性的核可，對非例行性的政策而言，則屬終極的諸選項中擇一，這固然是決策過程中最重要的環節，但我們也不能據此認為在此以前的其他步驟不重要。

政策制訂的過程涉及問題的界定，相關資料的蒐集，分析與評估，政策目標的確立，各種可行方案的設計與評估（選項的釐定），及選項中選擇其一之決定等。在這整個過程中，普通稱為決策者的

高級人員的職責為政策目標的確立與按選項擇一的決定（在許多情形下，甚至目標的確立也不是他的工作，因國會或更高級的人員已作成此點），其他的各項工作往往是幕僚與較低級人員的任務。

公共政策可分為例行性與非例行性的，政府日常處理的大多數政策其實都是例行性的，在這種政策的制訂過程中，高級政務官員的角色並不突出，因為政府的行政程序就足以處理這類政策，但一般來說，高級政務官員仍需核准其採行，以便在根據其判斷某一政策不能按例執行時能裁決其修改或中止。非例行性政策的制訂，涉及資料的蒐集、分析與研判，及審慎的擬定選項與在多重選項中選擇其一。

有人認為政策制訂過程又可劃分為三個成份：即心智過程，人際交往過程及準機械過程。所謂心智過程，乃是指在制訂政策的整個過程中，參與其事的人士運用心智，諸如界定問題，確立目標，蒐集與研析資料，釐定選項以致就選項中擇定政策的部份；所謂人際交付過程乃是指參與政策的人與單位交換意見，協調……等構成之部份；準機械過程在例行性政策的制訂過程中固然為主要的構成部份，但即使在非例行性政策的制訂過程中，也不乏其例，此即某一政府政策制訂固定的型式與習慣往往使其政策在限定的範圍內擬定，這些型式與習慣就像一套機械一般，產生限定的成品。

貳　政策制訂的理論模式

近數十餘年，政策制訂的研究，有長足的進步，這種成就的獲致，除了實徵資料的獲得，較以往大為方便，其處理也因電腦的運用而快速、精確外，理論模式的建構也是重要原因之一。這些理論模式的建立，得力於企業管理與福利經濟學的發展，這也是相關學科影響政治學的一個顯例。我們試把若干著名的理論模式簡略介紹

如後：

一、理性模式與有限理性模式 (Rationality model and bounded Rationality model)❶：

　　政治學與其他社會科學中，一個基本概念是「理性」，經濟學者假定經濟人的行為之至高準則為「理性」，這一觀念影響及其他社會科學的理論建構，此因經濟學的快速發展頗令其他社會科學者羨慕而思仿傚，社會科學中所謂「理性」，與吾人日常使用此辭的涵義並不完全相同；它是指人皆能清楚認識行為的目標，並能按利弊釐定所有選項，然後根據「功利」(utility)——即獲利減去成本的純利——的大小，選擇最佳的一項。理性模式不僅假定決策者的理性，而且假定他擁有按理性釐定目標，選項與就其擇一的一切資訊；並且有充裕的時間，完成一切程序。賽蒙 (Herbert Simon) 在匹茲堡地區對若干大公司的經理人員的決策行為所作的研究顯示政策制訂過程呈現的理性成份，有其限度。因任何決策者能獲得的資訊，可支配的時間，及其在一定時間內所能理解與運用的資訊都是有限度的，因此，充份的理性在決策過程中並不存在，在決策過程中，呈現者為有限理性 (bounded rationality)，理性模式假定政策制訂的目標在求取至高的效益 (maximal utility)。有限理性模式則假定其目標為差強人意的結果，亦即大致上可以滿意的效益。

二、漸進模式 (incremental model)❷：

　　耶魯大學教授林勃龍 (Charles E. Lindblom) 曾提出所謂漸進累增的看法，認為在政策制訂的過程中，決策者大多受以往的政策與

---

❶　Herbert Simon, *Administrative Behavior,* 2nd ed. (New York, 1957).

❷　David Braybrooke and Charles E. Lindblom, *A Strategy of Decision* (New York, 1963).

決策的環境的限制，甚難突破，與其說決策是理性的行為，倒不如說是承襲以往的傳統。其所作的變更往往幅度甚小。大多數決策不過是承繼以往的決策，並對應變遷的環境，作微小的修正以調適之而已，人類歷史上重大的人為變動，實為無數微小的變更產生的累積結果。林勃龍認為激烈的求大幅改變的決策甚少，而且不易發生真正的預期效果。

三、官僚議價模式 (bureaucratic bargaining model)❸：

哈佛大學教授艾里遜 (Graham Allison) 曾提出所謂官僚議價的政策制訂理論。他在研究甘迺迪政府處理古巴危機的決策過程後，指出在今日複雜的行政體系中，政策制訂過程並不能理性化，此因參與政策制訂的機構甚多。而代表這些機構的參與者考慮的不僅該一政策本身，而且包括其機構的立場與利益，即使每一機構都是理性的，這許多機構爭執、妥協、討價還價的結果，政策就不再理性了。艾里遜認為政策制訂過程，實際上乃是這些機構討價還價過程，從這一「官僚議價」的角度來分析今日複雜社會的公共政策制訂，似乎更能盡其底蘊。

參　政策研究

目前的政策研究，大約有兩大類：第一類是研究政策制訂的經過，第二類是研究政策的影響或結果。關於後者，最常見的研究是以某一項政策實施所使用的費用的支配與運用情況作重心來分析，政策的後果的剖析頗似預算使用情形的剖析。這樣的研究方法，批評的人相當多，有人認為政策制訂與執行的過程中，預算未能應用

---

❸　Graham T. Allison, *Essence of Decision:Explaining the Cuban Missile Crisis* (Boston, 1971).

於固定對象的甚多，故僅以預算的多寡來計算政策之後果是頗不妥
當的。我們在本章中，不擬多討論政策後果的研究。關於政策制訂
過程的研究，數量已甚多。道爾 (Robert A. Dahl) 的紐海文研究，可
視為其著名的一例❹。

　　政策制訂過程的實證研究，應包含數種變項：決策情勢、決策
者、決策程序等，這多類變項都必須顧及，否則研究就不完整。

---

❹　Robert A. Dahl, *Who Governs?* (New Haven, 1961).

第二十一章　公共政策之執行

一項政策，儘管經過慎密而適切的擬訂，倘若執行不良，社會與民眾恐無從獲得實益，甚至可能產生有害的副作用，因此，我們探討公共政策，不僅應注意其制訂，也須考慮其執行。

在本章中，我們探討的要點如下：第一節討論政策執行的人與機構，第二節分析政策執行的步驟，第三節檢討在當代社會政策執行涉及的重要問題。

壹　政策執行的人與機構

公共政策的執行機構為政府的公務機關，這些機關大多數屬於行政部門，但並不限於行政部門，在現代國家，這些機關的人員絕大多數是專業的文武官員，少數的機關首長可能是政治人員，在民主國家，這些政治人員是隨其政策在選舉中之成敗，或政府首長的個人信任進退的，而專業官員的職業則受「個人才能」制 (merit system) 的保障。所謂「個人才能」的原則，是建立近代專業公務人員制或官僚制的核心。在近代國家出現前，甚至在其初期，公務人員的委任，根據的乃是個人酬庸或黨派酬庸之原則，個人酬庸是政治領導者以職位授與其家族、私人扈從、戚友，或者把職位定價出售。在十八世紀的英國，這種作風甚為流行，當政黨政治初興之時，選舉中獲勝的政黨把原有公務人員悉數免職，並將本黨助選功臣盡行委派職位。美國聯邦政府在傑克遜 (Andrew Jackson) 當選總統時，經歷一大變革，即是把以往藉私人酬庸等方式獲得職位的公務人員全部免職，並由支助傑克遜當選的人繼任，這開啟了政黨酬庸的序

幕，私人酬庸與政黨酬庸方式任用公務人員有一共同點：即是不顧被任用者的個人能力與對職位是否適任，任命者重視者是藉此鞏固其個人或黨派的政治權力基礎，並在政府中獲得忠貞的支持者，這種方式在一個公務並不需要高度專業知識與技能的時代，流弊不算過份嚴重，而在個人與黨派效忠對政府運作相當重要的情況下，也是無可厚非的，再說，政黨酬庸對民主政制的建立也有某種程度的貢獻❶，故我們不能以今日的眼光，對這類任用方式持徹底否定的態度，然而，隨著時代的演變，這種種任用公務人員的方式確實已弊端叢生，不能符合現代社會行政的需要。譬如，在英國，麥考雷 (William Babington Macaulay) 於十九世紀中葉即已嚴詞抨擊這種方式任用的人員之素質低落，不堪任事，並且人員大幅流動的結果造成持續性行政的困難；美國的行政改革表面上是因為總統加費爾 (James Garfield) 為未能如願獲職的人刺殺殞命而促成，實際上各方對舊式任用方式的不滿已醞釀一段時期，加費爾事件不過為推動改革者提供有力藉口而已。當社會漸趨工業化，政府工作日益複雜之際，專業化的行政官僚必然有其需要，而這類行政人員無法以舊有的方式大量羅致。建立專業化行政官僚組織，其先決條件為以「才能」原則甄用人員，並以該原則保障其職位，使其任用與去職，不受政黨或政治首長個人的成敗或喜怒的影響。

所謂「才能」原則的實踐包含三層意義：1.「個人才能」為任用的唯一標準，其他的個人特性，如黨籍、宗教、種族、出身階級……等皆與任用無關。因此，「個人才能」原則的實踐也有使政府公務人員任用民主化與平等化的含義；2.「個人才能」應以公平、公開、客觀、嚴謹、有效的程序與方法來決定，據此乃有公職人員的考試，來決定人員的任用，以及其他種種良好方法（包括升等考試）

---

❶ 此種酬庸制度對現代政黨的建立，厥功甚偉，而現代民主政制必須依賴現代政黨，這也許是酬庸制對民主的實踐的一種貢獻。

來決定人員的升遷；此種種程序在減少政治首長以個人的主觀判斷來決定「個人才能」，致破壞「個人才能」制的精神； 3.政治性職位與行政職位加以劃分，不得藉使政治性職位大量增多，並減少行政職位為手段來損害「才能原則」，政治性職位與行政職位的功能並不相同，並不是任何政黨或個人可任意決定何者為政治性，何者為行政性的。

以專才獲得任用的行政人員應該超越黨派政治，個人所屬地區、階級、宗教……等利益，為全社會的公益服務。其在執行公務上，必須公正、公平、遵循法規、不得徇私。以上這些規範的普遍深植於行政人員的心中，內化為基本信條，方能保證「才能」原則的充份實現，否則徒具制度、程序，仍然不足以達到行政人事的現代化。

「用人」唯才的現代官僚制度，不僅是指大批根據「個人才能」原則任用，並具適當公務行為的價值規範的人員，也指公務機關的組織與其與外界環境的關係具備現代的特性。

首先擬討論公務機關的組織，一般來說，階層化乃是組織的主要特徵，一切公務機關為了貫徹命令與責任，爭取效率，完成任務，必須按嚴格的階層化原則建立。除了階層化，公務機關的另一特徵是按照分工的需要，設置平行的單位。公務機關中的各個單位，平行的按分工原則設置，若干平行者合成一個較大的單位，此單位與其同等的單位也是按分工原則設置的。許多單位合成一個金字塔型的組織，若干行政機關合成的金字塔型組織遂構成國家的行政體系，此一體系為執行政治領導者決定的政策之工具。

行政體系與政治領導者的關係，對於政策的執行甚為重要。在民主國家，政治領導者乃是選舉中獲勝的政黨之領導人士或其以政治考慮任用的政務人員，這些人員決定的政策，理論上是獲得多數人民的支持，或其成敗可能成為政治責任問題，因此，行政官員必須忠實執行此等政策，不得因其不符合自己的價值觀念而敷衍塞責

或陽奉陰違。欲使行政人員均能忠實執行決策者的政策，行政體系的最高主管必須由這些政治人員擔任，此為何現今各國的內閣各閣員，往往擔任部長之職。然而，政治首長指揮行政機關之權力，必須具有一定的限度。此一限度的維持，對保持行政機關之「政治中立性」與「人事自主性」，甚為必要，而這些在當前都有助於維護民主政制。

政治首長指揮行政機關，主要目的在保證政策的忠實執行，不宜在與此目的無關的事務上加以過多控制，尤其不應逼迫行政人員在純屬行政的領域內接受其黨派立場。這點之所以重要，乃因政治首長必然為其政黨的重要領袖或幹部，在民主國家，各政黨的競爭，必須站在公平的基礎上，倘若一個當權的政黨，能透過其擔任機關首長的領袖或幹部，使行政機關成為其工具，則在野黨必將處於甚為不利之地位，所謂「公平競爭」，必將成為具文。此外，倘若政務首長的指揮權過當，則甚可能在公務人員的人事任免與升遷降調上謀取黨派利益，亦即以黨派效忠作為用人的主要準則，如此，即使「個人才能」原則在表面上得以維持，也會遭到腐蝕，因此，為維護「個人才能」原則，政務首長對事務性行政人員的指揮權力必須加以限制。在行政體系中，為一般目的所需指揮權，應由事務官員的層級主管為之。譬如在英國，內閣部長僅監督其部內僚屬忠實執行政策，至於部內公務紀律的維持，工作績效的考核……等，皆由常務次長主管，而常務次長為職業公務員，不得參與政黨政治。

在民主國家，行政部門與國會的關係常常受廣泛的注意：一般來說，國會有權監督行政部門，以保證其忠實執行所立之法，並與行政部門保持暢通的雙向溝通管道，一方面藉以瞭解行政部門施政的實現，另方面也使行政首長能洞悉民意：國會議員與行政部門首長的關係，不宜過份親密與和諧，因為如此可能削弱監督的功能，也不宜過份惡劣，因為在這種情況下，理性的立法就有困難（因在

今日社會，重要的立法——亦即政策之制訂，必賴兩者某種程度的合作），維持此適當的關係，確實不易。所謂行政部門，包括政務人員的決策層，也包括狹義的行政體系，關於國會與政務決策層的關係，我們已討論過，茲不贅言，在此，我們擬探討國會與狹義的行政體系之關係。

　　一般來說，國會並無必要與狹義的行政體系發生直接的關係，國會的委員會有權邀任何官員出席聽證會，但這與國會得邀任何公民出席聽證會一般，屬於委員會與官員私人間關係：國會質詢時，也可邀事務官員列席，但其列席乃是以受質詢的政務官員之幕僚身份，其與國會的關係是透過政務官員者，國會委員會或個別議員可向行政機關索取與其業務有關資料與立法過程所需的技術性意見或建議，但事務官員在提供較機密的資料與涉及敏感問題之技術性意見與建議時，必須事先獲得其政務主管的核准。國會與狹義的行政體系關係的明確釐定，有若干可取之處：首先，事務性行政官員不能與國會議員勾結，而損害政務官員的政策領導權；其次，國會議員的政治影響力無法滲入行政機構而損及以「個人才能」為基礎的人事制度，及官員們對本身業務的專業技術性考慮與判斷；第三，行政官員可避免捲入政治黨派爭執，以維護其機關的自主性及全社會對它的公信。

貳　政策執行的步驟

　　一項政策的成敗，其制訂固然重要，執行也不可忽視，有時細心而周詳制訂的政策，也可能因執行不當，其成效大打折扣，甚至完全無功。政策執行的良好與否，與執行的機構與人員的素質關係雖然重大，適切的程序更是不可忽視。在政策執行的過程中，每一步驟必須精心設計，步驟與步驟間的序列務必考慮周詳，重視程序

之目的，一方面是保證政策的合法性，許多政策都牽涉人民的權益，其合法性甚關重要，即使一項政策對社會有積極貢獻，倘若其內容，或制訂與執行的程序違法，也不足取。重視程序的另一目的，是保證政策目標的達成，任何政策都是為了追求某一（或某組）目標（興利或防弊），一項政策即使在制訂時釐清目標，在執行中，也可能失去了原有目標，或移動了諸項目標的順序（當一項政策追求多重目標時），如此，政策的效果就不存或大為削弱；故注意程序的另一目的是使政策的執行減少人力與資源的浪費，能達到高度的效益與效率。

大體來說，由於今日社會的複雜，處理政務往往需要專門知識與技術，政治決策者——不論立法部門或行政部門的政治首長——決定的政策大多是一些原則性、綱領性或基本性的「事物」，這些「事物」欲成為真正可執行的行動，必須經過詮釋，及轉化為具體的工作規劃 (programs)。

政策詮釋與轉化為工作規劃是高級事務官員的任務。此一步驟涉及行政決策，行政決策與政治決策的性質不同，不能混為一談。政治決策是決定政策的目標與實施的基本方法，行政決策則為這些方法的具體化，及實現政策目標的技術之選擇，此外，也涉及實踐政策的人員與資財之調配等。

工作規劃擬訂後，次一步驟為分配任務，著手執行。一項工作規劃往往被分解成若干成份，發交不同的次級單位執行，而一個次級單位（或機關）又把其分配之部份再行分解為更細密的部份，交給更次級的單位（或機關）負責執行，為求整個規劃的完整及執行者步調之一致，並避免資財與人力之浪費，協調甚為重要，中層行政人員的主要任務即為協調，所謂協調，一方面是上下間的協調，上級的指示必須正確地傳達給基層的行動者，而行動者的意見（對政策執行的困難與政策本身的批評）也必須反映給上級；另方面是

平行單位間的協調。

　　較狹義的「政策執行」包括數項步驟： 1.把政策宣告於社會或社會中的有關者 (target population)； 2.實行 (application)，即將其應用於個案，譬如一項增稅的政策，即將為實踐該政策而擬訂通過的新稅法適用於個別納稅人，增收其稅賦，並懲處違規者； 3.估量政策後果，並將該一評估呈報上級，作為該一政策應予修正、廢止，抑或繼續實行的決定時之參考。

　　公共政策的評估，甚為重要，尤其在當前情形下，評估的途徑與方法不一，執行政策的行政機關本身的評估僅為其一，其作用較為狹窄，在後一章中，我們將專門討論諸種方式的政策評估。

參　現代社會政策執行的問題

　　現代社會，在公共政策的執行方面，存有不少不易解決的問題。由於社會的高度複雜與人民對政府要求之增多，政策領域較以往大為擴大：在以往，人民不期望政府提供服務的事務，現在卻被要求提供服務，以往政府不必訂定辦法加以管制的領域，現在政府卻必須如此，否則社會公益必定受損。政策領域的擴大，使政策在數量上大增，而且在許多不熟悉的事務上，政府都必須制訂政策並加以執行。而且，無論在政策的制訂與執行上，有趨於專門化的傾向，不同的政策領域，需要不同的專門知識與技術，因之，專家在政策中的角色大增，行政系統成為各類專家的組合。

　　政策領域的擴大與專家地位的提高，影響到決策者（不論是行政部門的政務官或立法者）的權威；在民主國家，決策者理應遵循民意制訂政策，然後交給行政系統中事務官去執行，並加以監督，以保證不違民意；這一理想在現代社會已難維持。決策者本身往往不是「專家」，他們制訂政策，必須依賴高級事務官員的建議與知識，

在有些領域，他們幾乎只得全盤接受高級幕僚的意見，這些建議與意見，即使並不符合民意，人民往往無從獲知。由於決策者對政策領域的無知，他們必須高度依賴事務官的專門知識，因此，監督政策執行的任務也甚難達到。而民主制度下應有的對政策執行的監督已成為有名無實之虞。

為了糾正這一趨勢，在若干國家，現在已有人主張對「個人才能」原則甄用人員的制度，作某種修改，也即擴大政治任命的員額，使高級事務官員也不必依「個人才能」原則任用，如此，他們希望能加強對政策執行者的監督，使民意更能有效地貫徹，然而，這種主張，呼應的人並不多，大多數行政學者認為如此做可能破壞辛苦建立的「個人才能」原則為基礎的人事制度，被政黨的酬庸漸漸取代。因此，大多數民主國家事務官員的任用制度不可能作大幅度的改變，民主政制下人民及其代表如何有效監督政策執行者的問題，並不能徹底解決。

在較進步的社會，政策執行的機關大量膨脹、人員數目快速增加的結果帶來兩個問題，其一是協調的困難：現代社會政策執行機關與人員甚多，分工甚細，一項政策往往交由若干機關，許多單位的大批人員去執行，這許多人追求的雖為同一目標，但由於人員的訓練不一，對政策的認知不等，其執行往往產生摩擦、矛盾與浪費，這些缺點往往有賴協調來防範與糾正，可是在複雜的情況下，協調殊非易事，由於協調無法完全發揮作用，現代社會的政策執行過程，往往執行者互相抵銷彼此努力的情事，造成人民的不滿，「縮小政府的編制與員額」的呼聲層出不窮。人民這項要求與其期望政府提供的服務日益增多之心理是矛盾的。而這一矛盾正好說明現代社會政策執行者與人民關係的一個困境：人民期望其能履行各類任務，但又期望其能在毫無權力的條件下如此做。

政策執行的另一項問題是如何因應在快速變遷的環境中追求政

策目標可能遭遇的困難。大體說來，有一類純粹是為了解決眼前的問題，滿足人民某種已明白表示的需要的政策，在以往，這類政策為政府注意的重心。另一類政策甚富前瞻性，此即政策制訂者根據社會演變的軌跡，預測未來可能發生的問題與人民可能提出的要求，而在事先提出方案，建構處理的構理與步驟。現代社會甚需要這類前瞻性的政策，但制訂這類政策甚為困難，而且這類政策的效果也不易確定。前瞻性的政策之執行，問題叢生。其所以如此，是因現代社會環境變遷甚為快速，無人能正確預估未來，往往一項制訂得完善理想的政策，一旦付諸實行，可能因環境的突變，完全缺少價值，或窒礙難行。現代社會，半途而廢的政策為數甚多，負責執行的人員因而常遭社會非難。

　　現代社會，政策執行的另一項困難為人才難求。與往昔相比，現代社會行政機關內專門人才甚多，政府已成為人才的集中場所之一，然而，由於政府功能的擴增，及在嶄新的政策領域中行動之需要，人才往往不足，尤其在較新的政策領域，更苦於人才難覓。許多政策領域，都需要科技專才擔任政策的執行者，但不熟悉行政法規與規範的科技專才，並不適合充當較重要的職位，如此，更縮小了可任用的人才。而公務機關工作的性質，升遷制度的刻板與待遇的菲薄，亦使其無法與工商企業界競爭延攬人才。公務機關中層主管人員轉至私人企業界服務，在工商業較發達的國家是普遍存在的現象，由於這些人士往往為政策執行的成敗所繫，其外流實構成現代政府的一大損失。政府欲糾正這一情勢，吸收更多人才，就必須改善待遇，使其與私人企業界差距不致過大，加速新陳代謝俾中層人員有上升的可能性，改進退休福利使年老者願意讓賢，提供進修機會及強調為公眾服務的愛國心。

　　現代社會，政策執行的另一項困難是如何維持執行者與社會的適當關係。我們曾經指出在現代社會，民意與決策者甚難監督政策

的執行，然而，這並不表示政策執行者可完全自主地行事，不必理會民意的干預，相反地，正因民意代表按正規程序的監督更加困難，人民透過利益團體與個人接觸企圖影響政策執行的行為就更為普遍與頻繁。理論上，正規程序的監督是為了公益，透過利益團體與個人接觸的干預往往是為了私利。政策執行者受到來自四面八方為私利之壓力與請託，往往倍感困擾：一方面，有些人士期望執行機關與執行者能站在維護公益的立場，拒斥壓力與請託；另方面，有些人士則認為政府機關應留意人民的願望，故不宜對這些活動充耳不聞，但無論如何，其反應必須符合法律與政治道德，不能與民間的團體或個人勾結謀取私利，也不能徇私不公。

■ 第二十二章　政策評估

公共政策制訂與執行以後，一個重要的問題是：效果究竟如何？它是否與制訂及執行該政策所花費的人力、財力成正比？抑或不成正比，以致這些活動完全是一種浪費?! 在以往，許多社會只注意制訂與執行政策，而絲毫不考慮其效果，結果造成資源的嚴重虛耗，而政策企圖解決的問題依然存在。今天凡是號稱現代化的國家，這種浪費更不能容忍，因為首先現代社會的許多政策，投入的資源甚為可觀，政策效果如不能獲致，其損失甚大，往往一個國家的財力經不起幾個錯誤的政策，譬如當前若干開發中國家為巨額外債所苦，而這些外債往往是一些缺乏實效的開發政策造成的；其次，現代國家人民都已具備相當高的政治意識，期望政府為其解決困難，增進福祉，倘若政府的政策不能獲致效果，就不免民怨沸騰，而造成政局不穩。故一系列達不到效果的政策，不僅是一項無可彌補的浪費，而且可能導致政治危機。

政策評估的重要性如斯，評估的方法與技術又如何呢？一般來說，現代的政策研究已注意及政策後果的評估，許多學者的努力已發展出一些評估的模式、方法與技術，但這些模式、方法與技術仍然不夠科學化、不夠嚴謹，因此，現階級的政策後果評估，評估者個人主觀判斷的成份仍相當大，不過，無論如何，評估的工作，比以往已有長足的進步。

評估的能否有效推行，並不全在於政治學界是否發展出評估的方法與技術，還有許多別的因素，如政府對此工作的態度……等，這些也是我們探討政策評估時應注意的。

本章擬簡略說明政策評估的理論、方法與技術，全章分為三節：

第一節敘述政策評估的涵義及準則；第二節討論政策評估的理論、
方法與技術；第三節指出政策評估的條件。

壹　政策評估的涵義及準則

所謂政策評估，乃是指對一項公共政策的效果與影響所作的鑑
定與估量❶。每一項政策都有政策目標，政策評估的一個層面，是
衡量其是否達到目標，或者接近目標至何種程度；政策目標倘若甚
為明確，並可有具體的、可量化的指標來表示，則此一層面的政策
評估甚為容易，譬如建造一座工廠，以生產某一物品這項政策，則
可按建廠後每一年份內的產品數量，或其銷售利潤之量來評估，然
而，許多政策之目標並不十分明確而具體，或者政策目標不止一端，
多重目標的序列不易排列，則按政策目標的達成與否，來評估政策，
並不容易，另一層面的公共政策評估，是按其對「標的民眾」(target
population) 之實際影響來鑑定其實效。許多公共政策都有其特定的
「標的民眾」，當然，任何重大政策對全社會的民眾都有影響，但民
眾所受影響的程度是不同的，「標的民眾」所受的影響最大，而且最
為直接。譬如一項農業政策，對全國人民都可能產生影響，但對農
民之影響最大而直接，則農民即為「標的民眾」，探測政策對標的民
眾的行為、態度、觀念或生活方式發生的影響，即可評估政策的效
果；政策評估的另一層面是其對環境造成的改變之探測與鑑定：此
類評估可把評估的範圍擴大至「標的民眾」以外的人口。雖然標的
民眾受政策的影響最大而直接，但其餘的人口以及整個體系也不能

---

❶　參閱 Peter H. Rossi and Howard E. Freeman, *Evaluation: A Systematic
Approach*, 2nd ed. (Beverly Hills, 1982). 與 John G. Grumm, "The
Analysis of Policy Impact," in Fred Greenstein and Nelson Polsby, eds.,
Policies and Policymaking (*Handbook of Political Science*, Vol. 6).

免於一項重大政策的影響；再說所謂標的民眾受政策影響最大可能是指近期的影響，如論長期影響，則此一推斷未必一定正確，基於此一理由，政策評估似不宜限於其對標的民眾影響之估量與鑑定而已。

政策評估之準則，有屬於基本價值的，也有純粹技術性的。嚴格說來，基於基本價值的準則乃是政治哲學的範圍，其對政策路線 (metapolicy) 的探討較有幫助，對一般政策後果之評估，並無太大關聯，然而，由於一般讀者對此區分之不甚瞭然，仍有予以簡單說明的必要。

政治哲學家樂於探討之一項問題為政府的基本目的，或者人類為何要設置政府？由此引發許多爭辯，近年來，在自由主義思潮為主流的民主國家，探討此問題者已有某種程度的「共識」，他們大體認為政府的基本目的在為人民保障與促進若干重要基本價值，諸如福利、正義與自由，及若干為獲致這些所必需的工具性價值如某種程度的安全、政治穩定與秩序❷。政府的一切公共政策都必須以這些價值的獲致為其目標，否則就成為虐政，不必要的苛擾，或無謂的浪費。當然，公共政策，即使原則上是為獲致這些價值的，在實際的制訂與推行上，又可能面臨兩項困難：第一、任何政策都可能對有些人有利，對另一些人不利，或有些人獲利較多，有些人較少。舉例來說，一項增加農產品補貼金的政策，可能增加農民的福利，但也可能減少非農業人口的福利；其二，許多政策都涉及這些價值的增減關係，如一項允許私人企業完全「自由」的政策，可能造成對勞工的重大不利，而違反「正義」，並減少勞工的「福利」；故任何政策，都必須考慮這種種價值得失之平衡。在自由主義為主流的民主國家，許多探討這些問題的人士，對上列第一項困難的解決，大體採取兩個原則：一個原則是把民主程序的基本原則加以移用，

❷　Gordon Scott, *Welfare, Justice and Freedom* (New York, 1980).

此即任何政策均應保障與促成大多數人的「價值獲致，而不至嚴重損害少數人」，基於此點，任何改革，都是比較溫和的，以免對既得利益份子構成過大的損害；另一原則是福利經濟學者所標榜的「柏雷圖最佳點」(Pareto Optimality) 的說法，柏雷圖此一原則，應用於分配與再分配的政策問題上，較為顯著，此即在決定再分配時，最佳點為無任何人比以前更差，而有些人比以前更佳之點。此一原則的實踐，當然並不容易，但許多溫和改革者認為這是值得追求的目標。

至於第二項困難解決，有一種途徑為按基本價值的序列來決定取捨，譬如有人認為自由乃首位的價值，任何政策，不論其在獲致其他價值上的成效如何，如嚴重損及自由，均不足取；也有人認為自由雖然重要，但並不是首位，與其他種種價值至多站在同等地位，故一項政策，即使損及自由，只要損及自由的量（程度）可藉其他價值之增益的量來補足，而其他價值方面獲致純利，則仍可採取。

以基本價值的獲致作為政策評估的準則，其用途僅限於理論的層面，因為當我們評估一項個別的政策時，其問題不僅在於鑑定其獲致某種價值，而在於這些價值的程度與量，此涉及這些價值以何指標來表示（我們必須按某些指標才能測定與量度某一價值），並以何種方法來量度等等技術問題。尤其當我們必須衡量數項價值以定其得失時，這些技術問題的解決，更不可缺。

事實上，一般來說，政策評估的準則，並不需要使用上述的基本價值，因為在一個民主自由的政治體系內，我們假定政策的主要目的都是為了實踐這些價值，倘若人民對政府實踐之誠意有所懷疑，則可使其落選。故政策評估的實用準則應該以技術性為主。這涉及政策效果或影響的實徵研究。我們唯有發展設計良好的實徵政策後果研究，才有可能漸漸克服政策評估的技術困難，並形成有用的準則。

貳　政策評估的理論、方法與技術

政策評估從政治哲學的考慮演變為政治科學的課題為近年來的發展，此即政策後果或影響的研究。

所謂公共政策的實徵研究，共有兩種：第一種是決策研究 (decisional research)，決策研究中，政策成為依變項，即被解釋的對象，研究目的在發現何種因素導致此一政策，及政策是如何形成的……等；另一種是政策後果或影響研究 (impact research)，在此種研究中，政策成為自變項。此種研究往往從某一政策開始，然後逐步探測其造成的各類後果或影響。換言之，在這種研究中，政策是已知項，其後果或影響則為必須發現的事物。

政策研究中，經常為人使用的一些技術，諸如若干統計法（多重回歸分析等），在政策後果的研究中，未必有用。此因這些技術都是用來鑑定某一單獨變項或結果的諸種可能的成因者，施之於探測以往存在的因素頗為適宜，而政策後果或影響的研究，則為前瞻性的，即吾人已有一決定項，然後設法找出其諸種後果或影響。換言之，種種統計方法是用來探測某一結果的諸因者，而政策後果研究則為找尋某一因之諸種後果的。

後果研究較適當的方法，似為個案研究，即把一項政策當作一個個案，個案累積至某一數目，則有建立較嚴謹的分析模式的希望，目前則未達此一地步。事實上，目前政策後果研究，頗不理想。譬如著名的柯爾曼研究 (James Coleman's Equality of Educational Opportunity Stedy, 1966)，其目的本為決定美國國會一九六四年通過的民權法在達到少數民族教育機會的平等上的效果，然而，柯爾曼的研究實際上僅是對教育的結果剖析其成因而已❸。其研究的焦點

---

❸　J. S. Coleman, et al., *Equalityof Educational Opportunity* (Washington, D.

不是政策，而係教育制度的結果，政策僅構成制度的一環而已。

在政策後果的研究中，分析的焦點不宜誤置，應在「後果」，而非政策。當然，「後果」是呈現於環境的改變中，而造成環境改變的因素不止一端，政策僅為其一，吾人必須將諸種因素加以分離，俾突出政策這一因素。

政策的後果或影響又可分為初步的，後隨的，及體系的。初步的後果乃是對標的民眾所產生的最直接的後果或影響，可從標的民眾的態度與其行為及生活方面的改變上察知；後隨的後果必須在政策實施相當時日後才能產生，其探測較為困難；體系的後果為政策對整個社會發生的種種不同的影響，其探知自然更是困難重重。

政策後果的研究，能提供我們評估政策的較客觀，較系統化的標準，然而，其本身並不等於政策評估，欲評估政策，仍需按照某些預設的標準，這些標準應在政策目標擬定之時，蘊含於目標之中，苟能如此，則我們只需藉政策後果的研究斷定政策目標是否達成，來對它作適當的評估。然而，有時決策者的政策目標並不清晰，或在其決定目標時，並不重視基本的價值，或者甚至含有「不當」的價值，如此，即使按政策後果的研究，政策確實達到目標，也不能視為良好的政策，例如目前若干開發中國家的國家安全政策，其武器裝備的費用遠超過防衛的需要，形成對國家資源嚴重的浪費，這種政策雖然有效執行，達到了預定目標，發生了預期後果（軍力的現代化），但對其國民的福祉有相當不良的後果，因此不能視為「良好」的政策。

參　政策評估的條件

一個社會，欲發展健全的政策評估的傳統，必須存有若干學術

C. 1966).

與非學術的條件。在一個獨裁國家，客觀的政策評估，往往相當困難，一方面，獨裁者往往被認為不可能犯錯，因此只要是他（他們）親自決定的政策，或者他（他們）完全認可的政策，就不容許別人指出其不當。而且，獨裁者往往被屬下矇蔽，其僚屬為使獨裁者無法見到政策失敗的真相，可能嚴密控制資料，或提供虛偽的「事實」，社會上知情者也不敢以真相宣示於眾，在赫魯雪夫對蘇聯共產黨二十屆黨代表大會的演詞中，曾指出史達林晚年，蘇聯農業政策失敗，烏克蘭等地農民生活困苦，但其親信常以不實的資料使其誤信農產豐收，農民生活舒適等「神話」，而知情者並不敢告以真相；另方面，獨裁政府可能把批評其政策之人視為對國家不忠而予懲罰，在這種情況下，客觀的政策評估就不可能，而獨裁政府的官僚也可能控制資料過於嚴密，致政策後果的研究發生困難。

我們不能說在獨裁國家，決不可能有政策後果之研究、或決不可有政策之評估，事實上，這些活動都是存在的，但其研究的政策可能皆屬「政治敏感性」低者，而且即使此類政策的後果研究與評估，也自有其限制，這種限制可能為事實上存在的限制，也可能為研究與評估者的自我心理設限。

在民主國家，政策後果的客觀研究與評估，自然較有可能，然而，即使在這些國家，也非沒有相當的限制。由於政策後果的研究與政策的評估，在當權者與爭權者的眼中，與一般學術研究不同，是可能影響其權力的。因此，他們對這類研究，不會袖手旁觀，完全不加干預。由於這類研究與政策評估的性質，執政當局的干預，頗為可能，因為資料必須從官僚體系中取得，而多種資料均可以「機密」為由，拒絕提供。在這些限制下，學術界從事客觀的政策後果研究，比從事其他項目的研究，困難得多。此外，執政黨與反對黨也各有其自己的政策後果的研究與評估，及與其接近的研究組織或團體，對一項引起爭議的政策，往往有數種不同的研究，及數種按

不同研究所作的評估，其結論往往大為不同，一般讀者並不能真正分辨何種研究或評估之報告是真正客觀的，如此，客觀的研究者的努力往往不能獲得應有的承認或酬報❹。

在開發中國家，政策後果的研究與客觀的評價，甚為困難，除了諸多的政治與社會限制以外，學術界缺乏從事此類工作的人才，也是困難之一；而且，在大多數開發中國家，學術研究的經費，絕大多數來自政府，甚少其他來源，因此，客觀的政策後果的研究，及依據研究來作客觀的評估，就更不易辦到了。

事實上，當權的政府，若有遠見，應該鼓勵客觀的政策後果的研究與評估，因為，它對政策的制訂與執行之實效的獲致，具有積極的貢獻，不當的政策可藉此在重大浪費形成前修訂或取消；而且，當客觀的政策後果之研究與評估成為一個政治社會的傳統後，政治論辯較能理性，其內容不致純然淪為政黨或派系爭取情緒性的支持或反對某項政策的說詞，如此，民主政治的素質才能提昇，政策制訂與執行的素質才能改進。

---

❹ 關於各類政策評估及因此產生的問題，參閱 Kenneth M. Dolbeare, ed., *Public Policy Evaluation* (Beverly Hills and London, 1975).

第二十三章　精　英

　　在第二章中，我們曾簡略介紹精英論的基本觀點，本章擬對該理論與精英研究，作較詳細地說明。

　　精英理論不僅為一種規範性的觀點，而且也是一種研究途徑；事實上，今日研究精英的實徵工作者，未必皆接受傳統精英理論的價值取向，有些是純然視其為一個研究領域的。

　　本章主要在介紹精英的實徵研究，並指出精英理論與研究在當代政治研究中的地位。全章共分四節：第一節敘述「精英」的涵義；第二節介紹精英理論；第三節簡述精英研究；第四節評估精英理論與研究。

壹　「精英」的涵義

　　精英論者認為任何社會都是階層化的，不可能完全平等，二十世紀以前，社會固然甚不平等，即使在本世紀的所謂最先進的社會，平等也僅限於形式，實質上仍不平等，在未來，這種不平等的現象，仍將持續。一個社會必然區分為兩個階層：精英與民眾或精英與非精英。

　　關於「精英」一詞的涵義，有兩種不同的看法：一種較早，已被捨棄的看法為精英係指品質較優的份子；根據達爾文時期或以前普遍的成見，人的品質是有甚大的差異的，貴族不僅是高地位與身份的標幟，也是智力、能力較高的份子，甚至有人認為其血統也是特殊的非凡人可比。今天，我們對人的品質是否基本上可區分為兩類，而其中存有一條鴻溝，具有見仁見智的意見，但大多數人對此

說持懷疑的態度,而且,甚少有人再會天真地認為所謂社會地位高、權力或財力大的人,必然是品質優秀者,而社會地位低、權力或財力小的人,則必然是品質低劣者。今天研究者界定「精英」,大多純然從一個社會現實的角度出發,有一種界說為:社會的種種價值,如權力、財富與地位,其分配甚不公平,其中少數人每人獲得之量極大,而多數人則每人獲得之量極少,凡獲得這些價值的量較多者,即為精英;另一種界說為:精英乃指對社會、政治、與經濟等程序的運作,具有較大影響力的人士。一般來說,任何社會,必然有其成定型的社會、經濟與政治程序,經由這些程序的運作,社會的各種價值獲得分配,其分配的型式獲得維繫,集體生活獲得協調而得以進行,在這些程序中,少數人經常扮演重要角色,或具有甚大的影響(精英),而大多數人則僅偶爾(如投票日)扮演重要角色,缺乏巨大的影響力(非精英)。也有一些研究精英的人,則特別強調「政治」的層面,因而僅把具政治影響力者列為精英,而並不把在非政治領域中具影響力者當作精英。由於以上各種不同的看法,「精英」這一概念的精確性仍嫌不足,在實徵研究中,把何人納入精英常常需憑研究者主觀的認定。

貳　精英理論

早期的精英理論,是兩位十九世紀末葉二十世紀初葉的義大利學者莫斯卡 (Gaetano Mosca) 與柏雷圖 (Vilfredo Pareto) 首先提出的。精英的觀念,當然不是他們憑空創造,遠溯至古希臘的亞里斯多德、柏拉圖,至後世的馬基維里、聖西門 (Henri Comte de Saint Simon),都有一些類似的觀念,但成系統地提出精英論者,當首推這兩位義大利人。莫斯卡在其名著《統治階級》(*The Ruling Class*) 中,指出在一切政治體系內,都存在著兩個階級:統治階級(即精英)

與被統治階級。任何體系都有精英，社會的文明隨精英之變動而更易。莫斯卡探討的主題共有兩個：一個是政治精英的本質；另一為精英如何維持其地位及為何被更換。就第一個主題而言，他除界定「統治階級」（精英）外，並設法說明精英地位之獲得的根據為何？他這方面的分析頗有價值：他指出精英地位的基礎，隨不同社會而異。在原始社會，征戰的勇氣是獲得地位的關鍵；在比原始社會略為進步的社會，運用宗教符號的才能成為贏取權力的主要工具；在更進步的社會，財富變為地位的基礎；在最進步的社會，亦即官僚化，科技化的現代社會，專門知識成為精英地位的主要憑藉；雖然莫斯卡把精英按社會發展的層次分成軍事的、宗教的、經濟的與才智的 (merit elite)，但他認為這四種地位基礎之成份不能完全成立，他說在某類社會，某種基礎成份特別重要，而其他成份還是存在的；譬如軍事精英也能運用宗教符號；而在官僚社會，專家，如果出身名門，家財萬貫，就更能獲致顯貴的地位。就第二項主題而言，莫斯卡指出欲瞭解整個社會的持續維繫與改變，我們必須瞭解精英的維持與改變。莫斯卡特別重視的問題為：為何一個精英集團變得軟弱了？為解答此一問題，他致力於探討精英如何維持其地位，其成敗由何因素決定等相關課題，在其著作中，他提出五點—— 1.生活方式的密切一致性；2.政治公式的使用；3.摹仿性；4.精英的流通；5.軍隊的支持——來解釋精英地位的維持。生活方式的密切一致性旨在維持團結與一般民眾對精英的認同；政治公式的理論，意識型態與政治迷思等，使用這些的目的在使民眾接受精英統治的正當性；摹仿性乃指精英能利用凡人都努力使自己的行為與觀念與所處環境相調和的慾望，來鼓勵他們抑壓自己的個性，而有利於既存秩序的維持；精英流通的過程是指精英集團經常從較低階層吸收其能力較強的份子，如此，統治階層就不乏新血與新觀念，並減少非精英的不滿。精英集團也依賴軍隊的支持，以武力為後盾，軍隊常被宣傳

為抵禦外侮而設置，但莫斯卡認為其主要目的往往是維持精英的統治權❶。

柏雷圖的治理精英 (governing elite) 的理論，比莫斯卡的更精緻而嚴謹。柏雷圖認為在任何社會，任何集團中，有些人比其餘的大多數人更有能力，此即所謂精英；換句話說，精英就是指那些最能幹的少數人。精英一詞，並不含任何道德的含義，它僅指「在其活動領域中，獲最高成績的那批人」。他異於莫斯卡者，乃是把精英分為治理與非治理兩類：前者為直接或間接地扮演重要的政治角色者；後者指非政治行業並無政治影響力的精英。柏雷圖往往被當作「精英流通」(circulation of elite) 概念的首創者，其實，最早提出此項觀念的是莫斯卡，柏雷圖則賦予它較豐富的內涵。所謂精英流通是指精英集團的組成份子不斷地改變，不論是出之於革命、改革，抑或自然淘汰與代謝的方式，柏雷圖整個分析架構有兩項不可分割的因素：「殘留質」(residues) 與「衍生質」(derivations)。殘留質是由人的情緒或行動反映的某些品質，它們可歸為七類，其中兩類與政治精英的研究有關；此即第一類混合殘留質 (residues of combination)，反映智力、機詐、計謀與權術；第二類為堅貞的集合殘留質 (residues of persistent aggregates)，反映力量、忠貞、愛國性與保守性等。衍生質近乎莫斯卡的政治公式，為用來證明人類行動的合理性的藉口。

柏雷圖探討的中心課題是精英集團的改變。他認為精英集團維持自己地位的能力最值得注意，而這種能力的主要成份為維持其流動的能力，他認為封閉而令一般民眾感到神秘莫測，高不可攀的精英統治必然導致政局不穩，因為它無法從民眾中吸收新血，造成觀念與行動的僵化，如此革命或流動必不可免：在人類社會，不論精英集團自動從群眾中吸收傑出人才，抑或這些人藉暴力或革命進入

---

❶　Gaetano Mosca, *The Ruling Class*,tran. Hannah D. Kahn (New York, 1939).

精英集團，精英流動是難免的。柏氏此一觀念與社會的存續與變遷
問題密不可分，觸及者為當代社會科學的一項核心課題❷。

　　莫斯卡與柏雷圖的精英論，具有相當強烈的規範性。首先，他
們不僅肯定精英治理無可避免，而且強調較穩定的精英治理對社會
是有益的。他們不僅認為所有的民主政體都是有名無實，而且根本
就不相信民主化對人民真正有利。他們雖然不反對某種程度的民主
（至少莫斯卡早年是如此的），但並不主張把民主權利擴充至缺乏知
識的下層民眾。

　　由於他們這種反民主的傾向與其理論的強烈的規範性，莫斯卡
與柏雷圖的成就常被後世低估，實際上，我們今日的精英理論與研
究，仍未脫離他們建立的基本架構，所不同的是，已不再具有他們
那種強烈的規範色彩了。

　　實徵的精英理論之建立，拉斯威爾 (Harold Lasswell) 的貢獻甚
大。拉斯威爾認為吾人不必肯定精英治理的必然性，與道德及其他
優越性，只要把精英的存在，當作一項事實，即可從事精英研究。
他認為不論在民主抑或非民主的政制下，精英都是存在的，而且必
然扮演重要而積極的政治角色。不過，在民主與非民主的社會，精
英與非精英的關係是有區別的，而這種區別，足以呈現「民主」的
意義。研究精英的社會背景，事業型態對瞭解一個政制的運作與決
策，具有無比的重要性❸。拉斯威爾以後，也有不少其他的學者從
事實徵的精英理論的探索，但成就並不甚大，如今實徵精英理論仍
然是一個不甚嚴謹的分析架構而已。

---

❷　Vilfredo Pareto, *The Mind and Society*, tran. Andrew Bongiorno and
　　Arthur Livingston, 4th Vol.(New York, 1935).

❸　Harold D. Lasswell, *Politics: Who Gets What, When, How* (New York,
　　1936), part I. elite.

參　精英研究

　　拉斯威爾雖然不是第一位從事有系統的精英研究的學者，但無疑是第一位有重要成就者。拉氏早年曾對若干革命政權的精英作過研究，從這些份子的社會背景、事業型式⋯⋯等發現這些政權甄用人才的方針，並從而探討革命政權的特性。

　　拉氏以後，精英研究者甚多，主要分成兩類，一類為社會學者，社會學者的精英研究主要在藉此瞭解社會階層化與變遷的問題；另一類為政治學者，其研究主要在探討政治權力的分配，與不同階層的人士在決策上的影響力等問題。吾人不擬對純粹社會學者的精英研究多加敘述。但初學者必須知道這類研究，對政治學的重要影響❹。

　　政治學者的精英研究，包羅萬象：一種是比較研究，即將兩個或兩個以上的社會的同類精英（如軍事精英）作比較，另一類是個案研究，即將一個社會的政治精英或政治精英中的某一類作深度研究。研究的主要變項約有數類：社會背景（出生年代、家庭階級、出生社區、父兄影響⋯⋯）、教育情況、事業型式、社團歸屬、態度與自我認知與期許等。研究的主要技術可有文件內容分析、訪談、觀察等。

　　由於精英研究數量的龐大、種類的繁雜，欲對其發現作一綜合敘述，頗為不易，茲作一粗略的說明：

　　㈠儘管英、美，及西歐國家，民主政治已實行多年，福利國家的政策，也在具體實踐，這些國家的政治精英（選任公職人員，高

---

❹　例如 C. Wright Mills, *The Power Elite* (New York, 1959). Suzanne Keller, *Beyond the Ruling Class:Strategic Elites in Modern Society* (New York, 1963). T. B. Bottomore, *Elites and Society* (New York, 1964).

級行政官員、高級軍官、利益團體負責人），從中產階級與中產以上
階級出身者的比例仍甚高，尤其以擔任非選任的職位者為然。

　　㈡二十世紀中葉以後，在主要民主國家，中產以下階層出身的
精英，比例較以往增高，尤其選任公職人員的數目增加較多，其主
要原因是勞工階級獲得投票權與社會主義政黨日益強大，以及勞工
階級子弟獲得較多的接受高等教育的機會；但與中產階級相比，勞
工階級出身的政治精英仍相當少。

　　㈢在革命政制之下，政治精英的結構，頗能反映政權與革命運
動的特性。在共產國家，早期的政治精英中，頗多中產階級知識份
子出身的職業革命家，其後則農工階級家庭出身者比例大增，而這
些新的精英，大多數其專長為經濟建設有關之事務。此外純粹黨務
工作者亦佔相當比例（宣傳家與組織家）。納粹精英頗多較低的中產
階級及農民家庭出身者，其專長頗多黨的組織、宣傳、與情治工作
者。

　　㈣開發中國家的政治精英大多數為西化知識份子，出身這些國
家的中上階層。政務領導者多數參與民族獨立運動。高級行政官員
則以曾在殖民地行政體系中擔任中級職位者居多。許多開發中國家
的發生軍人政變，軍人精英中，頗多出身較低的中等階層與農民，
其中不少曾在殖民地軍隊中擔任低級軍官或士官。

　　㈤在開發中國家，傳統社會結構雖然已在解體，但傳統精英並
未完全失勢，事實上，有些西化的知識份子出身傳統精英家族，而
其本身影響力部份即基於此一因素，此外，在地方政治上，傳統精
英仍扮演重要角色，他們進入地方議會……等者為數既多，都在利
用現代化的政治技術與建制所提供的機會，來維護傳統的價值與利
益。然而，在這種情形下，傳統精英也不會完全不發生改變，其觀
念、價值、態度也受現代化潮流的某些影響，傳統精英一方面在抗
拒現代化，另方面也在藉改變自己作某種調適。

肆　精英理論與研究的評估

　　精英理論有兩類：早期的精英理論，儘管建構者自稱為科學的，其實都有相當強烈的規範性，莫斯卡等人都有反馬克思主義的傾向，馬克思認為人類社會劃分階層造成不平等是不對的、不正常的，甚至是病態的，最後勢必為無階級社會所代替；莫斯卡等人則認為由精英與非精英造成的不平等，不僅難以避免、無可代替，而且為社會功能的有效履行所必需；馬克思認為資產階級（或其他所謂「壓迫階級」）的取得優越地位純粹是由於生產關係的型態使然，與其成員的個人品質無關，莫斯卡等則認為精英之為精英是由於其個人的品質——游牧社會的勇武、宗教社會之神靈感召，現代社會的智能等。非精英中的優秀份子也可進入精英階層。莫斯卡等人不僅反馬克思主義，而且也有反「平等主義民主論者」(egalitarian democrats)如盧騷等的傾向，平等主義的民主論者認為民主的精義在於平等，其目的也是達到平等，而平等不僅指法律地位的平等，機會的平等，而且也應指實質的政治參與的平等，莫斯卡等人則以為這不僅是癡心妄想，而且這種觀念可能為社會帶來紛擾。然而，我們也不能據此以言莫斯卡等人是反民主的。莫斯卡本人曾一再表示他擁護民主政制的態度，墨索里尼擔任義大利內閣總理後採取一連串反民主的措施，莫斯卡也是堅決反對的少數參議員之一。莫斯卡可說是義大利統一後，右派自由主義的代表人物之一。義大利統一運動中，右派自由主義者扮演相當重要的角色，但在統一以後的政治中，這些地方鄉紳、中產階級企業家與知識份子主政的政壇，卻面臨了左翼勞工運動與其他要求社會進一步民主化的份子之挑戰與壓力，莫斯卡等深感右派自由主義者的領導，為新興共和國穩定所需，對新的情勢，頗感困擾與不安，他的精英理論可說是這種背景下，右派自

由主義者意識型態的一種反映。(柏雷圖的思想背景與莫斯卡相仿，但其生涯則不同，莫斯卡曾活躍於政壇，柏雷圖則擔任瑞士洛桑大學的教授，過跡近隱居的生活，晚年時甚為憤世嫉俗。)

精英理論這層規範性含義，在拉斯威爾等企圖以之作為實徵研究的觀念架構的學者的手中，減淡了許多；然而，並未能盡去，因此，在今日歐美學界從事精英研究者往往被人認為其本身也不免具有某種「精英主義」的傾向。雖然從事實徵研究者，也不能免於某種主觀價值判斷，不過，他們未必都是「精英主義」者，許多研究精英的人，如密爾斯 (C. Wright Mills) 等乃是反對精英的，這些人對民主原則深具信仰，但對其實踐的現況，均相當懷疑，因而把研究精英當作暴露當前民主制的「虛偽」的一種手段，以促進改革。但也有許多實證研究者，基本上是「精英主義」者，他們固然不會像早期的精英論者，肯定精英的天生優越品質，但都不反對精英的特殊地位，認為此為社會的正常現象。

精英理論與研究，不能盡去規範的色彩，確使其科學的成份，頗打折扣。

精英研究在研究方法與技術上的困難也相當多，由於精英份子都比較謹慎，其在接受研究者的訪談或問卷調查的意願上就比較低，而在接受時，又可能有利用研究者以遂其個人目的之想法，在提供資料之信實，談話的坦誠上，就不能無疑。

精英研究另一項甚大的困擾為精英的界定，在實徵的研究場合，把那些人包括在精英的樣本中，常常不易決定。

在有些社會，政治人物期望高度守密，對個人的生活背景、思想等都不願外人探知，在這類社會，精英研究根本難望有較可觀的成果。

由於理論的缺陷與研究上的各種困難，精英研究的成果並不豐碩，與選舉研究與政黨研究等不能相比，但由於此種研究的重要性與挑戰性，目前從事者頗不乏人。

第二十四章　群眾與群眾運動

　　精英以外的，皆屬群眾（也有人稱為非精英）；精英是少數，群眾是多數；精英是有權有勢者，群眾就是既無權又無勢者的集合體；歷史上的精英論者中，有人認為精英才是歷史的創造者，才值得大書特書，群眾不過是可以被塑造的材料，是被動的，不值得提的，我們只要把其當作統計數字處理就可以了，他們無聲無臭的生活，不會創造文明❶；這種偏執的看法，實在是荒誕不經，缺乏根據的，群眾的每一個個體，的確無權無勢，但其集體則常常能為自己爭取權利與福祉，而人類歷史的一項重大成就與意義可說是群眾為自己爭取地位的過程，這也就是所謂「民主化」，而人類文明史上，許多重大的貢獻，都是「群眾」創造的❷；正因如此，另有一些人特別強調群眾的歷史角色，認為大多數精英份子不過是機遇較好，並不見得是真正的「創造者」。這種看法也是偏頗的。我們認為精英與群眾都有其重要性，研究政治的人固然要瞭解精英的政治角色，也需瞭解群眾的政治角色。

　　本章中，我們將探討群眾的政治角色。全章分四節：壹、社會思想家的「群眾」觀。貳、群眾運動。參、群眾與組織。肆、群體與個體。

---

❶　如 Thomas Carlyle 的「英雄」史觀，或尼采的「超人」史觀，皆代表這類想法。

❷　如一般馬克思主義者均強調所謂「勞動群眾」的力量，而否定「個人」的創造力。

壹　社會思想家的「群眾」觀

社會思想家大約有三類對「群眾」的看法：第一類看法認為群眾既不可能產生強大的力量造成巨大的影響，他們也就無所謂給文明帶來重大的好處或壞處；像尼采、卡萊爾 (Thomas Carlyle) 等的看法即是如此；第二類則認為群眾甚具「創造性」，他們的自發的「衝動」最能為文明帶來益處，最富創造性，如巴枯寧 (Michael Bakunin) 與索萊爾 (Georges Sorel) 等的主張就代表這類❸；第三類則認為群眾如果由其自發的衝動產生的行為，則可能具有破壞性，為社會與文明帶來損害，但如果在理性而道德品質良好的精英份子指導下的行動，則可成為促進進步的動力，而相反地，如在不良的精英誘惑下行動，也可能為害。根據此類看法，群眾是由許多個人組成的。每個個人都有各自的個性，而且，絕大多數都是理性的，循規蹈矩的，隨俗的；但一旦集合為「群眾」，就具有某種「群眾性」，它並不是組成份子個性的總和，而成為具有不同的性質之「存在」；如果不加限制，缺乏約束的群眾性是狂暴的、情感衝動的、任性的，並且，在某些場合，可能具有摧毀性，由於這種對群眾的偏見，大多數社會思想家都不信任自發的群眾行為，對精英的領導功能寄以較高的期待。

貳　群眾運動

歷史學者有一項頗有趣的爭議。有些人相信歷史上重大事件與成就都是少數特殊的個人創造的，一般群眾對之沒有什麼直接影響；

---

❸　Georges Sorel, *Reflections on Violence* 被認為反對理性的思想之代表作。

另一些人則否定「英雄史觀」，認為歷史上重大事件都是某種社會力量或集體的產物，如馬克思派強調「階級」，認定個人的影響微乎其微，根據他們的看法，當一個社會發展至某一階段，社會上各種因素累積至某一狀態時，重大的歷史事件便會發生，某個個人往往被誤認為這一事件的創造者或主導者，其實他不過是風雲際會，能在時代潮流的前端突出自己的形象而已，他們以為拿破崙時代的出現，並不是因為有拿破崙其人，而是由於拿破崙善於利用社會的某種力量或隨社會的潮流行事而已。事實上，拿破崙甚至可說是其時代某種社會力量的工具。這兩種史觀，似乎都是偏頗的，僅憑創造性的個人，頗難成就歷史性的重大事件，但缺乏創造性的個人，則這類事件的內涵與性質也可能不同，例如即使列寧不存在，俄國也會爆發革命，但革命的性質，內容與後果可能就不一樣了。

　　然而，儘管創造性的個人與社會力都具有重要性，在十八世紀以後，後者的比重是大為增加了，在十八世紀以前，個人的影響確實具決定性，在這以後，情形就不一樣了。所謂社會力，實際上乃是指一般民眾的集體力量。民眾政治影響力的增加，顯著的表現就是群眾運動的日益普遍而重要。

　　群眾運動的日趨普遍，其政治意義之日益重要，與十八世紀後世界上發生的一些改變密切相關：其一，世界政治日趨「意識型態」化，主要的意識型態如民族主義與共產主義等，都影響了大批人民的思想，對事物的看法與感情，使原本對政治相當冷漠的普通人民對其不僅產生興趣，甚至對某些政治主張產生狂熱的認同，如此，群眾才變得具團結力，有效忠的對象與符號，能持續不斷地奉獻於共同目標，因而，遂產生力量，也使精英份子重視該項力量；其二，大規模的組織的出現，如以人數眾多的步兵為主的軍隊組織代替以少數騎士組成的軍隊，群眾性政黨與群眾性利益團體諸如龐大的工會的紛紛出現，儘管在這些組織中，普通的基層成員的個別影響力

未必甚大，但是這些組織的整體力量確實顯示群眾力量；其三，現代人群密集的生活方式，如都市化，也賦予一般民眾較大的影響社會的力量——例如，在若干國家都市暴民常迫使政府中止其反對的政策或罷黜不孚眾望的官員；其四，民主化的進展多少減少精英與群眾的差距，尤其是大批次級精英的產生，更使距離減少，此種發展不僅使精英的流通加速，而且增加非精英對精英的影響力。而貴族的沒落，更助長此一發展，因為此階級的日漸消失已削弱了任何精英具天生優秀資質的論調的支持力量。由於民主化，精英遂較願意或必須接受群眾的要求，或受制於其壓力，因此，群眾也領悟以集體的力量來抗議精英的作為或使其採取合乎心意的行動之價值。

群眾表現政治力量，提出要求的方式頗多，參加群眾性政黨與利益團體為一種方式，關於此等團體的性質我們已討論過；另一種方式乃是所謂群眾運動，革命與其他種暴烈的活動是又一種方式（關於此，我們將在下章中剖析），在此我們擬對群眾運動略加敘述。

奧蒙曾把群眾運動視為不軌的準利益團體活動的一種形式，雖然頗能表示出群眾運動性質的一個層面，但並不能烘托其全貌。我們必須知道，群眾運動按其政治目標而言，實有支持政權的，反政權的，也有對政權既支持又反對的。許多國家在與外國發生嚴重紛爭時，國內民族主義熱情洋溢的民眾往往會組成在街頭遊行示威的隊伍，以表示支持自己政府對外國強硬的立場，這是親政權的民眾運動的一例；在同時，出售該外國貨品的商店可能罷市，消費者集體拒購該國產品，碼頭工人拒卸該國商船的貨物，此又為親政權的群眾運動的另一例；民眾不滿其政府的某一政策或措施，可能採取集體抗議活動，如遊行、示威，或焚燒公物等行動，為反政權的群眾運動，近年來，埃及、突尼西亞等國民眾抗議政府提高糧價的示威活動可為一例。此外，一項群眾運動，也可能有其支持政權的一面，而同時又有反政權的一面，如俄國一九〇五年革命爆發前，一

位東正教的神父曾率領大批民眾向彼得斯堡冬宮前遊行，一方面表示支持效忠沙皇，而另方面又藉此抗議俄國官僚的一些措施。此外，一項群眾運動的政治目標也可能中途變質，由親政權者轉變為反政權者，例如一項支持政府對外國強硬的親政府遊行，可能因遊行份子對政府的軟弱立場不滿，而變成反政權的運動。

　　群眾運動，可能由精英領導，組織或操縱者，但也可能是群眾自發的，其領導往往在運動過程中，群眾行列內自行產生，也可能是開始時由精英主動，但在過程中，精英失去控制，而淪為群眾的自發性運動，甚至也可能開始為自發性運動，但在過程中為精英控制。由於一個規模龐大的群眾運動，精英甚難全面控制、領導、操縱或影響，其群眾自發性是必然存在的，自發性高的群眾運動，自然最能展現群眾政治力量。

　　群眾運動往往被人誤認必然有其意識型態背景，雖然二十世紀的群眾運動，頗多為民族主義、法西斯主義、共產主義等意識型態瀰漫，參與者往往受這些「思想」的激盪，但是，並非所有群眾運動都有意識型態背景，許多群眾運動是單純的不滿或偶發事件引起的，例如一九八四年底法國的卡車司機因義大利海關通關效率不佳，而以車輛阻塞公路，迫使法國政府與義大利交涉；不少國家民眾因懷疑政府舉辦選舉不公而示威；若干國家民眾抗議政府提高糧食價格……等不一而足，這些都缺乏意識型態背景；一般說來，意識型態色彩較重的運動，受精英份子領導、控制或支配的可能性較大，而自發性的運動，往往缺乏意識型態色彩。

　　群眾運動究竟扮演如何的政治角色？它可能是一般民眾對精英份子行使的壓力，民眾行使壓力的方式不一，利益團體可藉剝奪選舉或選舉時財務支持作為壓力，不滿份子可藉揭發執政者的缺點，爭取國內外輿論的同情，並傷害精英份子的聲響作為壓力，但種種壓力的效果，隨政府體制的性質與民眾本身條件而強弱不同：在一

個不民主，或民主程度低，或利益團體不健全的社會，利益團體的選舉壓力效果不可能大；即使在一個充份的民主國家，弱小的利益團體，或不參加有組織的利益團體的民眾（如某一經濟能力較弱的種族或階級的成員）的選舉壓力效果也就小了；至於輿論壓力，效果更難期了，精英份子如果充份控制大眾傳播媒體，或不滿份子缺乏語言文字之表達能力，則效果就相當弱了，而且，頑強的精英份子也可能不因輿論壓力而改變其作風，由於種種壓力的效果皆不一定，群眾運動遂被當作一種比較強烈的壓力方式，此種壓力方式不僅行使壓力於自己本國的政治精英，而且也施行於外國的精英。此種壓力方式之所以有效，主要在於其道德上的正當性與隱含的威脅性。一項群眾運動，如果引起大批民眾參與，則它也許代表在這些民眾的心目中，他們確實有一項要求或抗議要向精英份子提出，在今日民主的理念下，這就賦予它某種道德的正當性，並會因此獲得社會或世人廣泛的同情，以致可能迫使精英份子採取行動；此種運動的效果也來自其威脅性，民族主義性質的運動隱含問題如不解決，則民眾會逼其政府斷絕邦交，或支持其政府宣戰，如此它就可能威脅外國的精英，它對本國的精英也有威脅性，因政府如不處理問題，就可能爆發革命，或冒失去民心的危險……等。雖然原則上，群眾運動的效力來自其道德的正當性與後果之威脅性，但並非所有群眾運動皆能產生預期效果。有些運動，也許在參加者心目中具有道德的正當性，但如在更廣大的不參與的民眾看來，其目標不當，或參加者動機不純，或運動過程中的手段不妥，都足以使反對該運動的力量增大，而使運動的道德正當性不為社會承認而失去效果，再說，威脅性太小，固然不足以改變精英的態度，威脅過大，也可能產生強烈的對抗與鎮壓行動。

　　由於世界風氣的影響，大眾傳播的擴散效果，各國政府難以滿足社會日增的要求，與民眾自我權利意識的增長與自我政治影響力

自覺的提高，今日群眾運動已在地球上每一角落大量出現，而由於今日人們密集、互依性高的生活方式，一種破壞性或具潛在破壞性的運動對公益影響之巨，如何對付群眾運動，已成為許多國家政府關心的一項問題。

　　一九六○年代，美國連續發生黑人民權運動——以遊行、示威、靜坐抗議、佔據公共場所等較溫和手段與暴動等激烈方式為之——與學生反越戰運動等群眾運動，歐洲各國風起雲湧的學生運動，七○、八○年代開發中國家的各種反對政府個別政策與措施的群眾運動，歐美國家反核武運動，乃至共產國家如波蘭團結工聯與天主教會發動的示威運動，群眾運動可說已瀰漫全球。對付這些運動的方法不外乎謀求政治解決，武力鎮壓與聽任其自然解決。政治解決乃是精英份子與運動的代表人物展開談判，或答應其要求，或獲致妥協，或以溝通來消除誤會；自然解決乃是指精英份子對群眾運動採取不加理會的態度，而聽任該一運動因得不到廣泛支持或實際效果而自行削弱或消失。對於實力甚小（參與人數少，多數民眾不同情，或參與者本身並不特別熱心加入）之群眾運動，以「自然解決」方法來處理當然能達到目的；但對實力較大的就無用了，而且，由於現代工業社會的生活方式，一個實力並不大的運動如在適當的時機與地點發動，也可能需要其他的方法來處理其要求。政治解決是民主社會較合理的解決方式，但是，政治解決是否可行，有兩方面的考慮：原則性的考慮為：1.運動的政治目標是否與政府的基本職責能併存的，譬如民主國家的政府，基本職責為維護憲法，倘若某項群眾運動是在迫使政府改變憲法規定的政治體制，或放棄其職權，則政府就較難與其謀取政治解決；2.運動的參與者是否具有妥協精神，如其為決不妥協的狂熱份子，而其要求又屬政府無法完全答應者，則政治解決難望有效；3.政府精英對政治解決的立場：有些政治精英，習慣於少數人在缺少人民壓力的情形下決策，對群眾運動

（不論何種形式）頗不信任，其即使被迫謀求政治解決，也是勉強為之，當時機有利於這些精英之時，他們必會推翻政治解決之結果或中止政治解決的努力，甚至可能會以政治解決為煙幕，而以武力鎮壓來對付群眾運動；另有些政治精英，則可能會認為對群眾運動讓步，將會鼓勵更多的群眾運動，如此，非但政府威信可能受損，政局也將不穩，這種擔心政治解決會引發政治危機的精英以在開發中國家自信不足、權力之合法性基礎欠堅固的政府領導者居多。技術性的考慮為：1.倘若群眾運動為一自發性者，則政治解決的溝通與談判對手難覓，或負責作成決定的群眾「代表」之代表性不足，或群眾對其信任不夠，而使解決之獲得或結果的保持，發生困難；2.政治解決依賴高度的互信與政治技巧，這往往不易獲得。當政治解決失敗，或精英判斷政治解決不可能或具不良副作用時，往往會採取武力鎮壓。然而，武力鎮壓也不是易為之事。首先，武力之輕重程度必須仔細斟酌，如武力太小，則鎮壓不成，反引起更大的困難；武力過大，不僅可能損害精英的聲譽與形象，而且激起甚大的反抗，甚至革命，或至少使未來政治解決的機會大減，使政府不得不更為依賴武力，而過份依賴武力來維持國內治安則可能產生種種後遺症：諸如軍人勢力過大而導致軍人干政；國家資源的誤用與浪費，致影響經濟發展；國內政治的潛在不安，致影響社會和諧。其次，運用武力鎮壓群眾運動需考慮該運動的聲望，尤其是在鎮壓政策的執行者（軍隊與警察）心目中的聲望，否則精英此一措施可能產生嚴重的相反效果，譬如一九七〇年代末葉，伊朗國王巴勒維企圖以軍警鎮壓反政府的群眾示威運動，結果因基層士官與兵士拒絕執行命令，甚至倒戈相向，遭致失敗。由於這許多困難與考慮，一般較開明的政治精英都不認為武力鎮壓為處理群眾運動的良好方法，然而，在萬不得已時，也不得不使用，但使用武力往往甚為審慎而適度。

　　由於武力鎮壓的重大代價與自然解決的僅能使用於對付實力甚小的群眾運動，政治解決的方法遂成為對付群眾運動的主要手段。

參　群眾與組織

　　群眾可能是無任何組織的烏合之眾，如街頭的人群 (crowd)，也可能是為了一個政治目標，以暴烈的態度與行為表現自己，組織頗為渙散的暴眾 (mob)，也可能是組織良好的行進行列 (parade)。

　　群眾的政治影響力的大小，半由其人數決定，半由其組織。就人數來說，現代工業社會勞工地位的改善，主因之一為勞工人數的激增，勞工人數一多，不僅可對選舉產生重大影響，而且其行動（如罷工）可能為社會帶來甚為可觀的後果，因而其要求受到政治精英較大的重視。就組織而言，群眾的政治影響力與組織的關係頗為複雜：組織程度愈高，在有些情形下，確能愈增加群眾的影響力，但在另一些情形下，則反能愈減弱群眾的影響力。此是因為群眾固然可藉自發性組織，來更有效地爭取共同目標，而精英也可把群眾納入其設置的組織，而加強控制，使群眾為其利用，或以之削弱群眾自發的力量。人數甚多的龐大組織，如果是群眾自己組成，可發生頗大的力量，給予精英可觀的壓力；倘若係精英組成以約束群眾的，則也可能更有效地使每個成員個人因「服從組織」而順服精英的操縱或命令。

　　今日進步的工業社會，都有龐大的組織，如美國與蘇聯都有會員人數達千萬的工會組織。然而，美國的工會基本上是工人自發的組織，其目的純為對精英施加壓力以爭取與促進勞工的權益；而蘇聯的工會則為共黨領導精英指揮下的組織，為共黨所組成，受共黨控制，它主要的目的為動員勞工來完成共黨的政治目標。

肆　群體與個體

　　群眾是由個人組成的，正如精英是由個別的精英份子構成的，在一般的印象中，似乎構成群眾的每個個體是完全無權力的，不論這個群體可能產生多大的影響力。這想法其實並不完全正確。在不同的政治體制之下，一個普通平民的政治影響力與法定權力都是不同的。但是，即使在最專制，最獨裁的社會，一個平民也不是毫無影響力，所謂平民的一份子與精英的一份子，其擁有的權力大小，是一個程度問題，當然這程度的差別可能甚大。

　　探討群體與個體的關係，是頗饒趣味的；有一種看法是個體集合成為群體，可增加個體的力量，渺小的個人有一個龐大的群在支持，就不致有孤立無援的感覺。在現實政治中，民眾敢於與精英抗衡就在於其人數眾多，足以構成甚大的「群」。

　　然而，另一種看法是在今日的所謂「群眾社會」(mass society)，個人有甚濃的「無力」感，甚感渺小，甚易受精英操縱。

　　以上兩種看法是否真是互相矛盾的？倘若不然，如何加以解釋呢？

　　上列第二種說法是康浩塞 (William Kornhauser) 在其《群眾社會的政治》❹一書中所持有的。康浩塞認為群眾社會乃是指人民自發性團體。失去功能，原級團體崩潰，個人遂被「原子化」——即個人完全孤立——後的社會，在這種社會中，精英可隨心所欲操縱與支配非精英。現代的極權獨裁政制下的社會當然最接近「群眾社會」這個理念型，但並不是只有極權獨裁政制下的社會才可能如此演變，因極權獨裁政治精英以政治力量無情地把人民的自發性團體與原級團體弱化僅是這些團體弱化的一種力量，現代社會本身尚包含其他

❹　William Kornhauser, *The Politics of Mass Society* (New York, 1959).

力量：龐大官僚制度的興起，生活的標準化……等，因素是存在於任何一類政制下的現代社會的，而這些都是促成「群眾社會」的因素。

　　由以上的敘述可知康浩塞所謂的「群眾社會」乃是指許多個人已被「原子化」，他們除了被納入政治精英預設的組織模型中，已無自己的組織生活可言了。這種「群眾社會」的涵義與一般所指的群眾（指有自動組織的民眾）的社會是不同的。以目前的民主國家而言，康浩塞的「群眾社會」，顯然並不存在，事實上，現代民主國家的普通人民，就是由於其能自動組成龐大的群體，並能發動龐大的群眾運動，而具有頗大的政治影響力，這種影響力，是以往任何時代普通人民不曾有過的，它足以對精英施加可觀的壓力，這種力量不僅屬於群體，也間接提高了每個個體的地位、自尊與影響力。

■□ 第二十五章　政治社會化

　　人的態度與行為，都是外顯的，但各具有內隱的價值與觀念為其基礎，政治社會化可說是塑造與傳遞政治價值與觀念的過程，對政治態度與行為的塑造，影響是顯而易見的。本章擬剖析政治社會化。全章計分四節：第一節擬分析政治社會化的涵義；第二節擬探討政治社會化的各種途徑；第二節擬討論政治社會化對個人的功能；第四節擬討論其對社會整體之功能。

壹　教育、社會化、政治社會化

　　「人非生而知之者，學而知之者也」。國人的觀念，深受儒家影響，對於教育與學習的重要性，具有甚高程度的領悟。因此，我國學者對於社會化與政治社會化的探討，特別感興趣。

　　所謂「社會化」(socialization) 乃是社會學者慣用的名詞，一項定義是「個人與其他的人互相影響的過程，此過程的結果是個人接受與適應社會行為的型式。」❶社會生活之維繫仰賴某些固定行為型式的存在，每個個人，必須藉與他人共處與交往的過程，學習這些型式，然後才能適應社會生活。

　　社會化這個過程，可從兩個角度來看，從個人的角度，這是「學習」過程，甚至可說是學習做人與處世的過程。初生的嬰兒，可能有其「社會性」，喜歡有別人伴他、逗他，但完全不懂如何與人相處，必須在其人生歷程中，慢慢學習與領悟，才能適應社會生活。從社會的角度，社會化是一種陶冶與塑造的過程，把許多個人從「自然

　　❶　參閱 Joseph H. Fichter, *Sociology* (Chicago and London, 1971), p. 29.

人」改變為「社會人」的經過。「社會化」一詞，固然有側重個人適應社會既定型式的涵義，但並不含有否定個性的存在與價值之意。事實上，每個個人的個性也會對其適應的程度與狀態產生影響；個性甚至也可能使社會生活的型式發生改變。結構功能派的社會學者認為不成功的社會化多半是指造成許多適應不良，或具反社會傾向與行為的個案之社會化，其後果可能使社會的既定秩序產生動盪或不安；衝突學派的社會學者則認為不成功的社會化是造成太多過份的適應，從眾 (conforming)，失去個性的個案之社會化，其後果是人們失去批判精神，對既定社會的缺失任其繼續存在，結果社會可能呈現僵化。

從以上的敘述中，我們可知「社會化」一詞，與「教育」一詞，似有雷同之處，的確，此兩詞的涵義頗多雷同。然而，社會化的涵蓋面大過教育，教育為社會化的重要部份，但社會化並不限於吾人通稱的「教育」，我們通稱教育是指有意識、有目的的教導、訓誨、傳授、啟發受教育者，教育者期望受教育者以其預設的方向發展——不論是知識的增進、能力的獲取、品德的改進與體能的增強，教育固然可涵攝於社會化的涵義內，但社會化又可指無意識、無目的之社會影響，此種影響產生的任何後果，都可視作社會化之結果。

政治社會化乃是指政治社會成員經歷的調適過程，經此他遂能成為政治社會的一份子，而政治社會也藉此維持其存在。

就個人而論，由於政治社會化，他遂漸漸形成對政治事物的認知、感情與判斷標準：對政治事物與情勢的應付與處理之道；並對自己在政治社會中的地位與角色有了一種固定的認識與看法，並依據此種認識與看法，形成了其政治態度與行為❷。

大多數政治社會化的研究者都較重視兒童期獲取政治態度之過

❷ David Easton and Jack Dennis, *Children in the Political System* (New York, 1969). Fred Greenstein, *Children and Politics* (New Haven, 1965).

程，由於兒童期可塑性高，對個人影響大，研究兒童的社會化自然甚為重要。但是，過度重視兒童的社會化可能使人誤以為政治社會化僅限於兒童時期，這是不正確的。事實上，對有些人而言，成年後的政治社會化——尤其是與實際政治接觸後的經驗——比兒童期的社會化對其政治態度與行為更具決定性。總之，兒童期與成人的社會化都有其重要性，而成人政治社會化的研究，不可忽視。

貳　政治社會化的諸途徑

現代社會，一個人初識人事，就可能與政治社會的「代表」接觸：馬路上指揮交通的警察，是一個學齡前兒童也注意到的人物，因此，政治社會化的過程可說開始得甚早。而在一個人的一生當中，政治社會化的過程不會中斷。當然，對許多人而言，至二十餘歲時，對政治已有固定的看法，固定的態度與行為型式，以後的社會化，影響已不大了。

我們在社會化過程中，獲得對政治社會的知識，形成情感取向、與判斷與評估的準則，是透過若干主要的「機構」，這些提供社會化的各種途徑。它們是家庭或家族、學校、同儕團體、工作場所、大眾傳播媒體、選舉與其他政治活動場合。

㈠家庭：家庭對兒童人格的塑造，基本人生觀的形成，與常識的啟蒙，具有重大的作用，其在社會化的過程中，扮演關鍵性角色。由於除了少數「政治家庭」以外，一般家庭中，父母並不刻意傳授子女有關政治的知識或塑造其政治信仰與認同。有人也許會低估家庭在政治社會化中的角色。事實上，儘管大多數父母並不把「政治」當作教育子女的重點，但他們有意無意間的言行，會大大影響子女的政治瞭解，對政治的看法，及對政治事物與角色之態度。試舉數例以說明之：例一、父母於選舉期間對選舉的評語（「……不過是金

牛的玩意。」……之類），對候選人與政黨的議論，都會影響子女對政治體制與人物的看法；例二、父母對象徵政治權威的事物（如國旗等）與人員的態度（過於輕視、過於敬畏，或適度尊重）也足以影響子女對政治權威的看法，及自己的政治效能感的培養。

家庭中父母與子女的關係，教養的方式對子女的人格的塑造也有影響，這也會對其政治態度與觀念發生作用。

此外，每個家庭都有其生活方式、消費型態，來往親友的身份大致相似。這些都表示其在社會階層中的地位，人的政治意識與態度常受其階級地位的影響，而人最早感到其階級地位則在家庭生活中，尤其是與其他家庭比較之時。

㈡學校：政治社會化的另一重要途徑是經由正規的學校教育；目前，世界上較進步的國家，學齡兒童百分之八十五以上都受義務教育，即使在一般開發中國家，百分之五十以上學齡兒童也有義務教育的機會，學校教育的影響力是甚為巨大的。正規學校中的政治社會化，主要有兩種方式。一種是透過公民課程：培育教育當局心目中的健全公民，是現代國家深為重視的，故公民課程為學校課程中相當重要的一環。在公民課程中，人民的愛國心之培養，正確的參政態度的陶鑄，及基本政治知識諸如國家的政府組織等的傳授都有其份量。正規的公民教育的效果如何？是一個不易回答的問題：各國在教育投資課程設計上之情況並不相同，而家庭背景、性格各不相同的青少年接受教育後的反應自然也不會一樣。不過，大體說來，學校的公民課程的內容如能與學生在家庭及其他場合吸收或學習的關於政治的認知比較一致，則其效果較大，倘若兩者間矛盾較顯著，則其效果就可能降低。另一種學校中的政治社會化是由於學校是個人最早歸屬的一個團體，在其中他開始學習團體生活的規範、體驗團體生活的內涵，及領略較大組織與個人的關係，個人在其求學的過程中，經歷了若干團體的生活，這些經驗影響其對權威的看

法與態度，對群體的情感與評斷，如此，間接地影響其政治態度與
行為。例如在歐洲大陸，在嚴格的耶穌會士主持的中學畢業的學生
中，支持政教分離等自由主義政策的人數較多，這可能是他們的親
身經驗使其對教會的狹隘的道德教條更不能同意，如此，他們的政
治態度就受了影響。

㈢同儕團體：同儕團體對於青少年的觀念、態度與行為的重大
影響，是社會學者無不承認的。青少年在其成長的某一階段，大多
愛好與年齡相近、志趣相投的朋友在一塊閒談遊樂，因而有許多同
儕團體，大多數這類團體，都不甚談論政治問題。但青少年在一塊
偶爾討論政治，尤其在選舉期間，也非不可能，然而，同儕團體的
政治社會化功能，主要並不是由於青少年在一起討論政治，而是在
於其對青少年的個性、基本人生觀……等的影響，這都可能間接影
響其對政治的觀念與態度。

㈣工作場所：許多人在十六歲或十八歲就中止學業，進入工作
場所，工作場所為其社會化過程中重要的一環。在以往，或在今日
比較落後的開發中國家，這些青少年大多在田間工作，由於農村生
活的單調與貧乏，他們對政治不可能引發強烈的興趣。目前，在已
開發國家或較進步的開發中國家，這些青年大多數進入工廠。工廠
生活往往集合大批勞工，並且重視組織與紀律，人際關係相當複雜
而重要，人們互相影響的可能性大增，而工人的工資與工作條件，
依賴資方（私人企業家或政府）與勞工協議或資方單獨決定，而政
府的政策，則能影響這種決定，這都提昇勞工的政治意識。在工廠
中，政治意識較高的勞工往往能居於意見領袖的地位，受其他工人
尊敬；在組織工會的權利可自由行使的國家，他們成為工會吸收的
幹部，可公然向勞工傳佈工會的立場；在組織工會權利受限制或不
被承認的國家，這些人可能成為官定工會的幹部或被看作言行應受
注意的潛在搗亂份子。至於一般勞工，自然會因這些人的影響，及

自己生活的考慮，而多多少少關心政治，並期望能藉政治的手段，來改進自己的生活。

㈤大眾傳播媒體：大眾傳播媒體的政治社會化功能，是眾所周知的，但此功能究竟多大，恐怕就甚難定評了。我們知道小學中年級以下的孩童大多不讀報刊，也不觀看電視新聞，雖然從大眾傳播媒體的娛樂性節目（尤其電視節目）中，他可能受到某種影響，但這種影響恐怕不致太大。年齡稍長的孩童與成人，則可能接觸到大眾傳播媒體之較明顯政治性的內容。在理論上，他們的政治觀念與態度可能受到影響。事實也確實如此，在識字率高的國家，大多數人對政治事物的瞭解主要來自報刊與電視，而在較落後地區的閉塞村落，不識字的民眾也常藉收音機來獲悉外界的事物，這些媒體提供的資料，往往為人民輕易接受與相信，而成為他們判斷政治的憑藉。

然而，大眾傳播媒體的影響似乎也不宜高估。在言論較自由的社會，往往有代表不同的基本立場的報刊存在，人們選擇其閱讀的報刊，往往依據自己原有的態度。因此，報刊的作用似乎不是形成或改變態度，而至多僅有強化原有態度的作用；電視新聞雖然已成為許多人獲知日常政治事件的來源，但電視報導新聞的受人歡迎，往往在於其「娛樂性」，一般觀眾，並不特別受電視新聞內容之「知識性」的影響。在言論不自由的社會，大眾傳播媒體的社會化功能，隨讀者原有的政治立場而異，支持政治現狀的人，比較能接受其內容，不支持現狀的人，對官方或半官方的媒體之客觀性是有所懷疑的，因此，受其影響的可能性甚小，因此，大眾傳播媒體的政治社會化功能，仍限於加強部份讀者或觀眾原有的態度。

不過，大眾傳播媒體對於知識程度較低的人的影響，可能會超過對知識程度較高或世故較深者，關於其對這類人的政治社會化功能，仍然缺少有系統的研究，真實情況究竟如何，仍不能斷言。

㈥選舉或其他政治性場合：對於許多公民而言，選舉期間參與助選或聆聽候選人的競選言論，是甚具教育意義的。他們平日忙於自己私人的事務，對政治問題不可能全神貫注地關心，只有在選舉期內，由於環境的刺激，政治資訊的大量提供與不必花費太多精力即可獲得，及選戰結果對個人利益的關聯，對政治就會提高興趣，增加關心，並且作某種程度地實際參與。這類經驗對於政治觀念與態度的形成，增強或改變，都可能有影響。舉例來說，許多政治人物的參政動機往往萌生於年輕時參與助選活動，這可視作政治態度強化的一例（由一個普通的政治參與者變成積極份子）；又如在有些選舉活動不甚自由，選務行政不甚公正的社會，一些反對現政權的激進份子，都是年輕時參加選舉活動的經驗引發其強烈的改革，或革命的動機的。

選舉期內，候選人的論辯與演說，有助於一般民眾更進一步瞭解國家的政治問題，這也是相當值得重視的，選舉活動愈開放的國家之公民，政治問題的瞭解愈成熟，判斷也愈理性，這是選舉對民主政治的一種貢獻。

除選舉外，各種政治性場合，如聆聽議會內的辯論、參與政黨內的討論……等，也具有政治社會化的作用。

從以上的敘述中，我們可知政治社會化，主要固然是指兒童階段的社會化，但在成人階段也存在，兒童階段社會化主要在使其能扮演一般性的政治角色也即公民或選民角色；成人社會化則主要在使其扮演更特殊的政治角色，如個別政黨或利益團體的幹部或成員的角色；不同職位的官職等。政治社會化又可分為直接的方式：如公民課程，這是旨在直接影響學生的政治態度，與間接的方式，如一般「潛移默化」的方式，這並不明顯地旨在影響政治態度，它可能是旨在影響一般性的態度與人生觀，但對政治態度會有間接的影響。直接的方式的效果未必優於間接的方式，這是由於大多數人對

政治並無太大的興趣，而對於政治「宣傳」則相當厭煩。

參　政治社會化與個人

政治社會化的意義與功能，可從個人與社會兩種角度來探討。從個人的觀點來看，政治社會化的功能如下：

㈠政治自覺的形成：由於政治社會化，兒童漸漸瞭解自己在政治社會中的角色與地位。在一個先進民主國家，他會知道自己一旦成人，就是一個具有參政權的「國家主人」，有一定的權利與義務，他與任何政府高官，包括總統或總理，在法律上是完全平等的。由於這種政治自覺，他便產生某種程度的政治效能感，感到自己可以影響政府的政策與行為，自己的意見值得向政府表示。在政治民主化程度較低或獨裁的國家，他可能會被「教導」成一個「恭順」的百姓，對政治權威頗為敬畏，自己的角色則為竭誠支持政權，盡心為其服務以增加「國家」的榮譽，他也可能對這些別人教導的價值，漸漸產生一些疑問，而內心感到自己應有更多的權利，或對政治產生反感，這當然也是政治自覺。

「政治自覺」也包括民族主義、階級……等的自覺，受壓迫的少數民族的兒童，在成長的過程中，漸漸感到自己民族的受到歧視，遭到不平等的待遇；低階級的家庭出身的孩童，往往從其成長的環境中感到生活的困苦、前途的暗淡、自尊的受損，這種種經驗使他們較傾向激進的政治立場，歷史上激進政治運動的領導人物，頗多出自這類背景的人。

㈡政治興趣與參政慾望的培養：政治社會化的另一功能是政治興趣與參政慾望的培養（或壓抑）。在民主的社會或其他對人民政治參與加以鼓勵的社會，大體上政治社會化是有助於人民政治興趣與參政慾望的培養的。兒童在學校中被鼓勵去參與團體活動，表示自

己對這些事務的意見，及爭取領導地位；在較高學府中，學生有自治的組織，學習自己管理團體的事務，凡此皆足以引起其成人後參政的興趣；在正規的公民教育中，學生被灌輸權利觀念，認識自己應維護其權利，這也有助於其增加政治參與的動機。另一方面，社會化的過程中，也可能壓抑其參政興趣與慾望：譬如，在有些社會，父母在言談中，常使子女感到政治是齷齪的，政治人物是不講信義的，或者感到政治活動是可怕的（「玩人頭的」）等等，這當然會壓抑其對政治的興趣，甚至使其認為政治是不應該關心的，也有些父母可能使子女感到其出身與社會地位過低，在政治上不可能具有任何影響力，過份關心這些「大人先生」們的事，不僅白費時間，而且會遭致不利於己的後果，如此，子女長大後，逃避政治惟恐不及，不會真有什麼興趣與參與的慾望。

㈢政治知識的提供：在社會化的過程中，個人的政治知識逐漸增加，對政治環境的認識之視野漸漸擴充。由於知識的增加，個人的參政興趣會提高（或壓抑），個人的政治態度也會隨之形成。政治知識完全缺乏的人，對政治必然比較冷漠，一旦他有了某種程度的知識，就可能對政治發生興趣，假如按照他對政治的認識，感到參政能增進他的利益，他就會去參政；相反地，假如他感到這是不可能的，當然也會對政治繼續保持冷漠，此外，假如按其認識，他認為現狀必須改變，他會從事激烈的改革，甚至革命等政治活動；相反地，他會從事較溫和的政治活動。

有些人把人的政治知識的增長過程，看得過份簡單化了，以為不過是一個「灌輸」的過程，好似人們把水灌入一個空桶中一樣，基於這種錯誤的想法，有些當政者誤認只要嚴格控制學校教育的內容與大眾傳播媒介，就可把其精選過的觀念與知識，灌輸給國民，而異己的想法就可排除。事實上，由於人具有自我反省與把接受到的社會「知識」與個人社會經驗對比的能力與衝動，這種「政治知

識」獨佔控制的作風往往會產生適得其反的後果，這可證之於若干共黨國家的情況。

㈣政治能力的栽培：社會化過程中，人的政治能力逐漸被栽培，得以扮演不同的政治角色。最基本的能力是扮演一般性政治角色(公民與選民角色)的能力，兒童期的社會化乃是栽培此種能力的，扮演特殊性角色的能力則在成年期社會化過程中獲得，不過，扮演一般性角色的能力與扮演特殊性角色的能力並不能截然二分，一個具良好能力的公民似乎也較能成為一個稱職的政治人物。

㈤政治態度的形成：在社會化的過程中，人的基本政治態度逐漸形成。從基本政治態度之取向來看，我們也許可以把人民劃分為五類：1.支持現制的積極份子（或稱「忠貞」份子）；2.支持現制的消極份子（或稱順民）；3.反對現制的積極份子（或稱激烈改革者或革命者）；4.反對現制的消極份子（或稱犬儒份子）；5.既不支持也不反對現制者（冷漠者）。如果從其自左至右的政治態度來分，則大致可按下列圖 25-1。

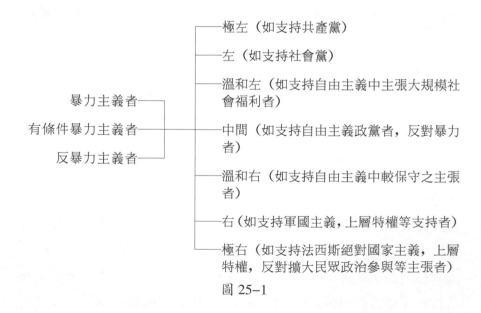

圖 25-1

　　在圖 25-1 中，自極左至極右共七種態度，而從暴力主義者至反
對暴力者又有三種。所謂「暴力主義者」是指其認為行使暴力為政
治活動的正當手段，如不少共產黨員與極右派份子，所謂有條件暴
力主義者則原則上不贊成使用暴力，但在某種時機下並不排斥使用
暴力來達到政治目標。在共產黨與極右派的支持者中，頗不乏其人，
中間派的自由主義者，在十八世紀當其仍屬激進派時，不反對行使
暴力──如法國大革命──，如今已反對暴力。

　　人的基本政治態度取向，主要是其政治社會化的產物，不過，
其他因素也不能忽視，譬如遺傳的因素（一個人對暴力的看法似乎
為其環境與遺傳兩者交互作用的結果）。

肆　政治社會化與社會

　　政治社會化對於整個社會的功能，需從兩個角度去探索。首先，
倘若說每一政治體系，當權者都設法藉社會化來達到某些目的，確
為事實，至於這些目的是否達到，則屬另一問題，必須根據實徵資
料，方可解答❸。

　　大體而言，當權者企圖藉社會化達到的社會目標如後：

　　㈠政治體系「共識」(consensus) 之維繫或獲致：任何政治社會，
都必須具有某種程度的「共識」，才能凝結為一，成為一個能追求共
同目標的整體，「共識」究竟為何？不少人都有不同的看法，大體說

---

❸　當權者藉政治社會化達到的目的，可能不止一個，譬如一方面旨在使
　　人民忠愛國家，另方面又旨在使民眾支持與擁護其統治，倘若人民感
　　到其統治並不有利於國家時，其社會化目的（第二次）就不成功了。
　　即以美國來說，於一九六〇年代時由於其間部份人常感到其政府未
　　能充份實踐所謂「立國原則」（平等與自由等），故對其政制採取排斥
　　的態度，對其法律也不願遵守。

來，政治社會的成員對於政治競爭的規則應有共同的看法，對基本的規範應一體接受，應屬社會繼續生存所必需，此或許可視為共識的核心。在民主政治已相當進步的國家，這類「共識」已經存在，大多數人對其不致懷疑，但由於當代社會變遷甚速，社會問題層出不窮，故即使在先進民主國家，對這種「共識」持懷疑的人數也在年輕一代中增加，因而，藉政治社會化，來維繫「共識」，減少懷疑主義的影響力，被這些先進國家的當權者或精英份子視為不可忽視之事。在大多數開發中國家，建立或獲致「共識」成為當務之急。關於此點的迫切性，我們將在以後討論開發中國家的專章中加以說明。

㈡新一代人認同感的培養：政治社會的存在，仰賴成員對它的認同，政治社會化在使新一代的成員對其產生認同感，此種認同感的培養是透過對象徵性符號（如國旗等）的情感，對基本價值與規範（如憲法中蘊含的價值等）之接受而達成的，而這些都在社會化的過程中獲致。對大多數人而言，社會化過程又能使其行為較能符合某種固定的型式，這是由於人往往有一種「從眾」(conforming) 的性格傾向，在政治精英主動的社會化過程中，此傾向被充份運用。

㈢創新精神的維繫（或壓抑）：任何社會，倘若過份強調「共識」，或把「共識」的內涵作不適當的擴充，或者為培養社會認同而忽略個體的特殊差異性，都足以導致創新活動的減少，人民創新慾望的壓抑，與社會的僵化與停滯。因此，在社會化的過程中，不僅需要重視共識的培養與認同感的維持，也應顧及個人創新精神的維繫與批判能力的發展。然而，在許多社會，精英們往往有意無意間過份重視前者，而忽略後者，這是由於他們過份擔心社會整合的減弱，傳統價值與規範的失勢，或者本身影響力的降低，群眾中出現的對抗精英的崛起，在這種心理下採取的正規的政治社會化之政策，不免具有過強的保守傾向，足以壓抑社會之創新，但這種正規的社會

化，未必能發生精英們預期的效果，此因社會化過程有其非正規的一環，當正規的社會化過份具壓抑性時，不甘這種壓抑的心靈往往更能從非正規的社會化過程中，獲得啟發，而奮發其創新的精神。

■ 第二十六章　政治文化

　　政治學者常把政治社會化與政治文化一併討論。的確，兩者的關係相當密切。政治文化的延續與改變，往往由於政治社會化的作用。本章中，我們擬討論政治文化，全章共分四節：第一節敘述政治文化的內涵；第二節說明政治文化與政治體系的關係；第三節剖析民主政治與其政治文化；第四節擬對政治文化的研究加以評估。

壹　政治文化的內涵

　　「政治文化」這一概念，自奧蒙 (Gabriel Almond) 於三十年前首次使用❶。如今已成為政治研究中常常出現的一項概念，其指涉為何，大多數學者雖已具有相當一致的認知，然而，由於這一概念指涉涵蓋面甚寬廣，實徵研究者作研究時，往往藉其自認重要的核心部份，作成指標，而又由於眾多研究者認為之核心並不相同，故此一概念之正確釐定仍有困難。尤其對初學者，更是不易。

　　政治文化這一概念，與文化這概念有何關係，應如何區別？人類學者使用「文化」一詞，指涉人類社會中一切非自然產生的事物，包括人造實物 (artifacts)、制度、觀念……等❷。奧蒙創用「政治文化」概念，則將其涵義僅限於非物質的層面，即「對社會事務的心理取向」、「特別是政治取向──體系成員對政治體系及其各部份，

---

❶　Gabriel Almond, "Comparative Political Systems," *Journal of Politics*, 18 (1956), pp. 391–409.

❷　參閱 Alfred L. Kroeber and Clyde Kluckholn, *Culture: A Critical Review of Concepts and Definitions* (New York, 1963).

及對個人在體系中的角色之態度。」佛巴 (Sidney Verba) 指出政治文化包括對政治的實徵信仰，表意符號與價值系統❸，白魯洵 (Lucian Pye) 認為「政治文化是賦予政治過程秩序與意義的一組態度、信仰與情感，這些事物提供政治體系支配行為的種種基本前提與規律，它包含一個政治體系的政治理想與運作規範。因此，政治文化是以集合方式表現的心理與主觀層面。一個政治文化乃是政治體系集體的歷史與體系中成員的生命史之產物，其根基為公共事件與個人經驗，兩者的重要性不分上下。」❹ 奧蒙曾指出人對政治事物（即對政治體系本身，其角色、扮演角色的人員、輸入項與輸出項與他本人的角色）具有三種取向：認知、情感與評估，認知取向乃對這些事物具有的知識，情感取向乃對其表現的好惡，評估取向為對其所作判斷與意見，此為認知與情感與價值標準混合而成的取向。政治文化乃人民對政治事物的以上三種取向的型式之分配，根據這一「取向」的架構，奧蒙建立三種關於政治文化的理念型： 1.原始政治文化 (parochial political culture)， 2.臣屬政治文化 (subject political culture) 與 3.參與者政治文化 (participant political culture)。原始政治文化的特徵是體系成員沒有明確的政治角色觀念，並對體系沒有期望，不感到體系應顧及他們的需要，典型的例子為非洲或南美洲的一些部落社會的政治文化❺；臣屬政治文化的特徵是對體系本身及其輸出過程具有高度的行動取向，但對輸入過程與個人自己的角色則沒有取向，如君主專制時代，中國政治文化即與此較近似；參與

---

❸ Sidney Verba, "Comparative Political Culture," in Lucian Pyeand Sidney Verba, eds., *PoliticalCulture and Political Development* (Princeton, 1965), p. 513.

❹ Lucian Pye, "Political Culture," *International Encyclopedia of Social Sciences*,Vol. 12, p. 218.

❺ 見 Lucian Pye, Ibid.

者政治文化的特徵是對政治體系的任何方面均有明確的取向，雖然成員對體系之情感與評價可能徹底接受，也可能完全拒斥，也可能介於兩者之間，但他們不會完全冷漠或無動於衷。

以上三種政治文化是重疊存在的。舊的取向不可能完全為新的所取代，但卻為新的所改變或削弱。在人類歷史的演進中，最早的似乎是原始政治文化，其後為臣屬，最後為參與者，但在個別社會，一個參與者政治文化也可能反為臣屬政治文化取代。當然，在任何社會，都可找到具有以上三種取向的任一種之個人，但因人數比例的不同，與取向純度之差異（三種取向皆為理念型），我們可說不同社會的政治文化是有的是原始的、有的是臣屬的，也有的是參與者的。目前原始的政治文化似已在消失中，臣屬的與參與者的政治文化則都存在。正因為一方面政治文化可被認作個人的政治取向，另方面又是全社會或全體系的取向，這概念可發展成聯結個體分析與總體分析的橋樑。

由於一個社會（或體系）內的成員，受到許多相同的影響——共同的歷史、語言、生活方式……其政治取向明顯地與另一社會是不同的，故政治文化概念自然是有意義的，然而，在不同社會，其政治文化的同質性也各個不同。在任何社會，其政治文化可分為精英與民眾兩個次級文化。精英份子受的教育較高，擔任領導角色，其取向當然受這些因素影響，與一般民眾不甚相同，一般來說，精英對政治比較感興趣，對政治體系的情感與評估較為正面，而民眾對政治興趣較低，對政治體系的情感與評估則正面與負面者都可能有之，但即使正面取向者，其強烈度也低於精英。精英與民眾政治文化的差距在開發中國家較大，此因開發中國家仍有許多民眾受較強的傳統的價值與信仰之影響。此外，在有些社會，次級文化又可能因人種、宗教、城鄉……等因素而出現。

貳　政治文化與政治體系

政治文化對於政治體系的影響，可從三方面去探討：第一，它對政局穩定產生的影響；第二，它對政治體系中人員的表現之影響；及第三，它對政治變遷的影響。

㈠對政局穩定的影響：造成政局不穩定的原因很多，當然不完全是政治文化的因素，但無可否認的，政治文化對政局之穩定與否，是有影響的。倘若一個政治體系的成員，普遍地對其體系的取向是負面的，情感上對其厭惡，對其低估，則體系的生存能力必然不高，只要有野心份子欲攫取權力，絕不可能有大批人民願意出面防衛，則被推翻為意料中事：社會上不同集團的野心份子層出不窮的奪取政權，就可使穩定的政局無法維持。例如拉丁美洲的許多國家，就是此種情形，由於拉丁民族強烈的個人主義，與拉丁美洲知識份子的「反體制」傾向，其政治體系的信仰基礎相當脆弱，政變頻仍的局面幾乎難以避免❻。

㈡對體系中佔據政治角色的人員的表現之影響：政治文化對體系中扮演政治角色者的表現，也有顯著影響：重要的人員可分為選任行政首長、議員、法官與公務人員。在一個健全的參與者政治文化內，人民對選任人員有明確的期望，對其表現有較客觀的評估標準，如此，選任人員也會比較盡職，而且其公務行為比較符合客觀與理性的準則；相反地，在一個政治文化尚未完全成為參與者文化之社會，儘管其表面的政治結構已建立在普遍參與之基礎上，其民選人員的公務行為仍難望符合參與社會的理想；行政首長可能不重

❻　在亞非新興國家，在野知識份子具有殖民時期遺留的「為反對而反對」的態度，也為政治安定的隱憂。參見 Edward Shils, *Political Development of the New States* (The Hague, 1962).

視民意、輕視議會，而議員與行政首長關係可能基於私人感情，致公務行為與私人行為界限難分：對其私人感情良好者，盡力「護航」，私交不佳者，盡力利用職權予以難堪，而議員對選民則以煽動家的不負責任態度應付。在政治參與觀念不正確的社會，公務員可能在兩種情形下行使職權：其一為缺乏適當的監督，致不顧民意的為所欲為，另一為受議員或其他選任人員不適當的干擾，致公務機關失去行使職權應有的公正性與技術上的中立性。不論在何種情形下，公務員的表現也不會符合健全的參與社會的理想。

　　㈢對政治變遷的影響：政治變遷包括政治結構與文化的變遷。大凡社會與經濟等方面發生重要的變遷，新生代的成員的觀念必然會改變，倘若其經歷的社會化過程大體上健全，他們也不致與傳統完全脫節，當新生代人數甚多時，政治文化也必大幅改變，在此情形下，政治結構──政治建制、規範建制間關係之成文與不成文規則，與政治程序、人事──也必須改變。（當然，政治結構必須改變，另一理由為如此它才能處理變遷後社會的問題）然而，年齡較長的世代，由於其觀念變遷較少，而其權力慾不減，有時可能拒絕對建制作必要之改變，此種情形，會造成政治體系中的緊張，然而，當政治文化繼續改變（由於人口新陳代謝與舊結構弱點之暴露），必定會引起整個體系的全面改變。這種政治體系的改變，可能是較溫和者，也可能較激烈，其屬於何者，原因不一，但與政治文化甚有關係。

參　民主政治與政治文化

　　第二次世界大戰後獨立的亞非新興國家，建國時都仿效歐美民主國家，制訂成文憲法；拉丁美洲諸國則在十九世紀脫離西、葡等國獨立後，都仿效美國的政治制度，然而，這許多國家實行民主的

成就，都不良好。關於此點，曾有人作了種種研究，但眾說紛紜，迄今未能確切說明民主政治的成功與否，究竟應如何解釋❼。

奧蒙等人為解答此課題，曾作了大規模的實徵研究，他們運用五國的總數達五千餘的抽樣樣本，作問卷調查，以比較美、英、德、義與墨西哥五國人民的政治態度，及其對自己國家的政治體系的評估❽。他們的基本假設是： 1.具有「適當」的政治文化的國家，民主政治的成功程度較高； 2.「適當」的政治文化被界定為「人民對政治體系一方面支持，但並不狂熱支持；一方面批評，但並不完全排斥；人民對政治參與具有興趣，但並不全心參與，而雜有某種程度的「冷漠」的；人民對政治體系有其期望，但並無不切實際地期望；在人口中，多數人具參政意識，但也有數目不算小的少數人是不想參政的」。他們把這種不趨極端的政治文化稱作「公民文化」(civic culture)，認為「公民文化」是支持民主政治最好的政治文化，倘若一個社會的政治文化愈接近「公民文化」的原型，則其民主政治也愈健全。根據他們的研究，美國與英國的政治文化最接近「公民文化」，而墨西哥則距之頗遠。

為何「公民文化」提供民主政治最佳的支持？公民文化可說是「中庸之道」的政治文化，一種極端的政治文化為人民過份冷漠的政治文化，對政治的興趣極為淡薄，知識甚為貧乏。在這種情形下，野心份子的活動，不會因人民的抗拒而中止，則民主政治自然難以維護。另一種極端的政治文化是跡近狂熱的政治文化，人民對政治過份熱衷，興趣甚濃，態度甚為積極，則政治體系可能無法滿足人民提出的眾多要求，解決過度參與產生的諸多問題，而令耐性不足的民眾失望，而圖改變體制。

---

❼　參閱 G. Bingham Powell, *Contemporary Democracies:Participation, Stability, and Violence* (Cambridge, Mass., 1982).

❽　G. Almond and Sidney Verba, *The Civic Culture* (Princeton, 1963).

肆　結　論

　　在本節中，我們擬討論政治文化這一概念使用於解釋政治現象的一些問題。自從政治文化概念出現以後，此一概念曾被廣泛使用於解釋各類政治現象。當低收入的民眾投票率低時，就有人認為這是他們的政治文化因素使然；當某一開發中國家軍人政變發生時，有人說這可用該國的政治文化來解釋；當某一社會暴力現象不斷發生時，也有人以政治文化來說明。這種以政治文化的因素來解釋諸種現象的情形，對政治研究並無多大裨益：政治文化概念過份使用，使其內涵更難明確，竟至日益膨脹為一個無所不包的包袱，結果它反而變得空洞了；而利用政治文化來解釋政治現象，是否真能解釋呢？有些解釋，表面上看來好似無懈可擊，但實際上並不確當，因為許多現象之發生固然有其文化的原因，但也有其結構的原因：譬如低收入投票率低，固然可按其對政治的缺乏興趣與動機來解釋，但也可藉其缺乏前往投票的交通工具，或工作的性質等結構原因來解釋。我們遇到一項現象需加解釋時，正確的策略應是先設法作「結構」的解釋，只有在結構的解釋無法對之作充份的解釋時，才適宜作「文化」的解釋。

　　其次，「政治文化」概念，在一些人使用時仍不失其曖昧籠統的成份，有些人使用時，甚不審慎，尤其視其為「意識型態」、「政治態度」等的同義語，這是不正確的，我們應用這概念，必須審慎，不宜隨自己的好惡，隨便濫用。

　　政治文化為一個社會人民對政治事物主觀的取向，這些取向的形成可能受這社會的主要政治思想家的觀念的影響，但這些觀念並非政治文化，我國有人有儒家政治文化、三民主義政治文化等說法，都不甚妥當。

■□第二十七章　政治發展與國際合作

　　第二次世界大戰後，亞非兩洲出現了許多新興國家，這些國家與十九世紀時就已獨立的拉丁美洲國家，有不少共同點：科技落後，生產方式以農牧為主，工業不發達，國民所得低，生活貧困。因此，它們有一共同的願望：發展。

　　發展不僅已成為這些國家的共同願望，它也是一種策略，提供其諸種政策的基本架構，更成為當前政治學與其他社會科學研究的一項子題。

　　發展本應是一個全面性的概念，政治發展與經濟發展暨其他層面的發展都有密不可分的聯繫，把這個整體過程加以割裂，僅為學術分工所需。這是我們在作這一關於政治發展的簡略介紹前，必須說明的。

　　本章共分四節：第一節緒言，討論引發發展課題之探索的思想背景，其演變與分歧；第二節敘述政治發展的含義及其與經濟暨社會發展的關係；第三節討論政治發展與基本價值；第四節分析政治發展與世界和平。此節實為第三節的延續，但因其特殊重要性，必須縷述之，故另立專節。

壹　緒　言

　　「人世無常」，人類對其周遭的一切及其自身，隨時間演變之過程與後果，是頗為好奇的，因此長久以來，都有不同的「理論」，來說明與設法預測這種現象。這些「理論」多多少少反映其產生的時

代人們自信程度，及對生命價值的估量。

　　古代的哲人智者，認為人類社會的演變，結局必定是衰落、凋零與幻滅，我國春秋時期的思想家大多盛稱堯舜，不僅旨在假其勸諫時君，也反映一種想法──即黃金時代是在往昔，以後縱有聖君賢相，也不過僅能「撥亂反治」，成就一個黃金時代的翻版而已。西洋的柏拉圖也認為遠古勝過其生存之時代，以後將更衰敗，故其理想國的一項目標為防止過巨的社會變遷，以減緩社會衰敗的速率。

　　「進步」這一觀念，於十七～十八世紀時，始為西洋人接受，尤其啟蒙時期的法國，它取代了古代對社會變遷悲觀的看法，而確認社會變遷的結果可能愈變愈好。這一觀念，以後雖不乏異議者，但大體上已為世人所接受❶。

　　人類對變遷問題的看法的另一項改變是古人認為變遷是天意或自然的現象，人力至多只能限制變遷，但不能規劃，今人則認為人可運用其智慧與知識來規劃變遷，使未來的社會更適合人類所需，更符合其願望，更能實現其珍視的價值。不過，人類的人為努力，是否能完全收效，即變遷是否能盡如人意（即使暫時不論人們的意見是否一致），則仍乏一致的看法。對此大多數研究者似仍不敢充份自信。然而，在相當程度內，變遷是可規劃，使其可隨人所欲的，已成為大家的共信，這一共信，促使「發展」研究的蓬勃興起。

　　從人類社會的變遷而言，兩個階段，甚值得注意，其一是十六世紀後歐洲由一個封建社會演變為一個資本主義社會；另一是二十世紀中葉後，亞、非、拉丁美洲開發中國家的全力謀求「發展」。

　　封建社會是一個由「身份」決定人的社會地位與人生機會，階層固定，流動率小，傳統價值與觀念不易改變，並具集體主義傾向頗重的社會。而資本主義社會是一個依據「契約」決定人的關係，形式上平等；階級比較固定，但階級成員較不固定；重視個人成就

---

❶　參閱 J. B. Bury, *The Idea of Progress* (New York, 1956).

與個人主義價值的社會。這兩種截然不同的社會之前後出現，使研究者對社會變遷萌生甚濃的興趣。因而十八、十九世紀遂有大批社會科學者或探溯變遷之源（如韋伯、馬克思等），或區分兩種社會的本質（如曼恩、涂爾幹、湯奈等）❷，這些努力對我們當前的發展研究，影響至大。

二十世紀中葉後的新興國家的奮鬥，其成敗關係人類前途至鉅，與核子戰爭之防止，具同等的深遠意義，開發中社會人口佔全球人口之三分之二以上，其人民生活極度窮困。倘若這些國家不能在「開發世代」，完成其發展目標，則其社會之安定，政局的穩定……均難鞏固，果爾如此，一個全球性的火藥庫便將長期存在，勢必使全人類飽受其害，發展問題的研究，已不僅是一種求取純粹知識的努力，也是尋求拯救開發地區的嘗試。由於此一實用的考慮，發展研究的價值取向色彩相當濃重，與一般社會科學者強調「價值中立」的宗旨不盡符合，而發展研究又不能忽視客觀的認知，這一認知與實用的雙重性，使發展研究增多困擾，與學者間的爭執。

學者對發展研究的對象之名稱，有一連串的改變，這一改變，雖反映學科的稚齡，但同時也顯示研究者對其研究對象之看法的日趨客觀與成熟。

以往研究亞、非、拉丁美洲的西洋人士，都把這些地區稱為「落後地區」(backward areas) 或落後國家，此一名稱，若干較年長的研究經濟與政治發展的學者偶爾也會使用，不過，於一九五〇年代末與一九六〇年代初，此種名稱已被訓練較佳的研究者放棄，但代替之名稱為低度發展地區或國家 (underdeveloped areas or countries)，此一名稱，隱含全球各地區都在經歷發展，而這些地區發展程度較低，其後又有人認為此一名稱稍嫌「靜態」，未能把這些地區或國家

---

❷　參閱 A. M. M. Horgvelt, *The Sociology of Developing Societies* (London, 1976).

正在經歷的重要過程的含義包容在內，故有開發中地區或國家
(developing areas or countries) 的名稱之出現，如今開發中地區或國
家這一名稱，已為普遍採用，學者中除偶爾有少數人使用低度開發
地區或國家這老名詞外，已大都採用這一名稱。

　　這些名稱的改變，並非偶然的，它反映若干種觀念之改變。 1.
研究者民族優越主義的漸漸糾正：發展問題的研究者大多為歐美人
士，一九五〇年代以前歐美學者，除少數例外，往往不掩飾其民族
優越感。這一方面是基於其自信歐美因科技與經濟生產能力優越，
其他方面也必比較優越；另方面是由於基督教教義中強調其自身道
德價值的高超，而忽視其他文化的倫理價值，西方人士感到其物質
與精神領域均遠優於亞非民族，而不期然地萌生民族優越感。第二
次世界大戰後，許多西方人士民族優越感漸漸減弱，這一方面是由
於對亞非文明的認識加深，而對其本身社會與文化的缺點則更為洞
察，另方面是不少人對種族主義、民族優越感的危險，已因納粹的
民族政策，而更為警覺，對其非理性的本質，也更為清楚。無所掩
飾的民族優越主義消逝甚快，但有所掩飾的，或下意識的民族優越
心理則需花相當久的時間，才能真正消失，多年以來西方研究開發
中社會的學者似乎都不能免於其民族偏見，但這種偏見確在自我反
省與更豐富的比較研究中，漸漸糾正，名稱的逐漸改變，反映這一
過程。 2.名稱改變的過程，反映開發中地區政治地位的日漸提高，
民族主義與自尊的情緒日益提昇，這是毋庸置疑的，這情形迫使西
方國家以較平等的態度對待亞、非、拉丁美洲的國家。 3.名稱的改
變反映人為的、有計畫的「發展」之觀念的抬頭：在以往，人們對
人為的、有計畫的大規模改變社會，並不抱樂觀的態度，十八、九
世紀時，有一些思想家，開始主張人為的徹底改變社會，但實際行
動是較少的，二十世紀人們見及科技的快速發展，知識的大量增進，
開始感到從事這種工作並非沒有成功之望。而新興國家的現實又不

容其以悠閒的步伐「自然」地變遷，因而愈來愈多的人士相信經過
人的規劃，運用知識與科技，以有計畫的快速的方式，全面地求取
這些社會的發展。聯合國的所謂「發展世代」即代表這種觀點的抬
頭。「發展中」地區名稱的應用，也反映這種看法。

　　「發展中」地區或國家這一名詞，也非全無缺點。有些學者認
為它代表一種「期望」的意義勝過表示一項事實：因為就目前亞、
非、拉丁美洲國家的實況看，有些國家的政治、經濟……等確在改
進；有的則呈停滯狀態，於十餘二十年間，既無進步，也未退後；
有些則不論以何種指標來衡量，都在後退中。此外，另有一些學者，
尤其是歐洲大陸的，往往用「第三世界」國家或地區這個名詞❸。
這名詞的應用，具有兩點值得注意的含義：首先，它表示世界上國
家間在經濟暨其他方面的不平等,若說現在全世界已成為一個體系，
則這體系內有明顯的層級結構：第一世界是指歐美已開發的國家，
它們的土地面積與人口都不到全球的三分之一，但其國民生產毛額
總和則達全球的百分之五十以上，其平均國民所得都在五千至一萬
五千美元之間，在國際貿易與金融上掌握實權，其國民擁有的多國
公司支配開發中國家的大量資源，利用那些國家的低廉勞力與優待
稅率，獲取可觀的利潤；第二世界為共黨國家，這些國家的發展程
度略低於第一世界，但除少數以外，一般都高於第三世界國家，在
世界體系中，它是第一世界的對抗者；第三世界則為亞、非、拉丁
美洲的所謂開發中國家，擁有廣大的土地，眾多的人口與豐富的天
然資源，但由於技術落後，在國際體系中缺乏支配力，故實為被「剝
削」的對象；其次，使用第三世界這個名詞也表示亞、非、拉丁美
洲國家並非都在「開發中」之事實，有些國家甚至在「退化中」。此
外,有些理論家對於傳統上按經濟成長或工業化……等指標當作「發
展」的界定之作法，也頗有異議。主張以「第三世界」國家取代開

❸　參閱 I. Horowitz, *Three Worlds of Development* (New York, 1966).

發中國家這一名詞的人士往往有一種想法：真正的「發展」必須以全球性的結構改變為基礎，個別國家的「開發」，往往難以達到理想效果，而真正的「發展」必須旨在增進人民的福祉，一個社會儘管經濟快速成長，生產毛額增加，倘若分配甚不公平，則仍不能視為已經發展成功。

「第三世界」這項說法，也有其缺點：第一，究竟那些國家屬於第三世界頗乏標準：若說決定某一國家屬於第三世界之標準純為經濟與生產技術，則若干共黨國家如越南、阿爾巴尼亞……等也應歸於第三世界。然而，在決定第三世界與第二世界的區別時，則採用政治的標準，而在決定非共的國家歸屬第一或第三世界時，則採用經濟與科技的標準；第二，這種說法的價值似乎侷限於剖析歷史的一個階段（即一九五〇年代至一九六〇年代末期），利用其來瞭解以後的世界情況，就不夠正確，因為其後個別共產國家與個別西方國家的關係都已發生重大變化，而共產國家間的關係更是與前大不相同。

貳　政治發展、經濟發展、社會變遷

研究「發展」者，最初僅注意經濟發展。早期的理論家大多認為只要一個社會能獲致經濟發展，就能輕而易舉地達到一個全面發展的境界；而經濟發展充其量不過是產業結構的改變（由農牧為主改變為以工業為主），生產能力的提高，資源的充份開發與利用，與國民生產毛額的增加等，經濟發展的關鍵不外乎資本與技術兩者，故早期的發展學者（大多為經濟學家）都以為只要有資本與技術，開發中國家就可「發展」。

以後的經驗證明以上的看法過於簡化了問題的複雜性；已開發國家在若干開發中國家投入了大批資金與技術援助，然而未獲得顯

著的經濟發展；而在一些技術與資本條件較差的國家，經濟發展的成績反而略勝一籌；此外，愈來愈多的人士發現「經濟發展」僅為「發展」的一個層面，它不等於「發展」。除了經濟發展外，開發中國家還需要政治發展，社會變遷與文化方面的現代化。

在「發展」過程中，政治與經濟兩個層面的互依性特別密切；其間的關聯也許可藉下列命題來表示：倘無某種程度的經濟發展，政治發展是不可能的；而倘無相當程度的政治發展，經濟發展的程度不可能超越某一層次。茲說明如下：一個經濟停滯，毫無發展的社會，人民可能因生計過份困難，為稻粱謀而不暇，對政治不可能產生興趣，也不會集體行動來對政府提出要求，施展壓力。如此，政府也不會感到任何刺激，而圖改進其能力；或者這個社會受外力的壓迫（如外侮）或部份人民生計過份困難而趨暴亂，則政府可能感受極大的壓力，然無力應付，則政治社會有崩解的可能，更無發展之望。因此，欲政治發展，必須先有某種程度的經濟發展，經濟發展促成社會結構的改變，推動與支持政治發展的勢力之產生，及萌發導致政治改革的種種需求。許多人把近世歐美民主憲政的興起歸諸中產階級的形成，而中產階級的出現於歷史舞臺，實為這些地區十六世紀後經濟發展的後果之一。

政治發展不僅是經濟發展的果，亦為推動進一步經濟發展的主要條件之一。資本、技術與人力，都是推動經濟發展所必要的。但是，倘若缺乏良好的經濟政策，行政與法律的配合，持續的經濟發展決無可能，若干拉丁美洲的經驗，可作為明證：譬如阿根廷在二十世紀初葉，就已具備工業化基礎，及相當優越的農業經濟，但在二十世紀中葉以後，非但未能「突破」性地發展成一個先進工業國家，而且呈倒退之勢，其失敗的主因是政治未能配合經濟發展，反成為經濟進一步發展的阻力❹。

---

❹　參閱 G. O'Donnell, *Modernization andBureaucratic-Authoritarianism*

　　政治發展、經濟發展與社會變遷也有密不可分的聯繫，所謂社會變遷主要是指社會流動，階層結構與集團生活的改變。一個經濟發展的社會，社會流動——不論是地區的（如都市化）與職業的（如從事工業的人增加，中產階級增加等）——必然加速，傳統的兩極化階層結構必因中產階級的擴大而改變，而原級團體（如家族）必為次級團體（如職業團體）所取代。而一個改變後的新社會構成政治發展較佳的環境，而且其內部的新生力量則成為要求政治發展及支持其發展的勢力。政治發展對於新生力量如中產階級的利益與權力之增進是有裨益的，隨著新生力量的壯大，舊勢力的沒落也就加速，這使社會變遷的速度更加快速。

　　我們已大致說明政治發展，經濟發展與社會變遷三者的聯繫，現在擬繼續析政治發展的涵義。

　　政治發展是政治體系從一種狀態演進至另一種狀態的過程。一個傳統的政治體系乃是政治事務僅有極少數精英參與，政治結構（建制與角色）功能不明確，分工不清楚，而能力層次低的——其能處理的社會問題與事務相當有限，因此，僅適合一個簡單的社會之需。一個已開發的政治體系有三項特徵：1.成員以平等的身份普遍參與政治。2.政治領域與非政治領域固已截然分開，而且政治建制與角色都有明確的專門的功能，如行政機關與行政官員不審判案件，而司法機關與司法人員則不從事行政工作等。3.政治體制的能力之提昇，能更有效地處理更多類型的社會問題，及與變動的環境更靈活地調適。

　　在現代化的歷程中，一個社會經歷一系列政治危機，諸如認同、合法性、參與、分配與深入等危機。所謂認同危機，指一個傳統社會的人民開始意識到國族或其他較大的社群之歸屬感，但又不能捨棄其根深蒂固地對家族、部落……等之歸屬感，這兩種歸屬感之矛

(Berkeley, 1973).

盾造成的困難，認同危機的解決是民族國家建立的第一步驟。所謂
合法性危機乃是指政治建制與角色獲得成員普遍地接受，認為其應
該有權制訂拘束他們的政策及執行這些政策。一個具有合法性的體
制具有道德上的權威，可不必運用太多武力威脅而維持其統轄。在
一個傳統社會，合法性的來源是神，現代社會政治合法性來源為民
意與政府的利民之作為，在過渡的階段，有相當人數之社會成員仍
未能擺脫其神權的思想，殊難接受「契約」論等現代政治思想中蘊
含的政治合法性觀念，而接受現代化洗禮較早的成員則不能接受非
理性的政治合法性觀念，此種矛盾與衝突足以產生危機，必待此危
機之解決，政治體系才能更進一步發展；所謂參與的危機是由於社
會變遷與經濟發展產生了許多新的社會集團，都爭取政治參與，迫
使精英壟斷的政壇開放，然而，由於政治競爭的規範未能確立，民
眾政治參與的管道未能通暢，而維持參與之秩序的建制仍未健全，
突然擴大的政治參與導致嚴重危機，此危機的解決，乃是政治發展
重要的里程碑；所謂分配之危機乃是指社會上各種價值——如權力、
財富……等分配所引起的困難。政治體系的主要功能曾被認為「社
會價值的權威分配」，在傳統社會，分配之主要標準為人天生之身份，
而且精英與非精英之間，甚不平等，精英往往獲得各種價值之大宗，
而非精英所獲甚微，此種分配原則與分配之結果，雖然可能引起少
數才智較高者之不滿，但大多數人並不感覺其不當；現代社會思潮
傳佈後，對此不滿之人愈來愈多，在一個過渡期的社會，精英仍圖
獨佔價值分配的過程，而受過現代思想影響之非精英則欲徹底改變
這種傳統的分配方式，這兩種立場的衝突可能引起危機，危機又可
能因人民對政治體系要求之激增而趨嚴重，而政治結構往往能力不
足，無法作適當之分配或無法使其分配為社會遵循，舉例來說，徵
稅為分配的方式之一，而開發中國家逃稅相當嚴重，稅務機關則往
往缺乏防制逃稅之能力。分配危機之解決，為政治發展另一重要里

程碑。所謂「深入」係指政治體系，尤其中央政府，對社會控制的程度之加深。在傳統社會，政府的行政僅及於人民生活的少數領域，在現代化的過程中，政府的行政勢必深入更多領域，而且其進入的程度勢必加深，欲達此目的，政府的效率勢必提高，倘若其制度與人員的能力與素質不能及時提昇，行政效率不能大幅提高，則深入危機遂不可避免，除非此一危機能順利解決，否則有動員人力與物力資源，以處理現代社會的種種複雜難題的政治體系就無從建立，政治發展勢必難以達成。

政治發展實為一個政治體系逐一解決以上危機系列的過程，每解決一項危機，政治體系就更接受發展的境界，而發展至大眾參與，結構分化，能力高強之地步的政治體系即為完全發展的體系。

參　政治發展與基本價值

研究政治與經濟發展的學者，一般都甚重視基本價值，有些人士認為發展的研究，不宜標榜價值中立，此因發展必須含有目標，朝向這些目標的行動，才能稱作發展，而目標的選擇，必須依據某些基本價值。

發展目標，必須依據那些價值決定？這是一個不易回答的問題，基本立場不同的人，其答案都不相同，此確實構成發展研究上一個困擾。然而，這個困擾的嚴重性，不宜過於強調，由於世界各種文明基本差異的減少，目前，人類對基本價值的共識已比以往增加甚多，世人對這些價值的重要程度的順序，見解可能不同，但對其必需性則甚少異議，譬如自由主義者與社會主義者對自由與平等兩者，孰重孰輕，看法不一，但對兩者都屬基本價值，則無不承認。

研究發展的學者大多認為發展目標的選擇，必須以增進社會成員的福祉為原則，發展不能為少數人的利益，或為實踐某一抽象的

理念，因此，基本價值必須以人本主義為基礎，而且必須按全體社會成員的需要來決定。

　　一項公認的基本價值是「安全」，特別指人的生存權，在若干開發中國家，國民生產毛額雖然增加甚快，但由於分配甚不平均，貧窮者的生計反因經濟成長而日益艱難（譬如手工業者因工業化而失業，以老式捕魚方法謀生之漁民因漁業公司的新式作業而無法競爭等），失業率不斷上升；此外，在另一些開發中國家，工業化造成嚴重的環境污染，致危及人民的健康與生命。如此的經濟成長是否為名副其實的經濟發展，實在值得商榷：儘管一些傳統的經濟發展的研究者，似乎把經濟成長與工業化當作經濟發展的主體，目前許多研究者則認為除經濟成長與工業化等涵義外，經濟發展概念必須包括另一層涵義：即經濟活動增進社會成員的「安全」價值。政治發展之涵義也應包括增進社會成員的「安全」價值：一個政治體系，儘管已達大眾參與的層次，倘若無法保證全體成員的生存與健康，則大眾參與不過是形式的權利，並無實質的重要性；一個政治體系儘管已具備高度的結構功能的分化與專門化，能力高強，倘若不能為其全體成員維持某種程度的「安全」價值，則它對社會並無太大的意義。

　　第二項基本價值是自由。研究發展的學者大多肯定自由為人類基本價值之一，其自由主義傾向的固不待言，具社會主義傾向者也是如此：他們與自由主義者一般，都承認資本主義在解放人的創造力，生產力方面的重大成就，並認為生產力之解放為人類解決貧困的主因，為獲得真正的「自由」奠立基礎，但他們與自由主義者不同者，係認為資本主義下的生產關係，使勞動者無法與資本的擁有者處於平等地位，而必須受其「剝削」，此關係不徹底改變，則勞動者享有的自由與平等，都是形式的，欲使勞動者獲得「自由」，不僅要仰賴生產力之解放，而且要徹底改變生產關係。而自由主義者則

認為資本主義下的勞資關係可逐步改進，因在生產力日益增加，社會財富日益累積的社會，儘管擁有資本之人獲得的利益與權力較大，但勞工的處境也必日益改善，而資本主義社會肯定的自由與平等，也不僅為形式，因勞工獲得選票，以其人數之眾多，必然能以政治力來抵制資本家之經濟力，而自由結社的權利使勞工得以組織力量強大的工會。西方國家過去近百年之發展，似乎說明自由主義者的看法是正確的。當今共黨社會，人民自由的遭受剝奪，我們已討論過，但這並不能說社會主義的早期理論家或創始者否認自由為人類發展應獲致的基本價值。

第三項基本價值是平等。傳統的經濟發展理論把經濟發展的涵義侷限於經濟成長，即工業化，國民生產毛額的增加……等，而不考慮及分配的問題，較近的經濟發展理論則主張把分配的問題也列入。若干開發中國家如巴西、墨西哥等，雖然經濟成長率相當高，但是，由於國內貧富過份懸殊，經濟即使快速成長，對大多數民眾也無實利可言，反而可能使其生計日益艱困；對少數豪富，則因收入增加過速，無法適當運用，遂虛耗於豪奢的生活享受上，如此造成社會資源無意義之浪費，增加社會的不安……。在這種情形下，經濟成長不僅不能增進人民的福祉，而且危害社會的健康。政治發展的涵義，原本含有「平等」之成份，因所謂「大眾參與」實乃政治權利平等的結果，但「大眾參與」原則的實踐有若干層面；全民投票為最低的層面，投票僅定期舉行，僅靠投票，政治參與的程度難期深入，故其他層面的政治參與，諸如政黨活動，利益團體活動……等也必須體現「權利平等」的原則，才能稱作充份的大眾政治參與。

第四項基本價值為尊嚴。開發中國家致力於經濟與政治發展，是在與西方接觸後開始的，這種接觸一方面使亞非社會遭受亡國之痛或被剝削的命運，另方面使其感到本身之「落後」與貧弱，並且

產生以西方國家為「模型」，引進西方科技改造自己的願望。由於與
西方最初的接觸經驗之屈辱，開發中國家對西方的情感與對西方事
物的態度都有複雜的情結：既感到有向西方學習的必要，又厭惡西
方，在這種情結的影響下，開發中國家的知識份子與社會精英無不
企求吸收西方的科技文明，但同時維持固有文化。然而，在經濟與
政治變遷的過程中，往往發覺固有文化的維持相當困難，而「西化」
的程度則愈來愈深。因而，有許多保守份子感到「發展」可能損害
民族的尊嚴，而反對發展。然而，「發展」如果被人為阻遏，則亞非
社會的貧困落後勢必繼續，對大多數人民而言，就勢必繼續其悲慘
的苦役之生活，無法保持其「人」的尊嚴。故如為了「民族」尊嚴
而反對「發展」，則必為損害許多民眾的作為一個人的個人尊嚴。為
了兼顧民族與個人之尊嚴，發展策略之制訂甚為重要。發展固然應
參考西方的經驗，運用西方的科技，然而也不宜一味仿效西方，東
施效顰，不僅足以損及民族尊嚴（發展本在獲取尊嚴，如因之反造
成其喪失，當然不智），而且可能使亞非人民的創造力減低，而致無
法處理在發展過程中面臨的特殊問題。

肆　政治發展與世界和平

現今世界人類關係密切，休戚與共，已成為不可否認的事實。
然而，另一項事實則嚴重影響人類的和平共處：此即已開發國家與
開發中國家的發展程度存有甚大的差距，這一差距呈現於兩種截然
不同的生產方式，人民的生活水準之顯著差異：此一差距雖經過去
數十年的「發展」（聯合國有所謂「發展世代」），非但未曾減少，而
且有日益擴大之勢。這種情形繼續不變，則將來世界可能充滿危機，
和平恐難保持。開發中國家與已開發國家此種差距的難以縮減，原
因不止一端：許多開發中國家先天不足（如資源貧乏，人口密度太

大，種族、宗教……等團體互相傾軋，知識份子人數太少），後天失調（如政策錯誤，領導者不當）等固然為其主因，而外國與國際的因素也不宜忽視。就國際因素而言，現今國際的經貿秩序，金融建制，皆有利於已開發之國家，而不利於開發中國家❺。就外國的因素而言，新殖民主義的影響力不容否認，而多國公司之經營方式也未必不構成「剝削」開發中國家的一種嶄新方式。

倘若我們把發展純粹視作一國或一個社會本身內部的問題，則世界各國發展不等的情勢將永難改觀，而且許多開發中國家恐永難脫出低度發展之困境（少數也許可成為例外）。如此，世界人類和諧共處決不可能；相反地，如把「發展」當作一個涉及國際與國內雙方面之課題，則較有解決之可能。就國際之發展而論，國際經濟與金融結構應作適度調整（此為坎肯會議中討論之主題之一，但未有具體進展），而已開發國家對開發中國家經濟與技術援助，應當作一種「義務」，並在與政治利益無涉的情形下履行。

---

❺ 此為一般依賴理論者所公認的，也為當前若干開發中國家在國際組織中一再宣示欲求改變的。

第二十八章 國際關係

在大學政治課程中，國際關係一向為其主課之一，近年來，國際關係在政治學中的地位已在改變，不少學者甚至認為國際關係應該從政治學中分離而自成獨立的學門，而當前國際關係學者研究國際經濟、國際貿易……等的興致，往往與研究國際法、國際組織等一樣濃厚，國際關係中純粹屬於政治的範圍似乎不能與非政治性的國際關係相比，雖然非政治性的國際關係也可能具有政治的含義。

在本書中，我們討論國際關係，主要是從政治學的角度來進行，但並不嚴格限於政治關係，因這種嚴格的劃分也許會使我們無法正確地瞭解真相，不過讀者們對當前國際關係中非政治關係的比重之增加，與國際關係學科與政治學的傳統歸屬關係之改變的可能性，不可不予留意。

本章乃本書關於國際關係的討論的緒論；主要在分析當前國際關係的主要特性。全章共分五節： 1.國際關係之本質； 2.東西關係之演變； 3.南北關係； 4.當前國際間衝突之剖析； 5.對未來國際關係之展望。

壹　國際關係之本質

所謂國際社會，是由一百九十餘個大小強弱不等的國家組成的。這許多國家都在維護與促進其國家基本利益，如安全利益與經濟利益等；維護與促進國家基本利益的手段主要有兩種，內政的與外交的。譬如為維護與促進安全利益，就得一方面增強本國的國防力量，另方面與別國締結軍事聯盟或共同安全條約；為維護與促進經濟利

益，就得一方面發展本國的經濟，提高自身的科技與工業水準，另方面與別國展開經濟與科技的合作，諸如獲得經濟與技術的援助，增進貿易等。在十九世紀以前，內政的手段遠比外交重要，在今天，這兩種手段已具同等的重要性。這許多國家都重視外交，遂出現了錯綜複雜的雙邊、多邊、三角、多角……等關係，這些式樣繁多的關係遂交織成「國際關係」。

國際關係與人際關係一般，倘從行動者的動機來看，可說是為了維護、爭取、與促進「利益」而形成的。倘若從關係的特性來看，也許可歸納為兩類：合作與衝突。

合作是為了維護、爭取或促進共同的利益，衝突則源於：1.甲方的利益受乙方的威脅，侵害剝奪或損傷；2.甲乙雙方（或甲、乙、丙……多方）共同爭取某種利益，而分配未能使每一造均滿意；或者各方排他性地爭取的利益，在國際社會，國家與國家間的合作與衝突形成異常複雜的情勢：一方面，從任何時期的國際關係中，我們都可看出合作與衝突的主要型式，然而，我們也不宜從這型式刻板地去理解這複雜的關係，譬如東西冷戰期間的情勢，美國與蘇聯顯然是對立的兩個主要國家，大多數的衝突都是它們對立的結果，或因其對立而趨嚴重的，然而，美蘇間也不是沒有合作關係來對抗其他國家的，例如禁止核子擴散的協定就是其合作的表示，它們曾試圖藉其來阻止法國、中共、印度、巴基斯坦、南非……等國發展核子武器，在阻止法國與中共方面，未能成功；在阻止其他國家方面，則大體是成功的。美蘇這方面的合作是基於其共同利益：防止核子擴散對全人類可能帶來的危險與維持其本身的核子武器的優勢地位；另方面，合作與衝突關係之認定，必須作層次性的考慮，與範圍的認清。譬如美國與蘇聯的黎巴嫩政策，美國支持以色列，蘇聯支持敘利亞，因此基本上是對立的，然而，同時美蘇在對立中也有「合作」的成份，它們共同防止以色列與敘利亞直接作戰，以免

其昇級為大規模的中東戰爭，因此它們都在限制以色列與敘利亞的行為。

　　對於國際社會合作與衝突關係的正確認識，是相當重要的。因此，我們必須不厭其煩地再加剖析。首先，我們也許可說除非兩國已兵戎相見與正式宣戰，其關係必然是既合作又衝突的，兩國邦交即使甚劣，也可能在某些領域中合作或必須合作，兩國邦交不論多麼親密，也不可能毫無衝突，國人愛說「兄弟之邦」一類的話，用之於旨在敦睦邦交之客套則可，以其來瞭解今日國家間關係，則頗不真切。其次，國家間的合作與衝突關係主要是基於利害，所謂意識型態之差異，雖然有些影響，但它並不像有些人想像的巨大。而且，由於利益的情勢變動不居，國家間關係是變動的，昔日的敵國，可成為今日之盟友，而昔日之盟友也可能變成今日的敵國，用一種刻板的標準來決定「敵友」，然後再據以釐定外交政策的國家，在國防間必會遭遇較多困難。美國學者莫根索 (Hans J. Morgenthau) 被當作當代最著名的現實主義的國際關係理論家，他認為國際關係基本上是權力的關係，大大小小的國家都在爭取有利於己的權力地位，因為唯有如此，才能增加自己的利益，捨棄權力的考慮，空談原理原則是無益的，但任何國家的權力地位之增進與改善，必須依其現實的「能力」為基礎，切忌作不切實際的奢望，他曾批評美國若干人士企望其國家扮演「世界警察」的角色，認為如果因此妄想而導致美國政府作出超出其國力的對外國的支持承諾，則將使國家蒙受重大不利後果。莫氏這一見解，也可作為我們設法洞悉國際關係本質之參考❶。

---

❶　Hans J. Morgenthau, *Politics Among Nations*, 5th ed. (New York, 1973).

貳　東西關係之演變

　　第二次世界大戰後的國際關係與以往的國際關係有很顯著的不同，其中的一項差異是東西兩個集團長期的對峙，這種對峙的形成是由於美國與蘇聯這兩個超級強國都有稱雄世界的慾望，而兩個意識型態，政治與經濟制度的重大差異，及雙方領導階層彼此的猜忌與缺乏互信也使「歧見」難以解決。蘇聯在德國戰敗後，其勢力就深入歐洲的心臟地區，紅軍攻佔了東歐國家後，就強迫當地人民接受蘇聯扶植的共黨政權，如此，波蘭、捷克、羅馬尼亞、保加利亞、匈牙利就淪為蘇聯的附庸國，南斯拉夫與阿爾巴尼亞的共黨政權不是紅軍建立的，故狄托與霍查 (Enver Hoxa) 遂能先後脫離蘇聯的掌握，德國分裂後，東德也成為蘇聯的另一附庸國，史達林為阻止其控制的人民受到西方思想的影響，遂採取嚴格的資訊封鎖政策，把東歐與蘇聯本身和西方的關係減至純粹官方的，並以不實的宣傳來醜化西方社會，俾其人民不致企望西方的生活方式，這種對外界封鎖資訊，隔絕溝通的結果，使共黨國家與西方之間，存在著「鐵幕」。

　　東西雙方「冷戰」的持續，造成國際間間歇性的危機，但由於核子武器導致的「恐怖平衡」，使其未曾惡化為全球性的戰爭，但區域性的戰爭則以兩種形式一直在全球各地展開：其一為落後國家的人民，尤其是農民，為爭取較佳的生存條件，對較高階層展開的鬥爭，常因共黨的陰謀介入，而轉變為不同意識型態間的鬥爭，而又由於這些落後國家的共黨，獲取蘇聯或其他共黨國家之援助，使這些地區的內戰也可能含有東西之爭的意味；在處理這類內戰方面，美國往往處於相當為難的困境：美國政府如果無條件地支援「保守」勢力，則不僅會遭到其國內自由派的批評，而且可能受到第三世界以印度為首的「進步」力量的指責，再說，除非以自身的武力大量

投入，軍事上難以保持優勢；因此，美國對這些國家較高階層與政府的支援，常常以其內政改革（主要包括土地改革，人權之增進）為條件，或以維護或促使其國內溫和改革派當政為手段。然而，這種政策又可能被指為干涉他國內政，並受到其保守份子的反對，再說，這些國家的溫和改革者的勢力往往相當微弱，不足以維繫社經秩序之穩定。此外，改革者欲維持其形象，往往不易，倘若改革幅度過小，常被認為不過是保守勢力的偽裝而已，如改革幅度過大，則又可能被認作革命勢力的前驅，基於這許多原因，美國在落後地區維護西方利益的政策，常常無法收到預期的效果。另一種形式的共黨政權發動的「侵略」，其最顯著的實例為一九五〇年爆發之韓戰。北韓的入侵南韓，固然有其民族主義的動機，但北韓確實是在蘇聯與中共提供大量支援的保證下採取行動。美國則以聯合國之名義派軍支援南韓，自一九五三年中共的所謂「志願軍」介入韓戰後，韓戰的主角已成為中共與美國，事實上，它已成為國際戰爭，但由於參戰各方未曾正式宣戰，而美國認其為聯合國的「警察行動」，故在國際法上，它仍不算國際戰爭。作戰各方有意把韓戰限制為地區戰爭，行動往往自我設限，例如美國拒絕使用核子武器或轟炸鴨綠江以北的中共基地。韓戰在雙方均未達成戰略目標的情況下停戰，板門店締結的不穩定的停戰協定維持了現狀。

史達林於一九五三年逝世後，經過短期權力鬥爭，赫魯雪夫脫穎而成蘇聯新的獨裁者，他提出「和平共存」的口號，並與西方國家展開談判，尤其與美國總統的高階層會議，被認為係冷戰結束的象徵。事實上，「和平共存」口號的採用，代表蘇聯謀略的改變，但不表示其基本的戰略目標的放棄，在「和平共存」的情況下，蘇聯一方面更容易獲得西方科技，另方面能大力展開其與第三世界國家的官方關係，以擴充其影響力，蘇聯採用此政策，也許由於其覺察到史達林時期的強硬政策，對增進其在國際社會的利益，已無幫助，

必須改弦易轍；而美國願意與蘇聯「和平共存」，是由於一方面核子武器與長程飛彈的發展，已使其別無更佳選擇，而且美國已承認東歐為蘇聯的勢力範圍，對於既存事實的接受，使其政策趨於「和解」。

一九六〇年代至一九七〇年代，東西關係具有雙面性：一面是各主要國家都在嘗試改善關係，並放鬆緊張氣氛；另一面，由於利益衝突及其他複雜的因素，國際間常常間歇性出現「危機」，而「危機」的持續存在，說明冷戰雖在名義上已經結束，但實際上仍未完全成為歷史陳跡。

一九六〇年代以後的國際關係另有一些複雜的因素：其一由於中共與蘇聯之爭，導致共黨集團的「分裂」：中國大陸於一九四九年成立共黨政權後，毛澤東採取「一面倒」政策，強烈反美，並在蘇聯鼓動下，中共參加韓戰，但在韓戰後，雙方關係漸現裂痕，在一九五〇年代末葉，中共決定自力建設「社會主義」，乃有人民公社，「大躍進」等魯莽舉動，此等政策的失敗，使雙方關係更加惡化，當蘇聯與西方國家進行「和平共存」與「低盪」(détente)❷之際，中共加緊其反西方的政策，具體之例為積極援助北越對南越的顛覆活動。中蘇兩共之交惡，對「共產國際」有相當巨大的影響：一方面，共黨執政的東歐國家，在外交與內政方面，獲得較多的自主，不必像史達林時代時，必須仰蘇俄之鼻息，羅馬尼亞就曾在若干重要課題上，與蘇聯採取對立立場，而在蘇聯與東歐國家的經濟關係上，也由蘇聯單方面的剝削東歐演變為較有互利精神的安排。另方面，在共黨未執政的國家內，共產黨幾乎都分裂為親蘇與親中共兩派，如此，共黨在這些國家的政治影響力也較減低。由於「共黨陣營」此種改變，共黨國家對非共國家的關係也產生一種改變：即較重視政府間關係，而降低對其國內共黨運動之支持（當然並未完全放棄這類支持）。其次，美蘇兩大國為中心的國際社會，演變為權力階層

❷ 所謂 détente 即是緩和緊張關係，減少戰爭爆發的威脅之意。

化更加複雜的社會：從第二次世界大戰後至一九六〇年代，國際社會是由美蘇為首，至今仍未改變，但在一九六〇年代以前，美蘇佔據幾乎主宰的地位，其他國家的實力與這兩個超級強國相比，懸殊甚大，而且，在「冷戰」的情勢下，西方與東方陣營壁壘分明，對陣營中的國家而言，其外交政策必須遵循美蘇之領導，只有所謂不結盟國家集團的國家，才能在兩強之間追求比較自主的政策❸。自一九六〇年代以後，美蘇兩國的主宰地位已較前削弱，東歐國家中，首先「叛離」蘇聯的南斯拉夫，其「獨立自主」性已經確立，赫魯雪夫親訪狄托之舉，無異承認此一現實，其他東歐國家雖不能如南斯拉夫般自立門戶，但多多少少爭取一些較多的自主，雖然有時必須付出可觀的代價。在所謂西方自由世界陣營，法國退出北大西洋的軍事部份❹，實為對美國盟主地位的一項挑戰，但也說明昔日的關係已不可再。而日本、德國經濟的大幅成長，使美蘇等在經濟領域的獨佔強勢地位已減弱了。有些學者把一九六〇年代以前的國際社會當作兩極式的，其後的則視作多元的，此種看法可能稍嫌極端，然而也有相當正確度。

　　一九七五年美國退出越戰後，因為產生某種程度的新「孤立主義」，若干知識份子與政界人士認為她應多注意內政問題，而不宜對外國事務涉入過深，同時，人民對軍力膨脹顯示不耐，國會對國防預算之增加不表同意，而在同時，蘇聯努力擴充軍備，尤其海軍軍力大增，於八〇年代初期，蘇聯一改其六〇年代以後的審慎態度，

---

❸　主要的「不結盟」集團國家是印度、埃及、南斯拉夫等，彼等於萬隆會議（一九五〇年代中期）後，即組成不結盟國家聯盟，主張不參加超強兩強為主的軍事聯盟，及對核武，在冷戰中置身事外等。

❹　法國於一九六〇年代中葉，退出北大西洋公約組織的軍事部門，決定在國防上採自主政策，但在經濟層面，仍為公約一員。直而二〇〇九年，法國正式回到北約軍事指揮核心，全面返回北大西洋公約組織。

佔據阿富汗，並在其他開發中國家顯示其「武力」；美國的立場在雷根當選總統後，又有了改變，雷根政府努力擴充軍備，並在種種場合，表示其對蘇聯的不信任，雙方的猜忌加深，於一九八三年底限武談判中止，東西關係又陷入低潮，至一九八五年初才又恢復談判。有人擔心「冷戰」又可能恢復，不過，此種說法值得商榷，目前東西關係較一九六〇～七〇年代自然較緊張，但與五〇年代相比，仍有甚大差異；目前，美蘇的經濟、文化關係仍然相當「正常」，而外交關係與七〇年代相比，也未產生本質上的變化，所不同者，則是目前雙方在宣傳上互相攻擊加強，而積極改善既存關係的努力不如七〇年代初積極。

　　一九八五年戈巴契夫 (M. Gorbachev) 出任蘇聯共黨總書記後，揭櫫「開放」(glasnost) 與「重組」(perestroika) 的政綱，致力於改革。一方面欲解除蘇聯社會殘存的史達林主義的禁忌，達到真正的言論與思想自由，並且革除官僚主義與特權等弊病，另方面欲改革經濟體制，注入市場經濟的精神，使僵化的中央集權計畫經濟能改變，以增進蘇聯的生產能力與國民所得。為改善經濟，戈氏並且主動與西方改善關係，大舉削減軍備，從阿富汗撤軍，放棄蘇聯對東歐的控制。蘇聯政策的改變，使東西冷戰的陰影迅速掃除。一九九〇年蘇聯共黨中保守份子不滿戈氏的改革，發動政變，政變失敗後，共黨威信盡失，戈氏也於一九九一年去職，蘇聯解體，各加盟共和國紛紛獨立，雖然各國簽訂協定，成立獨立國協，但國協有名無實，共黨在這些國家已失去獨佔政治地位，在若干國家如俄羅斯已成為次要政黨。目前前蘇聯各共和國必須依賴西方之經援才能維持社會之穩定與民主政制的生存。

參　南北關係

　　當前世界一方面分成東西兩大陣營，這一分割是基於「意識型態」。或者較正確的說法是意識型態不同的大國的利益；另方面分成南北兩大區域，北方為工業國家，生產能力高，人民生活富裕；南方大多為農牧國家，生產能力低，人民生活貧困，而且，由於種種因素，現在更呈現北方愈富，南方愈貧的趨勢。

　　南方國家的人口佔全球的四分之三以上，但僅有全球百分之二十的財富，而這一百四十餘「開發中國家」中，貧富也甚懸殊：盛產石油的沙烏地阿拉伯、科威特等雖然生產技術落後，而國民所得則甚高，諸如巴西一般的中等收入的國家，每人每年國民所得接近三千美元；更有極貧的三十五國，人口達十億以上，國民所得都在每年三百美元以下，僅佔有世界財富的百分之三左右。除了國家間財富的懸殊甚巨，在大多數開發中國家國內，貧富的差距也甚大，在這種不合理的分配情形下，全球有八億人口是在赤貧的境地中，度過悲慘而無希望的歲月。

　　開發中國家欲進入已開發國家之林，首先必須加速發展其經濟，發展經濟必賴資本與科技，因此，爭取已開發國家資本與科技的援助，成為開發中國家主要的外交政策。由於東西雙方的互爭，美蘇都企圖獲得開發中國家的支持，因而都提供援助予開發中國家，此為當前國際環境對開發中國家較有利的因素。然而，美蘇之爭也構成對開發中國家不利的因素：因美蘇等國提供外援，都按自己的政治考慮，援助之對象，數額固然按此決定，而受援國往往會擔心使自己涉入「冷戰」，若干「戰略」地位不重要的國家，儘管亟需援助，往往無法如願。

　　已開發國家的援助，固然有助於開發中國家的發展，但貢獻並

不大，開發中國家絕對不能依賴這些援助來真正改善自己的處境。一方面援助實在微不足道，譬如美國的外援，未超過其國民生產毛額的百分之一；另方面援助方案之不當，執行之無效，往往使實益大減。

自一九六〇年代中葉以後，若干開發中國家轉而企圖運用聯合國組織來處理其「發展」的課題。所謂「七十七」國集團（現有一百三十餘國參加），就是聯合國中一些貧窮的會員國的集合，它們利用國際會議的場合，呼籲抗議，或提出種種提案，試圖使已開發國家承擔更多的不含政治條件的援助「義務」，或對國際經濟秩序作某些有利於開發中國家的修正。不過，迄今成就不大。

一九七〇年代開始，南北關係有惡化的趨勢。一方面，南方國家的知識份子深受「依賴理論」的影響❺，紛紛接受一種看法：南北的差距是由於國際經濟結構使然，除非基本性改變此結構，情勢無法改觀：在目前的國際經濟結構下，已開發國家（所謂國際體系的「中樞」國家）擁有決定南北貿易貨品價格之權，其強勢貨幣能在國際金融方面使自己獲得較大利益，其國民設立的跨國公司能在開發中國家榨取勞力，其科技優勢能使開發中國家的產業侷限於低於自己的科技水準之次等產業。總之，由於種種因素，開發中國家甚難在目前的情形下，發展至已開發國家的水準。開發中國家欲真正達到已開發國家的水準，必須努力於改變目前的國際經濟結構，使其更趨公平合理。基於這種看法，若干南方國家的社會輿論都主張向已開發國家，尤其資本主義國家，爭取更公平的貿易條件，金融方面的優惠，關稅讓步等等，這些國家的政府就在國內輿論的支

---

❺ 依賴理論 (dependency theory) 是一九七〇年代在拉丁美洲興起的一科理論，認為開發中國家的低度開發完全是由於其在全球資本主義經濟體系中的「地位」導致的，除非改變其「依賴」地位，否則其開發必然有其極限，無法與資本主義國家並駕齊驅。

持或驅迫下，在經濟問題上，採取較強硬與激烈的立場，在種種國際會議場合，展開各種旨在改變現狀的談判。南方國家努力的最著名的實例為一九八一年十月的坎肯會議，雖然這會議的實際成果似乎不大，但如此大規模的專為改善南半球國家經濟困境的國際會議之召開，是劃時代的大事，象徵南方國家的一大勝利；南方國家爭取較公平待遇的另一策略是組成原料供應國聯盟，南方國家大多為原料供應者，在以往，原料的價格，往往自己不能作主，已開發國家常能利用其政治影響力，原料供應國間不團結……等因素來決定之，因此，原料價格往往相當低廉，而工業品的價格則甚高，在兩者的交易中，南半球國家就飽受不合理的待遇。一九七三年後，石油輸出國家聯盟 (Organization of Petrolum Exporting Countries, OPEC)，在獲得較高的油價方面，收穫相當豐碩，但其他各種原料輸出國聯盟的成就，就不甚理想。南北關係可能惡化的另一理由是正當南半球國家比以往更努力於爭取北半球國家的「貢獻」與讓步之時，北半球國家的提供更大「貢獻」與作更多讓步的意願也正在降低：一九七〇年代，北半球工業國家大多遭逢經濟不景氣，國內生產率降低，通貨膨脹率增高，失業人數激增，在這種情況下，這些國家的輿論都主張減少援外開支，多注意國內問題的解決，雖然這種輿論的強弱各國並不一樣，而且其國內也都有「國際主義」的民意，主張仍維持對開發中國家的關懷，但「國際主義」聲浪比一九六〇年代更為微弱，是不容置疑。譬如在坎肯會議中，美國總統雷根一再表示開發中國家應著重「自救」，就是其國內民意對援助開發中國家意願降低之反映。在南半球國家對北半球國家壓力增加，而北半球國家又不願或不能對其壓力讓步之情形下，雙方關係的日益不洽，似屬不可避免。

肆　國際衝突

　　國家與國家間的衝突，是國際社會最常見的現象。衝突的成因，主要是利益之爭，十七、八、九世紀之時，主要殖民國家常為爭奪殖民地發生戰爭，著名的如英法為北美殖民地之爭，英德為東非殖民地之戰，日俄為中國東北而戰；此外，也有弱國為免於被強國侵佔而作的保衛戰，這類事例更是屢見不鮮，意識型態不同的國家與國家之集團間的衝突，歐洲天主教國家與新教國家間的三十年戰爭，為純粹的意識型態的衝突；布爾塞維克革命後，蘇聯的托洛茨基派主張全面「世界革命」，當時東歐與中歐各國的共黨都在第三國際的指導下，從事顛覆活動，而西方國家也在宣傳與其他行動上抨擊與抵制蘇聯，其時蘇聯與西方國家的衝突，雖然未爆發為正式戰爭，但仍然相當尖銳，第二次大戰後的東西「冷戰」，意識型態雖仍為原因之一，但論者認為它主要是利益之爭，意識型態已成為幌子了。

　　國際衝突的型態頗多，其中最為人注目者為戰爭，戰爭可說是政治與外交的失敗，當兩國為爭取某種利益發生衝突時，雙方可能首先以外交談判來尋求解決，談判不成，國際組織或其他國家可能調停或斡旋。倘若依然徒勞無功，則戰爭可能爆發。戰爭也曾被若干政治家與戰略家當作政治與外交的延伸，認為不過是在政治與外交的手段不能獲致某一目標時不得不使用的一種手段而已。這派人士以為戰爭的目的，是達到政策目標，因此他們不贊成超出達致目標所需之殺戮或任何英雄主義的想法；此種觀念使戰爭成為有限度的國家行為，較為理性的作戰方式可能因為決策者具有這種觀念而培養，然而，這種觀念也可能把戰爭當作「正當的」國家策略，使一切戰爭在國際法上非法化的努力（如洛克諾非戰公約欲達成的效果）的效力完全消失。

　　在人類歷史上，戰爭這種活動的發展，可從兩方面來敘說：一方面，戰爭的範圍愈來愈擴大，規模愈來愈壯觀。另方面，戰爭的組織愈來愈精密，技術愈來愈進步，就前者而論，在十八世紀以前，戰爭都是一個國家內少數人的事，大多數國民除了感情上偶或涉入，大多可置身事外；法國大革命後，歐洲列強聯軍進攻法國時，法國共和政府為保護革命果實，動員全民對抗，此為歷史上最早的「總體戰」，其後普魯士的克勞塞維茲 (Karl von Clausewitz) 在其所謂「戰爭哲學」中，就大力鼓吹這一觀念，對以後的戰爭影響甚大。總體戰的思想也影響戰爭的擴大，在以往，人類歷史上雖也曾出現過一些參戰人數甚多的大戰役，但其數量甚少。而每次大戰役都是在相當短的時間內決定勝負，此是由於交戰國能動員的後補兵員甚少，而補給也可能發生困難，然自從「總體戰」的觀念產生後，國家在平時就作戰爭的準備，以「假想敵」為目標作種種戰略戰術的考慮與佈署，戰爭一旦爆發，全面總動員把全國人力物力集中使用，於是大規模的戰役不僅可以一再進行，而且也能持久，美國南北戰爭與第一次世界大戰中，這種情形就存在了。所謂總體戰，也使戰爭進行的方式多樣化，在以往，戰爭往往是指軍力的對峙與攻守，而其後有所謂經濟戰、宣傳戰、心理戰……等等，作戰人員 (combatant) 與非交戰人員的區別，在國際法上雖仍然維持，但在實際上，也不像以往般明顯。「總體戰」的得以成為近世眾所接受的戰爭觀念當然與民族主義的興起及戰爭武器及軍伍組織的改進有關，關於民族主義的影響，我們已討論過了，以下再試論戰爭技術的改變。戰爭是人類歷史上出現甚早的，由於戰爭經驗的深刻與可怖，各國的史冊在記載戰爭方面，都比較詳細而生動。古代中國曾有無數戰爭，尤其在「戰國」時代，連年征戰，其時已有步、騎兩類兵種，雖然使用刀劍矛盾等武器，但已有相當巨大的殺傷力。春秋末葉，可能是古代中國戰爭技術的轉變期，春秋時用馬車作戰，作戰乃是少數貴

族武士的專門行業，戰役規模不可能大，而殺傷力也相當有限，戰國時則有步兵與騎兵，平民出身的戰將也相當多，武士個人的作戰技術已不重要，相反地，戰將的戰略、戰術與士兵的士氣成為決戰的要素。在西方，古希臘也曾經歷規模相當大的戰役，荷馬史詩描繪的特洛埃戰役必然曾發生過，但其規模也許不如史詩描述的豪壯，波斯軍隊遠征希臘的戰役，有海戰與陸戰，希臘人都藉以少勝多的突擊克敵，希臘史家把戰爭勝利的原因往往歸諸希臘政治制度下，人民的自動精神戰勝了波斯暴政下國民的消極被動，這種解釋並不完全正確，因希臘城邦並非全屬民主政制，較合理的解釋也許是波斯軍隊為遠征的軍隊，地形不熟，而且補給等皆不夠完備，希臘則有較佳的船隻與較熟練的水手，同時希臘人保家衛國，當然有較高的士氣。不過，波斯遠征軍的盛大軍容說明在西元前四、五世紀時，已有大規模的海軍：希臘半島戰爭中，雅典與斯巴達的交戰情況，周西狄特斯 (Thucydides) 的戰史清楚而生動的記載，在這場戰爭中，雙方在軍隊組織上已有甚大的成就，不論是指揮系統、參謀組織、後勤……等都甚有類似現代組織的特色。亞歷山大大帝遠征歐亞之壯舉，證明其軍隊組織之進步，然而，就作戰的武器而言，古代仍是以刀劍矛盾弓箭為主的，除了鑄造兵器的金屬從銅改變為鐵可說是一項突破性發展外，歷長時期戰技並無改進；由於實際的需要與人類科技所限，戰爭技術，歷千餘年無顯著進步，事實上，在歐洲，羅馬帝國衰亡後，歐洲進入中世紀，戰爭技術曾呈現相當退步，因貴族騎士漸漸成為專業的作戰者，而一般平民不必涉及戰爭。戰爭技術的進展，與近世民族國家的興起與火藥的使用，有密切的關係。民族國家的君主欲集中權力，必須削弱封建領主的勢力，他不能依賴貴族騎士，必須徵集平民，予以訓練，而火藥的使用，使騎士的優勢盡失，原始的槍枝出現，分配給平民組成的步兵，可為君主所用，這大批步兵必須有系統地指揮訓練，並由君主提供軍餉與給養，

如此，軍隊必須有「官僚化」的經常性組織，現代化的軍隊於是出現。十八世紀以後，武器的進步，一日千里。武器的進步可從三方面來說明：機動率的增加，殺傷力的增加與自保能力的增加。由步槍演變為機槍是殺傷力的增加之一例，由騎兵演變為坦克，則為機動率與殺傷力俱增的一例，飛機的使用，則為三者的俱行增加的一例。武器的進步，曾一度使攻方大佔優勢，但由於守方也能轉守為攻，採取報復，則武器科技相等的國家採取攻勢者也未必一定有利。第二次大戰末期，原子武器與戰後熱核子武器的出現，為武器的劃時代改變，其對戰爭的意義非同小可。在傳統戰爭的時代，交戰的雙方，不論損失如何重大，戰時持續多久，總有戰勝的一方，雖然慘勝者可能得不償失，但在今天，由於這些全面毀滅性武器的出現，擁有武器的國家如發生戰爭，就很可能兩敗俱傷，而且，戰爭的可怖的後遺症，不僅交戰雙方的人民要深受其害，其他不參戰的國家也必受池魚之殃，一場熱核子戰爭的浩劫，倘若爆發，人類縱不致完全毀滅，但其文明必定會被摧毀。

　　由於戰爭的殘酷與重大損耗，許多人都曾努力謀求永恆的和平，這種努力有兩個方向：一是制裁「戰爭」發動者的嘗試，如道德的制裁，國際法的制裁及政治、經濟的制裁，甚至以戰制戰，藉集體安全制度下的多國武力或國際武力來制裁，另方面是制訂種種非戰的解決國際紛爭或利益衝突的程序，如調停、斡旋、仲裁、國際法院的裁決……等，這些努力其效果都不夠理想。現在有人相信這些善意的廢除戰爭的努力所不能獲致的成就，也許可因戰爭武器的進止而達到。這種想法也許是深具諷刺性的，但鑑於在「恐怖平衡」下，全球性大戰已五十年未曾爆發，儘管美蘇雙方的利益衝突異常尖銳，此一看法也不能說毫無根據。然而，藉「恐怖平衡」維持的「和平」，畢竟相當不可靠，而且也有些名實不盡相符的。目前美蘇兩方面都採取「嚇阻」的策略，每當一方發展較佳或較多武器時，

另方也作對應的軍備調整，以保持軍力的平衡，同時，由於嚇阻的實效在於遭對方攻擊後，具有反擊的能力，故雙方在心理上都在求取微小的「優勢」（求取太大優勢，可能觸發過份大幅的軍備競賽，這是雙方都在設法避免的），這就使軍備競賽難以避免，全世界其殺傷力極大的武器（飛彈與核子武器）存量就過多了。由於軍備競賽不僅使世界充滿危險的，而且給競賽者過重的經濟負擔，美蘇雙方也在持續的談判以期削減軍備，或限制武器的數量，這些談判縱能使軍備競賽的速度減緩，但並未停止此種競賽，軍備競賽的繼續存在，使目前的全球持久和平基礎相當脆弱。其次，在第二次世界大戰結束後的將近五十年中，雖然全球性的大戰未曾爆發，但區域性的戰爭一再發生，大多數戰爭，都有美蘇直接或間接的介入，使用的雖然是傳統武器，但現代傳統武器的殺傷力已遠超過以往，這些區域戰爭雖因美蘇等國的「自制」，未能擴大為全球性大戰，但擴大的可能性是始終存在的。

伍　對未來國際關係的展望

　　第二次世界大戰結束前夕，英美等國政治家籌組聯合國，許多人對該即將問世的國際組織，寄望甚殷，以為可作為「世界政府」的雛形，或至少可促進永久和平的達成；也有些人儘管對聯合國組織並無過高的期望，但認為人類經歷德、日暴政，第二次世界大戰戰禍等浩劫後，必然會有所反省，而能更嚴肅的學習「和平共存」與「化干戈為玉帛」之道。基於這些想法，第二次世界大戰甫告結束時，許多人對未來的國際關係都作樂觀的期盼，認為人類歷史的新頁即將展開：新的國際關係將是合乎正義與理性，和平而且大小國家平等相處的。戰後數十年的經驗說明事實與期盼的差距是非常巨大的。

　　聯合國的宗旨絲毫沒有履行類似「世界政府」的功能之跡象，其無此意，固然在憲章與組織方式中表現無遺，而其一切行事也表示出承認現實的權力政治。但即使我們依據聯合國為維護「和平」所承擔的有限責任來衡評，它仍不能算作十分成功。當然，這不能全怪聯合國，在一個強國間利益衝突非常激烈，而國家間實力異常懸殊的國際社會中，國際組織欲處理強國涉入的紛爭，力量必然微弱；的確，迄今為止，只有在美蘇雙方都期望立即解決或它們僅為邊際利益而涉及的紛爭中，聯合國的努力，才會獲致明顯的成就。

　　第二次世界大戰後的五十餘年內，全球性的大戰雖然未曾爆發，但「永久和平」的夢想已成奢望，一方面，美蘇的冷戰與軍備競爭持續不輟地產生緊張氣氛；另方面，區域性的戰爭在世界各地不斷發生。這些戰爭有些是基於民族主義之爭執，如以色列與阿拉伯國家間的歷次中東戰爭；有些由某些新興國家內部敵對勢力間的鬥爭引起，而因強國或其代理者之介入而成為具國際性的「內戰」，如古巴（蘇聯之代理）之介入若干非洲與拉丁美洲的「內戰」，當古巴支持一種政治勢力時，西方國家往往支持其敵對一方。另一些則為強國的直接侵略之結果，如一九七九年後蘇聯入侵阿富汗。

　　除了東西間利益衝突外，南北間的爭執也會趨於激烈，南北間爭執自然不會出之於武力鬥爭，但在國際政治上，南方國家必定將全力爭取更多的經濟利益及更多的外援，但已開發國家似乎缺乏強烈的協助開發中國家的意願，這一情形也可能使世局趨於緊張。

　　大多數開發中國家，內部的政治與經濟問題均甚嚴重，政治方面，憲政秩序無法建立，政權之爭缺乏社會共守之規範，而經濟方面，則雖然經濟成長率並不甚低，但由於人口成長率過大，往往無法改善人民的生活，更遑論改變經濟結構，而在許多開發中國家，少數擁有特權的精英份子，掌握經濟與政治權力，阻撓社會與政經改革，致貧富懸殊的情況無從改變，這些國家都潛伏「革命」的種

子，而與蘇聯與其他共產國家（如古巴）在意識型態或組織上有聯繫的左翼馬克思份子，則隨時準備運用情勢，發動顛覆現有秩序之舉。由於西方國家不欲左派勢力在開發中地區掌握優勢，往往不得不支持這些國家的保守勢力。儘管如此的支持常常使號稱維護社會正義公平與人權的西方國家處於進退維谷之境，或道德良知上的困境。當然，倘若這些國家中存有溫和改革的勢力，則西方國家可免於此種困境，然而，由於在這些國家，溫和改革者大多缺乏實力，既不能似保守者擁有經濟與政治地位及軍事力量，也不能像革命者般具有貧家群眾的支持，改革者僅能號召少數都市中產階級與知識份子，而這些階層在傳統經濟秩序下往往人數太少，力量微弱，缺乏組織與團結。開發中國家這種內部情勢，往往鼓勵強國的干預，此也間接製造國際間的不安。

此外，由於世界資源耗竭的情勢已呈端倪，例如石油國家間爭取稀有資源的努力將更趨激烈，若干地區（如中東）的成為舉世注目之焦點，就是由於其蘊藏豐富的稀有資源，而這些地區內部的困難與爭執，則可能因這一因素，而趨於複雜化，並成為造成世局緊張的根源之一。

另一使今後國際關係趨於複雜與緊張的因素為若干傳統的國際行為之規範，已無法為一切國際社會成員所信守，而若干國際性的「團體」則在破壞國家間的關係：第二次世界大戰後，新興國家大量增加，至今全球已有一百九十餘個主權國家，這些國家當中，有些國家的領導者與政府，對傳統國際規範並無意嚴格遵守甚至心存藐視，如伊朗的何梅尼政府與利比亞的格達費政府，它們既不尊重其他國家的主權，也不重視國際關係的一些慣例，如外交豁免權的正當範圍等，這些政府都具有較濃的「意識型態」的色彩，為了堅持自己的「道」或「原則」，不惜以激烈的手段，處理其與別國間關係，而且，也盡力支持其他國家內對其意識型態認同的「團體」對

其本國政治秩序的挑戰。除了這些政府以外，現在世上有若干國際性團體，慣於以恐怖的手段，對付其「意識型態」方面敵對的政府，這些國際性恐怖團體，在目前國際交通頻繁之時，常以暗殺政治領袖，劫持交通工具，炸毀公共建築物……等方式來表達其政治立場，或宣洩其不滿，由於恐怖份子非其本國國民，故受害國的防制行動往往相當困難，此等恐怖團體有時也受少數國家的庇護或鼓勵，此也為造成國際糾紛之原因之一。

國際關係的緊張與紛爭，固然有增無已，而另一方面，未來國際間的合作，也將大為增加。在第二次世界大戰後，國家與國家間的雙邊協定與若干國家的多邊協定，為數大增，其涉及之事務包括國家安全、經濟、貿易、文化科技之交流，資源之共同開採與保護，國際間的交通與通訊……等，無所不包，此外，另有若干區域性的多層面「合作」關係，其中最著名者如西歐與中歐的「歐洲共同體」，東南亞諸國的東南亞國家聯盟……等。除了「國家」為主體的種種合作外，許多國際性的民間團體也紛紛出現，在第二次世界大戰以前，國際性民間團體的數量甚少，僅國際紅十字會（成立於一八六四年）等少數組織而已，第二次世界大戰後，國際性民間團體，數量增加甚多，這些團體的大量出現，補充了政府與政府間關係，使今日的國際關係更加複雜了。將來國際性民間團體勢必更為增加，如此，一個更緊密的國際社會就形成了。

各國政府為主體參與的國際組織也有蓬勃的發展。聯合國在其主要目標的獲致上，固然不甚成功，但它與第二次世界大戰前的國際聯盟相比，有兩點相當不同：首先，它比較能實現「普天之下，皆為會員」(universal membership) 的宗旨，目前聯合國會員國已達一百九十二國，僅瑞士與教廷等極少數國家不是會員國，而且美蘇英法等強國，皆為會員。當然，聯合國於一九七二年把我國排除，納入中共，損及其宗旨，但無論如何，它比國際聯盟在會員國的數

量與包容性上，有相當進步。其次，聯合國附屬的功能性組織（有些由聯合國設立，另有些單獨設立，但與聯合國維持某種工作上聯繫），數目甚大，工作積極，如國際難民組織……等，比國聯的附屬組織有效多了。由於這許多功能性組織的成就，我們遂不能否認聯合國在非政治性的工作——如會員國之經濟建設、衛生工作的推展、難民的安置——方面，表現相當不惡。除了聯合國，另外如國際貨幣基金會，亞洲開發銀行……等國際組織，都有積極的表現。展望未來，這許多國際組織將扮演目標，甚至更積極的角色。

國際間合作的增加，反映人類互依程度的提高，在今天，地球的資源正在快速耗盡，其中有些是無法彌補的，而環境的污染情形日趨嚴重，交通與電訊縮短了國家間的距離，如何慎用現有的資源，與發展耗盡的資源之代替品，如何控制自然環境與生態，如何處理人類頻繁接觸後必然爆發的種種問題，更不必就毀滅性武器的管制……等，都需要人類更進一步的合作。由於人類都已認識這種合作的必要，其前途就比較光明了。

然而，另一方面，我們也不能忽視，若干妨礙國際合作，製造與助長衝突的因素，如激烈的民族主義，敵對的意識型態，國際性的恐怖組織，若干激進政府非傳統的外交行為……等。

可預見的未來的國際關係，甚為錯綜複雜，合作與衝突的兩股吸力與推力，都甚強烈，因而充滿緊張、懸疑，由於恐怖的平衡，全球性的浩劫——大規模的核子戰爭——也許得以倖免，但生活在核子陰影下的世人，並不能得到真正的永久和平，而世界各地仍將偶爾爆發區域性的戰爭。

各種旨在解決全人類面臨急迫的共同危機的努力與嘗試，當然會更積極地被採取，但由於利益的衝突與互信的不足，強國間功能性的合作並不能導致政治上歧見的消除，而由於政治上歧見的存在，功能性合作自然也將有其限度。

　　在可預見的未來,國際社會仍將是一個國家間勾心鬥角的場所,當然，在若干地區，如西歐，國家間功能性合作可在相當程度內減少政治的歧見，並且為更大的政治合作奠立基礎，使人有理由相信超越民族國家的政治體將會出現，但在大多數地區，尤其亞非等地區，這種發展殆無可能。

■□第二十九章　國際法

　　有些人認為所謂國際法是不存在的，他們的理由是倘若一個強國侵略弱國，儘管國際間的輿論指責它違反了國際法，往往並不能使其停止侵略的行為，而國際社會也只得不了了之，譬如民國二十年，日本在我國東北發動九一八事變，國際聯盟指責其行為，並派了李頓調查團前往調查，結果毫無作用，日本終於如願吞併了東北，設立了偽滿洲國，另一些人士則持一截然相反的看法，認為國際法不僅存在，而且具備內在的力量，倘若繼續發展，將來各國國際法專家聚集一堂，就可能完成國際法典，來約束侵略者，成為世界永久和平的保障。以上兩種說法，都太極端，不甚正確。它們的謬誤，都是由於罔顧事實。

壹　國際法的性質

　　現代國際法體系是民族國家產生後的結果。民族國家的特徵是政府在其轄境內擁有至高權威：君主不再似封建時代一般與采邑的領主分享權力，他也不再與教會分享權力。當歐洲於十六世紀時，民族國家為主體的國際社會形成時，若干民族國家，擁有各自領土，彼此間完全獨立，統治者在其轄境具至高權威。這些主權國家彼此接壤，必須維持經常的接觸，它們之間欲維持某種限度的和平與秩序，就必須具有某些法律規則來限定彼此的行為，固定彼此的期望，這些規則必須事先清楚釐定，如不遵守，就會遭到某些制裁，否則難期生效。舉例來說，國家必須知道其海陸疆界何在，必須知道在何等條件下獲得有權管轄的新領土——不論其為無主領土的獲得

（發現）抑或別國領土的取得（割讓等），它們必須知道如何管轄在其國境內的外國居民，及其本國在外國的僑民⋯⋯或者當有人指出條約已被違犯，則締結國必須知道誰來決定其有否被違犯，及如何採取制裁⋯⋯等。倘若主權國家間缺乏一些規則來規範其關係，則混亂狀態或暴力行為就會層出不窮，無時或已了。

當十五與十六世紀時，一些規範國家與國家間關係──國家的權利與義務──的規則逐漸形成，在一六四八年的魏斯法利亞條約 (The Treaty of Westphalia)──它為結束三十年宗教戰爭的和約──中，民族國家成為大家公認的國際社會主體，那些發展成的國際行為的慣例與原則受到一致認可，國際法於焉誕生。格羅秀斯 (Hugo Grotius) 於一六二八年出版的《戰爭與和平法》(*On the Law of War and Peace*) 為早期國際法的結晶，把其時發展成的慣例與原則加以整理。十八、十九、二十世紀，國際法繼續在其基礎上發展，而成今日內容豐富的國際法。

今日國際法的主要來源，主要者有三項： 1.國際條約與公約， 2.國際慣例， 3.文明國家公認的法律基本原則；次要者有兩項： 1.國際法院的判決，與 2.著名法學家的言論。

國際條約未必皆具國際法效力，具國際法效力，可視為國際法來源的條約稱作創法條約 (law-making treaty)，它具備兩個條件：首先，條約中含有某一或某些規範行為的規則，其次，締結與批准條約的國家已達相當數目，倘若締結與批准條約的國家數目太少，則條約僅能約束少數國家的行為，自不能視為具創法的功能。迄今為止，成千上萬的條約可稱作具有創法功能的條約，故條約實為國際法最主要的法源。其次，許多國際慣例也已成為國際法的法源，這些國際慣例是指國際間行之已久而且已含有公認的義務之意，不履行此等慣例的國家可能遭到處罰──制裁或報復，因此遵守這些慣例遂成為國家的責任。這些慣例的產生有兩種方式：一種方式是最

初僅少數國家。這些國家在其交往中，發展出某些大家認為應予遵守的規則，其後國家增多了，新興的國家發現遵守這些規則對它們有利無害，就接受了；另一種方式是某一地區僅一個強國，這強國以其自認適當的規則強迫別國接受，當別國漸漸發現這些規則對其並無損害，它們就成為慣例。這些慣例如外國僑民的處理、外交人員的豁免權、本國領土的管轄權、公海的航行權……等。在以往被國家社會嚴格遵守，近年來，有少數新興國家，其激進的政治領導者們，由於意識型態與其他因素之故，對之並不嚴加遵守，如伊朗的何梅尼與利比亞的格達費等，他們的態度常為國際社會帶來困擾。另一項法源為所謂文明國家公認的法律基本原則，關於此點，曾引起法學家爭論，有人認為這些原則包括國內法律的一般原則，尤其私法之能適用於國際關係者，譬如涉訟的兩造都有權獲公正無偏的審理等；另一派則主張此所謂原則實指自然法則。目前許多學者認為此一法源僅為一次要法源，不能視為主要者。此外另有兩個次要法源：一為國際法院的判決，與國際仲裁者的決定，因這些判決與決定可用來查察某一規則應如何詮釋、如何應用，或是否繼續生效。另一為法學家的著作，這些至多僅能用來查察某一規則的不同詮釋，故僅為一甚次要的法源。

　　國際法發展至今，已蔚然壯觀，在國際關係中，也發生相當的規範行為的作用，不過，其效力自然遠不及國內法。大體說來，國家間的糾紛與衝突，涉及的法益如無關乎國家最重大的利益、或政治性程度較少，國際法較能發揮作用；弱小國家間的糾紛與爭執，國際法也較能發揮作用；主要強國間的糾紛，如涉及者為重要的國家利益，則對爭端的解決，國際法往往只能聊備一格，不會發揮真正的作用。除了在糾紛與爭執的情勢以外，國際法在平時也安安靜靜地發生了作用，今日國際社會的得以維護，說明國際法的存在與有效。

　　那些藐視國際法的人，是拿國際法來與國內法相比的，如此，他們就不免大失所望。國際法的一項重大缺點乃是不能像國內法般，有一個能執行一切決定，使人人（或國國）皆服從，並對違法者處罰的至高權威。在一個主權國家組成的國際社會，如此的權威並不存在，國際法的得以履行，完全有賴於國家自己判斷遵守規則對其有利，及小國對大國的恐懼與依賴。因此，其規範行為之有效性有其限度，當大國為其自認的重大利益違犯國際法，或小國在大國的積極支援或唆使下如此做時，國際法就無效了。

貳　國際法的主要內容

　　現有國際法，涉及的一方面為國家間和平時之關係與戰爭時之關係；另方面為陸上的、海洋的、與太空的權利、義務等課題。故自某種意義來看，國際法有平時國際法與戰時國際法（戰爭法）；自另一意義看，則又有海洋法、太空法等分門。

　　平時的國際法涉及國家與政府的承認或撤銷承認、邦交的建立與斷交、國際人格的喪失（國家的滅亡與繼承）、國家的權利及豁免權、國際組織在一個國家領土內設置其享受的特權與豁免權、國家的責任、國家對外國僑民保護之義務、引渡、政治犯的保護……等課題。此外，國際糾紛的和平解決方法也為其重要課題之一。

　　戰時國際法的存在，反映理想與現實之調和。邏輯上，法律旨在維護正義，並為和平地解決紛爭的工具。而戰爭乃是一種紛爭者以自力獲得利益滿足的手段，它與法律是對立的。戰爭的出現表示法律的無效，而戰時國際法存在的前提為承認「戰爭」的「合法性」，這豈非矛盾？的確，這矛盾是顯而易見的，但由於國際社會沒有一個至高權威者來為那些自覺權益受損的國家爭取正義與補償，自力救濟終不可免。國家為求生存就不得不在某些情勢下以最有效的方

式謀求自力救濟，此即以武力來驅逐外國的武力入侵，如此，戰爭就不可避免。兩國交戰的方法，進入戰爭狀態的理由都有正當或不正當、對待戰俘的手段也有人道或不人道，交戰時對第三國的權益之尊重也有不同的程度，凡此都需要某些規範。此外，戰爭的結束……等課題也需要規範，這些都成為戰時國際法注意的主題。戰時國際法的存在，表示人類仍不能不藉戰爭來解決紛爭，儘管曾作了不少「否定」戰爭的努力，但至少也說明文明社會有意使戰爭進行得比較「文明」，減輕不必要的野蠻行為。戰時國際法的主要內容有關於宣戰，斷交之規定，宣戰的附帶後果，如敵產、敵僑的處理，關於停戰、議和、戰爭終止的有關規定，戰俘的地位，若干種禁制規定，如禁止使用毒氣……等武器，虐待戰俘與敵國平民，轟炸學校、醫院、教堂、及文化設施……等行為，海上與空中作戰的有關規定，涉及中立國商船進入領海與港口的規定……等。

　　海洋國際法目前蓬勃發展，主要原因一方面是人類感到陸上資源消耗甚快，海洋資源如礦產蘊藏極豐，大多未曾開發，而現在科技已有能力作大規模開發，為防止這種資源的爭執，海洋法的發展甚為重要；另方面為人類工業發展造成的環境污染已嚴重影響海洋，海洋生物受害尤大，國際共同努力以保護這些生物已成為當務之急，欲促成有效的共同合作，更完善的海洋法之發展為不可或缺的一環。此外，科技的進步已使海洋防衛的需要，與以往大不相同，例如傳統國際法規定的領海為三海里，如今已被許多人認為不切實際，必須修改，在這種情形下，沿海國為國防需要，紛紛採取不合傳統國際法規定的措施，例如若干國家自行宣佈領海為二百海里等；為避免這類紛亂，海洋國際法的發展也成重要的考慮。基於這些理由，聯合國曾主持了若干次國際海洋法會議，對於海洋資源的分配，海洋生物的保護，領海與經濟區……等規定，均有不少規定。然而，海洋方面仍存有不少問題，我們相信海洋法的發展將更為蓬勃。

太空的國際法在以往為陸地法的延伸。因領空實為領土的延伸，而人類與外太空還未發生緊密的關係，但自從外太空的開發加速，若干國家從事太空的競爭後，太空法隨之發展，不過，迄今為止，太空國際法的發展仍為初期。

參　國際道德與輿論

國際道德被一些具有理想主義色彩的人士認為可輔佐國際法的不足，成為約束強權政治的力量，但那些對國際法的功能缺乏信心的人，對國際道德更是輕視，以為國際間國家對其他國家的行為，並無真正的道德存在，相信道德能約束強權政治，無異癡人說夢。

國際道德的力量仍然相當不夠，然而若說它完全不存在，或者在歷史發展的過程中，並無任何成長，也不合事實。

許多種國際關係中一度相當平常的行為，如今已經幾乎絕跡，這並不是因為這些行為，對採取它們的國家，沒有任何利益，而是由於當今的國際社會的觀念，已不能接受這類行為。從事這類行為的國家，會發現自己在國際間發生嚴重的困難。舉例來說，對人的生命的尊重，已漸漸成為文明人國際行為的一項考慮與行為的約束，儘管若干國家的行為並不能符合此點。在十五世紀的歐洲，暗殺對立國家的政治領袖被認為「正常」的事：威尼斯在一四一五年至一五二五年，曾試圖進行大約二百次暗殺，以達到其外交目標。今日，這類暗殺已不再成為外交政策的重要手段，並不是由於動機不存（第二次世界大戰期內，西方國家期望希特勒之死亡，冷戰期內期望史達林的逝世都是明顯的），也非行刺的技術困難已增加，而是今日世界文明標準對於一個慣於從事政治暗殺的政府評價甚低，因此，大多數政府已不把暗殺敵對國家的領袖作為主要的考慮，除非暗殺行動可獲得非其他手段所能獲的極重大利益，能彌補其在國際聲譽上

的損失，否則不願輕易嘗試❶。戰爭的手段之改變，也足以說明國際道德的進展，在古代，戰勝國把戰敗國的兵士盡數殺戮，及奴使其人民為奴，是視為理所當然的。羅馬的政客演說家凱杜 (Cato) 在每次演說完畢都要高呼「迦太基必須毀滅」，這樣的人物在今天恐不會得到甚大的尊敬，但當吾人以當時的道德標準來衡量，他的行為不足非議。羅馬戰敗迦太基後的行為，當時的看法並不認為原則上有何不妥，僅是手法太殘酷了。今日，文明國家對戰俘與戰敗國人民的處理，至少在觀念上，已迥然不同。在實際上，當然有時還不能符合大家相信的規範。不過，有一些極權國家的政治人物，在極端民族主義或政治實利的考慮下，並不接受文明社會的規範。也許有人會說，現代戰爭中，死傷的人數遠超過古代戰爭，這似乎說明現代人並不珍視生命。誠然，現代文明仍未能充份實現珍視生命的道德信條，但這並不能藉現代戰爭中傷亡人數多過古代來說明現代人在此方面道德並未提高。因現代戰爭傷亡人多純粹是戰爭技術的改變所致，並不由於其他原因。

雖然在若干方面，現代文明世界的國際道德，比古代是有進步的，但我們也不能因此就斷定目前的國際道德已能產生克制權力政治的作用，事實上，國際道德的作用仍然是相當微弱而屬邊際性的。欲國際道德真能成為克制權力政治，維護和平與正義的有效力量，人類必須培養正確的有節制的民族主義，而不能讓現在的激情的沙文主義漫無限制地支配其行為。人類必須認識整個地球是休戚相關，福禍與共的；但是，這種「理性」的態度現在並不可能為許多人接受，而許多國家的政治領袖仍然利用狹隘的民族主義與仇視外人等主題來宣傳，藉以轉移人民對其統治的不滿，也有些國家仍然相信

---

❶　第二次世界大戰期內，盟國曾有暗殺納粹與法西斯國家領袖的計畫，但盟國領袖考慮其戰略效果未必有決定性，而在國際宣傳上，並不良好，故未執行。

使用武力來處理其與鄰國的糾紛，或為極小的利益，無人的荒島之主權，與別國兵戎相見，這些衝突與糾紛又常因民族主義而難以和平解決。除了沙文主義與極端民族主義，世界政治人物的品類龐雜也減少了國際道德的約束力；哈佛大學的名法學教授龐德 (Roscoe Pound) 曾說：「在十八世紀中葉比在現在更易維持列國間的道德秩序」❷。其所以如此，是十八世紀中葉，世界主要國家的政治領袖與外交家，皆來自相似的階級，具備相似的教育背景，並且接受相似的社會與政治哲學，他們的「衝突」大多僅是單純的一些國家實際利益之爭引起的，這些「衝突」容易妥協，不會造成長久的仇恨情緒。二十世紀，主要國家的政治領袖與外交家，出身與思想背景，就大為不同了。有傳統貴族出身的，受完整的學院教育，有中產階級出身的，也有無產階級出身，獻身於推翻或徹底改革現狀的革命家。這許多形形色色的政治與外交領袖基本立場往往南轅北轍，不易妥協，如有利益爭執，就會雜入意識型態，個人情感等因素，而使其複雜化了，而且，由於思想背景不同，他們對國際道德的標準缺乏真正的共識，對國際道德具甲種看法的人，自然不甚願意受乙種標準的約束，如此，國際道德的約束力也就減低了。不過，核子武器的快速發展，似乎能削弱意識型態的尖銳度，而革命政權的傳統化，也在減少這些政權的領導人與一般傳統政權的領導人在教育背景……等方面的差距。這種種發展，我們也不能不注意，它們也許顯示建立一個國際道德秩序即使困難，也非全然無望。

顧名思義，國際輿論乃是超越國界的輿論，它能使不同國籍的人，對基本的或關鍵性的國際問題產生某種共識，而不致執著於自己國族的偏見。倘若世人具有強有力的國際輿論，則一些蠻不講理的強權行為可能會有所節制，我們雖然不敢說它們會因此「循規蹈矩」，但至少不致過份輕率而不顧一切地我行我素。可惜，國際輿論

---

❷　Hans Morgenthau, *Politics Among Nations*, p. 241.

的力量非常微弱，甚至幾乎沒有任何作用。一九三〇年代日本一連串的侵華行動，義大利入侵阿比西尼亞、德國的許多行為……及一九五〇、六〇年代蘇聯入侵匈牙利、捷克，以及一九七〇、八〇年代蘇聯進犯阿富汗，美國攻佔格蘭納德，都曾引起國際間的憤怒與不滿，但卻不能阻止這些強權的行為。

　　然而，國際輿論的加強，似乎是可能的，此因兩個因素：其一是通訊與溝通技術的快速進步，此等進步，使不同國籍的人，較易互相瞭解，而一些重要的觀念，較易越過國界流傳於世。然而，我們也不能過份強調技術進步的效果，因為一些限制人民與外國接觸的政權可藉政治力量來削弱觀念的傳播作用。而且，甚至可使用較進步的技術來控制人民與外界的接觸。但是，對於政策比較開放的社會而言，技術的進步確實有助於國際輿論的出現。其次，現代文明世界已產生其國際眼光的知識階層，這一階層的成員，包括不同國籍，但都具備類似的教育與思想背景，比較能超越狹隘的民族本位立場來瞭解與分析國際問題，這一階層的壯大與凝聚力的增加，為真正的國際輿論的形成，提供良好的前景。

■□ 第三十章　國際組織

　　二十世紀國際關係最主要的發展為國際組織的大量出現。這一現象不僅反映各國來往的頻繁，合作的增加，而且也顯示世人期望更有效地解決國際問題，及達成共同目標。本章擬簡介各種類型的國際組織，討論的重心將置於聯合國組織。

壹　國際組織的種類

　　今天世上形形色色的國際組織，數量相當龐大，可簡易分類如下：首先，如果按其功能來分，可分為一般性者，如聯合國組織，及個別性者，如國際勞工組織；以其組成份子的限制情況又可分為普遍的，例如聯合國組織，根據其憲章規定，世界上任何國家都得成為聯合國會員國；與區域性的，如北大西洋公約組織與東南亞國家聯盟（Association of Southeast Asian Nations，簡稱 ASEAN）；會員普遍而功能一般者有之，如聯合國組織；會員普遍而功能個別者有之，如國際勞工組織；會員限制（區域性，或他項限制）而功能一般者有之，如北大西洋聯盟；會員限制功能個別者也有之，如石油輸出國組織（Organization of Petroleum Exporting Countries，簡稱 OPEC）。

　　其次，國際組織又可按其為公共的或民間的來區分。公共的國際組織的成員為國家（會員國），由其政府派員參加其活動，會員國代表在組織中的行為是依據政府訓令，表示其國家的意志。今日世上除了數十個這類國際組織外，尚有近千個民間的國際組織（nongovernmental international organizations），著名的民間國際組織

諸如國際紅十字會 (International Red Cross)，國際商會 (International Chamber of Commerce)，國際特赦組織 (Amnesty International) 等，都有相當大的影響力。

貳　聯合國組織

在第二次世界大戰期內，同盟國（英美中蘇等大國及許多小國）有許多人士都感到在戰勝軸心國（德、義、日、羅馬尼亞、保加利亞、匈牙利等國）後，應建立一個維護世界和平與安全的國際組織，而且，這一組織應避免國際聯盟的弱點，其後出現者就是聯合國組織 (The United Nations Organization)❶。

聯合國憲章是一九四五年六月二十六日由五十國代表在舊金山簽署。在該憲章中，國家主權與強國一致同意的原則都被強調，雖然小國對給予五強特殊地位的規定，頗有異議，但最後仍然不得不同意，於一九四五年十月二十四日聯合國宣告成立。

聯合國憲章共計一百十一條，分成十九章。其第一條宣稱聯合國的根本目標在「維護國際和平與安全」，「發展國家間敦睦關係」，「達成國際合作以解決經濟、社會、文化或人道性質之國際問題，及促進與鼓勵對人權與基本自由的尊重」及「成為調和國家行動的中心」。第二條說明聯合國是基於凡會員國主權平等的原則建立的。憲章中大多數條文都是關於聯合國主要機構的組織與職權的。主要機構包括大會 (the General Assembly)，安全理事會 (the Security Council)，經濟與社會理事會 (the Economic and Social Council)，託管理事會 (the Trusteeship Council)，國際法院 (the International Court of Justice) 與秘書處 (the Secretariat)。

---

❶　參閱 Ernest A. Gross, *The United Nations:Structure for Peace* (New York, 1962).

㈠大會由一切會員國參加，每國一票，每國的代表不得超過五名，大會的職權為「討論」「建議」「考慮」「提請注意」「通知」「發動研究」有關事誼；換言之，除了極有限的領域，大會僅能對會員國或安全理事會提出建議而已。大會有較廣泛的監督與調查權，尤其關於聯合國組織本身的財務與秘書處的業務等，對新會員的入會則在安理會推薦後由大會行使表決權。近二十年來，由於新興國家數量日增，大會已成為一百八十餘國的龐大集合，雖然其功能常常類似辯論會，但其所代表的國際輿論力量仍頗為可觀。

㈡安全理事會（安理會），原來有十一個聯合國會員國組織，於一九六五年時增至十五國，其中中、法、蘇、英與美國為常任理事，不必改選，其餘十國為非常任，由大會選出，任期兩年，並不得連任，在非常任理事的選舉上，常注意地區分配的不成文原則。安理會為聯合國的核心，為其行動者，其職責為「維護國際和平與安全」，倘若國際爭執的當事國尚未用盡和平解決爭端的一切程序。安理會得促其「藉談判、調查、調停、仲裁、司法解決、訴諸區域性組織或安排，或者其自行選擇的其他和平方法以解決爭端」。安理會也得促請會員國對其認定之侵略國「全部或部份中止經濟關係與鐵道、海洋、航空、郵電及其他運輸，與斷絕外交關係」，它甚至得「必要時，採取陸、海、空武力」，或運用會員國表示願提供的武力，協助與設備來阻遏或制裁侵略。然而，安理會在履行其主要職責時，受到三項重要限制：第一，五個常任理事國，根據憲章第二十七條，擁有否決權，亦即安理會就實質問題之決議，必須五強一致同意，才能通過，因此，倘若國際爭執涉及五強之一，或當事國受五強之一的教唆或堅決支持，安理會就不能有任何作為；第二，根據憲章第五十一條，憲章已規定不得損及受侵國在安理會採取維持國際安全與和平的行動前，以自己的力量或集體安全的方法驅除入侵武力之權利。在關於北大西洋公約等集體防衛的區域性組織的辯論中，

聯大代表仍曾廣泛使用這一條文；第三，聯合國組織本身並無武裝力量，倘欲使用武力，就必須依賴會員國主動提供。倘若一項任務甚為艱鉅或棘手，會員國提供軍力的願望就不可能高。然而，我們不能誤認安理會在維護和平與安全上，毫無作為：事實上，在處理比屬剛果（薩伊）、賽普路斯、凱什米爾、西奈半島……等危機中，它都扮演了頗為重要的建設性角色。

（三）經濟與社會理事會（經社理事會 ECOSOC）共有五十四個理事國，每年由聯合國大會選出十八個，任期三年。它是協調許多功能性國際組織的機構，俾這些組織的努力更能有效地達成以下目標：1.提高生活水準，促成充份就業，與建立經濟與社會進步與發展之條件；2.國際經濟、社會、衛生與相關問題之解決；暨國際文化與教育合作；及 3.不分種族，性別，語言或宗教普遍尊重與遵守人權與基本自由。經社理事會使用的方法計有研究、推薦、會議與協調活動，以往其成就相當可觀，可惜近年來，若干會員國使其活動過份「政治化」，致損害其實質功能。

（四）託管理事會：聯合國憲章第十一章之「關於非自治地區之宣言」中指出「承擔管轄當地人民仍未達充份自治程度之地區的會員國承認這些地區居民利益至上的原則」。這是有史以來，在國際性文件中，對未獨立的地區當地居民的權利，首次明白表示。託管理事會的工作主要在監督管理託管領土的國家，使其不致私心自用，而能努力輔助這些領土逐步成為獨立國家。迄今為止，託管地區大多已經獨立，但也有一些例外：若干原屬日本或德國的太平洋小島，因其戰略重要性，實際上已被美國佔有；此外，更嚴重的是南非負責託管的西南非洲（納密比亞），南非無意在毫無特殊條件下准許其獨立，雖經聯合國一再努力，促使南非政府遵照託管的原意，直到一九九〇年代，南非終於同意納密比亞獨立。

（五）國際法院：國際法院規約（舊金山會議決定）與國際聯盟時

代的國際法庭 (Permanent Court of International Justice) 的規約大同小異，唯一不同在於目前的法院為聯合國組織的一個成份，而以往的法院與國聯僅有間接的關係。聯合國會員國必然為法院規約的簽字國，非會員國也可參加。聯合國會員國承諾服膺法院的裁決，但它們有權使用其他的裁判方式。大會與安理會得要求法院提供意見，聯合國組織的其他機構如獲大會允許，也可如此。法院由代表世界主要法律體系的十五位法學家組成，其會址在荷蘭海牙。

㈥秘書處：憲章第九十七條至一百零一條規定設置秘書處，秘書處由大約四千名國際公務員組成，其行政首長為秘書長。此人被授權「知會安理會任何在他認為可能危害國際和平與安全的事務」。因此位高權大，在美蘇雙方互不信任的情況下，他更需有「公正」之名與實。由於這些因素，秘書長的產生相當不易，往往是經過強國代表激烈的爭辯與幕後協商後，才能由大會投票產生。聯合國組織並不是世界政府，儘管曾經有人希望它扮演類此的角色，但它決不可能具備所謂「世界政府」的任何條件：它是依照會員國主權完整的原則成立的，而且，強國在安理會中享有特殊的地位，其主權已可絲毫無缺的獲得保持。由於它是根據尊重會員國主權完整的原則建立，聯合國組織不企圖強制任何國家接受違背其基本利益的決議，由於這種自我設限，聯合國組織就有較大的生存機會，不致像國際聯盟般在主要國家退出後，就名存實亡了，然而，也正因如此，聯合國維護和平的功能是有限的，人們不宜對其存不切實際的奢望，然而，這種有限的功能，對世界也是重要的，因為在層出不窮的「危機」中，聯合國的行動，往往能使緊張漸趨緩和，或限制大國的介入，使糾紛免於擴大，或易於解決。

參　功能性國際組織

　　大多數功能性國際組織，都由聯合國負責監督。不過，這往往僅是名義而已，實際上，這些組織都是自主的，其成立往往是由於國家間的個別協定，每一項組織的原始參加國（締結國）都與另一項組織不同，其中有些組織在聯合國組織成立以前，就已存在。

　　功能性國際組織都是為一項個別的功能而成立的，這類組織的數目頗大，我們茲列舉一些較重要的：國際勞工組織 (International Labor Organization, ILO)，糧食與農業組織 (Food and Agriculture Organization, FAO)，國際重建與開發銀行（俗稱世界銀行）(International Bank for Reconstruction and Development)，國際貨幣基金會 (International Monetary Fund)，國際電訊聯盟 (International Telecommunication Union)，國際郵政聯盟 (Universal Postal Union)，國際民航組織 (International Civil Aviation Organization)，聯合國教育、科學、文化組織 (United Nations Educational Scientific and Cultural Organization, Unesco) 與世界衛生組織 (World Health Organization)。

　　聯合國憲章第九與第十兩章，規定聯合國組織與這些功能性組織間的關係。憲章在這些規定中，採取了國際組織歷史上破天荒之舉，即明白表示這些功能性組織對「個人」權利與福祉的重視，並直接負起責任，而不必以「國家」為媒介。經社理事會能與這些功能性國際組織直接訂約，使這些組織與聯合國發生雙方皆滿意的關係：經社理事會能要求這些組織定期向其提出報告，並對它們提供其所申請的協助，而聯合國組織則可提出建議以協調這些功能性組織的活動。

　　功能性組織不僅有益於為解決國際性經濟與社會問題及促進人類在經社領域的共同利益，而且也能間接有利於維護和平與安全，

因為透過這些功能性的合作，人類就能發現或強化其共同的需要，並進一步培養其合作的能力與習慣。近年來，若干組織的領導人與會員國使其過份「政治化」，引起其他會員國的不滿，而損及其功能，例如聯合國教育、科學、文化組織的糾紛造成美英的退會決定。

肆　區域性國際組織

區域性國際組織中，少數具多重目的，但大多數僅具個別性目的。前者如歐洲共同體 (the European Communities)，後者則如北大西洋公約組織 (the North Atlantic Treaty Organization，簡稱 NATO)，東南亞國家聯盟 (Association of Southeast Asain Nations，簡稱 ASEAN)，美洲國家組織 (Organization of American States，簡稱 OAS) 等。

歐洲共同體包括若干個別目的之組合，這些個別目的的組合合成一個具多重目的的組織，這些組合包括歐洲煤鋼共同組合 (the European Coal and Steel Community)，歐洲經濟共同組合 (European Economic Community)——即共同市場 (Common Market)，歐洲原子能共同組合 (European Atomic Energy Community, Euratom) 等。歐洲煤鋼共同組合於一九五二年成立，其他的組合則於一九五八年成立。其會員國是完全一樣的。原始會員國計有比、法、德、義、盧森堡、荷蘭，英國、愛爾蘭、希臘、西班牙與葡萄牙則後來參加。

歐洲共同體不僅為多目標的功能組織，而且也旨在達到兩項政治目的：1.解決中、西歐歷史上一項嚴重的權力不平衡問題。自一八七〇年代以後，歐洲的一項問題為德國的天然優勢，在以往，其他國家都設法以聯盟方式來對抗這一優勢，但往往不能如願，這遂成為歐洲國際局勢緊張的主因，歐洲共同體的設計乃是把擁有此一優勢的德國納入共同的努力，使其不致構成居弱勢者的威脅，而令

各國均蒙其利； 2.歐洲期望恢復其歷史地位：在第一次世界大戰以前，歐洲在政治、文化、科技、工業方面，均居領先地位，歷經兩次大戰的浩劫，美蘇崛起，歐洲各國於喪失殖民地，並經戰火洗劫後，都已國勢低落，歐洲各國深知欲恢復十九世紀的舊觀，小國各自努力，無法如願，歐洲欲與美蘇等超強並駕齊驅，必須匯集其資源與能力，共同努力。

至一九九三年，歐洲共同體統合於歐洲聯盟（簡稱歐盟，EU）之下，逐漸從一個貿易實體轉變為經濟與政治的聯盟。目前歐盟中的主要組織有歐洲理事會、歐洲委員會、歐洲議會、歐洲法院、歐洲中央銀行等，逐步發展共同的外交及安全政策，加強內政與司法方面的合作。近年來，歐盟致力於制定歐洲憲法，期望在政治上能夠有更進一步的整合，然各國對於簽署歐洲憲法後，對於本國的主權及利益是否遭受削減產生疑慮，因此在推動上並不順利。直到二〇〇七年通過里斯本條約來取代歐洲憲法，其中將憲法的用字刪除，並取消象徵歐盟統一的國旗及國歌，終於結束歐盟漫長的制憲歷程。

北大西洋公約是在一九四九年由比利時、加拿大、丹麥、法國、英國、冰島、義大利、盧森堡、荷蘭、挪威與美國簽訂的，根據合約成立了北大西洋公約組織 (NATO)，希臘、土耳其、德國與西班牙則在以後加入。北大西洋公約為締約國提供集體安全。根據公約第五條：「對任一締約國在歐洲或北美的武裝攻擊，將被認作對所有締約國的攻擊。」北大西洋公約組織雖然與一般軍事同盟並無太大區別，其目的在增強締約國防衛的能力，並集體抗拒侵略，但是，它有一點與傳統的軍事聯盟不同：它也致力於維護締約國的政經穩定，並藉多國組織來增進締約國的關係。北大西洋公約組織的指揮機構為北大西洋理事會 (North Atlantic Council)，由締約國的內閣閣員組成。它決定締約國的經費負擔，軍力的貢獻……等。理事會在行政方面由一批包括締約國各國公務人員協助處理。秘書長為行政首長。

理事會以下，設置若干軍事與非軍事的機構。軍事組織由軍事委員會 (Military Committee) 為首，此會由締約國的參謀總長組成。它對理事會提供有關軍事的建議。軍事委員會的常設機構由英美等主要國家的參謀總長組成，負責北大西洋公約組織的戰略，並訓令組織所屬的各軍事指揮部。在軍事指揮部中，歐洲聯盟國最高司令部 (Supreme Headquarters, Allied Powers, Europe, SHAPE) 最為重要，負責指揮歐洲聯軍，其總司令直接聽命於軍事委員會的常設委員會，但也可向各締約國的參謀本部及其他高級軍事將領獲取資訊。

北大西洋公約組織雖為一防衛性組織，但其涉及的事務包括軍事、經濟、財政……等政策，已非單純的軍事聯盟。北大西洋公約組織成立迄今，在其直接的防衛目的上，有相當成就，歐洲國家在第二次世界大戰後，都於飽經戰亂之餘，經濟困窘，財政短絀，蘇俄勢力已深入歐洲心臟，其強大軍力構成甚大的威脅，北大西洋公約適於其時締結，頗能安定浮動的民心，並建立嚇阻的武力。然而，在其間接目標的獲致上，則成就並不顯著：北大西洋各國，在文化與宗教上，比較接近，而且都為工業國家，原本有建立較親密關係的可能，然而，由於民族主義的影響，公約國間常有不和，法國戴高樂政府堅持發展其自己的核子阻遏力量，並不願將法軍無條件地長期置於美籍聯軍統帥的指揮下，因而宣佈退出北約的軍事組織，僅保留非軍事性事務的參與；此外，希臘與土耳其兩個會員國也常因賽普路斯問題發生齟齬，近年來，希臘社會主義政府甚至有關閉美國在該國的軍事基地之議；這些對北約組織都是嚴重的考驗。

伍　國際性民間組織

聯合國憲章第七十一條規定：「經社理事會得作適當安排以供民間組織就其職權內之事務的諮詢。」為履行這一條款，經社理事會曾

把民間組織劃分為三類：A 類是指「對本理事會之大部份活動具有基本的興趣，並與它們代表之地區的經濟或社會生活密切相聯的。」這類組織計有世界工會聯盟 (the World Federation of Trade Unions)，國際自由工會聯合會 (the International Confederation of Free Trade Unions)，國際合作社聯盟 (the International Cooperative Alliance)，國際商會 (the International Chamber of Commerce)，國際農業生產者聯盟 (the International Federation of Agricaltural Producers)，國會聯合會 (the Inter-Parliamentary Union)，國際雇主組織 (International Organization of Employers) 與世界聯合國同志會聯合會 (the World Federation of United Nations Associations)；B 類包括「有特殊功能，但僅對理事會的少數活動有關者。」這類組織約八十五個；C 類組織由秘書長列表登記，它們僅就個別事項向聯合國諮詢。目前這類組織超過一千個。

國際性民間組織的性質及其重要性，可借用一位學者的話來說明❷：

> 這些組織是不同國籍的私人或非官方的集團，為獲取共同利益而形成的。世上許多人都與這類組織有關，因為它們的成員已幾乎包括一切宗教、工會、商業團體、合作會、農民組合與婦女團體，以及無數專業的、科學的、人道的與社會改革的組織。它們關心的問題幾乎無所不包，從神學至奧運，從兒童福利至天文，從癌症救治至勞工問題，自航空至女權……從這些組織的發展，我們可找到邁向世界大同努力中最積極而具建設性的一環。

---

❷ Lyman White, *International Nongovernment Organizations* (New Brunswick, N.J., 1951), p. 1. 作者曾任聯合國經社理事會主管國際民間組織的執行秘書。

　　我國自一九七〇年代以後，由於不再是聯合國的一份子，而且
與世界上大多數國家已無邦交，對外關係已以「實質」關係為主軸，
在這種情況下，積極參與國際性民間組織，實有至高的重要性，而
且也是維護國家利益關鍵性的一環，如此行動的先決條件之一為政
治與非政治考慮必須分開，在非政治領域，彈性的肆應必不可缺。

■ 第三十一章　意識型態

今日世人的政治鬥爭，常常出之於意識型態的方式：意識型態在影響相爭者的動機與決定其在爭執中之立場上，究竟扮演何等角色？關於此點，論者的看法並不相同：有些人認為它的角色極為重要。人們的政治鬥爭，不論是「共產集團與自由世界」之爭，抑或存在於許多國家內部的政爭，「意識型態」歧異是主要根源之一；另一些人則認為政治鬥爭的標的無非權力與利益而已，意識型態不過是領導鬥爭之人用來號召跟隨者，使其易於聽命，便於效力的工具，實際上它不過是「幌子」，並無真正的重要性。不過，平心而論，意識型態即使為一「幌子」，仍值得我們注意，此因它確實使用於號召與「動員」民眾，而且對於許多國家的政策與行動，也確有重大影響，因此，我們認為把目前世上主要的意識型態作一介紹，仍有必要，本章的主旨即在於此。全章計分為六節：即一、意識型態的涵義；二、共產主義；三、法西斯主義；四、西方民主國家的主流思想；五、開發中國家的意識型態；六、無政府主義。

壹　意識型態之涵義

所謂意識型態 (Ideology) 乃是指一套嚴密連結而形成一個封閉的系統的觀念：它被當作基本的政治、經濟與社會價值，可作為理想的政治社會生活方式之基礎。意識型態涉及對政治體系的性質、政治權力的本質、個人的角色、個人與社會之關係、經濟與社會體系的特性與社會生活的目標的看法。它是一個信仰系統，一方面蘊含了社會的基本價值，而它本身也提供了一種信仰所賴的主要信

條❶。

　　意識型態在十八世紀時始成為政治上的一股力量，而其分歧則成世人紛爭的主要源泉之一。法國大革命後，革命者提出的種種觀念不僅團結了法國的人心，而且也震撼了歐洲其他國家不滿現狀的民眾，對舊制度提出相當巨大的挑戰，而各國的保守人士，不論出於對舊體制的迷戀與認同，抑或出於維護特權的自然心理，或出於對法國革命思想破壞力造成之後果的擔心與憂懼，紛紛試圖在思想上加以對抗。因此，法國革命後的數十年，思想的對抗是相當激烈的。而在這段時期，人們也漸漸瞭解思想在世俗政治上的強大力量。法國革命者的思想主要受自由主義的影響，自由主義與保守主義之爭，為此時期的特色。

　　十九世紀的重要思潮為社會主義的思想，早期的社會主義思想如福利葉（François Charles Marie Fourier，一七七二～一八三七）、聖西門（Comte de Saint-Simon，一七六〇～一八二五）、歐文（Robert Owen，一七七一～一八五八）、普魯東（Piere Joseph Proudhon，一八〇九～一八六五）等大多主張藉教育與社會組織的改革等方法來實現生產工具公有化的目標，其思想並不嚴謹，往往不夠系統化，也缺乏有效的具體行動綱領。因此，並不能形成今日所謂的意識型態，馬克思把其統統稱為「烏托邦的社會主義」（乃是指空想式的），以別於他自己的「科學的社會主義」。

　　馬克思主義是否真正植根於科學？是一個此處不必回答的問題，但其利用「科學」之名，實是其能引起許多人興趣與信仰的理由之一，因為十九世紀中葉後，「科學萬能」的迷信已隨自然科學與技術之進步，而漸漸散播，除了「科學」之名以外，與同時代其他思想相比，馬克思主義本身的嚴謹、深邃、與論辯的力量也是使其能成

---

❶　Jack C. Plano and Roy Olton, *TheInternational Relations Dictionary* (New York, 1969), pp. 105–106.

為當代最重要意識型態之一的原因。

　　馬克思主義這種徹底排他性，而又企圖徹底改變現狀的意識型態的震撼力是極為巨大的。當這種主義成為一群狂熱份子的信仰及行動之準則時，凡是眷戀現狀的保守份子，及對馬克思主義所勾劃的「新社會」的價值不能接受的人士，必然要採取自衛，而馬克思主義政治運動的自以為是的偏狹性，一意孤行的頑強性，與對任何異議絕不容忍的排他性，當然也足以令不少重視獨立思想的人士的反感。因此，隨著馬克思主義的擴散，現代政治意識型態之爭乃趨於強烈。

貳　共產主義

　　當代意識型態之中，共產主義為最值得注意的，此不僅是由於共產主義者曾在全球二十餘國建立政權；在別的許多國家都有共黨組織而且其對我們的威脅也特別嚴重。

　　所謂共產主義，原本並不單指今日的共產黨員所信奉者，凡一切主張廢除生產工具私有制而將其歸諸全社會共有的主張，都稱為共產主義。其中有馬克思主義為中心的共產主義，也有非馬克思主義的。今日我們日常所說的共產主義都是以馬克思主義為中心的，而不再指其他的。而且，由於馬克思主義運動在其發展的過程中，曾發生分裂，中歐考茨基 (Karl Kautsky) 與伯恩斯坦 (E. Bernstein) 等人，認為勞工階級可以藉資本主義社會中正常的政治參與方式，諸如選舉、組織工會與勞工政黨以逐步實現馬克思的目標，而列寧等人則力主暴力革命，如今我們所指共產主義乃是指列寧等人的馬克思主義，也即馬列主義為中心的共產主義，而不指另一派由現在中歐若干國家社會民主黨或第二國際名義上自稱信奉的馬克思主義。

　　馬克思的思想計有唯物史觀，階級理論與資本主義的內在矛盾說等數項重點。試分別說明如下：馬克思認為人類歷史的演變主要是由於「物質」的改變使然，所謂「物質」乃是指生產工具。生產工具與生產關係具有密切的關係，當生產工具發生改變時，生產關係也必須隨之改變，始能與新的生產工具配合，但由於舊有生產關係已孕育出某種既得利益階級，其必會抗拒生產關係之改變，如此生產工具與生產關係的改變兩者間可能有間距，但此一間距必定會消除。人類歷史上，已出現幾個階段：原始共產主義、奴隸社會、封建主義、資本主義，這數階段的社會都不相同，其基本特質是因生產工具不同而產生的。在原始共產主義社會，主要的生產工具是簡單的漁獵與耕種的工具，人人憑其自身的勞力利用天然的資源，謀取簡單的生計；在奴隸社會，奴隸的勞力被用於在奴隸主的農莊、牧場、礦場工作，其時器械儘管落後如昔，但因奴隸主能役使大批奴隸，故大規模的開發乃有可能，奴隸主遂擁有龐大的私有之農莊、牧場等，生產工具的私有制從此開始。封建社會乃是封建主役使農奴擔任其莊園的開發與維護的工作，封建社會中封建主與農奴之關係與奴隸社會中奴隸主與奴隸之關係是不同的：在理論上，奴隸自己也為奴隸主的私有財產之一部份，為一種生產工具，而農奴與封建主之關係由封建的規範釐定，農奴的生命在理論上不屬封建主，儘管其勞力可為其支配，其行為需受其控制。不過，這類支配與控制，必須受限於某種規範，與奴隸主可任意役使奴隸也是不同的。此外，封建主對農奴具有保護的義務，而奴隸主對奴隸則毫無義務可言。

　　馬克思認為封建主義社會進入資本主義社會，係人類歷史上劃時代的進步。這一轉變，最足以說明其社會變遷的理論。馬克思指出當封建社會末期，工商業漸漸發達，工業生產工具擁有大幅增加生產力的潛能，因而，社會上產生發展工業的要求，然而，封建社

會的生產關係甚不利於工業發展，它形成一股阻力，久而久之，這股阻力必定會崩潰，因為新的生產工具取代舊的生產工具乃不可避免，非人力所能抗拒。

依照馬克思的看法，除了原始共產主義社會與其心目中將來臨的共產主義社會，人類社會都有階級區別的。在任何階段，都有兩個主要階級。其中一個是擁有生產工具的，如奴隸主、封建主與資產階級。另一是自己不擁有生產工具而為他人工作的，如奴隸、農奴與無產階級（勞工）。擁有生產工具的階級處於「剝削」的地位，可不勞而獲，而不擁有生產工具的階級則處在被剝削的地位，不僅必須出賣自己的勞力才能生活，而且在經濟、政治與意識的領域都是受壓抑的。儘管如此，這兩個主要階級間的鬥爭是不能避免的，階級鬥爭的結果能縮短新社會誕生的時間，然而即使沒有階級鬥爭，生產工具的改變也必然會帶來生產關係改變、舊剝削階級失勢的後果。自人類有史以來，階級鬥爭都會發生，此種鬥爭使舊有的既得利益階級提早失勢，而這舊階級正是阻止新的生產關係之形成，因而是阻礙生產工具的改進與生產力進一步發展的，從這層意義來看，階級鬥爭有利於人類之進步。

但在共產主義社會實現以前，階級鬥爭並不導致階級區別的消滅，而僅是原來無權的階級成為新的主宰的階級。譬如工商業的資產階級與封建主的鬥爭，把封建主的優勢擊潰後，自己成為新的資本主義社會的主宰階級。然而，無產階級一旦推翻資產階級後，就可能導致階級區分不復存在的社會，其理由有二：其一，無產階級為最卑下的階級，它受的剝削與壓迫最大，故不會還諸別人，其二，資本主義有一最大成就，即在純技術層面已充份「解放」生產力，生產工具的技術性改進已達到極限，只要生產關係加以改善，就可解決人類的生產問題。因此，新階級的產生已不必要，也就不可能了。

　　馬克思的著作，對資本主義社會的分析，相當透闢，對所謂共產主義社會，尤其實際上應如何完成，僅有相當粗疏的勾劃。其對資本主義社會的矛盾，頗具獨創性見解，當然這並不是說他的分析無可議之處。他認為資本主義社會存在的基本矛盾共有三類：其一是生產工具不斷的改進，但生產關係則保持不變，久之生產關係遂成為生產工具的充份運用以「解放」生產力之障礙。其二是資產階級與無產階級的對立，第三則為資產階級內部之矛盾：即企業界競爭形成資本的日益獨佔，而競爭力較小者則淪為無產階級；同時，由於企圖在競爭保持不敗，資產階級必須愈來愈增加其對無產階級之剝削，而且隨競爭的過程，無產階級日益貧困，而且人數日增，資產階級則日益減少，此構成階級鬥爭必然發生，而且日趨激烈的基本原因。

　　馬克思階級理論認定在任何階級社會，所作政治、文學、宗教、哲學、藝術倫理等都是「上層建築」它們反映其經濟的物質基礎，都為主宰的階級服務。

　　馬克思雖然曾描述共產主義實現後的社會，為一沒有階級，「各盡所能，各取所需」的社會，在這種社會，國家已經凋謝，公共行政已簡化為人人皆能從事的工作。因其性質為人來理物，並不在管人。因此，這時人類歷史展現新頁，從為生活而勞動的身不由主之境界進入真正自由的境界。馬克思這些描敘，甚富幻想色彩，而其對於如何進入這種社會的想法，更為簡陋而近乎不切實際。僅指出在無產階級推翻資產階級後，需實行無產階級專政，其目的一方面是壓制資產階級之復辟，另方面則作種種改革，並灌輸新社會的意識型態與倫理價值於無產階級。這一時期實行共產主義作準備工作，必待社會與物質條件（生產力充份「解放」）俱備時，「各盡所能，各取所值」的社會主義社會才能為「各盡所能，各取所需」的共產主義社會所取代。

　　馬克思無產階級專政的主張，實有甚大的流弊。因為「無產階級」本身必定無法專政，專政者必定是那些代表「無產階級」的人，這些人的代表性如何取得？他們究竟能否真能代表無產階級？又就個別的人而言，社會某一份子屬於「無產階級」由誰來決定？根據何種標準來決定？「專政」既是指政治權力集中由無產階級（或少數「代表」無產階級的人）來行使，別人不得分享，在這種體制下，「國家凋謝」的可能性又如何？馬克思的共產主義實現的可能性又如何呢？這許多問題，我們只要稍懂共產黨在若干國家建立政權後的表現，就不難回答。其實，「階級專政」這個問題，確實困擾過馬克思的信徒，在列寧的筆下，這問題有了一個意義深遠的解決，而階級專政的觀念也就淪落為以代表無產階級為名的政黨專政的觀念：他認為無產階級中一般成員，並無強烈的階級意識。因此，無法成為階級鬥爭的中堅，他們的角色只是鬥爭的支持者與參與者，不能主動地擔任領導。鬥爭的領導角色必須由職業革命家組成的政黨來擔負，這一政黨應握有整個階級革命的領導權，並且應教育無產階級，以提高其階級意識。根據列寧主義此一原則建立的政黨，遂自命為階級先鋒，它不僅自封為「代表」階級利益，並成為界定階級利益的唯一權威。它甚至能決定「無產階級」的成員，儘管這些職業革命家自己不必是工廠或農場的工人（例如俄國的布爾塞維克組織中頗多知識份子），也從未以勞力謀生，但是他們有權決定無產階級的個別成員，因為階級成員的身份不僅要按客觀因素（一個人的行業與出身），而且要按其是否具有正確「意識」來決定，如此，一個勞工可被認作「工賊」、「勞工貴族」，而一個知識份子則可被認為「無產階級」。馬克思的無產階級專政，在列寧的詮釋下，實際上已淪為共黨專政，例如革命後的蘇聯，不僅代表資產階級的自由主義政黨不准繼續存在，就是布爾塞維克黨（後改名共產黨）以外的無產階級政黨如孟塞維克、社會革命黨……等，也都被禁止活動，

其領導份子不是被迫放逐海外，就是流戍西伯利亞。而共黨專政其實僅是共黨中少數領導份子專政：由於共黨強調紀律，絕不容忍「黨內民主」，其所謂「民主集中」原則，民主乃是形式，集中領導才是實質，因而，共黨的專政乃成為少數最高的領導份子的專政。

在少數人專政（獨裁）的共黨國家，雖然消滅了以生產工具私有制為基礎的特權階級，但產生了以政治權力為根基的嶄新的特權階級❷。這就是共黨黨政軍領導幹部、黨務人員與各級官僚及其家屬所組成的階級，而一般人民（包括工廠勞工等無產階級）則仍處於被剝削的地位；共黨獨裁者及支持其體制的官僚特務階層，其特殊身份、特殊消費方式，與較佳的工作條件，都是由獨佔政治權力而取得，因此，他們非但不會主動去促成「國家凋謝」，而且，會不遺餘力地強化國家與黨的機構及其在這些機構中的角色，馬克思「國家凋謝」的主張，遂成為虛幻中的虛幻。

對於共產主義的批評，可說汗牛充棟；這些批評，大體上可分為兩類：一類是從馬克思等人的思想中，發掘其邏輯與實徵方面的缺點，這類批評，涉及相當複雜的推理與事實資料，而每種批評又各有其反批評，本章不擬詳述之。另一類則從此一意識型態造成的政治後果去衡量它。朴伯 (Karl Popper) 認為馬克思主義基本上是一種「封閉社會」的心理產物——建立一個「完美」而不容改變的「烏托邦」的欲望，其實現至多僅能達到一個「封閉社會」，在這種社會，人類持續的創新活動可能會停滯，而其一元的價值標準可能危害人們選擇的自由❸。共產主義者狂熱的革命理想主義固然會導致「封閉社會」的建立，但至少也可能洗刷舊社會的污點與社會生活的不平；然而，共黨一旦執政後，則根據其意識型態建立的「專政」，則不僅會產生新的特權階級，新的更大的不平，與更多的社會污點，

---

❷　參閱 Milovan Djilas, *The New Class* (N.Y., 1957).

❸　Karl Popper, *The Open Society and Its Enemies* (New York, 1962).

同時，由於共黨自封為「階級先鋒」，是其意識型態（其自認唯一的真理）的守護神與詮釋者（馬克思思想排他性與列寧政治排他性的反映）之情形下，欲逐步改革（如發生在西方資本主義國家中的）也就困難多了。共黨意識型態對共黨國家的漠視人權，及經濟社會政策的諸多缺點所發生的影響，似乎是不容否認的。

一九八〇年代末葉，共黨政權為東歐各國人民普遍揚棄，甚至改革派共黨在選舉中也紛紛落敗，說明共黨的不得人心。其所以如此，除了東歐共黨政權之建立，乃蘇聯武力控制的結果，為具有民族自尊的東歐國家人民所不能接受外，共黨政權在政治與經濟等政策上的失敗，也是主要原因。共黨的施政失敗似也可作為批評馬克思主義的人士一項有力口實。

參　法西斯主義

法西斯主義 (Fascism) 於第一次世界大戰後，流行於南歐與中歐，義大利於一九二二年首先在墨索里尼領導下成為法西斯國家，德國於一九三三年也在希特勒主政下，採取了比義大利更激烈的法西斯手段。日本在一九三〇年代也漸漸受法西斯思想的影響，配合其軍國主義、神道思想，形成其獨特的東方式法西斯體制；在西半球，貝隆在阿根廷建立的政權（於一九五五年被推翻）也具有法西斯色彩。

法西斯主義的主要內容不外乎極權政府，一黨獨裁，強烈的民族主義，種族優越感，軍國主義與帝國主義，這些成份的存在，並不等於法西斯思想，這些成份的混合，並以極強烈的方式表現，則為法西斯主義的特色。共產主義運動常在貧困、落後，缺乏民主傳統與經驗的國家獲得成功，法西斯主義運動則在經濟與技術比較進步，已具若干民主政治經驗，但仍乏民主傳統的國家如一九三〇年

代的德義獲得成功。法西斯主義政治運動，在一些民族自尊受到屈辱的社會，較易獲得民眾廣泛的支持，如第一次世界大戰後，德國人民感到凡爾賽和約對他們的不平等待遇，而義大利人民則感到該國未能與其他戰勝國如英法等得到相同的利益，尤其是海外殖民地；而這些社會的人民甚多缺乏對民主堅強的信心，其國內堅強對抗法西斯的政治勢力遂無法獲得充份支援來抗拒這股以仇恨與報復為號召的政治運動。

　　如就義大利與德國的情況來看，支持法西斯最熱烈的份子包括許多企業家與大地主，他們的動機是藉法西斯的力量來對抗勞工，尤其工會的力量。企業家與大地主支持法西斯完全是出於利害，缺乏思想與觀念上的認同。因此，當德義法西斯運動聲勢日盛時，不少大企業紛紛出錢支助，當法西斯運動日暮途窮時，企業界也變成反法西斯的力量；另一類支持法西斯運動的中堅，人數較多，這類人在心理與觀念上，對之頗有認同感，這是為較低層的中產階級，包括白領受薪者、小店主、小企業主、自耕農等，在通貨膨脹，失業率高的社會，這些人都擔心會淪落而為無產階級，喪失其辛苦掙得的社會地位，他們一方面妒忌龐大企業，另方面又害怕工會輕視勞工。法西斯宣傳家充份利用這種妒忌與恐懼，一方面攻擊大企業（以猶太人為名），另方面攻擊工會（以共產黨為名）。這種宣傳並無嚴謹的一貫性，足以滿足具矛盾心理而教育不高的基層群眾。另一類對法西斯運動給予支持者為軍人，軍人支持法西斯的激進民族主義與軍國主義，尤其對其領土擴張的主張，暗中竊喜，不過，在不同的情勢下，軍人也往往成為推翻法西斯的力量（如一九五五年阿根廷），這是因為法西斯政權常常試圖把軍隊政治化，高級將領與軍官的任免不重視軍事才能，而側重與法西斯領袖的關係或政治效忠，職業軍人對此往往不滿；此外，倘若法西斯政權領袖的政策，在軍人眼中，可能導致國家毀滅時，也可能萌生反對的意念與行動，

如第二次世界大戰末期,德國若干高級軍官曾密謀推翻希特勒政府。

　　法西斯主義,於兩次世界大戰之間,在中歐與南歐,發展極為迅速,主要原因並不在於其意識型態的優越（嚴格說來,法西斯主義並不具有任何深邃的理論家或思想家）,也不由於其領導者的才智與能力,主要是由於在德國與義大利,發生了嚴重的社會與經濟危機,大批民眾面臨失業,更多的人對國家的前途失去信心,對其國內正在學步的民主制度的效力充滿懷疑,並且不同階層的人彼此間的仇恨與猜疑甚為強烈,在這種社會背景下,一個以提供安全與發洩仇恨為號召的政治運動,獲得快速蔓延,自不足怪。

　　法西斯主義並無傑出的理論家與具有學術深度的理論著作,希特勒的《我的奮鬥》（*Mein Kampf*）與墨索里尼的《法西斯主義》（*Doctrine of Fascism*）可作為探索其主張的典籍。大體說來,法西斯主義,除前述極權、一黨獨裁、民族主義、種族優越觀、軍國主義外,還主張對領袖的個人崇拜,對人類理性的否定,崇尚暴力……等。它雖是一種對人類文明極端危險的迷信,但由於理論基礎薄弱,就思想而言,它遺留的毒素之消除,並不困難。德義等國第二次世界大戰軍事失敗後,法西斯思想幾乎隨之消失無餘,如今這些國家雖有所謂新納粹、新法西斯等政黨,但參加的份子人數甚少,而且多半是那些政治運動的餘孽與社會適應不良的人,沒有任何真正的影響力。

肆　西方民主國家的主流思想

　　西方民主國家,有無意識型態？這是一個令人困惑的問題,我們倘若把意識型態持一種狹義的界說,而且把它當作官方決定全社會必須一體遵循的思想與信仰系統,則今日西方國家可說並無意識型態；然而,由於歷史傳統的發展,社會與經濟的背景,文化的因

素，大部份西方國家都存在某種主流的政治思想與信仰，它不僅構成社會與政治「共識」的基礎，而且賦予其精英份子政治行為相當程度的可預測性，因而主要政策方向與路線不會因不同政黨交替執政而發生遽變。在西方國家雖然有主流思想以外的各種政治思想，但其影響力往往相當微小，不能與主流者相頡頏。

主流的政治思想似已與國家的傳統，節節相附，並且已深入人心，大多數人在不知不覺間都會循此種思想提供的前提與準則，來認識、思考或評斷現實的政治事物。在這些西方國家，知識份子多多少少尚能理解主流思想的內涵，但一般民眾則僅肯定其屬「較合理」的政治觀念，把它蘊含或引發的一些符號（如私有財產的神聖性……）當作不渝的信條，當作自己政治行為與選擇的準則，與政治效忠的判斷依據，就此點而論它們已具備了「意識型態」的特徵。目前西方民主國家具有主流地位的政治思想計有自由主義、民主社會主義與基督民主主義。茲分論如後：

㈠自由主義：自由主義的思想，一方面淵源於西方國家人民爭取宗教信仰與言論、行動的自由（對抗國教與王權），另方面由於中產階級欲擺脫政府的干預，（反對所謂重商主義 mercantilism）以利工商業發展，於十七世紀之際，自由主義的思想已相當流行於英荷等國中產階級與一般獨立教派的人士之間。洛克、盧騷……等提倡天賦人權（包括自由權），有限政府與政府權力基於被治者同意等觀念，可說為自由主義建立理論的基礎。隨著西方資本主義市場經濟的發展，中產階級的興起，宗教容忍原則的確立，政教區分觀念的建立，多元社會的建立，司法獨立的完成，權力區分與制衡的形成，自由主義遂成為西方社會的主流思想，在十九世紀中葉，它的影響力達於顛峰。

然而，自由主義於其時遭到社會主義的挑戰。在歐洲大陸，自由主義在純思想的層面，雖然保持相當巨大的影響力，但自由主義

政黨已慢慢退居次要地位，在英國與美國，自由主義仍保持其優勢或均勢❹。

自由主義思想的基礎是個人主義，它肯定個人的天賦人權，人格尊嚴，認為一切政治與社會的建制都是為實現個人目標的工具，其本身並無超絕的神聖性，個人的潛力無限，但不良的制度常常限制或束縛其發展，因此，我們應該減少制度的束縛，以利個人發展。制度的管理應該盡量減少，限於維持社會生活所必需者。因此，在政治上，自由主義者主張有限政府，各部門權力互相制衡的政府，以憲法來嚴格限定的法治體制；在經濟上，主張自由競爭的市場經濟、政府干預的減少，使參與者皆能在公平的條件下，發揮其經營與管理的才能。如此，競爭者的個人潛能充份發揮的結果，開明私利的增進遂可令社會全體的經濟生活蒙受有利。

自由主義在對抗專制政府、橫暴的個人統治、保障與推展人權、及自由經濟制度的建立，資本主義下繁榮的發展，都有其重大貢獻。然而，自由主義的弊端，也不容忽視。

自由的市場經濟中，參與競爭的人，先天上並不是平等的，資本家與勞工（在強大工會組織出現前）處在極不平等的地位，大企業家與小企業主也處在不平等的地位，在先天不平等的條件下，弱者在競爭中無法發揮潛能，而天生強者也不必具有高人一等的智慧、能力、與「潛能」，就可輕易在競爭中擊敗對手，而佔上風。

自由主義政黨主要為中產階級支持的政治組織，在中產階級政治力量尚未強大時，它們是對抗貴族保守勢力的進步力量，一旦自己成為執政的政黨，它們往往不能維護社會的公益，而且，雖然根據其本身理念，政府應在社會經濟力量的競爭中，扮演中立的地位，但實際上，一旦成為主政者，它們無不站在資產階級的地位，來維

❹　傳統自由主義影響力最大的國家似為美國，社會主義思想在美國不受一般民眾的重視。

護該階級的利益，例如十九世紀中葉後至二十世紀初葉，歐美各國
政府往往動用軍警，藉口維護秩序，來鎮壓勞工的抗議運動，並以
法律與政治力量來限制工會活動。

自由主義者藉支持經濟活動之自由為名，全力維護現狀，遂遭
社會主義者抨擊；十九世紀末葉二十世紀初葉的自由主義者也有對
傳統的信條不表全盤接受，而持異議者。其中如格林 (Thomas Hill
Green) 就主張自由主義的基礎不應是單純的個人主義，而應置於個
人與社會的兼籌並顧上。他並認為自由主義維護的價值最主要者不
是消極的自由，而是人們應有享有種種利益的自由，一般經濟競爭
中佔劣勢的人雖然擁有與別人一樣的消極自由，其實質的自由顯然
已不足。因此，政府應採取種種措施來確保人人享有基本的積極的
自由。格林等人的思想，實為「福利國家」提供理論基礎。由於福
利國家思想的出現，自由主義的內容更為豐富，並且更能符合時代
的潮流。

現在自由主義的大本營是美國，其代表政治主流的兩大政黨：
共和黨與民主黨都是自由主義政黨，但兩黨的自由主義內涵頗有差
異，共和黨──尤其其較保守的一支──比較堅持傳統的自由主義
所蘊含的種種價值，而民主黨──尤其北部的以工業都市的低層民
眾與工會為支持基礎的一支，則較支持修正的福利自由主義。在一
九三〇年代，兩黨之爭實涉及自由主義適應新時代之課題，羅斯福
新政為選民廣泛接受不僅代表美國政治上共和黨長期優越地位之削
弱與民主黨優勢的建立，而且表示福利自由主義的抬頭。自羅斯福
時代開始，保守的自由主義者也不得不承認「福利國家」的基本原
則，因而保守者與進步者爭執的課題已變為「福利」的程度與政府
在人民經濟活動中所扮演的角色之範圍而已。近年來，由於「福利
國家」原則的具體實踐產生了龐大的官僚組織，而此一官僚組織運
用各種法規規範人民之活動，因而多多少少損害人民創新與主動；

保守自由主義者乃認為應削弱官僚的勢力，減少其人數及其對民間活動之束縛。此外，一九四〇年代以後，工會的力量日益擴充，使許多中產階級份子感到不安，尤其工會按時增加工資的要求，使許多消費者責怪其行為實造成通貨膨脹激增。因而保守自由主義者限制工會的主張，也漸漸獲得較多的認同者。

　　㈡民主社會主義：十九世紀末葉二十世紀初葉之際，馬克思之跟隨者考茨基與伯恩斯坦等認為在中西歐的先進工業國家，發動大規模的無產階級革命，是不切實際的妄想，而且，也不必要，因為由於選舉權的日益擴充，無產階級必然可使用選票，在現制下，謀求改革，以爭取其福祉，因此，他們主張組織工會與無產階級政黨，而反對成立革命組織，他們對馬克思主義這一修正，影響甚為深遠，中西歐大陸國家現有的社會民主黨便是這種主張的產物，至二十世紀中葉以後，社會民主主義政黨已在西德、法國、西班牙、葡萄牙、義大利、斯堪底那維亞各國、荷、比、盧……等國，成為執政黨或主要的反對黨，民主社會主義已是西方民主國家另一主流思想。

　　英國的民主社會主義思想，自成傳統，與馬克思主義並不相干。英國的社會主義思想的創始人之一歐文（Robert Owen，一七七一～一八五八）為一自力成功的企業家，他不贊成採取激烈的革命手段來改革現狀，而主張設立合作社來防止產業兼併與財富過度集中於少數人之手的現象，並提倡修改法律，以改善平民與勞工的福祉；他並且相信以道德教育來感化資本家也可使其主動改進勞資關係。歐文的主張實際的效果甚少，但他代表的一種觀點：即改革要從社會發出，而非政府主動，對英國人的觀念頗有影響。

　　英國民主社會主義乃是所謂費邊社會主義 (Fabian Socialism)。主要由費邊社的知識份子所提倡。費邊社的主張是社會主義的理想必須逐步達到，韋勃 (Sidney Webb) 在其費邊論文 (Fabian Essays) 中指出實現社會組織與結構改變的四項條件為民主，漸進，合於道德，

合憲與和平。馬克思主義者（包括早期的歐洲大陸之民主社會主義者）之宣傳以無產階級為對象，欲把上層與中產階級排除在外，把他們一體視為剝削者的觀點，費邊社成員並不贊成，他們認為除非中上階級的人士能瞭解社會主義者的要求與主張都是合理的，在英國無法建立一個合於正義的社會秩序。為贏得這些人的支持與同情，費邊社採取緩和，但持續不輟的宣傳，而且重視經驗事實，不強調抽象的原則。費邊社的成功是顯而易見的，在英國一九四五年大選中，當選的勞工黨下院議員三百九十四人中，費邊社員共計二百二十九人，首相及二分之一的內閣閣員都是費邊社員。

㈢基督民主主義：基督民主 (christian democracy) 思想的依據是羅馬教宗李奧十三 (Leo XIII) 與庇護十一 (Pius XI) 的諮文：他們指出資本主義不符正義，為勞工帶來無限痛苦，但社會主義也非這一錯誤的正確解決之道。資本家與勞工都應牢記他們都是上帝的子民，求取精神的淨化才是人生的目的，聚積世俗財富不是生命的主要價值。為使世界成為符合正義之地，財富必須更公平地分配，資本家與勞工應該維持良好的關係，以達到互利的安排。過大的財富與貧困都有害於精神生活或性靈之追求，因此應該避免。如今在中歐與南歐各國都有強大的基督教民主黨，如德國的基督教民主黨勢力強大，曾數度執政；義大利在第二次世界大戰後，基督教民主黨始終為第一大黨。目前，基督教民主黨大多居於中間偏右的政治立場，與社會民主黨站在對立的地位。

伍　開發中國家的意識型態

對開發中國家的知識份子而言,意識型態具有不可抗拒的魅力；他們深感其國民教育程度低落，政治興趣淡薄，欲團結民眾，促進國族的獨立與發展，必須以某種共同的思想與信仰來鼓舞其情緒，

激發其認同，意識型態被認為係一種頗為有用的工具，足以提供國民一致的思想與信仰。而且，它比宗教更值得採取，因為它更有助於社會的現代化。然而，開發中國家知識份子對於意識型態的態度也不全然是功利主義的，他們自己也都受意識型態的影響，其中有些更創造了自己獨特的意識型態。

　　大體說來，開發中國家知識份子的意識型態往往是民族主義與社會主義的混合。開發中國家大多是掙脫殖民主義的控制獲得獨立的新興國家或受到帝國主義長期壓迫的國家，其知識份子崇尚的民族主義一項主題為反對殖民主義與帝國主義。因而常含有反西方的色彩。然而，政治上反西方並不能與文化上對西方的態度混為一談。就對西方文化的態度而言，開發中國家知識份子常呈現一種矛盾的傾向：一方面由於受西方教育，他們對西方科技，經濟及其他各種層面的重大進步，深為欽羨，常把西方當作國家發展的模範，及衡量自己社會的標準；另方面他們在感情上也不能完全接受西方文明的優越，因為這無疑承認自己傳統文化的落後，同時他們對西方社會的一些現象如種族歧視，個人主義……等也相當厭惡。因此，他們常常提出一種西方的長處在物質文明，而其本身的優越則在精神文明的說法，這種看法構成其意識型態重要的一環。

　　開發中國家知識份子在肯定自己固有傳統的優越性方面，煞費苦心。在我國，張之洞等人的言論，讀者耳熟能詳，在其他亞非國家，都有類似的主張，其中最有名的為印度的甘地與非洲塞內加爾的桑果 (LéopoldSédar Senghor)。

　　甘地一再強調印度傳統文化的「精神性」，人際關係重視合作與友愛，不似西方的追求物質慾望與個人成就，重視勝過別人，及控制或指揮別人。桑果提出的「黑色精神」（"negritude"）理論，更是反映這種態度。

　　桑果是塞內加爾獨立後第一任總統（一九六〇至一九八〇），他

於一九四五年從巴黎返回故國（其時為法屬西非的一部份）從事政治運動前，已在法國接受了完整而良好的教育，成為有名的學者與詩人。其「黑色精神」的理論強調的重點為非洲黑人具有精神上優越性，其性格樂天知命，不為個人打算，能為自己的社群犧牲，在白人進入非洲以前，非洲就已建立相當和諧安寧的社會生活，其財富分配之型式與生產的方式都能適合其社會需要。

開發中國家知識份子大多信仰社會主義，他們把資本主義與帝國主義（殖民主義）視作一體的兩面，反對資本主義自然不難理解。除此以外，他們也都相信社會主義比較符合正義與公平，其社會輕視商人的傳統價值也影響其態度。然而，他們對西方的社會主義也不能全盤接受：一方面他們認為西方社會主義過於強調物質分配與勞動者以對立的方法向資本家爭取權益等觀念，並不適合他們的社會，而且可能有害；另方面他們對蘇聯等國的政治目標深具戒心。因此，即使對馬克思主義較具好感的少數開發中國家，儘管接受蘇聯援助，也正盡力設法限制其在該等國家內的政治影響力。

他們對社會主義實際上僅是一種理想上的認同，在有些社會，他們把維持固有的社會結構與生產方式與實行社會主義兩者混為一談：譬如，在若干非洲國家的農村社會，舊有的部落公有土地制仍然被保留，這種制度其實是一種相當古老的制度，有時並不合於充份開發土地資源的要求，但在這些國家，政治領導者視其為「非洲式社會主義」的實現方式，而以國家的法律予以保障，使農業發展發生困難。

開發中國家知識份子的民族主義、社會主義意識型態，並不完全表現於實際的政策中，在知識份子民族主義者執政的國家中，有些比較傾向社會主義，而且表現較強烈的民族主義，有些則不然，這與執政者個人性格、客觀的現實環境等皆有關，在軍人執政的國家，社會主義比較不受重視，民族主義則被強烈強調，領導者個人

崇拜也在若干國家被宣揚，如薩伊對莫布杜的制度化的崇拜。

陸　無政府主義

　　無政府主義的思想，於十九世紀產生以後，在許多國家，都有不少信奉者，尤其在南歐與拉丁美洲國家。無政府主義有兩項要素：一是反對私有財產制，這是其與一般社會主義思想共同之處；另一更重要的要素是主張廢除任何形式的政府。因為無政府主義者認為任何型式的政府都是限制與剝奪人民自由的，因而都是壓迫者。人的本性都珍愛自由，而且在沒有壓迫的社會制度下，都能自我控制，不致有反社會的行為，政府常自詡為維護人們和睦共處，並克制人們反社會行為的，其實這不過是一些愛好權力與保持特權的政客與官僚的藉口而已，他們本身就是反社會的，他們這種反社會的行為型式（往往以「法律」來掩飾其侵犯別人權益的舉動）往往對一般人民產生負面的影響，使他們也不免有反社會的傾向；再說，大多數政府都是維護少數人的既得利益的，尤其是資本主義國家的政府，都是為了維護私有財產及剝削者的特權而設置的，毫無道德價值可言。無政府主義者又認為政府是一種虛耗社會資源的組織，由大批不會生產任何東西，而專門製造無甚用處的公文的官僚所組成。無政府主義思想，往往在一種政治極為腐敗，人民甚受壓迫的環境下產生，如沙皇統治下的俄國，曾出現巴枯寧 (M. Bakunin) 及克魯泡特金 (Peter A. Kropotkin) 等無政府主義的主要創始人。

　　十九世紀中葉以後至二十世紀初葉，無政府主義者的影響力相當大，其兩種流派都有支持者。其中一派，主要受巴枯寧的影響，主張使用暴力革命的方法，來實現無政府的理想。這派暴力傾向的無政府主義者曾於十九世紀末葉在若干歐洲國家發動事變，並暗殺若干國家的政治領袖，引起各國的疑懼，近年來，其聲勢顯然已經

下降。另一派主張運用教育與鼓吹互助合作的方式，來鼓勵與激發人們「自治」，逐漸減低其對政府的依賴，疏離其與政府的關係，而致擺脫政府的控制；並藉宣傳來使人們瞭解任何形式的政府都不免成為壓迫者，克魯泡特金為這類主張的主要創導人。近年來，莫爾 (Barrington Moore Jr.)、伍爾夫 (Robert Paul Wolff) 等人的著作，皆表現無政府主義的思想。

　　無政府主義不可能在任何國家變成主流思想，因為大多數人仍然相信政府是必要的，然而，由於人類愛自由的天性以及政府的作為不可能完全令人滿意，無政府主義的思想是不會消失的。

■ 第三十二章　地方政府

　　政府權力的分配，一方面涉及中央（或全國）政府的各部門（主要為行政與立法兩者），權力的分割暨彼此間的關係，大體上，有總統制、半總統制、內閣制、委員制等不同類型的政府，我們已敘述過了。另方面涉及中央與地方政府權力的劃分與兩者間的關係，此為本章的內容。

　　本章共分四節：1.中央與地方權力分劃的兩種基本型式：中央集權與地方分權；2.聯邦國家政府權力的分劃；3.單一國家政府權力的分劃；4.主要國家地方政府簡介。

壹　兩種基本型式

　　世界各國，中央政府與地方政府權力的分配，大抵遵循兩種基本型式之一：中央集權與地方分權。在中央集權的國家，權力主要歸屬中央政府。理論上，地方政府僅為中央政府的分支機構或代理者 (agents)，沒有本身的權力依據，其行使的一切權力，皆由中央政府授與，中央可以改變或撤銷。典型的中央集權國家為中國與法國。中國自秦滅六國、統一天下以來，歷代帝王皆強調「大一統」，屬行中央集權，當國勢鼎盛時，政治權力悉歸中央，有時甚至掌握在天子一人之手，當國勢衰弱時，地方割據之局漸漸形成。一旦割據之局結束，中央集權的情形又告恢復。地方分權的觀念，數千年君主專制時代，始終不曾出現過；民國以來，已有人對我國傳統的中央集權感到不滿，孫中山先生的「均權」理論，試圖對中央與地方的權力關係作突破性的改變，他主張地方自治，也旨在給予地方政府

某種獨立的權力。此外，民初的「聯省自治」等主張，更是對中央集權的反動。然而，迄今為止，實際上中國仍為中央集權的國家；另一典型的中央集權國家為法國，法國在大革命前，波旁 (Bourbon) 王朝的君主，就努力削弱封建殘餘，建立一個中央集權國家，至路易十四時，已相當成功，大革命推翻舊體制，但未對中央與地方關係作任何重大的變革。拿破崙稱帝後，中央集權的態勢更盛。目前，法國仍被當作西方國家中，中央集權制的範例。全國的行政，均由巴黎的中央政府決定，全國劃分為若干省 (departments)、郡 (arrondissements) 等，行政首長均由內政部任命，地方議會對其僅有監督權與建議權而已，而不能制訂其依法必須執行的法規。此外，法國的教育、警政等皆以嚴格的中央集權方式管理。

與中央集權相反的，為地方分權，所謂地方分權，是指中央政府與地方政府的權職，都由法律嚴格規定，凡是依法屬地方政府之權，地方政府可在不受中央干預的情形下行使，而中央政府也不得干預。當然，法律規定歸屬地方政府的權，不同國家自不相等。如瑞士，則各邦之權甚大，中央政府的權力反而相當有限；而在有些地方分權國家，則地方政治權力不及瑞士遠甚。然而，無論如何，地方政府之權力必須達相當程度，才是名實相符的地方分權。此外，所謂地方分權制度，並不完全由於地方政府具有相當權力而定，還須以權力的依據來衡量。地方政府的權力並不是來自中央，而有其自己的法定職權依據，才是真正的地方分權。凡是真正的聯邦國家，都是地方分權的政府制度。不過，地方分權並不限於聯邦國家，若干單一制國家，如英國等，也可視為地方分權的國家，因為在這些國家，由於特殊的法律安排，地方政府在若干事務上，都有相當廣大的自主權。雖然，地方分權並不一定僅存在於聯邦制國家，但凡是民主的聯邦國家，無不力行地方分權。從某種意義來看，聯邦制實在是為防止中央集權而設置的。

貳　聯邦國家

　　理論上，單一國家與聯邦國家的最主要區別，在重要政事的決策權，就前者而言，它統歸中央政府，而在後者，則權力分成兩大類，凡必須屬全國一致的事務者，歸聯邦政府，而其他事務，則各邦政府可作最後決定，在這些領域內，各邦維持其獨立性，它的行動只要與聯邦政府與其他諸邦協調即可。目前，聯邦國家共計二十餘個，其中存立於十八世紀中葉以前者，僅瑞士一國，十八世紀中葉後建國者為美國，十九世紀中葉以前成立者為阿根廷、巴西、墨西哥與委內瑞拉等四國，十九世紀中葉後至二十世紀初，又有加拿大、德國、奧地利等。二十世紀初葉至中葉，建立的聯邦國家又有澳洲、印度、巴基斯坦等，一九五一年後建立的有馬來西亞、奈及利亞、捷克斯拉夫、喀麥隆與坦桑尼亞。

　　聯邦國家的產生，比單一國家的產生，更具「政治」意味。單一國家可藉權力慾與強者的武力征服來解釋其成立，國家的維持自然比較複雜，但大體上也可從文化與制度上找尋答案，文化上是民族主義價值的培養，及其他效忠國家、政府、統治者個人及諸種政治符號之情愫的孕育；制度上是中央集權的官僚組織與軍隊組織，來控制人民，鎮壓反叛，貫徹政令與統治者的意志；聯邦國家的產生與存在，就不能藉如此單純的理由來說明。聯邦國家主要產生在三種背景之下：第一種背景是若干相當自主的鄰近地區或邦（州），為了增強防衛，抵禦外侮，或解決彼此間的紛爭，以促進共同的利益，都願意放棄其自主權的一部份，建立一個聯邦政府，如此一方面剩餘的自主權仍可保留，另方面則可增加力量，獲得更佳的利益。當然，這些地區或邦（州）之能夠推動「聯邦」的觀念並實現它，其先決條件為彼此在文化上，社經利益上已有相當程度的共同性，

否則草率行事，是不可能成功的。第二種背景是一個大邦，實際上已對鄰近小邦發揮相當的影響力或控制力，它已可用武力來佔據這些小邦，迫其接受單一政府。但如此作法，可能引起反抗或產生其他不良副作用，大邦如不想付出過昂的政治代價，又不願讓這些小邦獨立，則可能利用聯邦制來處理這一問題，小邦如感到獨立必然無望，在不得已就其次的心理下，也會接受聯邦的安排；最後一種背景是某一民族，因歷史原因，歷史上已分為若干小邦，這些小邦都發展出各自的「性格」，其統治階層也各有其既得利益，一旦此民族在近代民族主義潮流的激盪下，人民期望建立統一的民族國家，但卻無法成立單一國家，因為其各邦的各自「傳統」已根深蒂固，組織聯邦遂成為其較佳的選擇。

　　第一種背景下建立的聯邦有瑞士與美國。瑞士原為逃避宗教迫害的法、德、義人民聚居之地，這些人民建立的小邦，為共同防衛之需，建立聯邦；美國聯邦則為北美十三州脫離英國獨立後，經過十餘年的經驗反省而締結的。十三州在英國統治時，個別殖民地都與英國聯繫，殖民地之間缺乏政治關係，故雖屬同文同種，但除了欲脫離英國統治為全體願望外，其他事務彼此意見既不一致，而利益的衝突也大，尤其大邦與小邦，以商業為主的地區與以農業為主的地區、畜奴地區與禁奴地區都互不相容，在這種情況下，十三州為保護其獨立成果而建立的聯邦（各邦保持極大多數自主權、鬆散的聯合體）完全失敗，此使十三州若干人士深感有成立聯邦的必要。苟非如此，各州相爭的結果必使商業受損，而彼此利益也難顧及。在這種背景下，美國聯邦遂勉強組成。前蘇聯可說是第二類背景下的產物。舊俄沙皇的內陸擴張政策，使大俄羅斯民族建立的俄羅斯帝國能在數百年中，逐漸吞併了烏克蘭人的國家，中亞與外高加索回教民族建立的小邦，波羅的海的小國等，至二十世紀初，俄羅斯帝國境內已有近百少數民族，俄羅斯的武力鎮壓，中央集權官僚體

制，與文化方面的俄化政策，逼使少數民族不是傾向獨立，就是支
持革命。俄羅斯帝國的衰落，與其少數民族政策的失敗頗有關係。
列寧對此點領悟甚深，因此對蘇聯革命成功後的少數民族政策甚為
關心，史達林早年受列寧重視，乃是因為他對少數民族問題曾作研
究。

　　列寧雖對沙俄的民族政策不以為然，但絕無意讓俄境內少數民
族獨立。他指責任何主張獨立者為資產階級的民族主義者。另一方
面，列寧認為大俄羅斯民族的優越感必須克制，曾力斥其黨員中具
有所謂大俄羅斯民族沙文主義思想者。蘇維埃社會主義共和國聯邦
憲法雖准許加盟的共和國（十五個加盟共和國由十五個主要民族及
其居地組成。但在若干共和國中的少數民族則又組成自治共和國、
自治區等，成為共和國的附屬單位）有權退出聯邦，實際上這權徒
具形式而已，自蘇聯立國以後，凡屬有獨立傾向或較堅持自己民族
立場的少數民族政治或文化界人士，常遭到整肅、處罰，或流放海
外的遭遇。在史達林當政時期，烏克蘭人，波羅的海沿岸的愛沙尼
亞、拉脫維亞與立陶宛人曾經受嚴酷的虐待，蘇共政權為撲滅其民
族獨立的願望，曾流放其精英至西伯利亞，其中不少為共黨黨員，
而第二次世界大戰期間，以極牽強的理由，集體放逐克里米亞韃靼
人、伏爾加日耳曼人、加爾曼克人……等民族，並取銷其自治共和
國，這些事實證明蘇聯的聯邦制實際是不能與非共國家之聯邦制相
提並論的。在蘇聯，權力集中於莫斯科的情形，不曾因聯邦的外表
而有所不同。

　　共黨國家中，實行聯邦制而其加盟份子國的權力具實際意義者，
僅前南斯拉夫一國。前南斯拉夫由塞爾維亞 (Serbia)、克魯西亞
(Croatia)、孟特尼格羅 (Montenegro)、波斯尼亞－赫塞哥維納
(Bosnia-Herzegovina)、馬其頓 (Macedonia) 及斯洛文尼亞 (Slovenia)
等加盟共和國及阿爾巴尼亞人組成的自治區柯蘇伏 (Kosova) 及伏

依伏丁那 (Vojvodina) 等組成，當狄托擔任總統時，其個人聲望形成團結的最大條件，狄托逝世後，這一條件喪失，各民族間取得較多自治權與經濟利益的欲望甚烈。目前南國已於一九九二年正式解體，並分為斯洛維尼亞、克羅埃西亞、塞爾維亞、科索沃、蒙特內哥羅、馬其頓共和國，與波士尼亞赫塞哥維納。前南斯拉夫的實例似乎說明僅藉共黨組織，仍不足以防制聯邦國家權力分散於各分子國，及這些分子國間爭執與衝突的一再爆發。

聯邦國家的權力分配，往往在憲法中作原則性的規定。例如在美國憲法中規定聯邦政府的權力限於憲法中特別列舉者。而各州政府則擁有所有保留權力 (reserved power)，也即未在憲法中列舉明定賦於聯邦政府者；在加拿大憲法中，各省政府擁有憲法中列舉的權力，一切保留權力統歸聯邦政府。然而，我們如欲瞭解在聯邦國家聯邦政府與邦（州、省）政府權力之分配的實情，並不能徒憑憲法條文，因為憲法條文必須經人詮釋，始能適用於個別的情況，而不同時代的人對一項條文的詮釋不可能一成不變，政治權力是用來處理社會的問題的，在社會改變的過程中，問題的性質改變了，新的問題產生了，原來人們心目中的權力安排如一旦被發現對重要問題的解決甚為不妥，這種權力安排就可能被摒棄或重新調整。我們試以美國為例，對此作更詳細的說明：二百年來美國憲政發展，有人認為是聯邦政府權力日益擴大的過程，而聯邦政府權力的擴大乃是由於社會改變，產生許多新的問題，政府為謀求這些問題妥當的應付或處理所導致的。憲法初締結時，美國僅為一個包括十三州的小國，人口僅三百餘萬，位居新大陸，國防與外交的問題都相當單純。事實上，在抵制英國的努力獲得成功後，已可近乎孤立的過自己的生活，二十世紀後，它已成為一個橫跨西洋的大國，對世界其他地區發生的危機，已不能置身事外，國防與外交，變成其必須特別注重的事務，這類事務當然歸屬聯邦政府，這使聯邦政府的職責大為

加重，其權力也相形增加。除了國外的環境趨於複雜外，美國國內
的情勢也發生重大變化，社會高度工業化所產生的許多問題，諸如
環境污染等，都不是各州所能獨力處理的，必須仰賴聯邦政府來輔
助與解決，這也使聯邦的權力擴增。美國聯邦政府權力的膨脹，使
若干人士大為擔心，深恐聯邦制會慢慢淪為有名無實，因而他們主
張並非絕對需要聯邦政府處理的事務上，盡量保護州權。這類主張，
近來頗受民眾歡迎。

參　單一制國家的權力分劃

如前所述，原則上，單一國家的政府權力分劃，甚為簡單：一
切決策權力都屬中央政府所有，地方政府為中央政府的代行者而已，
倘若在某種領域內，它享有決策權力，此權力也是中央政府為顧及
事實需要而授予的，一旦中央政府感到這種需要已不再存在時，可
予以收回。不過，原則儘管如此，實際上，在不同的單一制國家，
中央集權的程度大有區別；在若干單一制國家，地方政府在若干領
域內享有相當大的決策權與行動權，而且這事已成為慣例，中央政
府儘管依「法」可剝奪這些權力，但為顧及政治傳統，往往不會如
此做，因為如此作法，勢必引起民眾高度不滿。譬如英國便是一個
地方政府享有相當高度自治權的單一制國家，在大多數政策領域，
倫敦的巴力門雖為決策的中心（或者更確切地說巴力門中的內閣），
但在有些領域，如國民住宅……等，地方政府的自治權甚大，這類
「地方自治」的目的在使一般民眾有更多機會參與政策決定的過程。
法國為一高度中央集權的國家，有人曾說法國學童每日唸的功課之
內容也是巴黎的教育部的官僚決定的，這可能言過其實，但也可見
其中央集權之甚，不過第二次世界大戰後，法國也作了若干改變，
其中央極權程度已比較減少，但與英國相比，法國仍是一個中央權

力甚大，而地方政府權力頗小的國家。

我國傳統上為一中央集權理念甚深的國家,當政府權力穩固時,中央集權的程度必然甚大, 否則如地方權力大, 必定是由於中央政府無能, 致造成「尾大不掉」, 而這往往是割據局面的預兆,因而,在傳統中國, 中央集權是正常的, 否則為反常；孫中山先生力主地方自治, 不僅是希望藉此訓練人民的民主參與能力, 而且期盼由此糾正中央過份集權的缺點, 並且建立健全的中央地方關係, 免於非過度集權即地方割據的兩難情況。

地方自治的原則甚為重要, 但如何實行地方自治, 仍屬一值得探討的課題。孫中山先生對此雖有提示,但今日的環境已迥異往昔,將來的情形又與今日大不相同, 權力的分割並無一成不變的公式可循, 國人實應依據地方自治的基本原則與精神, 加以審慎研究, 並使政治制度之運作方式, 隨社會環境的改變, 而作適當的調整。

肆　主要國家地方政府

世上任何國家, 皆有地方政府。我們討論地方政府, 重點為地方政府的程度, 也即其受中央政府節制的範圍與大小❶。在一般所謂中央集權的國家, 如法國, 地方政府往往聽命於中央, 本身缺乏決策的自由。而在地方分權的國家, 地方具有相當的自治, 在若干

❶　關於美國地方政府, 參閱: Henry A. Turner, *American Democracy: State and Local Government* (New York, 1970). 關於英國地方政府, 參閱 W. E. Jackson, *Local Government in England and Wales,*2nd ed. (Harmondsworth, 1970).

W. A. Robson, *Local Government in Crisis* (London, 1966). 關於法國地方政府, 參閱 Mark J. Kesselman, *French Local Government: The Politics of Consensus* (New York, 1967). 關於蘇聯地方政府, 則可參閱*Problems of Communism* 中有關文章。

類政策領域內，可與中央分享決策權或者甚至獨享決策權。

在關於地方政府權限的討論中，所謂權力應指基本決策權，並非指行動與一般行政事務決定之權，就後者而言，在任何國家，地方政府必然具有某種程度的權力，因為即使在一個中央集權的小國或極權國家，今日的社會，也不容許中央政府處理一切事務，某種程度的授權是必需的。

有些「地方政府」學科的學者強調分權 (decentralization) 與權力分散行使 (deconcentration) 兩者的區別來說明以上的觀點；所謂分權，是指地方政府享有若干領域的基本決策權，在民主國家，這都具有地方自治的涵義，地方自治不僅指地方政府享有某些中央不得隨意剝奪的決策權，而且地方政府是由地方上民選人士所控制，行政官員由他們任命，並對其負責的。權力分散行使僅指在許多政策領域，權力的行使，必須交託地方政府，由地方政府依據中央決策的精神與原則，因地制宜去實行。當然，中央的政策，並不一定都交託地方政府行使，有時中央在全國各地設有分支機構，政策由這些機構負責執行，但在許多情形下，交託地方政府行使，比較方便、節省有效，並可避免不少其他的麻煩。

不論是否具有地方自治的精神，地方政府的任務都是雙重的：一方面它負責處理其轄區的個別事務，無論其為自治法規所規定的自治項目，抑或依法所訂的地方政府得自行處理之事務；另方面它秉承中央政府之指示，處理其交辦的事務。如英國的警政，由中央釐定政策，委任地方政府執行。凡中央委託事務，其執行必由中央嚴格控制，俾全國獲一律的執行效果，並由中央提供經費。地方政府，顧名思義，是按地理之分割分權，這是與中央在全國設立分支機構行使權力的原則不同的。

就歷史沿革而言，西方國家與中國地方政府的發展是頗不相同的。中國自秦始皇統一六國，廢封建設郡縣後，所謂地方政府，已

成為中央訂立的法規或建制的產物，並無本身自發的權力來源。因此，在理念上，中國傳統上皆視地方政府純粹為中央政府的隸屬單位，稟承中央之命辦事，本身應該是被動的，以前中國人做官都想做京官，否則也要當方面大員——即甚大的行政區劃的首長，如總督之類，擔任地方政府的普通官吏，總覺不如擔任中央的普通官吏較有出息。中國歷史上有時中央政府積弱，無法控制全國，地方上的實力人物不理會中央，造成弱幹強枝的局面，但這往往是制度失效的不正常現象，並不能說中國地方政府具有自發的權力基礎。傳統中國，地方政府為純粹附屬地位，加上其時中國完全缺乏民主的政治程序，使它成為一個高度中央集權的國家。

歐洲在十五至十七世紀現代國家出現前，地方主義的色彩甚為濃厚。每一市鎮，都是市民自行管理，其各行業的基爾特（guild 類似今日的公會，但功能不盡相同）往往能參與其成員有關的事務的決定。即使在鄉村，也由當地世家大族處理地方事務，中央的控制甚為有限，法國在柯爾培 (Jean Baptiste Colbert) 主政時，中央控制加強，其中央政府派駐各地的監督 (intendant) 對地方事務的干預頗為積極。在英國與美國，城市、教區……都有自治的傳統，譬如新英格蘭的市鎮會議，代表民主的草根實踐，也代表強勁的地方自治。在俄國，沙皇利用其官僚嚴格控制地方，在大小都市，沙皇的各省總督對之徹底統制，決不容許市民們有任何自治的傾向，在農村地區，農民雖有傳統的村治組織「公社」(Mir)，但實際上，沙皇政府也透過稅收，警察力量與君主支配的貴族地主 (boyars) 使其喪失自治的作用。在俄國與法國，至十八世紀，已無任何地方自治為人民固有權利的觀念可言，至十九世紀，地方單位已成為中央的產物，其享有任何權力完全是中央特准，但在英美，地方自治的傳統則未消退。

即使在英美等國，地方自治的繼續維持，也已面臨考驗，地方

政府的自主性功能，因現代生活的演變，而有削弱的可能；大體說來，對地方政府的自主構成不利的因素計有：1.現代通訊的發展使行政工作所需的時間減縮，空間相形縮小；2.計畫經濟與全國經濟生活中各類統一的標準的需要；3.全國性政黨的出現；4.福利國家，全國人民期望政府提供相同的服務與協助；5.行政工作應用現代科技，使其程序有統一化的需要；6.國防成為國家的主要政策領域，而國防的需要不僅關係軍事，而且及乎工業、交通……等不同領域，使這些領域都需統一的標準與管理。然而，另一方面，正因為削弱地方政府自主功能的外力甚大，在不少國家，有心人士維護地方政府與自治的欲望也愈熾，而且，現代社會也有一些有利於地方自治與維護地方政府更大自主的因素，諸如人民對權力過份集中的官僚濫權的恐懼；地方人民在現代文明壓力下維持其地區個別差異與特性的願望；「多元社會」觀念的深入人心；人民對政治的興趣之提高，並認清參與地方政治程序對大多數人民而言比參與國家大政要實際些。

比較各主要國家的地方政府，主要可從法律地位、權力、組織與中央控制四方面去看。以下我們將從這四個角度，比較美、英、法、蘇俄的地方政府。

㈠法律地位：美國地方政府的法律地位甚為複雜，各州州法規定不相同。但大體上有一共同點：即地方政府享有相當高度的自主權，不過該自主權並不能改變其隸屬州政府的地位，而且是由州授予的授權狀 (Charter) 決定其範圍，並受有關的州的法規所侷限。在美國，一個城市的法律地位由授權狀為基礎，在二十六個州，州議會准予一個城市召集市民代表會自行制定授權狀；在其他各州，市民可從按州法擬定的數個授權狀中任選其一。大凡一個社區，人口達某一數目時，就可申請獲得授權狀，准予設市，市有不同等級，一個小市人口增加至某一數目時，可申請更換授權狀達到升格的目

的。在美國，市當局具甚大獨立性，中央與上級的控制甚為有限，但具有司法控制使市政當局的行為符合授權狀的規定。

英國的地方政府依據巴力門立法或授權狀取得法律地位，其權力來自立法及對立法的司法詮釋，在中央政府准許的範圍內，地方政府自主權甚大，而中央准許地方自主的事務往往甚多。地方政府的權力中心為地方委員會 (local Council)，既為地方立法機關，也是行政機關，委員皆為民選。中央並不指派地方官吏，雖然地方委員會任命的事務官員資格往往需中央核定。地方政府功能相當龐雜，並不像美國般單純（因美國有學區委員會，環境衛生區委員會等分擔功能）。

法國的地方政府較缺自主性，因其為一中央集權傳統較深的國家，在各級地方政府之關係上，比英美較重層級。（美國層級最不重視，大城市雖屬州，但常與聯邦直接溝通，往往不理會州政府。）雖然大城市由於一八八四年的改革，享有程度較大的自治，但一般農村的郡 (commune) 與城鄉混合的縣 (département)，都受中央嚴格控制，而且地方政府對較低層級者也作行政監督。各縣 (département) 的縣令 (préfet) 由中央內政部從職業官僚中委派，並可由中央撤免。城市市長在一八八四年以前也由上級指派，其後至一九六○年代改為市議會選舉產生，目前由人民選出，倘若執行公務違法，中央可予撤免，甚至縣令也可將其停職一至三月。司法當局對地方政府的控制，也甚嚴格。法國的中央集權飽受抨擊，國內知識份子對之相當不滿，一九六○年代曾大加改革，但效果仍不理想。主要原因不僅是多年積習難改，官僚的既得利益難除，而且由於一般民眾（尤其農村民眾）不如英美般熱心政治參與，而且許多溫和的中產階級份子也擔心若干地區民眾對激進主義的支持，可能導致中央與若干地方的政治對立，因而不欲有過份強大的地方政府。

前蘇聯的地方政府制度之形成，有三種影響：1.沙皇傳統，沙

皇時代，中央集權達於頂點，地方政府完全受中央層級控制，地方
毫無自主權可言。而且，地方政府皆由地主主持，一八六四年成立
的省政委員會 (the zemstvo) 之主席幾全部為地主階級，該委員會由
間接而基於階級差異的不平等選舉所產生，並受沙皇任命的總督所
控制。不過該委員會在教育、公共衛生、社會福利與農業發展上曾
推動相當程度的改革與進步。2.蘇聯的一九三六年憲法及一九三三
年的城市蘇維埃法規雖授予地方政府在特定領域相當廣泛的裁量
權，但同時也嚴格規定各級地方政府需受徹底的層級控制，決策權
力幾全歸共和國政府（一般性內政事務）及聯邦政府（涉及國家安
全與經濟的事務）。3.共黨組織的影響滲及社會每一層面，自然也及
於地方政府，共黨特別強調上級控制與嚴格紀律，這也是使地方政
府根本無自主權的重要原因之一。

　　㈡權力：大體說來，地方政府中，較高層級者其職責為財務與
行政監督，提供警政、衛生……等各項服務，並給予較低機關財務
支援。地方政府的行政權來自中央授權與憲法的規定。授權可分為
一般性與特殊性兩類，例如，美國市政當局自州議會獲得授權狀即
屬前者；後者指在個別政策領域，中央委託事宜執行中獲得的授權，
憲法的規定有憲法中明定的地方政府職權。但地方政府的行使權力，
受行政上級機關與法院之監督，以免其違法、失職與濫權。

　　在英國，巴力門特殊授權頗為盛行，此外，一般性立法也授與
各級地方政府各類權力，如一八三五年的市鎮組織法 (the Municipal
Corporations Act，一八三五) 與一九三三年地方政府法 (the Local
Government Act，一九三三) 均為其著名者。英國立法給予地方政府
極大的採取主動的範圍，在權力授與的領域內，中央的監督往往以
司法為主，並不強調行政監督，地方人民如感到在某一領域應有所
行動，可向巴力門申請給予特殊授權，在一般情形下，如財務方面
無困難，巴力門往往給予授權，以示尊重地方的意願。

在法國，地方政府依據法律有權為地方利益行動，但其行動是否適當，地方一般公民可在法院申請查究，中央相關部會也可依行政法提出異議，地方政府雖有主動權，但該項主動的範圍常可因私人、民間組織，其他社區的地方政府與中央有關機構的利益衝突而受限；而且，法國又硬性規定，地方政府必須優先履行「義務性」職責——佔預算開支的百分之五十至八十——，然後才可履行地方政府自我裁量的事務，故法國地方政府的自主權遠遜英國。

美國的各郡 (county) 有特殊性授權，城市則根據授權狀行動，授權狀中各項權力雖一一列出，但範圍卻相當廣泛，而且並不著重細節，因此地方政府可因地制宜，以自由裁量的方式來處理問題。美國政治文化，不甚重視層級觀念，擔任過州長者回鄉出任小城市市長者，或聯邦參議員卸任後充當故鄉市民代表者，不乏其人，故所謂上級行政監督，不甚普遍，但法院監督地方當局是否按授權狀或授權法行事則較多。

蘇聯的共和國憲法授權地方政府指導其轄區內文化，政治與經濟建設，以及在聯邦與共和國法律範圍內發佈行政命令，由於蘇聯領土遼闊，地方政府的純粹之行動裁量權雖然頗大，然而其施行過程則受地方黨書記之監督，在決策上，則地方政府缺乏自主權。

㈢組織：英國地方政府組織為地方委員會，為民眾普選產生，任期三至四年。委員會每年選其中一人為主席，任期一年，此人在城市，即為市長（或鎮長），在農村則類似我國之縣長（或鄉長）。我們必須瞭解此制是行政立法合一，為英制的特色。地方政府內部設若干委員小組 (committee)，如交通、教育等，各小組由委員會成員組成，每一小組均與純粹事務性的各處 (department) 的主任 (director)（如交通、教育等處）合議事務，並監督與指揮各處。書記 (town or county clerk) 為處與處之間的聯絡人與協調者，類似我國的縣市政府主任秘書。凡書記及各處主任均由地方委員會雇用，擔

任技術性工作，本身並無決策權。

在法國，中央指派的縣令 (préfet) 常常支配民選的委員會 (département council)，在城市中，委員會與市長皆為民選，但中央派一秘書長協助市長。民選委員會中有一常設小組控制地方預算，決算與地方財產的管理，該常設小組的成員與縣令常常衝突，有時縣令受其限制，有時則小組權力事實上被削弱。城市的市長常由委員會一些年資較高而幹練的委員協助處理公務。

美國的制度較複雜，具有各種組織型式：市鎮會議、委員制 (commission system)、市政會與市長，及市經理制……等，不一而足。第一類盛行於新英格蘭地區的小城市，由市鎮的納稅人集會決定主要政策、選舉代表 (selectmen) 與官員、審核預算、控制行政等。在較大城市，此制無法實行。委員制是由小群民選的委員組成，這些委員組成的委員會相當立法機關，但各委員又各負責一個行政單位，委員制造成權力過份分散，行政效率不佳，故現在已不再盛行。在許多地區，市長與市政會同時選出，此反映行政與立法的分立，許多學者認為在地方層次易造成精力浪費，不過，在大都市，則可增進行政效率。自一九一〇年代中葉至一九五〇年代中葉，市經理制大行其道，所謂市經理制是指民選的市政會遴派一位市政專家擔任行政首長，此人可指派屬下官員，協調各部門工作，並編列預算，雖然市組織法給予他相當可觀的裁量權與頗高的地位，但他必須與市長（也即市政會的主席）合作，而且受市政會的監督，他無固定任期，倘若市政會對其能力不信任，可決議將其更換。此外，美國地方政府的地位與歐洲不同之點，在於在許多城市，市民都享有創制與複決等權。

在前蘇聯，地方蘇維埃從其成員中選出一個主席團——亦即行政委員會。該會既制訂政策，也負責執行，蘇維埃則對其提議加以審核並予批准。行政委員會由專家與其邀請的公民協助執行其任務。

由於共黨的影響力甚大，主席團的成員中以共黨黨員居多，但也有少數非共黨籍的專家包括在內。

㈣中央控制：中央控制的強度與技術為地方自治限度的指標；在法國與蘇聯，中央控制都相當強烈，往往由中央部會透過地方的層級自上向下加以節制。就控制技術而言，上級訓令、干預、糾正，在法蘇等國司空見慣，在英國則甚少一般性的糾正與訓令，但如涉及某一巴力門立法的事務，則中央主管官署對執行委辦該事務不力的地方政府訓令或糾正，也不是沒有的。懲戒為另一種較嚴厲的控制技術，在英國懲戒相當有力，但也限於在個別事務上，一般性的懲戒則不多，在法國則中央政府可對其認為效率不佳或未盡職責的地方政府作一般性懲戒，在蘇聯，懲戒既嚴厲又廣泛；在美國，行政懲戒甚少，僅限於聯邦政府提供經費支援的事務，如社會福利與公共工程等，偶爾也可能發生在州以經費支援的領域，如教育、公路工程與醫院建造等。

另一種控制方法是呈遞報告，在各國，幾乎都規定地方政府須呈送報告給上級政府，但在歐洲各國，凡地方政府一切施政都須報告中央。在美國，僅限於聯邦或州以經費支援之事項，但在若干州，依州憲法地方政府必須報告州議會地方收支情況，以避免濫收稅款情事的發生。

中央政府派員審查地方財務在英國為中央控制地方最有力的方法，在法國與蘇聯，審查是層級執行的。美國這種審查甚為少見，在若干州，州議會如認為必要，可能偶爾審查某一地方之財務。中央設視察，巡視地方政府，是英國實行已久的制度，英國的視察制相當科學化而有效率，其視察官不僅調查而且協助地方行政，並擔任中央與地方間橋樑的角色。法蘇也重視視察，但由於其中央集權的特性，視察純然為中央監督地方的人員，不似英國的視察能發揮多方面作用。美國視察甚少，僅限於中央或州財力支援之事務。

　　人事為中央控制另一方法。在英國中央對少數重要的地方官職制定人事規則，決定其任用資格；在法國，自一九四五年起把縣令變為行政官僚的一員，擔任縣令之人必須在有名的國家行政學院 (Ecole Nationale d'Administration) 畢業，其服務是數年在中央，然後調地方，數年後，又調回中央⋯⋯。在美國，地方政府的人事甚少受到聯邦的影響，在少數州，州政府對較低級政府的人事有一些影響，但也不甚大。不過，目前美國地方政府的人員大部份也已屬於職業文官系統，政治酬庸的任命已愈來愈少，但文官任命為地方政府自己的事，聯邦與州政府無權指派。

　　司法控制也是中央控制的一種。在英美，地方政府官員的不法與失職行為，人民可在普通法院控告，在法國，則由行政法院處理這類案件，蘇聯則不能直接訴之法院，但可訴之其行政上級或檢察官署。

■ 第三十三章　政治學的價值與未來

　　我們已粗略而相當周遍地瀏覽了幾乎整個政治學的領域，讀者們於獲得入門知識，準備作更專門、更深入的探討前，可能還有一個問題，即政治學究竟對人類有何用處？可能有何貢獻？它存在的理由何在？這理由足夠堅實嗎？老實說，這些問題雖然甚為重要，但並不能獲得肯定性的答案，我們所能提供的答案，也許能使自己滿意，能說服自己的良知，但不能說這些就必然是令別人也滿意的答案，或唯一的答案。政治學者當然相信政治學是值得存在的，是對人類有重大貢獻的，但是，這不能說一位具有反省功夫的政治學者，終其生絕不會懷疑這些貢獻是否足夠，或政治學的存在理由是否足夠堅實；然而，這種懷疑，應不致使他躊躇不前，而應令他產生使政治學更有益於人類的念頭。

　　政治學對人類的貢獻，應該是兩方面的。一方面，政治學有其純粹學術的價值，凡屬純粹學術的事物，其價值在於滿足人類的好奇心，人與其他動物不同之處甚多，其中重要的一項在於具有較強的好奇心，對於其周遭的環境，他自己、自己與環境的關係皆有探討的興趣；而且，探討必求深入，不以膚淺的瞭解為滿足，而人類當中，愈是知性愈高者，其好奇心也愈強，其格物窮理必求至深至精的境界，為此他願受盡千辛萬苦，勞神傷身地孜孜不息，這種純由好奇心驅使而探求宇宙萬物奧秘的衝動，為世界從草蠻進入文明的最大原動力，一切學術的發皇，皆以此為基礎。政治學為社會科學的一環，社會科學家探討社會環境之奧祕，政治學者探討此環境的政治層面者，社會環境受政治權力的影響甚大，故政治學在社會

科學中佔據重要的地位，為社會科學中一門主要學科，就純學術的
觀點，政治學的重要自屬毋庸置疑。另方面，政治學似亦有其重大
的實用價值：人類欲改善其命運與生活，必須控制與利用環境，求
取知識亦即在達此目標，但並非一切知識皆能發生實用的作用，因
此從實用的觀點而言，我們必須獲取能發生此種作用的知識；不僅
如此，由於追求知識，必須付出代價，包括金錢、時間、精力與機
會（即研究一物即喪失同時研究另一物之機會），即使若干類知識皆
有實用價值，吾人還應衡量其實用價值與代價相比後的純利大小而
決定探討或追求的先後順序，尤其當這些代價的部份必須由社會付
出時為然（如由政府或公家提供經費所作的研究）。

　　基於上述種種考慮，有人主張我們應著重追求對人生福祉的改
進有密切關係的知識，而捨棄或暫時捨棄無關或關係較小者。於一
九七〇年代，在若干西方國家，研究學問必須重視「相關性」
(relevance)——即與人生禍福攸關——之說，甚囂塵上；在政治學界，
這種意見，更是喧騰一時，果爾政治學之實用價值何在？有一種看
法是政治學有助於公民訓練，一個良好的公民應該對國家的政制、
憲法、人民的權利義務、政治參與……具有某些知識與瞭解，而這
些正是政治學所能提供的，這說法並不錯，政治學確實有助於公民
素質的提高，許多國家也曾把這當作政治學教育的一項宗旨——；
但是，倘若政治學的功用僅限於公民訓練，似乎把其實用價值狹隘
化了；再說，不同國家的主政者界定的良好公民，其標準相當不同，
在有些社會，當其心目中的良好公民與具人道主義或人文主義精神
的知識份子的看法大相逕庭，譬如蘇聯的領袖們可能認為沙哈洛夫
(A. Sakharov) 等人不是良好公民，然而，在不少知識份子看來，這
類人是人權鬥士，決不應被視為不合格的公民。倘若主政者對良好
公民的概念存有某種偏執的定見，然後又利用政治學來培養其心目
中的公民，則這種政治學就必然會成為充滿偏見，缺乏客觀性的學

科，如此的政治學，又何能稱為一門嚴謹的學科呢?! 另一種看法是政治學有助於公職人員與公務人員的訓練。政治學，尤其是其分門之一的行政學，在公職人員與公務人員的訓練上，確實扮演相當重要的角色，然而，如把這當作政治學主要的實用功能，則為比前一種看法更狹隘的觀點。公職人員與公務人員在全體人民中，畢竟是少數，再說，公職人員與公務人員的訓練，往往是在個人大體上完成了學校教育、觀念與人生方向大致已決定，進入公務機關或從事公職後，為能更有效的擔任其職務而為的，其對一個人的政治知識、政治態度……的影響並不顯著，在這類訓練中，政治學課程往往是被偏狹化的，因為主持這類訓練的必然是公職人員所屬政黨或公務人員的人事行政單位，他們為達到使受訓者更能認同體制與機關規範的及更能扮演其公務角色的目的，必定會把政治學偏隘化與庸俗化，因為政治學的周遍的認識既不為其目的所需，有時可能妨礙其目的之達成。

　　政治學的實用價值必須作更深一層地探討。雖然公民訓練與公職人員的訓練，都需要政治學所提供的一些知識，但這些決不能當作政治學主要的實用價值。政治學主要的實用價值在於提高世人對其所處的政治環境的認識，激發其產生正確的政治行動，以改善這一環境或至少消弭這環境中的嚴重危機。

　　現在世人所處的政治環境，極為險惡，主要的危機，計有以下諸項:

　　㈠核子武器與殺傷力特強的較傳統武器的大量出現，劇烈的軍備競賽與裁軍的困難: 直至一九九〇年代蘇聯瓦解，全球性的軍備競賽發生於美國與蘇聯兩個超級強國之間，這兩國都已擁有毀滅世界文明的能力; 其裁軍談判，斷斷續續，效果並不顯著，美蘇兩國的全球性軍備競賽以外，許多國家地區性的軍備競賽也在不斷進行，普遍反映不安的心理。據報導開發中國家每年用於購買武器的費用

高達八百億美元，許多國家民窮財盡，經濟難以發展，巨額軍費開支實為主因。

㈡極權獨裁政治的威脅雖已減弱，但並未完全解除：一九八○年代末葉，共黨極權體制在東歐、蒙古等國崩潰，一九九○年代初在蘇聯也告失敗，蘇聯解體。中共雖由共黨一黨專政，但已採取市場經濟制度，共黨極權威脅已減弱。但由於世上仍有不少野心勃勃的獨裁者，而非理性的政治狂熱主義如原義派回教組織，產生獨裁政治，甚至極權獨裁的土壤仍甚肥沃。

㈢第三世界人口爆炸，經濟發展成果不佳，社會貧富懸殊、貧苦大眾生計困難：第三世界國家普遍貧窮，國民所得大多在每人每年一千美元以下，其中許多國家甚至在三百元以下，為改善國民生活，許多國家都致力於經濟發展，但由於人口增加速度太快，國內技術人才缺乏，發展資金不足，政局不穩或官員腐化等因素，發展成果大多不甚良好，若干國家的經濟成長率雖快，但由於職掌分配不均，貧苦大眾的生計未見適當改善。第三世界此種情形，如不能迅謀改進，不僅將為這些國家帶來甚大不安，而且也將危害世界，因其貧苦民眾已日益加深其挫折感，對現狀愈來愈不能忍受，若干激進政治運動如伊朗何梅尼、利比亞格達費……等所領導者，影響力逐漸擴大的可能性因之不能排除。而軍事政變產生的軍人獨裁政府，也愈來愈多，這些政權對人民基本權利往往漠視。

㈣許多工業化達到高峰之文明產生的困難不易解決，至西方國家的人民，對其政治建制的信心大減，失望日增：近數十年來，經濟的盛衰循環，戰爭陰影的始終不退，自然環境的日趨敗壞……等問題愈來愈嚴重，而西方民主政府無法處理這些問題（非民主政府亦然），人民對其信心大減，一九七○年代初期，西方社會發生對政治程序嚴重的信任危機，至今仍未見其消退。

以上危機的應付與消弭，是政治的功能。然而，只有一種人文

精神的政治，具有遠見與理想的政治，才能履行這類功能，偏狹的
追求個人，甚至集團私利的政治，並不能有助於處理這些問題，反
而可能使其更惡化、更嚴重。

　　現在極大多數國家的政治，都有幾項弱點：1.領導人才高度貧
乏：許多國家的政治領導者不是見識平庸，才能不足，就是道德水
準不夠，具有高瞻遠矚的眼光，經世救人的長才，並有崇高的道德，
廣大的胸襟者百不得一。領導人才貧乏的理由之一是一般人民不能
（或不願）把領導責任給予真正的人才；在有些國家、政治程序為
少數人所操縱，人民當然只得任這少數人去執掌政權，這少數人必
然為維護其私利而罔顧公益，這種情形下，真正政治人才甚難獲得
重用；而在一些比較開放的民主社會，一般選民都情願支持維護其
私利的人。因此，也往往不願選出具全世界眼光的政治人物為其領
導者；2.在政治過程中，私利（個人或集團）往往比公益更受到重
視，有權有勢的社會精英集團較能獲得利益，而一般民眾則無法增
進權益。其結果造成人民對政治的疏離感；3.在不少國家，政治過
程中仍不免「暴力」的陰影，執政者依賴軍隊的鎮壓力量為後盾以
對付在野者，而在野者也憑藉支持的暴民力量，這種政治與暴力威
脅結合的現象，在開發中國家尤其普遍；4.政治過程中，人們的政
治行為往往不以理性為行動基礎，而以情緒為動力，不論投票行為
或其他的政治行為，種族偏見，宗教偏見……等因素影響過大，這
在一般種族、宗教……等多元的社會，尤其嚴重；5.在許多國家，
政治人物大多數為社會精英份子，一般非精英份子，在政治上，除
非從事勞工運動，社會主義政黨活動或左派革命，無法脫穎而出，
此造成極大不滿；6.在若干政策領域，政治領導往往大權旁落，被
行政官僚取代，由於現代社會高度科技化，有些政策領域，政治決
策者純係外行，不得不完全接受技術官僚的見解，而技術官僚不對
人民負直接政治責任，此形成權力與責任間的空隙。

　　危機的日趨嚴重，使政治的重要性更加增加，而政治程序的弱點又如此多而嚴重，我們要怎樣處理這一困境呢？

　　基本上，只有愈來愈多的人民，對政治發生興趣，對政治問題具有相當程度的瞭解與智慧，才能培養較高的政治技能，並藉此產生一種全民的、理性的政治參與，始能對這困境的解決，帶來一線希望。政治學的主要實用功能應該是培養這種的政治人，並激發其動機來改善今日政治程序，使其成為理性的、道德的，高瞻遠矚，重視人類整體利益的。有了如此的政治人，我們才有希望擁有理性的符合人文價值的政治，然後才能跨開有效地處理當前人類危機以保障文明的繼續生存與繁榮的第一步。

　　若欲政治學能充份履行以上所述的功能，它必須一方面成為更嚴謹、更具備堅實知識內容的學科，而另方面則發展為更關懷現實，並能有助於化解或消弭重大危機的工具，換句話說，它必須一方面成為更符合科學方法論標準的社會科學，而另方面維持其人文主義的傳統。如此的發展，也許是政治學未來的進步之路❶。

---

❶　參閱 Harold D. Lasswell, *The Future of Political Science* (New York, 1963).

參考書目

壹、中文

江炳倫，《政治發展的理論》，臺北，民國 61 年。

呂亞力，《政治學方法論》，臺北，民國 68 年。

易君博，《政治學論文集：理論與方法》，臺北，民國 64 年。

胡佛等，〈權力的價值取向：概念架構的建構與評估〉，《社會科學論
叢》，第 27 輯，民國 67 年。

袁頌西，〈當代政治學中理論建構的方法及其問題〉，《政治學報》，
第十期，民國 71 年。

〈兒童與政治〉，《政治學報》，第二期，民國 60 年。

陳陽德，《臺灣地方民選領導人物的變動》，臺北，民國 65 年。

陳義彥，〈臺灣地區大學生政治社會化之研究〉，《嘉新文化叢書》，
第 364 種，民國 67 年。

曾濟群，《中華民國立法院的組織及職權的分析》，臺北，民國 64 年。

鄒文海，《比較憲法》，臺北，民國 54 年。

蔡政文，《核子時代國際關係的特質》，臺北，民國 68 年。

蕭公權，《中國政治思想史》，臺北，民國 71 年。

薩孟武，《中國政治思想史》，臺北，民國 61 年。

貳、英文

Almond, Gabriel and James S. Coleman, eds., *The Politics of Developing Areas* (Princeton, 1960).

——, and Sidney Verba, *The Civic Culture* (Boston, 1965).

——, and G. Bingham Powell, *Comparative Politics: A Developmental Approach* (Boston, 1966).

——, *Political Development* (Boston, 1970).

Apter, David, *The Politics of Modernization* (Chicago, 1960).

——, *Choice and the Politics of Allocation* (New Haven, 1971).

Barber, Benjamin, *Strong Democracy* (Berkeley, 1984).

Crozier, M., *The Bureaucratic Phenomenon* (Chicago, 1964).

Dahl, Robert, *Who Governs? Democracy and Power in an American City* (New Haven, 1961).

——, *Polyarchy: Participation and Opposition* (New Haven, 1971).

——, *A Preface to Democratic Theory* (Chicago, 1956).

——ed., *Political Opposition in Western Democracies* (New Haven, 1966).

Deutsch, Karl, *Nationalism and Social Communication,* 2nd ed. (Cambridge, Mass., 1966).

——, *The Nerves of Government* (New York, 1963).

Duverger, Maurice, *Political Parties* (New York, 1963).

——, *The Idea of Politics* (Chicago, 1964).（張復民譯　政治之解析）

Easton, David, *The Political System* (New York, 1953).

——, *A Framework for Political Analysis* (Englewood Cliffs, N. J., 1965).

——, *A Systems Analysis of Political Life* (New York, 1965).

Edelman, M., *The Symbolic Uses of Politics* (Urbana, Ill., 1964).

Eulau, H., *The Behavioral Persuasion in Politics* (New York, 1963).

Geertz, C., ed., *Old Societies and New States* (Glencoe, Ill., 1963).

Huntington, S., *Political Order in Changing Societies* (New Haven, 1968).

——, and Joan Nelson, *No Easy Choice* (Cambridge, Mass., 1976).

Lane, Robert, *Political Life* (Glencoe, Ill., 1959).

Langton, Kenneth, *Political Socialization* (New York, 1969).

Lasswell, Harold, *Politics: Who Gets What, When, How* (New York, 1936).

——, and Abraham Kaplan, *Power and Society: A Framework for Political Inquiry* (New Haven, 1950).

——, *The Future of Political Science* (New Haven, 1963).

Lindblom, Charles, *The Policy-Making Process* (Englewood Cliffs, N.J., 1968).

Lipset, S. M., *Political Man* (Garden City, N.J., 1959).

Mair, Peter, *Party System Change* (Oxford, 1997).

Parsons, T. and E. Shils, eds., *Toward A General Theory of Action* (Cambridge, Mass., 1951).

Pitkin, H., *The Concept of Representation* (Berkeley, 1967).

Polsby, N., *Congress and the Presidency* (Englewood Cliffs, N.J., 1964).

Pye, Lucian, *Aspects of Political Development* (Boston, 1966).

Riggs, Fred, *Administration in Developing Countries: The Theory of Prismatic Society* (Boston, 1964).

Weber, Max, *The Methodology of Social Science* (Glencoe, Ill., 1949).

——, *Economy and Society* (New York, 1968).

政治學　薩孟武／著

　　本書是以統治權為中心觀念，採國法學的寫作方式，共分為五章：一是行使統治權的團體——國家論 ；二是行使統治權的形式——政體權；三是行使統治權的機構——機關論；四是國民如何參加統治權的行使——參政權論；五是統治權活動的動力——政黨論。書中論述均舉以敷暢厥旨，並旁徵博引各家之言，進而批判其優劣，是研究政治學之重要經典著作。

當代政治思潮　蔡英文／著

　　本書闡述 1950 年代之後政治思潮的發展趨向，推促且貫穿這半個世紀政治思潮的發展動力有二 ， 一是對法西斯主義獨裁與極權主義全面控制的批判與反思；二是對自由民主真實意義的重新闡釋。作者以此作為論述的基本架構，內容條理分明，能讓讀者切實掌握當代政治思潮的境況，並對自由民主的問題有更深刻的瞭解。